최신시사상식

232집

Contents

2025년 1~2월 주요 시사

최신시사상식 232집

초판인쇄: 2025. 2. 25. **초판발행:** 2025. 3. 1. **등록일자:** 2015. 4. 29 **등록번호:** 제2015-000104호 **발행인:** 박 용 **편저자:** 시사상식편집부
교재주문: (02)6466-7202 **주소:** 06654 서울시 서초구 효령로 283 서경빌딩 **표지 디자인:** 정재완 **발행처:** (주)박문각출판
이메일: team3@pmg.co.kr **홈페이지:** www.pmg.co.kr

정가 11,000원   ISBN 979-11-7262-636-5

사진 출처: 연합뉴스, 국가유산청

Must Have News

"12·3 비상계엄 사태로 내란 수괴 혐의를 받고 있는 윤석열 대통령이 1월 26일 구속기소됐다. 이에 윤 대통령은 헌정사 최초로 체포·구속된 뒤 재판에 넘겨진 현직 대통령이라는 유례없는 기록을 남기게 됐다."

尹 대통령, 내란 수괴 혐의로 현직 대통령 첫 구속기소

12·3 비상계엄 사태로 내란 우두머리(수괴) 혐의를 받고 있는 윤석열 대통령이 1월 26일 구속기소됐다. 이에 윤 대통령은 헌정사 최초로 체포·구속된 뒤 재판에 넘겨진 현직 대통령이라는 유례없는 기록을 남기게 됐다. 이러한 헌정사 최초의 기록들은 지난해 12월 3일 선포한 비상계엄에 따른 것으로, 윤 대통령이 기소되면서 12·3 비상계엄 사태에 대한 진상 규명 작업은 윤 대통령 탄핵심판과 형사재판의 투트랙으로 이뤄지게 된다.

트럼프, 제47대 미국 대통령 취임 미국 우선주의 재선포

2017년부터 4년간 제45대 미국 대통령을 역임했던 도널드 트럼프 대통령이 1월 20일 제47대 대통령 취임식을 갖고 두 번째 임기를 시작했다. 트럼프 대통령이 이날 취임사에서 집권 1기 때와 마찬가지로 「아메리카 퍼스트(미국 우선주의)」를 국정 모토로 선언하면서 향후 글로벌 안보와 통상질서는 대변화를 맞게 될 것이라는 전망이다. 실제로 트럼프 대통령은 1월 20일 취임과 동시에 46건의 행정명령에 서명했는데, 특히 「1호 행정명령」을 통해 전임 바이든 행정부에서 내려졌던 행정조치 78건을 무효화했다.

트럼프, 그린란드·파나마운하 이어 「가자지구 장악」 발언 파문

덴마크령 그린란드와 파나마운하에 대한 미국령 편입을 주장해온 도널드 트럼프 미국 대통령이 2월 4일 「팔레스타인 가자지구를 점령해 소유할 것」이라고 밝혀 또다시 거센 파문을 일으켰다. 무엇보다 트럼프 대통령의 해당 발언은 「두 국가 해법」을 근간으로 하는 중동질서를 뒤흔든 것이어서 국제사회와 아랍권의 거센 반발을 일으켰다. 특히 사우디아라비아는 2월 5일 외교부 성명을 통해 「팔레스타인 독립이 보장되지 않으면 이스라엘과 외교관계를 수립하지 않을 것」이라며 반발했다.

이스라엘·하마스, 15개월 만에 휴전 합의

이스라엘과 팔레스타인 무장단체 하마스가 1월 15일 미국·카타르·이집트의 중재하에 2023년 10월부터 이어져온 「가자전쟁」 휴전에 합의했다. 휴전안은 3단계에 걸쳐 인질·수감자를 맞교환하고, 이스라엘군은 가자지구에서 철수해 전쟁을 완전히 끝내겠다는 구상을 담고 있다. 이처럼 이스라엘 건국 이래 최장기간 펼쳐진 전쟁이 일단락되면서 중동 정세에도 큰 변동이 일 것이라는 전망이 나오지만, 일각에서는 이번 휴전이 영구 휴전으로 이어질지는 불투명하다는 우려도 제기하고 있다.

트럼프, 철강 제품에 25% 관세 등 트럼프發 관세전쟁 본격화

도널드 트럼프 대통령이 2월 1일 캐나다·멕시코·중국에 대한 관세 부과를 시작으로 10일에는 철강·알루미늄 제품에 27%의 관세를 부과한다고 공식 발표했다. 2월 10일 발표된 포고문은 트럼프 집권 1기 때인 2018년에 철강제품 25% 관세를 부과하면서 일부 예외를 적용했던 한국 등에도 일률적으로 25%의 관세를 적용한다는 내용이 담겼다. 또 트럼프 대통령은 2월 13일에는 「상호관세」 조치를 발표하는 등 관세 전선을 지속적으로 확대하고 있다.

정부, 올해 성장률 1.8% 전망 18조 풀어 경기부양 방침

정부가 1월 2일 올해 경제성장률을 1.8%로 전망한 「2025년 경제정책방향」을 발표했다. 이 수치는 잠재성장률(2.0%)에도 못 미치는데다, 한국은행(1.9%)이나 국제통화기금(IMF)의 전망치(2.0%)보다도 낮은 수치다. 이와 같은 경기 부진 전망에 정부는 18조 원 규모의 공공 가용재원을 동원하고, 85조 원 규모의 민생 예산을 상반기(1~6월)에 70%까지 투입한다는 방침이다.

2028학년도 수능 탐구 영역, 선택과목 없이 통합형으로 시행

교육부가 1월 20일 발표한 「2028학년도 수능시험 및 점수체제」에 따르면 2028학년도 수능부터 국어·수학·탐구 영역의 선택과목이 폐지된다. 특히 탐구 영역의 경우 문·이과 상관없이 통합사회·통합과학을 모두 응시해야 한다. 한편, 2028학년도 수능은 고교학점제가 전면 적용되는 올해 고교 1학년이 2027년 11월에 치르게 되는 시험이다.

국토부, 무안공항 제주항공 사고기 「조류 충돌」 공식 확인

국토교통부가 지난해 12월 29일 발생한 무안국제공항 제주항공 여객기 사고 당시 「조류 충돌」을 겪었다고 1월 7일 밝혔다. 그간 관제사의 경고와 생존 승무원의 증언 등을 토대로 조류 충돌이 사고의 최초 원인으로 지목돼 왔는데, 정부가 조류 충돌 발생 사실을 처음으로 공식 확인한 것이다. 해당 항공기는 당시 착륙하던 중 랜딩기어 미작동으로 활주로 바깥의 로컬라이저에 충돌한 뒤 화재가 발생했으며, 이로 인해 179명이 사망하는 참사로 이어졌다.

〈오징어 게임〉 시즌2, 美 크리틱스초이스 수상

넷플릭스 오리지널 시리즈 〈오징어 게임〉 시즌2가 3월 7일 미국 로스앤젤레스(LA)에서 열린 「제30회 크리틱스초이스 시상식」에서 외국어시리즈 작품상을 수상했다. 〈오징어 게임〉의 수상은 이번이 두 번째로, 〈오징어 게임〉은 지난 2022년 시상식에서는 시즌1으로 한국 드라마 최초로 외국어 작품상을 수상한 바 있다.

中 딥시크, 챗GPT 필적 생성형 AI 개발

중국의 인공지능(AI) 스타트업 딥시크가 1월 20일 저성능 칩만으로 오픈AI의 챗GPT를 능가하는 추론 모델인 R1을 출시, 전 세계 AI 시장에 큰 충격을 안겼다. 이에 딥시크가 현재 미국이 주도하고 있는 글로벌 AI 생태계에 큰 변화를 일으킬 것이라는 전망이 나온다. 하지만 딥시크의 광범위한 정보 수집·검열 의혹이 제기되면서 우리나라를 비롯해 딥시크 사용을 제한하는 국가나 기업이 점차 늘고 있다.

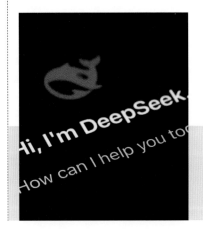

Infographics

국민영양 현황 | 만성질환 현황 | 비만 유병률 | 출산 및 육아휴직급여 수급자 현황 |
국가채무 추이 | 청년 고용 동향 | 아동 안전사고 현황

❶ 국민영양 현황

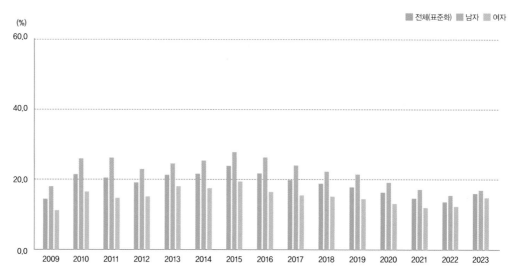

■ 전체(표준화) ■ 남자 ■ 여자

출처: 2023 국민건강통계; 질병관리청

🔺 지표분석

에너지 과잉 섭취자 분율(만 1세 이상, 표준화)은 2023년 15.6%으로 전년 대비 2.1%p 증가했다. 남자(16.7%)가 여자(14.5%)에 비해 높았고, 연령별로는 1~2세에서 가장 높은 경향을 보였다. 지방 과잉 섭취자 분율(만 1세 이상, 표준화)은 2023년 31.8%로 전년 대비 2.1%p 증가했다. 연령별로는 19~29세에서 46.0%로 가장 높고, 65세 이상에서 11.0%로 가장 낮은 수준으로 나타났다.

- 에너지 과잉 섭취자 분율: 에너지 섭취량이 성별, 연령별 에너지 필요추정량의 125%보다 높은 사람의 분율(※ 에너지 필요추정량: 적정 체격과 활동량을 가진 건강한 사람이 에너지 평형을 유지하는 데 필요한 에너지 양)
- 지방 과잉 섭취자 분율: 탄수화물, 단백질, 지방 섭취량(g)에 각각 4, 4, 9kcal/g을 곱한 에너지 섭취량을 합한 값을 분모로, 지방 섭취량에 9kcal/g을 곱한 에너지 섭취량을 분자로 하여 산출한 백분율이 지방 에너지 적정비율 범위를 초과한 사람의 분율

❷ 만성질환 현황

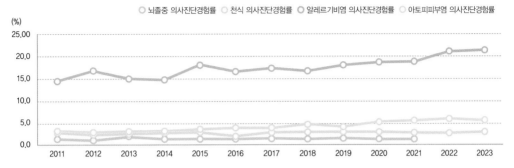

○ 뇌졸중 의사진단경험률　○ 천식 의사진단경험률　○ 알레르기비염 의사진단경험률　○ 아토피피부염 의사진단경험률

출처: 2023 국민건강통계, 질병관리청

📊 지표분석

> 만성질환은 사람 간 전파가 없는 비감염성 질환을 말하며, 질병의 진행 속도가 완만한 것이 특징이다. 크게 심혈관계질환(심근경색 및 뇌졸중), 암, 만성폐질환(만성폐쇄성폐질환, 천식), 당뇨병으로 분류(2015, WHO)한다. 유병률은 우리나라 인구 중 해당 만성질환을 가지고 있는 사람의 분율(%)을 말한다.
>
> - 뇌졸중 의사진단경험률(만 30세 이상, 표준화)은 2021년 1.6%이며, 2005년부터 1~2% 수준
> - 천식 의사진단경험률(만 19세 이상, 표준화)은 2023년 3.3%이며, 2005년부터 2~3% 수준
> - 알레르기비염 의사진단경험률(만 19세 이상, 표준화)은 2023년 21.2%이며, 2010년부터 14~21% 수준
> - 아토피피부염 의사진단경험률(만 19세 이상, 표준화)은 2023년 5.8%이며, 2007년부터 2~6% 수준
> - 고혈압 유병률(만 19세 이상, 표준화)은 2023년 20.0%이며, 2022년(22.1%) 대비 감소
> - 당뇨병 유병률(만 19세 이상, 표준화)은 2023년 9.4%이며, 2022년(9.1%) 대비 증가
> - 고콜레스테롤혈증 유병률(만 19세 이상, 표준화)은 2023년 20.9%이며, 2022년(22.0%) 대비 감소

❸ 비만 유병률

○ 남자　○ 여자

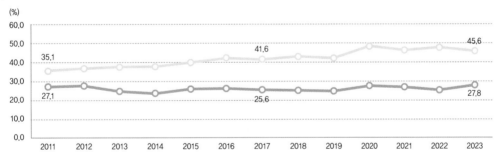

출처: 2023 국민건강통계; 질병관리청

📊 지표분석

> 비만 유병률(만 19세 이상, 표준화)은 2023년 37.2%이며, 지속적으로 증가했다. 남자의 경우 2023년 45.6%로 1998년 25.1%에서 1.8배 증가했고, 여자의 경우 2023년 27.8%로 1998년의 25~28% 수준이다.
>
> - 비만 유병률: 체질량지수(kg/m²) 25 이상인 분율
> - 체질량지수(kg/m²) 기준으로 저체중 18.5 미만, 정상 18.5 이상 23 미만, 비만 전 단계 23 이상 25 미만, 비만 25 이상인 분율

❹ 출산 및 육아휴직급여 수급자 현황

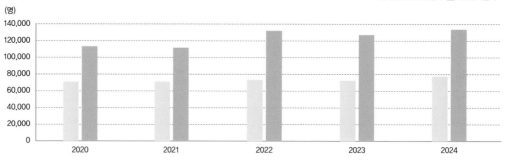

출처: 고용노동부

📈 지표분석

출산전후휴가급여와 육아휴직급여 수급자 수는 매년 소폭 등락을 거듭 중이며, 2024년 기준 육아휴직급여 수급자 수는 총 132,535명(여성 근로자 90,706명, 남성 근로자 41,829명)으로 2023년(126,008명) 대비 소폭 늘었다.

한편, 고용보험기금에서 지원하는 출산전후휴가급여와 육아휴직급여의 사용 근로자 수는 향후에도 계속적으로 증가할 것으로 전망된다. 단 저출산 기조로 인하여 출산전후휴가급여 수급자 수는 감소하고, 육아휴직급여 수급자 수는 증가할 것으로 예상된다.

❺ 국가채무 추이

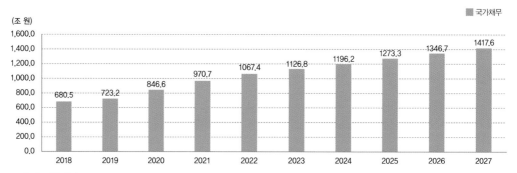

출처: 기획재정부
주석: 1. 2022년은 결산 기준, 2023년은 본예산 기준
       2. 2024년 이후는 「2023~2027 국가채무관리계획」 전망

📈 지표분석

2022년 결산기준 지방정부 포함 국가채무(D1)는 1,067.4조 원(GDP 대비 49.4%)으로, 2021년 결산기준 국가채무(970.7조 원, GDP 대비 46.7%) 대비 96.7조 원 증가, GDP 대비 2.7%p 증가했다. 전년 대비 주요 증가요인은 일반회계 적자보전(82.6조 원) 및 외환시장 안정을 위한 외평기금 예탁 증가(1.9조 원) 등에 기인한다.

❻ 청년 고용 동향

■ 고용률 ○ 실업률

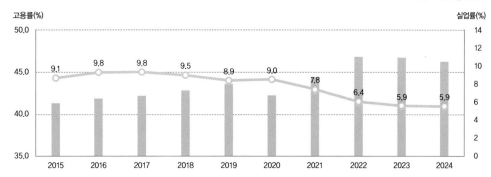

출처: 통계청 『경제활동인구조사』

🔺 지표분석

청년 고용 동향은 통계청 『경제활동인구조사』 자료 중 청년층(15~29세)을 대상으로 하는 통계수치이다. 청년층(15~29세) 생산가능인구 및 취업자 수가 지속적으로 감소하면 고용률이 낮아지게 되는데 경제활동참가율의 감소세는 취업준비생 등 비경제활동인구의 증가가 중요한 원인이다.

청년층 실업률은 2024년에 5.9%로 전년과 같고, 고용률은 46.1%로 전년 46.5%에 비해 조금 낮아졌다.

❼ 아동 안전사고 현황

○ 아동 10만 명당 안전사고 사망자 수

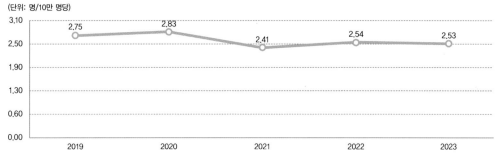

출처: 통계청 인구동향과, 『사망원인 통계』

🔺 지표분석

2023년 아동 안전사고 사망자 수는 181명으로 전년보다 6명 감소했다. 아동 10만 명당 안전사고 사망자 수는 2023년 2.53명으로 2005년 8.56명에서는 다소 줄어들었다. 사망 현황을 살펴보면 ▷교통사고 ▷추락 ▷익사 ▷화재 ▷중독 ▷기타 순으로 나타났다.

• 아동이라 함은 18세 미만의 자를 말함. 「아동복지법 제2조」

시사 클로즈 UP

현직 대통령 첫 구속기소,
尹 대통령의
탄핵시계는?

▲ 윤석열 대통령이 2월 13일 서울 종로구 헌법재판소 대심판정에서 열린
탄핵심판 8차 변론에 출석했다. (출처: 연합뉴스)

12·3 비상계엄 사태로 내란 우두머리(수괴) 혐의를 받고 있는 윤석열 대통령이 1월 26일 구속기소됐다. 이에 윤 대통령은 헌정사 최초로 체포·구속된 뒤 재판에 넘겨진 현직 대통령이라는 유례없는 기록을 남기게 됐다.

이러한 헌정사 최초의 기록들은 지난해 12월 3일 윤 대통령이 비상계엄을 선포함에 따른 것으로, 당시 비상계엄은 1979년 10월 26일 이후로는 45년 만이자 1987년 민주화 이후로는 처음으로 이뤄진 것이었다. 이처럼 사상 초유의 사태 이후 국회의 윤 대통령 탄핵소추안 가결과 검찰·경찰·공수처의 관련 인물들에 대한 수사가 진행되면서 윤 대통령의 체포·구속·기소가 이뤄지게 된 것이다. 이처럼 윤 대통령의 기소가 결정되면서 향후 12·3 비상계엄 사태에 대한 진상규명 작업은 윤 대통령 탄핵심판과 형사재판의 투트랙으로 이뤄지게 될 전망이다.

한편, 윤 대통령에 대한 탄핵심판은 지난 12월 14일 오후 6시 15분 헌법재판소에 윤 대통령 탄핵소추안이 접수되면서 시작된 바 있다. 헌재는 이후 1월 14일 첫 변론을 시작으로 본격적인 재판 절차에 돌입했는데, 2월 25일 변론이 종결되면서 탄핵심판 결과는 오는 3월 중 나올 것이라는 전망이 높다.

尹 대통령, 「내란 수괴」 혐의로 구속기소
헌정사 첫 피고인 된 현직 대통령

검찰 비상계엄 특별수사본부가 1월 26일 내란 우두머리(수괴) 혐의를 받고 있는 윤석열 대통령을 구속기소했다고 밝혔다. 이는 윤 대통령이 지난해 12월 3일 비상계엄을 선포한 지 54일 만으로, 헌정 사상 현직 대통령이 구속 상태로 재판에 넘겨진 것은 이번이 처음이다. 이처럼 12·3 내란에 가담한 군·경 주요 지휘부에 이어 정점인 윤 대통령까지 기소되면서 내란 관련 수사는 사실상 마무리되고 재판 절차를 앞두게 됐다. 이에 탄핵심판과 함께 진행될 윤 대통령 형사재판의 핵심은 내란죄 처벌을 규정한 형법 87조의 적용 여부가 될 것으로 전망된다.

내란죄 관련 법 조항

헌법 제84조	대통령은 내란 또는 외환의 죄를 범한 경우를 제외하고는 재직 중 형사상의 소추를 받지 아니한다.
형법 제87조	대한민국 영토의 전부 또는 일부에서 국가권력을 배제하거나 국헌을 문란하게 할 목적으로 폭동을 일으킨 자는 다음 각 호의 구분에 따라 처벌한다. 1. 우두머리는 사형, 무기징역 또는 무기금고에 처한다. 2. 모의에 참여하거나 지휘하거나 그 밖의 중요한 임무에 종사한 자는 사형, 무기 또는 5년 이상의 징역이나 금고에 처한다. 살상, 파괴 또는 약탈 행위를 실행한 자도 같다. 3. 부화수행하거나 단순히 폭동에만 관여한 자는 5년 이하의 징역이나 금고에 처한다.

윤 대통령의 혐의는?

윤 대통령은 지난해 12월 3일 김용현 전 국방부장관(구속기소) 등과 공모해 위헌·위법한 비상계엄을 선포하는 등 국헌 문란을 목적으로 폭동을 일으킨 혐의를 받는다. 또 ▷국회의원들의 국회 출입 통제 ▷총기 무장 계엄군의 국회 경내 진입과 의원 보좌진 등 위협 ▷계엄해제 결의안 처리 중인 본회의장에 대한 진입 시도 ▷우원식 국회의장, 이재명 더불어민주당 대표, 한동훈 당시 국민의힘 대표 등 주요 인사에 대한 체포 및 구금 시도 ▷무장 계엄군의 중앙선거관리위원회 점거 및 정보관리국 서버실 수색 등을 지시한 혐의 등도 받고 있다.

검찰은 앞서 김용현 전 장관, 박안수 육군참모총장(계엄사령관), 여인형 전 국군방첩사령관, 곽종근 전 육군특수전사령관, 이진우 전 육군수도방위사령관, 문상호 전 국군정보사령관, 조지호 경찰청장 등 전현직 군·경찰 지휘부에 대해 내란 중요 임무 종사와 직권남용 권리행사방해 혐의로 구속기소한 바 있다. 윤 대통령의 공소장은 그동안 내란 관계자들을 기소하면서 추가된 내용들이 반영돼 100쪽을 조금 넘긴 것으로 알려졌다. 특히 82쪽 분량의 김용현 전 장관의 공소장에는 김 전 장관보다 윤 대통령이 더 많이 언급되는 등 검찰은 주요 관계자들의 공소장에서 내란의 정점으로 윤 대통령을 지목해 왔다.

윤석열 대통령이 받고 있는 주요 혐의들

- 헌법상 계엄 선포 요건에 해당되지 않는 야당의 탄핵소추 남발, 특별검사 법안 추진 등을 이유로 비상계엄 선포
- 위헌·위법한 포고령을 근거로 군과 경찰을 동원해 국회 등의 봉쇄 시도
- 체포조를 통해 정치인 등을 영장 없이 체포·구금하려 함
- 군을 투입해 국회의 비상계엄 해제요구안 의결 방해
- 중앙선거관리위원회 점거 및 서버 반출, 주요 직원 체포 시도

尹 대통령 기소 이후 형사재판 일정은?

서울중앙지법이 1월 31일 윤 대통령 사건을 제25형사부에 배당하면서 본격 심리 절차에 돌입했다. 서울중앙지법 제25형사부는 ▷김용현 전 국방부 장관 ▷조지호 경찰청장 ▷김봉식 서울경찰청장 ▷노상원 전 국군정보사령관 ▷김용군 전 대령 등 내란 중요임무 종사자 피고인 사건을 모두 맡고 있다는 점에서 내란죄로 기소된 피고인들은 모두 동일한 재판부에서 재판을 받게 됐다. 윤 대통령에 대한 심리는 3월 중 본격적으로 진행될 전망인데, 1심에서 피의자의 최장 구속기간이 6개월인 점을 감

안할 때 늦어도 오는 7월 말까지 윤 대통령에 대한 1심 선고가 내려질 것으로 보인다. 만약 선고가 7월 말까지 이뤄지지 않을 경우 윤 대통령은 석방돼 불구속 상태에서 재판을 받게 된다.

尹 대통령, 기소에 이르기까지
12·3 비상계엄에 따른 체포와 구속

헌정 사상 최초의 현직 대통령 체포 및 구속, 그리고 기소의 시작은 지난해 12월 3일의 비상계엄 선포 사태였다. 윤석열 대통령은 지난 12월 3일 오후 10시 27분께 용산 대통령실에서 긴급담화를 갖고 「북한 공산 세력의 위협으로부터 자유 대한민국을 수호하고 우리 국민의 자유와 행복을 약탈하고 있는 파렴치한 종북 반국가 세력들을 일거에 척결하고 자유헌정질서를 지키기 위해 비상계엄을 선포한다」고 밝혔다. 이 비상계엄 선포에 따라 군은 계엄사령부로 바로 전환됐으며, 계엄군은 12월 3일 밤 11시를 기해 「정당 활동, 집회 등 정치 활동을 금지」하는 등의 6개 사항이 포함된 「포고령 1호」를 발령했다. 이후 계엄군이 국회에까지 진입하면서 긴장이 최고조에 이른 가운데, 국회에 모여든 의원들은 12월 4일 새벽 1시께 본회의를 열고 비상계엄 해제 결의안을 만장일치(재적 190명, 찬성 190명)로 가결시켰다. 이처럼 비상계엄 선포 2시간 48분 만에 해제 결의안이 통과되면서 윤 대통령은 12월 4일 오전 4시 27분께 생중계 담화를 통해 비상계엄을 해제한다고 밝혔다.

검·경·공수처, 사태 관련 수사 돌입

12·3 비상계엄 사태 이후 윤석열 대통령을 비롯한 주요 관계자들의 내란 및 직권남용 등에 대한 고발이 검찰·경찰·공수처 등 여러 수사기관에 산발적으로 접수됐다. 이에 검·경·공수처가 일제히 수사에 나선 가운데, 검찰을 제외한 공수처와 경찰 국가수사본부는 공조수사본부를 꾸려 함께 수사를 진행했다. 이후 공수처는 12월 8일과 13일에 검경에 사건 이첩을 요청했고, 경찰은 16일 윤 대통령을 비롯해 ▷김용현 전 국방부 장관 ▷박안수 육군참모총장 ▷여인형 전 국군방첩사령관 ▷이상민 전 행정안전부 장관 사건을 공수처로 이첩했다. 그리고 검찰은 12월 18일 윤 대통령과 이 전 행안부 장관 사건을 공수처로 이첩했다.

공수처, 윤 대통령 체포영장 청구

검경으로부터 윤 대통령 내란 혐의 사건을 이첩받은 공수처는 조사를 위해 세 차례(12월 18·25·29일)에 걸쳐 윤 대통령 출석을 요구했으나 대통령 측은 이에 응하지 않았다. 이에 공수처는 12월 30일 윤 대통령 체포영장을 서울서부지법에 청구했고, 31일에 유효기간 일주일의 체포영장을 발부받았다. 특히 법원은 발부한 수색영장에 군사상 비밀을 요하는 장소, 직무상 비밀을 요하는 장소의 경우 책임자의 승낙 없이 압수 또는 수색할 수 없다는 내용의 형사소송법 110조와 111조 적용을 예외로 한다는 문구를 적시했다. 이후 공수처는 발부 4일째인 1월 3일 경찰과 함께 윤 대통령 관저를 찾아 체포영장 집행을 시도했지만, 대통령경호처의 방어에 막히면서 5시간 30분 만에 체포가 무산됐다. 그러자 공수처는 1월 6일 체포영장을 재청구해 다시 발부받았고, 이에 두 번째 체포영장 집행 가능성에 대한 주목도가 높아졌다.

공수처·공수본, 헌정 사상 첫 현직 대통령 체포

공수처와 경찰청 국가수사본부 등으로 구성된 공조수사본부(공조본)가 1월 15일 오전 10시 33분께 내란 우두머리 등의 혐의를 받는 윤 대통령을 체포했다. 이는 윤 대통령이 비상계엄을 선포한 지 43일 만이자 법원이 윤 대통령 체포영장을 처음 발부한 지 15일 만으로. 현직 대통령의 내란죄 혐의와 수사기관 체포는 헌정 사상 초유의 일이었다. 대통령 경호차량에 탑승해 공수처 과천청사로 압송된 윤 대통령은 이날 오전 11시부터 조사를 받기 시작했지만, 모든 진술을 거부한 것으로 전해졌다. 공수처는 이날 밤 9시 40분에 조사를 마친 뒤 윤 대통령을 경기도 의왕시 서울구치소에 구금했다.

한편, 윤 대통령 측은 이날 공수처가 체포영장을 발부받은 서울서부지법이 아닌 서울중앙지법에 체포적부심도 청구했으나, 법원은 1월 16일 이를 기각했다. 윤 대통령 측은 앞서 공수처의 체포영장 청구가 수사권 없는 불법 수사이고 서울서부지법으로부터 받은 영장은 전속 관할 규정을 위반한 무효라고 주장해 왔다. 윤 대통령 측의 체포적부심 신청에 따라 당초 1월 17일 오전 10시 33분까지였던 영장 청구 시한은 공수처가 자료를 반환받은 시점부터 20시간 30분 뒤로 늦춰졌다. 이는 형사소송법상 체포 후 48시간 안에 구속영장을 청구해야 하는데, 체포적부심사를 위해 수사기관이 법원에 자료를 접수한 후 반환 받을 때까지는 이 48시간에 포함되지 않기 때문이다.

체포영장(逮捕令狀)

피의자가 수사기관의 출석 요구에 불응하거나 불응할 우려가 있을 때 판사가 발부하는 영장을 말한다. 피의자가 죄를 범하였다고 의심할 만한 상당한 이유가 있고, 정당한 이유 없이 수사기관의 출석요구에 응하지 않거나 응하지 아니할 우려가 있는 때에는 피의자를 체포할 수 있다. 사법경찰관이 피의자를 체포하기 위해서는 먼저 검사에게 체포영장을 신청하게 되며, 이후 검사는 판사에게 이를 청구해 체포영장을 발부받게 된다. 다만 명백히 체포의 필요가 인정되지 않는 경우 검사나 판사는 체포영장을 기각할 수 있다. 그리고 체포한 피의자를 구속하고자 할 때에는 체포한 때부터 48시간 이내에 판사에게 구속영장을 청구해야 한다. 체포영장에 의해 체포된 피의자를 구속영장에 의해 구속한 때에는 구속기간은 체포된 때로부터 기산한다.

체포적부심(逮捕適否審)

수사기관의 체포가 부당하거나 체포할 필요까지는 없다고 생각될 경우 법원에 석방해줄 것을 요구하는 것을 말한다. 체포적부심을 청구받은 법원은 청구서가 접수된 때부터 48시간 이내에 체포 또는 구속된 피의자를 심문하고 수사관계서류와 증거물을 조사하여 그 청구가 이유 없다고 인정한 때에는 결정으로 이를 기각하고, 이유 있다고 인정한 때에는 결정으로 체포 또는 구속된 피의자의 석방을 명하여야 한다. 법원이 석방을 명하면 피의자는 즉시 석방되며, 이에 대하여 검사는 항고하지 못한다.

윤 대통령 구속, 지지자들의 법원 난입사태 발생

1월 15일 체포 당일 공수처로 이송돼 10시간 40분간 첫 조사를 받은 윤 대통령은 이후 공수처의 추가 출석 요구를 거부하며 나오지 않았고, 이에 공수처는 17일 윤 대통령에 대한 구속영장을 청구했다. 그리고 서울서부지법은 1월 19일 윤 대통령에 대해 구속 전 피의자 심문(영장실질심사)을 진행한 뒤 구속영장을 발부했다. 구속영장이 발부되면서 서울구치소의 구인 피의자 대기실에서 대기하던 윤 대통령은 정식 구치소 입소 절차를 거쳐 수용됐으며, 이로써 윤 대통령은 헌정사상 처음으로 체포에 이어 구속까지 된 현직 대통령이 됐다.

그런데 윤 대통령의 구속이 결정된 1월 19일 새벽 윤 대통령의 지지자들이 서울서부지법에 난입했고, 이들의 폭동으로 법원의 창문과 집기·외벽 등이 상당 부분 훼손되는 사상 초유의 사태가 발생했다. 시위대의 저항이 거세지자 경찰은 총 1400여 명의 인력을 동원해 이들에 대한 진압에 들어갔고, 이 과정에서 46명이 현행범으로 체포돼 일선 경찰서로 연행됐다. 당시 법원에

▲ 1월 19일 윤석열 대통령의 구속이 결정되자 윤 대통령의 일부 지지자들이 서울 마포구 서울서부지방법원에 난입하는 사상 초유의 사태가 벌어졌다.

난입한 현행범 외에도 윤 대통령 구속에 반발하는 시위와 관련해 현장에서 체포된 인원은 90명에 달했는데, 이후 경찰이 채증자료 분석 등을 통해 수사를 확대해 나가면서 체포 인원은 계속 늘어났다. 한편, 이 서부지법 난입 사태는 헌법기관인 법원이 시위대의 공격을 받은 사상 초유의 일이라는 점에서 법치주의 훼손 논란을 거세게 일으켰다.

檢, 윤 대통령 구속기소

공수처는 1월 23일 윤 대통령의 내란 우두머리·직권남용 권리행사방해 사건을 검찰에 송부했고, 경찰도 다음 날인 24일 윤 대통령에 대한 내란 우두머리 혐의 사건 6건을 검찰에 송치했다. 검찰 특수본은 공수처로부터 관련 사건을 넘겨 받은 뒤 윤 대통령에 대한 구속기간 연장을 2차례 신청했지만, 법원은 「공수처가 수사한 뒤 송부한 사건에 대해서는 검찰청 검사가 보완수사할 법적 근거가 부족하다」(공수처법 26조)며 이를 모두 불허했다. 이에 검찰은 윤 대통령에 대한 대면조사를 진행하지 못한 채 구속기간 만료를 하루 앞둔 1월 26일에 윤 대통령을 기소했다. 다만 헌법상 불소추특권이 보장되는 현직 대통령 신분인 점을 고려해 기소 대상이 된 혐의는 내란 우두머리에만 한정했다. 따라서 직권남용 권리행사방해 혐의는 윤 대통령에 대한 탄핵심판 결과가 나온 뒤 그 적용 여부를 검토할 것으로 보인다.

대통령의 불소추 특권

대통령은 재직기간 중 헌법 제84조에 의해 내란·외환의 죄 이외의 범죄에 대하여 형사상 소추를 받지 않는다. 이는 외국에 대하여 국가를 대표하는 지위에 있는 대통령의 신분과 권위를 유지하고 국가원수 직책의 원활한 수행을 보장하기 위함이다. 그러나 재직 중이라도 민사상·행정상의 소추, 국회에 의한 탄핵소추는 받을 수 있다. 또한 재직 중에 범한 형사상 범죄에 대해서는 퇴직 후에 소추할 수 있는데, 대통령의 재직 중에는 형사상 소추가 불가능하므로 당해 범죄의 공소시효는 정지된다.

형사재판과 탄핵심판의 투트랙, 헌재의 尹 대통령 탄핵심판은 어떻게?

윤석열 대통령이 내란 우두머리 혐의로 구속기소돼 형사재판 피고인이 되면서 윤 대통령은 탄핵심판과 형사재판을 동시에 받게 됐다. 탄핵심판은 1월 14일부터 매주 화요일과 목요일 2회씩 헌법재판소에서 진행됐는데, 해당 심판의 핵심은 헌법 77조 「전시·사변 또는 이에 준하는 국가비상사태에 있어서 병력으로써 군사상 필요가 있었는지」 규정을 위반했는지 여부다.

尹 대통령, 12·3 비상계엄 선포부터 구속기소에 이르기까지

2024. 12. 3.	윤 대통령, 비상계엄 선포
4.	국회의 계엄 해제요구안 가결로 계엄 해제
5.	윤 대통령 탄핵소추안 국회 본회의 보고
7.	1차 탄핵안, 정족수 미달로 부결
12~13.	탄핵안 재발의 및 본회의 보고
14.	2차 탄핵안 가결, 탄핵심판 절차 개시
20.	헌재, 탄핵심판 서류 이날 송달로 간주
27.	헌재, 탄핵심판 첫 변론준비기일 진행
30.	공수처, 윤 대통령 내란 수괴 혐의 체포영장 청구
31.	서울서부지법, 윤 대통령 체포영장 발부

2025. 1. 3.	공수처, 체포영장 집행 시도 → 실패
6.	공수처, 서울서부지법에 체포영장 재청구
7.	법원, 윤 대통령 체포영장 재발부
15.	공수처, 윤 대통령 체포
17.	공수처, 윤 대통령 구속영장 청구
19.	서울서부지법, 윤 대통령 구속영장 발부
23.	• 공수처, 윤 대통령 사건 검찰로 송부(이첩)
	• 검찰, 구속기간 2월 6일까지 연장 신청
24~25.	서울중앙지법, 윤 대통령 구속기간 연장 두 차례 불허
26.	검찰, 윤 대통령 「내란 우두머리」 혐의로 구속기소

대통령 탄핵 절차

탄핵소추안 발의	국회 재적의원 과반수 발의

▼

국회 본회의 보고 후 24~72시간 이내 표결, 국회 재적의원 3분의 2 이상 찬성

▼

탄핵 대상자 권한 행사 즉시 정지

▼

헌법재판소 재판	접수일부터 180일 이내 선고, 재판관 9명 중 6명 이상 찬성 시 탄핵

▼

최종 파면, 60일 이내에 대선

✎ 탄핵(彈劾)은 대통령, 국무총리, 국무위원, 행정 각부의 장, 헌법재판소 재판관, 법관, 중앙선거관리위원회 위원, 감사원장, 감사위원 등 법률이 신분보장을 하는 공무원의 위법 행위에 대해 국회가 소추하고 헌법재판소가 이를 심판하여 처벌·파면하는 제도이다. 국회의 탄핵소추가 의결되면 헌재의 탄핵심판으로 이어지는데, 탄핵 결정은 재판관 9인 중 6인 이상의 찬성이 있어야 한다. 탄핵결정에 의해 파면된 자는 결정 선고일로부터 5년이 지나지 않으면 공무원이 될 수 없다.

헌재의 탄핵심판 돌입

더불어민주당 등 야6당은 지난해 12·3 비상계엄 사태 하루 뒤인 12월 4일 윤석열 대통령의 탄핵소추안을 국회에 제출했다. 해당 탄핵안은 한 차례 폐기 끝에 두 번째 만인 12월 14일 국회를 통과했고, 이에 헌정 사상 3번째의 현직 대통령에 대한 탄핵안 가결이 이뤄졌다. 그리고 국회의 탄핵안 가결 직후 발송한 탄핵소추 의결서가 대통령실에 송달되면서 윤 대통령의 직무와 권한은 즉시 정지됐으며, 12월 14일 오후 6시 15분 「2024헌나8 대통령 윤석열 탄핵」 사건이 헌법재판소에 접수되면서 탄핵 국면이 시작됐다. 이후 헌재는 정형식 헌법재판관을 탄핵심판의 주심 재판관으로 지정했으며, 12월 16일 재판관 회의를 열고 윤 대통령 탄핵심판 사건 첫 변론준비기일을 27일로 정했다고 밝혔다. 변론준비기일은 공식 변론에 앞서 헌재가 양측의 주장과 쟁점, 증거를 정리하고 심리 계획을 세우는 절차

▲ 2월 13일 헌법재판소 대심판정에서 윤석열 대통령 탄핵심판 8차 변론이 열리고 있다.

를 말한다. 그리고 헌재는 12월 16일부터 우편 등을 통해 윤 대통령에게 최소 11차례 탄핵심판 접수통지와 출석요구서, 준비명령 등의 서류를 보냈으나 윤 대통령 측은 이를 수령하지 않았다. 이에 헌재는 12월 23일 서류 송달이 이뤄진 것으로 간주하고 27일부터 1차 변론준비절차 기일에 들어갔다.

최상목 대행, 국회 몫 헌법재판관 3명 중 2명 임명

최상목 대통령 권한대행이 12월 31일 국회가 지명한 헌법재판관 후보자 3인 중 정계선 후보자와 조한창 후보자 2명만을 임명했다. 최 대행은 민주당이 추천한 후보자(2인) 가운데 마은혁 후보자 임명은 보류하면서, 추후 여야 합의 시 마 후보자를 임명하겠다고 밝혔다. 이처럼 헌법재판관 2명의 임명이 이뤄지면서 헌재는 75일 만에 6인 체제를 벗어나게 됐지만, 최 대행이 국회에서 넘어온 헌법재판관 임명 의무를 국회로 다시 넘기는 것은 대통령 권한을 넘어선 「위헌적 행위」라는 지적이 거세게 일었다. 이에 우원식 국회의장은 1월 3일 최 권한대행이 국회 추천 헌법재판관 후보자 3명 중 2명만 임명한 데 대해 헌재에 권한쟁의심판을 청구했다. 또 임명이 보류된 마 후보자에 대해 이미 헌법재판관의 지위에 있음을 확인하는 임시 지위를 정하는 가처분도 함께 신청했다.

헌법재판소(憲法裁判所)

법령의 합헌성을 심판하기 위해 설치된 헌법재판 기관으로, ▷위헌법률심판 ▷탄핵심판 ▷정당해산심판 ▷권한쟁의심판 ▷헌법소원심판 등 5가지의 헌법재판 권한을 행사한다. 헌법재판소의 종국결정에는 각하결정, 기각결정, 인용결정이 있다. 각하결정이란 심판청구가 이유 여부를 따져볼 필요가 없이 법률이 정한 일정한 형식적인 요건을 갖추지 못한 경우 내리는 결정이다. 기각결정이란 심판사건의 본안판단(실질적인 심사)을 통해 청구를 받아들일 수 없는 경우 내리는 결정이며, 인용결정이란 심판청구를 받아들이는 경우에 내리는 결정이다.

尹 대통령, 3차 변론 출석- 현직 대통령 최초

윤석열 대통령이 1월 21일 열린 탄핵심판 3차 변론기일에 참석하면서 헌정 사상 처음으로 현직 대통령의 헌재 참석이 이뤄졌다. 윤 대통령은 그동안 여러 차례 헌재에 직접 출석해 비상계엄 선포 이유를 직접 설명하겠다고 밝혀왔으나, 앞서 1·2차 변론기일에는 출석하지 않았다. 이날 윤 대통령은 3차 변론기일을 시작으로 앞으로 모든 변론기일에 출석하겠다는 입장을 밝히기도 했다. 이날 3차 변론에는 증인 없이 국회와 윤 대통령 양측만 출석한 채 채택된 각종 증거를 조사하는 절차가 진행됐다. 앞서 헌재는 ▷12·3 비상계엄 관련 언론기사와 국회 본회의·상임위 회의록 ▷국회와 우원식 국회의장 공관 및 중앙선거관리위원회 등에서 촬영된 폐쇄회로(CC)TV 영상 일부를 증거로 채택한 바 있다.

✎ 국가인권위원회(인권위)가 2월 10일 윤석열 대통령의 탄핵심판 방어권 보장 권고 등을 골자로 하는 안건(계엄 선포로 야기된 국가적 위기극복 대책 권고의 건)을 가결했다. 이 안건은 김용원 상임위원 등이 지난 1월 발의하면서 시민단체들과 야권의 거센 반발을 일으킨 바 있다. 해당 안건은 ▷헌법재판소 등 사법부와 수사기관에 윤 대통령의 탄핵심판 사건 방어권을 철저히 보장할 것 ▷윤 대통령을 불구속 수사할 것 등의 내용이 담겼다.

탄핵심판 결과는 언제?

헌재가 2월 13일 8차 변론을 마지막으로 추가 기일을 지정하지 않은 데다 윤 대통령 측의 증인 신청을 기각하면서, 탄핵 선고 시점이 당초 예상보다 빨라질 것이라는 전망이 제기됐다. 그러나 헌재는 2월 14일 증인 3명을 추가 채택하고 18일과 20일에 각각 9·10차 변론기일을 진행한다고 밝혔다. 다만 2월 18일 열리는 9차 변론기일이 증인 없이 진행되면서 증인을 불러 진행하는 10차 변론이 사실상 윤 대통령 탄핵심판에서 마지막 분수령이 될 것이라는 전망이 제기됐다. 한편, 윤 대통령 선고의 법정 시한은 탄핵소추의결서 접수일로부터 180일이 되는 오는 6월 11

일이다. 그러나 법조계에서는 헌재가 문형배·이미선 재판관이 퇴임하는 4월 18일 이전에 선고를 내릴 것이라는 전망이 지배적이다.

✎ 문형배 헌재소장 권한대행이 2월 18일 윤석열 대통령 탄핵심판과 관련해 10차 변론을 20일 예정대로 진행하겠다고 밝혔다. 앞서 윤 대통령 측은 형사재판과 탄핵 변론기일이 겹친다는 이유로 기일 변경을 헌재에 요청한 바 있다.

11차 변론으로 종료, 3월 중순 선고 전망 헌법재판소가 2월 20일 윤 대통령 탄핵심판 10차 변론 기일을 연 가운데, 이날 한덕수 국무총리를 시작으로 홍장원 전 국가정보원 1차장, 조지호 경찰청장에 대한 증인 신문이 이뤄졌다. 특히 헌재는 이날 10차 변론을 종료하는 시점에서 2월 25일에 변론을 종결하고 당사자 최종 진술을 듣는다고 밝혔다. 이처럼 11차 변론을 끝으로 대통령 탄핵사건의 변론 절차가 종결되면 헌재의 선고는 3월 중순쯤 내려질 가능성이 높다는 전망이다. 과거 노무현 전 대통령 탄핵심판 때는 최종 변론 후 14일 만에, 박근혜 전 대통령은 11일 만에 결론이 나온 바 있다. 헌재는 지난 2004년 3월 12일 가결된 노 전 대통령 탄핵안을 같은 해 5월 14일 기각했으며, 2016년 12월 9일 가결된 박 전 대통령에 대해서는 이듬해인 2017년 3월 10일 재판관 8명 만장일치로 파면을 결정했었다. 만약 헌재가 국회의 탄핵소추 결정을 인용하면 윤 대통령은 헌법에 따라 파면되고 60일 이내에 대선을 치러야 한다. 헌법 제68조 제2항은 「대통령이 궐위된 때 또는 대통령 당선자가 사망하거나 판결 기타의 사유로 그 자격을 상실한 때에는 60일 이내에 후임자를 선거한다」고 규정하고 있다. 앞서 지난 2017년 3월 10일 박근혜 전 대통령 탄핵안이 인용됐을 때는 궐위 다음 날부터 60일째인 2017년 5월 9일에 조기 대선이 치러진 바 있다. 하지만 헌재가 탄핵을 기각할 경우 탄핵안은 즉시 파기되고 윤 대통령은 국정에 복귀하게 된다.

✎ 제19대 대통령 선거(2017)는 헌법재판소가 2017년 3월 10일 박근혜 전 대통령에 대한 탄핵 인용 결정을 내림에 따라 헌정 사상 처음으로 「대통령 직선제에 의한 보궐선거(궐위로 인한 선거)」로 치러진 대선이다. 특히 이전까지의 대선이 12월에 치러진 반면 19대 대선은 대통령 궐위라는 특수한 상황에서 치러지면서 5월 장미대선이 됐다. 임기 만료에 의한 선거에서 선출된 대통령의 임기는 전임 대통령 임기 만료일의 다음 날 0시부터 개시되지만 보궐선거에서 당선된 대통령의 임기는 당선이 결정된 때부터 개시된다. 따라서 임기 만료에 의한 선거에서 대통령에 당선되면 취임 전까지 당선인 신분으로 대통령직 인수위원회를 설치할 수 있으나, 궐위에 따른 선거에서는 당선 즉시 취임하게 되므로 인수위원회를 운영할 수 없다.

최신 주요 시사 ···

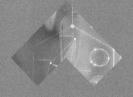

최신시사상식 232집

최신
주요 시사

1월 / 2월

정치시사 / 경제시사 / 사회시사 / 문화시사

스포츠시사 / 과학시사 / 시시비비(是是非非)

2025년 달라지는 것들 / 시사용어 / 시사인물

정치시사

〰〰〰

트럼프, 제47대 미국 대통령 취임
4년 만의 귀환-미국 우선주의 재선포

2017년부터 4년간 제45대 미국 대통령을 역임했던 도널드 트럼프 대통령이 1월 20일 미국 워싱턴 D.C. 연방의회 의사당 로툰다홀에서 제47대 대통령 취임식을 갖고 두 번째 임기를 시작했다. 트럼프 대통령은 이날 취임사에서 집권 1기 때와 마찬가지로 「아메리카 퍼스트(America First, 미국 우선주의)」를 국정 모토로 선언하는 등 향후 4년간 중점적으로 추진할 다양한 과제들을 밝혔다. 무엇보다 공화당이 상하원 양당 모두를 장악하는 「트라이펙타(Trifecta)」까지 달성된 만큼 트럼프 2기는 앞서 1기 (2017~2021년)를 능가하는 「슈퍼 트럼피즘(트럼프주의)」

> **마가(MAGA)** 「미국을 다시 위대하게(Make America Great Again)」라는 뜻으로 도널드 트럼프 대통령이 지난 2016년 대선 캠페인 당시 사용하면서 유명해진 정치 슬로건이다. 마가는 현재 트럼프를 지지하는 강경파 공화당 의원이나 극렬 지지층을 일컫는 말로도 사용되고 있다. 이에 마가를 지지하는 젊은 층을 가리켜 「영 마가(Young MAGA)」라고 지칭하는데, 트럼프 2기 내각과 백악관의 주요 직책에 영 마가가 대거 임명되면서 이들이 미칠 영향력에도 이목이 집중되고 있다.

이 도래할 것이라는 예측이 나온다. 이처럼 더 강해진 「마가(MAGA, 미국을 다시 위대하게)」를 내세운 트럼프의 재집권이 시작되면서 글로벌 안보와 통상 질서는 대변화를 맞게 될 전망이다.

4년 만에 귀환한 트럼프, 취임사 주요 내용 트럼프 대통령은 지난 2020년 치러진 대선에서 민주당의 조 바이든 당시 후보에 패하며 단임 대통령으로 물러났으나, 지난해 11월 5일 카멀라 해리스(전 부통령)와 맞붙은 대선에서는 압승을 거두며 4년 만의 재집권에 성공했다. 트럼프 대통령(1946년 6월 14일생)은 1월 20일 취임일 기준 78세 7개월로 역대 최고령 대통령이라는 기록을 남겼으며, 그로버 클리블랜드 전 대통령(22·24대) 이후 132년 만에 미 역사상 두 번째로 첫 임기 후 낙선했다가 재선에 성공한 대통령이 됐다. 무엇보다 연방 상·하원 다수당을 공화당이 차지한 데다 연방대법원 대법관 성향 비율도 보수 우위(6 대 3)라는 점에서 향후 4년간 트럼프 대통령이 견제 없는 권력을 행사할 수 있다는 전망이 나온다.

트럼프 대통령은 1월 20일 취임사를 통해 남부 국경에 국가비상사태를 선포하고 국경지대에 군대를 파견해 불법 이민자가 미국에 들어오는 것을 더 이상 허용하지 않겠다고 밝혔으며, 에너지 비상사태를 선포해 석유·가스 시추를 확대할 것을 시사했다. 또 무역 시스템 재점검 및 외국에 대한 관세 부과(확대) 방침을 밝히고, 전기차 우대정책을 포함한 전임 바이든 행정부의 친환경 산업정책인 「그린뉴딜」의 종료를 선언했다. 외교·안보에 있어서는 대외 개입을 최소화하겠다는 입장을 분명히 했으며, 특히 「우크라이나 전쟁을 끝내고 중동의 혼란을 멈출 것」이라고 밝혔다. 아울러 DEI 정책(※시사용어 참조) 폐기와 여성 스포츠에서의 남성(트랜스젠더) 퇴출 등 바이든 전 행정부에서 강화된 「워크(Woke)」 문화와 「정치적 올바름(PC)」 폐기 방침도 밝혔다.

트럼프, 취임 직후 46건 행정명령 서명 2017년 1기 정부 출범 첫날 단 1개의 행정명령에 서명했던 트럼프 대통령은 1월 20일 취임과 동시에 46건의 행정명령에 서명하면서 2기 임기를 시작했다. 특히 트럼프는 「1호 행정명령」을 통해 바이든 전 행정부에서 내려졌던 행정조치 78건을 무효화했다.

> **미국 대통령 행정명령(Executive Order)** 미국 대통령이 의회의 승인 없이 주요 정책을 집행할 수 있는 명령으로, 대통령이 정책을 신속하게 실현할 수 있는 수단이다. 이는 의회의 승인이 필요하지 않기 때문에 명령을 내리는 즉시 효력이 발휘되며, 연방정부는 이 행정명령에 따라 하위 규칙을 제정하게 된다. 다만 행정명령은 법원에서 위헌 판결을 내릴 경우 무효화가 가능하고, 의회가 새로운 법을 제정해 무력화시킬 수 있는 등 법원 및 의회의 견제가 가능하다. 또 후임 대통령이 철회하거나 수정도 가능하다는 점에서 정책의 연속성이 보장되지 않는다.

WHO · 파리기후변화협약 탈퇴 트럼프 대통령은 세계보건기구(WHO)와 파리기후변화협약(파리협정)에서 각각 재탈퇴하는 내용의 행정명령에 서명했다. 트럼프는 집권 1기 때이자 코로나19 팬데믹이 한창이던 2020년 7월에도 WHO가 중국에 편향적이라는 이유로 탈퇴를 통보한 바 있다. 그러나 당시 절차상으로 탈퇴까지 1년을 기다려야 했는데, 이듬해인 2021년 바이든 대통령이 취임하면서 탈퇴가 무산됐었다. 또 트럼프 대통령은 2017년에는 전임 버락 오바마 정부 때 가입한 파리협정 탈퇴를 선언하기도 했다. 하지만 협정 발효(2016년 11월 4일) 후 3년이 지난 이후에만 탈퇴 요청이 가능하고 유엔 공식 통보 후 1년이 지나서야 효력이 발생한다는 파리협정 규정에 따라 탈퇴 효력은 2020년 11월 4일이 되어서야 이뤄진 바 있다. 하지만 이후 바이든이 대통령으로 취임하면서 미국은 2021년 다시 파리협정에 가입했으나, 트럼프 대통령이 다시 임기를 시작하면서 탈퇴를 선언한 것이다. 다만 파리협정 탈퇴는 「유엔 통보 후 1년 유예」에 따라 2026년 1월까지는 효력을 발휘하지 못하므로, 이때까지 미국의 회원국 지위는 유지된다.

> **파리기후변화협약(Paris Climate Change Accord)** 2020년 만료된 교토의정서를 대체, 2021년 1월부터 적용되는 기후변화 대응을 담은 기후변화협약으로 2016년 11월 발효됐다. 파리협정은 선진국에만 온실가스 감축 의무를 부여했던 교토의정서와 달리 195개 당사국 모두에게 구속력 있는 보편적 첫 기후합의라는 의미를 갖고 있다. 파리협정은 산업화 이전 대비 지구 평균기온 상승을 「2℃보다 상당히 낮은 수준으로 유지」키로 하고, 「1.5℃ 이하로 제한하기 위한 노력을 추구」하는 것을 핵심으로 한다.

불법이민자 단속 및 국경보안 강화 미국 역사상 최대의 불법이민 추방을 공약해온 트럼프 대통령은 미국에 입국하려는 외국인들을 더 철저히 심사하고, 국경보안에서 군의 역할을 강화하는 행정명령에도 서명했다. 또 멕시코·미국 국경에 비상사태를 선포하는 것은 물론, 국경장벽 건설 재개와 난민입국 프로그램 중단 조치 등에도 서명했다. 여기에 미국에서 태어나면 미국 시민권을 자동으로 부여하는 「출생시민권」 제도와 미국 난민수용 프로그램(USRAP)도

> **미국 출생시민권** 미국 수정헌법(14조)에 근거한 제도로, 속지주의에 입각해 미국에서 출생한 아이에게 자동으로 출생시민권을 부여하는 것이다. 수정헌법 14조는 「미국에서 태어나거나 귀화한 자 및 그 사법권에 속하게 된 사람 모두가 미국 시민이며 거주하는 주의 시민이다」라고 규정하고 있다.

중단하기로 했다. 다만 출생시민권은 미국 수정헌법 14조에 규정돼 있다는 점에서 이 같은 조치는 위헌 논란 가능성이 있다,

💡 미국 연방법원이 2월 5일 미국의 전통적인 출생시민권 제도를 사실상 폐지하는 트럼프 대통령의 행정명령 효력을 무기한 중단하는 판결을 내렸다. 법원은 이날 트럼프 대통령의 행정명령을 취소해달라는 민간단체의 소송에서 예비적 금지명령(집행정지명령)을 내렸으며, 이 명령은 본안 소송 판단이 내려지기 전까지 유지될 예정이다.

정치시사

쿠바의 테러지원국 재지정과 틱톡 금지법 유예 트럼프 대통령은 이날 쿠바에 대한 테러지원국 지정 해제도 취소했는데, 앞서 1월 14일 바이든 전 대통령은 쿠바를 4년 만에 테러지원국에서 해제한 바 있다. 또 트럼프는 중국 바이트댄스가 소유한 영상 플랫폼 틱톡의 미국 영업을 금지하는 「틱톡 금지법」 시행을 75일 동안 유예하라고 명령했는데, 틱톡 금지법은 지난해 4월 미국 의회가 중국 기업의 미국 정보 수집을 우려하며 제정한 것이다. 이 밖에 트럼프 대통령은 지난 2021년 1월 6일 트럼프 당시 대통령의 대선 패배에 불복해 폭동(1·6 의사당 난입사태)을 일으킨 1500여 명을 사면하고 6명을 감형하는 행정명령에도 서명했다.

💡 틱톡 금지법은 틱톡 모기업인 바이트댄스가 270일 내에 미국 내 사업권을 미국 기업에 매각하지 않으면 미국 내 서비스를 금지한다는 것을 주요 내용으로 한다. 이는 안보 우려를 이유로 틱톡의 미국 내 사업권을 강제 매각하도록 한 법으로, 지난해 4월 24일 바이든 당시 대통령의 서명으로 발효된 바 있다.

> **테러지원국(State sponsors of terrorism)** 미국 국무부는 매년 「국가별 테러리즘 보고서」를 발표해 국제적 테러행위에 가담했거나 이를 지원하고 방조한 혐의가 있는 나라를 테러지원국으로 분류하고 있다. 미국은 테러지원국에는 군사지원과 경제지원을 금지하고 있으며, 무기 외에 이중 용도로 사용될 수 있는 물품의 수출도 허용하지 않고 있다. 미 국무부는 지난 12월 북한을 비롯해 쿠바·이란·시리아 등 4개국을 테러지원국으로 명시한 「2023년도 국가별 테러 보고서」를 공개한 바 있다.
>
> **1·6 의사당 난입사태** 2020년 11월 3일 도널드 트럼프와 조 바이든의 맞대결로 펼쳐진 미국 대선에서 바이든이 승리하자 해당 결과에 불복한 트럼프 지지자들이 2021년 1월 6일 미 워싱턴 DC 국회의사당에 난입한 사상 초유의 사태로, 당시 경찰과 시위대의 대치 과정에서 6명이 사망했다. 그러나 트럼프 대통령이 1월 20일 취임과 동시에 해당 사태 관련자들을 사면하는 행정명령에 서명하면서 대규모 사면이 이뤄진 가운데, 특히 극우단체 프라우드보이스의 전 대표 엔리케 타리오(징역 22년 선고)와 오스키퍼스의 창립자 스튜어트 로즈(징역 18년 선고)도 석방됐다.

연방정부 조직 개편 그간 「딥스테이트(Deep State, 기득권 관료집단)」 청산을 주장해온 트럼프 대통령은 취임 첫날 ▷필수 분야를 제외한 공무원 채용 동결 ▷연방 공무원 상당수를 해고가 자유로운 「스케줄 F」 직군으로 전환 ▷공무원 재택근무 종료 등의 내용을 담은 행정명령들에도 서명했다. 트럼프 측에 따르면 「딥스테이트」는 미국 연방정부 내 곳곳에 포진해 민주당의 이익을 추구하며 트럼프의 정치적 의제를 방해하는 고위 공무원이나 정치인들이다. 또 트럼프 대통령은 일론 머스크 테슬라 최고경영자(CEO)가 이끄는 자문기구이자 정부 개혁을 주도할 「정부효율부(DOGE)」 설치도 공식화했다.

> **딥스테이트(Deep-State)** 권위주의 국가에서 암약하는 군부 세력이나 정보기관 등 민주주의 제도 밖의 숨은 권력 집단을 뜻한다. 정치학자들이 막후에서 영향력을 행사하며 정치에 수시로 개입하는 튀르키예 군부를 가리키는 말로 처음 사용했다. 특히 2017년 3월 당시 도널드 트럼프 미국 대통령이 버락 오바마 전 대통령으로부터 대선 기간에 도청 당했다고 주장하자, 극우 성향 매체인 브레이바트 뉴스가 이를 「딥스테이트 게이트」라는 제목으로 보도하면서 이 용어가 회자됐다. 당시 트럼프 지지자들은 딥스테이트를 오바마 전 대통령을 지지하는 비평가나 연방 관료, 정보기관을 지칭하는 단어로 사용한 바 있다.
>
> **정부효율부(DOGE·Department of Government Efficiency)** 정부 예산을 효율적으로 운영하고 불필요한 지출을 줄이기 위해 고안된 부서로, 일론 머스크 테슬라 최고경영자(CEO)가 수장으로 임명됐다. 머스크는 2024년 대선 당시 트럼프 후보에게 정부효율부 신설을 제안하며, 막대한 낭비와 사기를 걷어내 한 해 연방정부 전체 예산(6조 5000억 달러)에서 2조 달러(약 2814조 원) 이상을 감축할 수 있다고 주장해 왔다. 한편, 정부효율부의 약자(DOGE)가 머스크가 홍보하던 밈코인인 「도지코인」과 철자가 같다는 점에서 또다른 화제가 되기도 했다. 도지코인은 2013년 나온 밈코인으로, 머스크가 2019년 4월 엑스(X·옛 트위터)의 개인 계정에서 도지코인에 대한 관심을 드러내며 급등락을 반복한 바 있다.

트럼프 대통령이 취임 첫날 서명한 주요 행정명령

바이든 행정부의 조치 철회	• 파리기후변화협약과 세계보건기구(WHO) 탈퇴 • 1·6 의회 난입사태 관련자 1500명 사면 • 연방정부 DEI 프로그램 종료	• 쿠바의 테러지원국 해제 취소 • 틱톡 금지법, 75일간 시행 유예 • 남성과 여성 두 가지 성별만 인정
국경과 불법이민	• 불법이민과 국경안보 관련 국가비상사태 선포 • 미국 시민권 자동 부여 「출생시민권」 종료	• 국경장벽 건설에 국방예산 투입 허용 • 향후 6개월간 난민 입국 중단
에너지	• 에너지 관련 국가비상사태 선포 • 전기차 의무화 폐지	• 석유·가스 시추 및 수출 확대 • 해양 시추 금지 조치 취소
연방정부 개혁	• 군인 또는 이민 단속, 국가 안보 또는 공공안전 관련 직책 제외 연방정부 추가 고용 중지 • 연방정부 직원 전원 사무실 복귀	• 정부효율부(DOGE) 설립 및 실행

트럼프, 그린란드·파나마운하 미국령 편입 주장
유럽 동맹국들 거센 반발

도널드 트럼프 미국 대통령 당선인(1월 20일 취임, 당시 기준)이 1월 7일 대통령 당선 이후 가진 두 번째 기자회견에서 그린란드·파나마운하를 되찾거나 획득하기 위해 군사력 사용을 배제하지 않는 다고 밝히면서 논란을 확산시켰다. 트럼프는 지난해 11월 5일 대선 승리 이후 여러 차례 미국의 경제·국가 안보를 위해 그린란드와 파나마운하를 미국이 소유해야 한다고 주장해 왔는데, 이번 발언은 여기에서 한발 더 나아가 군사력 사용까지 불사하겠다는 의지를 밝힌 것이기 때문이다.
아울러 트럼프는 이날 기자회견에서 캐나다를 미국의 51번째 주로 만들고, 멕시코만(※ 시사용어 참조)의 명칭을 「아메리카만」으로 바꾸자는 주장까지 제기했다. 이와 같은 트럼프의 억지 주장에 동맹국 사이에서도 우려와 반발이 높아졌는데, 올라프 숄츠 독일 총리는 1월 8일 「무력으로 국경을 변경할 수 없다는 원칙은 모든 국가에 동일하게 적용되고 이것이 국제법의 기본 원칙」이라고 밝혔다.

> **돈로 독트린(Doctrine of the Donroe)** 도널드 트럼프 대통령이 그린란드와 파나마운하를 미국령으로 만들어야 한다는 주장을 거듭하는 가운데, 미국의 보수 성향 매체인 《뉴욕포스트》가 이를 가리켜 지칭한 트럼프의 대외정책 명칭이다. 이는 1823년 미국 제5대 대통령 제임스 먼로가 천명했던 「먼로 독트린(Monroe Doctrine)」에 빗댄 것으로, 「먼로 독트린」은 외부 세력(특히 유럽)이 아메리카 대륙에 간섭하거나 식민지를 건설하는 것을 거부한다는 「비동맹, 비식민, 불간섭」을 핵심으로 한 고립주의 외교방침을 말한다.

트럼프의 그린란드와 파나마운하 편입 주장은? 트럼프는 지난해 12월 21일 파나마가 운하를 이용하는 미국 해군과 기업 등에 과도한 통행료를 부과하고 있다고 주장하며 운하 반환을 요구할 수 있다고 경고했다. 이어 12월 25일에는 파나마 주재 미국대사에 케빈 마리노 카브레라를 지명했는데, 이를 두고 파나마운하 운영권 반환을 실행하기 위한 첫 단계라는 분석이 나온 바 있다. 이에 호세 라울 물리노 파나마 대통령은 「파나마운하와 그 인접 지역은 모두 파나마 일부이며 앞으로도 계속 그럴 것」이라며 트럼프의 주장에 강하게 반발했다.
여기에 트럼프는 12월 23일 자신의 소셜미디어 트루스소셜에 페이팔의 공동창립자 켄 하우리를 차기 덴마크 주재 미국대사로 발표하면서 「미국의 안보와 전 세계 자유를 위해서는 그린란드를 소유해 통제하는 것이 절대적으로 필요하다」고 밝혀 논란을 일으켰다. 트럼프는 1기 행정부 때인 2019년에도 그린란드 매입 검토를 지시했으나 외교 문제로 비화되며 무산된 바 있다. 이러한 트럼프의 발언에 덴마크 정부는 12월 24일 최소 15억 달러(약 2조 1800억 원)를 투입해 그린란드의 군사 인프라를 대대적으로 증강한다는 방침을 발표한 데 이어 1월 6일에는 그린란드를 부각하는 방식으로 변경한 왕실 문장(紋章)을 공개했다. 이 문장은 500여 년 전 덴마크·스웨덴·노르웨이 3국 간 국가연합체인 「칼마르 동맹」을 뜻하는 상징하는 세 개의 왕관을 없애고, 덴마크 자치령인 그린란드와 페로제도(영국과 아이슬란드 사이에 위치한 섬)를 각각 상징하는 북극곰과 양을 크게 부각시킨 것이 특징이다.

▲ 덴마크 왕실이 덴마크 자치령 그린란드를 상징하는 북극곰의 크기를 기존보다 대폭 키워 공개한 새 문장(우측) (출처: 덴마크 왕실 홈페이지)

> **그린란드(Greenland)** 북아메리카 북동부 대서양과 북극해 사이에 위치한 면적 약 217만 5,600km² 규모의 세계에서 가장 큰 섬(인구는 5만 7000명)으로, 덴마크 자치령이다. 덴마크인들이 그린란드에 정착한 것은 1721년이며, 식민지로 지배하기 시작한 것은 1814년부터다. 그린란드는 1979년 「그린란드 자치령(Home Rule)」이 되면서 어느 정도의 자율성을 인정받긴 했으나, 2008년 주민투표를 통해 자치법안을 통과시키면서 2009년 6월부터 외교·국방·통화권을 제외한 치안·사법·회계·광업·항공 능 대부분의 영역에서 자치권을 행사하고 있다. 그린란드는 국토의 85%가 얼음으로 덮여 경작이 가능한 땅은 2%에 불과하지만 희토류 등의 천연자원이 풍부한 것으로 알려져 있다. 특히 최근 기후변화로 빙하가 녹으면서 얼음 속에 있던 천연가스나 석유 등 각종 광물자원이 드러나며 전 세계의 주목을 받고 있다.
>
> **파나마운하(Panama Canal)** 중앙아메리카 파나마지협을 횡단하여 카리브해와 태평양을 잇는 운하로, 카리브해 크리스토발 항구에서 태평양의 발보아 항구에 이르는 수로이다. 1904~1914년의 공사로 개통됐는데, 초기에는 미국이 운영했다가 미국이 1999년 7월 철수하면서 그해 12월 31일 파나마 정부로 운영권이 완전 이양된 바 있다. 현재 파나마 운하에는 연간 약 1만 4000척의 선박이 통과하는데, 이는 전 세계 해상 무역량의 약 6%를 차지한다.

파나마, 미국 선박에 운하 통행료 면제 미 국무부가 2월 5일 공식 X(옛 트위터) 계정을 통해 파나마 정부가 더는 미국 정부 선박에 대해 파나마운하 통행료를 부과하지 않기로 합의했다고 밝혔다. 이번 결정은 앞서 2월 2일 마코 루비오 미 국무장관이 취임 후 첫 해외 순방지로 파나마를 직접 찾은 지 3일 만에 나온 것이다. 그간 호세 라울 물리노 파나마 대통령은 「파나마운하의 통제·운영은 주권 문제」라며 반발해 왔지만, 트럼프 대통령의 거센 압박에 결국 이를 수용한 것으로 분석되고 있다.

트럼프, 그린란드 이어 「가자지구 장악」 발언 파문
「두 국가 해법」 부정에 대한 비판

덴마크령 그린란드, 파나마운하에 대한 미국령 편입을 주장해온 도널드 트럼프 미국 대통령이 2월 4일 「팔레스타인 가자지구를 점령해 소유할 것」이라고 밝혀 또다시 거센 파문을 일으켰다. 트럼프 대통령은 이날 워싱턴 D.C. 백악관에서 베냐민 네타냐후 이스라엘 총리와 정상회담을 마친 뒤 공동 기자회견을 갖고 가자지구 주민 약 214만 명을 중동의 다른 나라로 이주시킨 뒤 미국이 장기간 이곳을 개발하겠다고 밝혔다. 여기에 트럼프는 미국이 개발하는 가자지구는 「중동의 리비에라(Riviera, 프랑스 남부와 이탈리아의 지중해 연안 휴양지)가 될 것」이라는 발언도 남겼다.

트럼프, 「두 국가 해법」을 흔들다 트럼프 대통령의 이번 발언은 「두 국가 해법」을 근간으로 하는 중동 질서를 뒤흔들었다는 거센 비판을 받고 있는데, 두 국가 해법은 이스라엘과 팔레스타인이 각각 독립된 영토와 국가를 갖고 평화롭게 공존하는 방안을 말한다. 이는 1974년 유엔(UN) 결의안을 통해 기본적인 틀이 제시됐으며, 이후 1993년과 1995년 두 차례에 걸쳐 체결된 「오슬로협정(Oslo Accords)」에서 확립됐다. 이에 이스라엘은 1967년 제3차 중동전쟁을 통해 획득한 가자지구와 요르단강 서안지구(웨스트뱅크, West Bank)를 팔레스타인에 반환했으며, 이에 1996년 이 지역에 팔레스타인자치정부(PNA)가 수립됐다. 그러나 트럼프 대통령의 발언은 이와 같은 국제사회의 협약을 무너뜨리는 것이자 팔레스타인의 자기결정권을 침해하는 것이어서 큰 논란이 됐다. 아울러 팔레스타인 주민의 강제 이주는 1949년 제네바협약, 1998년 로마협약 등 전쟁범죄를 규정하는 대표적인 두 국제법에 저촉될 가능성도 크다. 이에 국제사회와 아랍권은 거세게 반발했는데, 특히 아랍의 맹주 사우디아라비아는 2월 5일 외교부 성명을 통해 「팔레스타인 독립이 보장되지 않으면 이스라엘과 외교관계를 수립하지 않을 것」이라고 밝혔다. 또 미국 민주당은 2월 5일 트럼프의 가자지구 구상이 사실상 인종 청소라고 반발했으며, 특히 앨 그린 민주당 하원의원(텍사스)은 이날 하원 본회의에서 트럼프 대통령에 대한 탄핵소추안을 발의하겠다고 공언했다.

💡 가자지구 인수·개발 구상을 밝혔던 트럼프 미국 대통령이 2월 11일 압둘라 2세 요르단 국왕과 정상회담을 갖고 팔레스타인 주민들을 요르단에 수용해줄 것을 압박했다. 이에 압둘라 2세 국왕은 가자지구 어린이 2000명을 요르단에 우선 받아들이기로 하면서 트럼프 대통령의 요구에 일부 호응했다.

가자지구(Gaza Strip) 팔레스타인 남서부, 이집트와 이스라엘 사이의 지중해 해안을 따라 위치한 지역으로, 요르단강 서안지구(웨스트뱅크)와 함께 팔레스타인 자치지역을 구성한다. 가자지구는 이 구역 내에 있는 최대의 도시인 가자시(Gaza市)의 이름을 딴 것으로, 1994년 5월부터 팔레스타인들의 자치가 시작됐다. 그러다 2006년부터 총선에서 승리한 무장단체 하마스에 의해 통치되고 있는데, 이때부터 이스라엘은 자국민 보호를 내세우며 가자지구에 대한 엄격한 봉쇄와 통제를 시작했다. 특히 이스라엘은 가자지구를 에워싸는 거대한 분리장벽을 세우고 가자 주민들의 통행을 극도로 제한하고 있으며, 이에 가자지구는 「세계 최대의 지붕 없는 감옥」으로 불리게 됐다. 아울러 가자지구는 약 365km²의 면적에 약 214만 명이 거주해 인구 밀집도는 세계 최고 수준이나 이스라엘의 오랜 봉쇄와 잦은 무력충돌로 인해 대다수 주민이 극심한 빈곤에 시달리고 있다.

트럼프의 친이스라엘 정책 노골화 트럼프 대통령은 집권 1기 때인 2017년 12월에는 예루살렘을 이스라엘의 수도로 인정하고, 주재 대사관을 텔아비브에서 예루살렘으로 이전하라고 지시하면서 아랍권은 물론 전 세계의 거센 반발을 일으켰다. 또 이스라엘이 3차 중동전쟁 당시 점령한 시리아 골란고원에 대한 이스라엘의 주권도 인정했다. 그리고 집권 2기를 시작한 뒤인 2월 4일에는 유엔 팔레스타인 난민구호기구(UNRWA)에서 미국이 탈퇴하는 것을 지시하는 행정명령에 서명하며 친이스라엘 정책을 본격적으로 시작했다. 이어 2월 6일에는 국제형사재판소(ICC)가 이스라엘과 미국을 겨냥해 불법적이고 근거 없는 조치를 취해온 것으로 드러났다며 ICC를 제재하는 행정명령에도 서명했다.

예루살렘(Jerusalem) 기독교, 유대교, 이슬람교 등 3대 종교의 성지가 모두 모여 있는 곳으로, 이스라엘과 팔레스타인이 모두 자신들의 수도로 주장하고 있는 분쟁 지역이다. 유엔은 1948년 이스라엘 건국을 앞두고 열린 총회 결의안을 통해 예루살렘을 국제법상 어떤 국가에도 속하지 않는 지역으로 선포한 바 있다. 이에 현재 이스라엘에 있는 각국의 대사관과 대표부는 예루살렘이 아닌 텔아비브에 있으며, 사실상 텔아비브가 이스라엘의 관문 역할을 하고 있다.

💡 국제형사재판소(International Criminal Court)는 집단학살, 전쟁범죄, 반인도적 범죄를 저지른 개인을 처벌하는 세계 최초의 상설 전쟁범죄재판소이다. 2002년 7월 1일 발족됐으며 본부는 네덜란드 헤이그에 있다. 임기 9년인 18인의 재판관을 비롯해 소추부·사무국으로 구성돼 있으며, 우리나라는 2003년 2월 정식 가입국이 된 바 있다.

이스라엘·하마스, 전쟁 15개월 만에 휴전 합의
1월 19일 휴전안 발효-3단계로 휴전 추진

이스라엘과 팔레스타인 무장단체 하마스가 1월 15일 미국·카타르·이집트의 중재하에 2023년 10월부터 이어져온 「가자전쟁」 휴전에 합의했다. 휴전안은 3단계에 걸쳐 인질·수감자를 맞교환하고, 이스라엘군은 가자지구에서 철수해 전쟁을 완전히 끝내겠다는 구상이다. 이번 휴전은 2023년 11월 말 행해진 일주일의 휴전 이후 두 번째로, 전쟁 470일 만인 1월 19일부터 발효됐다.

이처럼 이스라엘 건국 이래 최장기간 펼쳐진 전쟁이 일단락되면서 중동 정세에도 큰 변동이 일 것이라는 전망이 나온다. 다만 하마스 궤멸을 목표로 하는 이스라엘이 국내 정치 상황 등을 이유로 휴전 합의를 파기할 가능성도 배제할 수 없어 이번 휴전이 영구 휴전으로 이어질지는 불투명하다는 우려도 제기되고 있다.

💡 2023년 10월 7일부터 15개월간 이어진 가자전쟁으로 팔레스타인 가자지구에서는 최소 4만 6707명이 사망(가자지구 보건부 집계)한 것으로 추정되며, 이스라엘의 경우 1200명이 사망하고 251명이 인질로 납치된 것으로 추산된다.

이스라엘-하마스 휴전안 주요 내용　이스라엘과 하마스 양측의 휴전 합의안은 지난해 5월 조 바이든 당시 미국 대통령이 제안한 3단계 휴전안을 기반으로 한 것으로, 양측은 협상 막바지까지 가자지구와 이집트의 완충지대인 「필라델피 회랑(Philadelphi Corridor)」에서의 이스라엘군 주둔 문제를 놓고 갈등을 거듭했다.

합의안에 따르면 1단계는 42일(6주)간 이스라엘군 일부가 철수하고 양측의 인질과 포로 교환이 이뤄진다. 구체적으로 하마스는 여성·어린이·50세 이상 남성 등으로 이뤄진 인질 33명을 석방하고, 이스라엘은 민간인 인질 1명당 팔레스타인 수감자 30명을, 여성 군인 1명당 수감자 50명을 맞교환할 예정이다. 이 기간 이스라엘군은 가자지구 중심부에서 철수하지만 필라델피 회랑 주둔은 계속된다. 2단계에서는 하마스가 이스라엘 군인을 포함해 나머지 생존해 있는 인질을 석방하며, 이에 맞춰 이스라엘도 팔레스타인 구금자들을 더 석방하고 가자지구에서 완전히 철수한다. 마지막 3단계에서는 인질 시신을 비롯한 모든 인질의 송환과 가자지구 재건 등이 이뤄지게 된다. 다만 2·3단계에 대한 세부적인 논의는 휴전 발효 16일째부터 이뤄진다는 점에서 언제든 양측의 무력충돌이 재발할 수 있다는 우려가 나온다.

이스라엘-하마스 단계별 휴전안

1단계	• 하마스, 인질 중 여성·어린이·노인 등 33명 우선 석방 • 이스라엘, 민간인 인질 1명당 팔레스타인 포로 30명, 여군 1명당 50명 석방 • 이스라엘군, 가자지구에서 일부 철수 • 매일 트럭 600대 분량의 인도주의적 지원 물품 가자 반입
2단계	이스라엘 남성 군인 석방, 영구적 휴전, 이스라엘군 완전 철수 등 논의 개시
3단계	• 하마스, 이스라엘 인질 시신 송환 • 국제사회 감시 아래 가자지구 재건 착수

이스라엘-하마스 휴전, 약 3시간 진통 끝에 발효　이스라엘과 하마스가 1월 19일 약속한 시한보다 2시간을 훌쩍 넘긴 이날 오전 11시 15분부터 1단계 휴전을 발효했다. 당초 휴전 발효 시한은 이날 오전 8시 30분이었으나, 하마스가 석방할 인질 명단을 넘겨주지 않으면서 2시간 45분이 지연된 것이다. 베냐민 네타냐후 이스라엘 총리는 이날 오전에 명단이 전달되지 않자 「석방 인질 명단을 받지 못했다」며 가자지구 공습을 재개했고, 이 공습으로 가자지구에서는 최소 8명이 사망했다. 결국 1단

계 휴전이 발효되긴 했으나 휴전 지속 여부에 대한 전망은 불투명한데, 이는 이스라엘의 극우정당 「유대인의 힘」이 이날 휴전에 반발하며 연정 탈퇴 의사를 밝힌 데다 하마스 내부에서도 무력투쟁을 이어가야 한다는 목소리가 계속되고 있기 때문이다.

가자전쟁, 발발에서 휴전에 이르기까지

하마스의 기습 공격과 가자지구 지상전　2023년 10월 7일 팔레스타인 무장정파 하마스가 이스라엘에 기습 공격을 단행하고, 이스라엘이 곧바로 대대적인 보복 공습에 나서면서 양측의 전쟁이 본격화됐다. 이스라엘은 그해 10월 28일부터는 가자지구에 대한 본격적인 지상전을 전개하고, 특히 가자지구 내 최대 의료시설인 알시파 병원까지 급습하면서 국제사회의 비난을 샀다. 그러다 전쟁 발발 48일 만인 그해 11월 24일부터 12월 1일까지 일주일간 일시 휴전이 이뤄졌고, 국제사회는 이 임시 휴전을 계기로 휴전 체제로의 전환을 촉구하기도 했다. 하지만 이스라엘은 휴전기간이 끝나자마자 가자지구 공격을 재개했고, 특히 12월 3일에는 가자 남부지역 작전까지 실행했다. 이로써 가자전쟁은 공중전과 북부 지상전에 이어 남부와 북부에서 동시에 지상전을 벌이는 단계로까지 돌입하며 확산됐다.

이스라엘의 전선 확대와 트럼프의 미국 대통령 당선　가자전쟁 휴전을 위한 국제사회의 협상이 지지부진해지면서 전쟁이 장기전으로 향하는 가운데, 이스라엘은 2024년 9월부터 이란의 가장 강력한 대리세력 중 하나인 레바논 헤즈볼라를 공격하면서 전선을 확대했다. 이스라엘은 헤즈볼라의 수장이었던 하산 나스랄라를 비롯한 대부분의 지도부를 제거하며 헤즈볼라를 와해 직전까지 이르게 했고, 이스마일 하니예와 야히아 신와르 등 하마스 수장들도 잇달아 제거했다. 이러한 상황에서 헤즈볼라와 하마스를 지원하는 「저항의 축」의 핵심 국가인 이란이 이스라엘을 공격하며 양국 공방이 전개, 5차 중동전쟁 위기가 고조되기도 했다. 그러나 지난해 11월 치러진 미국 대선에서 도널드 트럼프가 당선되면서 가자전쟁은 변곡점을 맞게 됐는데, 트럼프는 자신의 취임식 전까지 전쟁을 끝내라고 네타냐후 이스라엘 총리를 강하게 압박했다. 특히 자신의 오랜 친구이자 유대계 사업가인 스티브 윗코프를 2기 행정부의 중동 특사로 발탁해 지난 1월 11일 이스라엘로 보냈는데, 현지 매체인 《타임스오브이스라엘》은 윗코프와 네타냐후의 회동 이후 휴전협상이 급물살을 타면서 합의에 이르렀다고 보도하기도 했다.

가자전쟁 15개월, 개전부터 휴전 합의까지

2023.	10. 7.	• 하마스, 이스라엘 기습 공격
		• 이스라엘, 가자지구 보복 공습 시작
	27.	이스라엘, 가자지구에서 대규모 지상전 시작
	22.	이스라엘-하마스, 일시 교전 중지 및 인질 일부 석방 합의
	12. 1.	휴전 종료, 교전 재개
2024.	4. 14.	이란, 이스라엘 본토 공격
	7. 31.	이스라엘, 하마스 지도자 이스마일 하니예 암살
	17.	이스라엘, 레바논 헤즈볼라 공습
	27.	이스라엘, 헤즈볼라 본부 폭격 → 수장 하산 나스랄라 살해
	30.	이스라엘, 레바논 남부 진입해 지상전 돌입
	10. 1.	이란, 이스라엘 2차 대규모 공습
	17.	이스라엘, 하마스 수장 야히아 신와르 사망 확인
	11. 27.	이스라엘-헤즈볼라, 60일간 휴전 발효
2025.	1. 15.	이스라엘-하마스, 두 번째 휴전 합의(1월 19일 발효)

우크라이나, 유럽 가는 러시아 가스관 봉쇄
러시아산 대(對)유럽 가스 공급 중단

우크라이나가 1월 1일부터 자국 영토를 경유해 유럽으로 공급됐던 러시아산 가스 수송을 중단한다고 발표했다. 이는 우크라이나가 러시아 국영 가즈프롬과 2019년에 체결했던 5년 가스관 사용 계약이 지난 12월 31일 종료된 데 따른 것으로, 우크라이나는 지난해 초부터 협정을 갱신하지 않겠다는 의사를 드러내 왔다. 러시아의 대유럽 수출 가스관은 현재 6개인데, 이 가운데 우크라이나를 거쳐 유럽으로 가는 가스관은 소유즈(1980년 가동)와 우렌고이-포마리-우즈고로드 가스관(1984년 가동) 등 2개다. 해당 가스는 러시아 수자 지역에서 우크라이나 우렌고이를 거쳐 슬로바키아, 오스트리아, 이탈리아 및 기타 동유럽 국가로 가스를 공급해 왔다.

우크라이나의 가스 수송 중단 이유와 향후 전망 우크라이나는 2020년 2월부터 러시아와 전쟁을 치르고 있음에도 가즈프롬과의 계약에 따라 전쟁 이후에도 3년 가까이 연간 150억㎥ 규모의 러시아산 가스를 유럽에 공급해 왔다. 그러나 현재 전쟁을 치르고 있는 적국인 러시아의 전비(戰費) 마련에 우크라이나의 설비와 인력이 이용된다는 비판이 계속되면서 중지를 결정한 것이다. 이와 같은 우크라이나의 러시아산 가스 수송 중단 방침에 대해 일각에서는 그간 가스관에 대한 공격을 피해온 러시아의 폭격 가능성이 높아지고, 유럽 내 가스 가격이 급등할 것이라는 우려를 제기했다. 반면 유럽 국가들이 지난 2022년 러시아 제재의 일환으로 러시아산 에너지 수입을 중단한 뒤 다른 국가에서의 수입 물량을 확대하는 등의 대응을 이미 끝마쳤기 때문에 큰 영향은 없을 것이라는 반론도 적지 않다. 실제 러시아산 가스의 마지막 구매자였던 슬로바키아와 오스트리아도 현재 대체 공급처를 확보한 상태로 알려졌는데, 다만 친(親)러 성향의 슬로바키아와 헝가리는 이번 우크라이나의 조처에 강력히 반발하는 것으로 알려졌다.

이라크, 9살 결혼 합법화
현지 여성단체 등 거센 반발

이라크 의회가 1월 22일 결혼 가능 연령을 9살 이상으로 하향 조정하는 내용의 「개인신분법 개정안」을 통과시키면서 현지 여성단체들의 거센 반대 시위가 이어지고 있다. 기존 이라크 법률에서 정한 최소 결혼 연령은 18세였는데, 이번 개정안은 9세부터 결혼하도록 하는 이슬람 시아파의 규정을 존중해 이를 합법화시킨 것이다. 이라크에서는 이번 법 개정 이전부터 아동 결혼이 문제가 돼 왔는데, 실제로 2023년 유엔 조사에 따르면 이라크 여성의 28%가 18세 이전에 결혼했다. 이 아동 결혼은 이라크뿐 아니라 전 세계적인 문제이기도 한데, 유엔아동기금(UNICEF)은 18세 이전에 결혼하는 여성이 전 세계 5명 중 1명꼴이라며 2030년까지 아동 결혼을 종식하자고 호소해 왔다.

태국, 동남아 최초 동성결혼법 시행
아시아에서는 세 번째 합법화

태국에서 동성 간 결혼을 허용하는 법(결혼평등법)이 1월 23일부터 발효됐다. 동성결혼 합법화는 동남아시아 국가 중 최초이자 아시아에서는 대만, 네팔에 이어 세 번째다. 지난해 3월 하원, 6월 상원에서 의결된 결혼평등법은 그해 9월 마하 와찌랄롱콘 국왕의 승인을 받아 왕실 관보에 게재됐는데, 법은 게재 후 120일 뒤에 발효하도록 돼 있다. 해당 법률은 기존 「남녀」나 「남편과 아내」라는 용어를 「두 개인」, 「배우자」와 같이 성 중립적 용어로 바꿨다. 또 18세 이상이면 성별에 관계없이 혼인신고를 할 수 있도록 했고 이들에게 입양 및 상속권을 부여했다. 한편, 동성결혼은 네덜란드가 2001년 전 세계에서 처음으로 합법화한 이후 현재까지 약 40여 개국이 동성커플의 법적 지위를 인정하고 있다.

北, 동해로 중거리탄도탄급 극초음속미사일 발사
1100km 비행-역대 최장

북한이 1월 6일 동해상으로 중거리탄도미사일(IRBM)급 극초음속미사일을 발사한 가운데, 합동참모본부는 이날 낮 12시쯤 평양 일대에서 동해상으로 발사된 탄도미사일 1발을 포착했다고 밝혔다. 합참은 해당 미사일의 사거리가 준중거리미사일(MRBM·1000~3000km)급으로 보이지만, 실제 추진체(엔진)는 IRBM(3000~5500km)급을 사용한 것으로 판단된다고 밝혔다. 무엇보다 이날 발사된 미사일은 함경북도 화대군 앞바다의 바위섬인 알섬 쪽으로 1100여km를 비행했는데, 이는 지난해 1월 발사한 극초음속미사일(1000km 비행)보다 100km를 더 비행해 현재까지 관측된 북한의 극초음속미사일 중 가장 먼 거리를 기록했다.

한편, 극초음속미사일은 김정은 북한 국무위원장이 2021년 1월 선언한 「국방발전 및 무기체계 개발」의 핵심 5대 과업 중 하나로, 북한은 2025년까지 극초음속미사일 등 전략무기를 완성한다는 계획을 세우고 이를 이행해 왔다.

北, 극초음속 IRBM 성공 발표   북한이 1월 6일 신형 극초음속 중장거리탄도미사일(IRBM) 시험 발사에 성공했다고 7일 발표했다. 조선중앙통신에 따르면 이번 미사일의 극초음속 활공비행 전투부(탄두)는 음속의 12배(마하 12) 속도로 1차 정점고도 99.8km, 2차 정점고도 42.5km를 기록했다. 또 미사일이 예정된 비행 궤도를 따라 비행해 1500km 계선의 공해상 목표 가상수역에 정확히 탄착됐다고 전했다. 하지만 합참은 1월 7일 브리핑에서 북한이 주장하는 비행거리와 2차 정점고도 등은 기만 가능성이 높다고 판단한다며, 2차 정점고도는 없었다고 발표했다. 다만 북한이 극초음속미사일 기술을 계속 고도화할 것으로 예상돼 경계를 늦출 수 없다는 평가를 함께 내놓았다. 극초음속미사일은 일정한 궤도를 그리는 탄도미사일과 달리 탄착지점을 예측하기 쉽지 않은 데다, 고도 50km 이내의 낮은 고도에서 비행해 레이더로 탐지·추적이 어렵다는 점에서 위협적인 무기로 꼽힌다.

> **극초음속미사일(Hypersonic Missile)**   마하 5(시속 6120km) 이상의 속도로 비행하는 미사일로, 기존 탄도미사일과 순항미사일의 장점이 결합돼 차세대 게임체인저로 꼽힌다. 극초음속미사일은 일정 고도에 이를 때까지는 탄도미사일처럼 곡선 궤도로 비행하지만, 정점에서 탄두를 실은 활공체가 로켓 추진체로부터 분리된 뒤에는 순항미사일처럼 수평 비행을 한다. 무엇보다 속도가 마하 5 이상이어서 지구상 어느 곳이든 1~2시간 내 타격이 가능하고 고도와 방향을 바꾸기 때문에 비행 궤적 예측이 불가능해 현재의 미사일방어시스템으로는 탐지·요격이 매우 어려운 무기로 꼽힌다. 현재 극초음속미사일 개발에 성공한 국가는 미국·러시아·중국 등에 불과한데, 북한의 경우 지난 2021년 9월 28일 극초음속미사일 「화성-8형」 시험발사를 진행하며 해당 경쟁에 가세한 바 있다.

尹 내란 일반특검법·4번째 김건희 특검법
국회 재의결 부결로 폐기

윤석열 대통령의 12·3 비상계엄 사태와 관련해 내란 행위 진상규명을 할 특별검사 임명안(내란 일반특검법)과 김건희 여사의 도이치모터스 주가조작사건 진상 규명 등을 위한 4번째 특검법안이 1월 8일 국회 재의결 끝에 부결됐다. 두 특검법은 지난해 12월 야당 주도로 국회 본회의를 통과했으나, 이후 최상목 대통령 권한대행 부총리 겸 기획재정부 장관이 거부권을 행사하면서 국회로 돌아온 바 있다.

내란 일반특검법·김건희 특별법 주요 내용 내란 일반특검법은 윤석열 대통령의 12·3 비상계엄 선포와 관련한 위법성을 조사하기 위한 법안으로, 사태와 관련된 모든 의혹과 수사과정에서 인지된 관련 사건을 수사 대상에 담았다. 구체적으로 불법적 비상계엄 선포 및 포고령 배경, 정치인·언론인 불법 체포 및 구금시도 의혹, 계엄군의 국회 내 병력 투입과 중앙선거관리위원회 진입 사건 등이 명시됐다. 특검 추천권의 경우 민주당이 1명, 비교섭단체가 1명을 후보자로 선정하면 대통령이 그 가운데 1명을 임명하도록 했다. 특히 12·3 내란 수사를 위해 검사 40명을 파견받아 최대 150일 동안 수사할 수 있도록 했는데, 이는 앞서 국회 본회의를 통과한 내란 상설특검보다 규모가 크고 수사 기간도 긴 것이다.

그리고 4번째 표결에 붙여진 김건희 특검법은 ▷도이치모터스·삼부토건 주가조작사건 ▷코바나컨텐츠 관련 의혹 ▷디올백 수수 ▷서울-양평고속도로 특혜 논란 ▷명태균 파문으로 불거진 여당 공천 개입 등 15가지 의혹을 수사 대상으로 명시한 것이다. 법안은 특검 후보에 대해서는 민주당이 1명, 비교섭단체가 1명을 추천하고 대통령이 이 중 1명을 임명하도록 했다.

외환죄 뺀 내란 특검법, 국회 통과
최상목 대행, 2차 법안도 거부권 행사

1월 17일 국회를 통과한 「윤석열 정부의 내란 행위의 진상규명을 위한 특별검사 임명 등에 관한 법률안」(내란 특검법) 수정안이 31일 최상목 대통령 권한대행의 재의요구권(거부권) 행사로 다시 국회 재표결 과정을 거치게 됐다. 내란 특검법은 지난해 12월에도 야당 주도로 국회를 통과했으나, 최 권한대행의 거부권 행사와 국회 재표결 부결로 폐기된 바 있다.

한편, 국회에 재의결된 법안은 재적의원 과반수 출석과 출석의원 3분의 2 이상의 찬성이 있어야 통과된다.

💡 최 권한대행이 법안에 거부권을 행사한 것은 이번이 일곱 번째로, 최 권한대행은 앞서 내란 특검법 1차 법안과 김건희 특검법, 지방교육교부금법 개정안 등에 거부권을 행사한 바 있다.

「내란 특검법」 수정안 주요 내용 이번에 통과된 법안은 민주당 등 6개 야당이 발의한 내란 특검법에서 「외환 유도 사건」 등을 삭제한 수정안이다. 해당 수정안에는 기존 안에서 11가지였던 특검법 수사 대상이 ▷국회 점거사건 ▷선관위 점거사건 ▷정치인 등 체포·구금사건 ▷무기 동원, 상해·손괴사건 ▷비상계엄 모의사건 ▷관련 인지사건 등 6개로 축소됐다. 특히 국민의힘에서 반발해온 「외환유도 사건」과 「내란행위 선전·선동」이 수사 대상에서 제외됐다. 다만 군사상·공무상·업무상 비밀을 이유로 압수·수색 등을 거부할 수 없도록 한 특례 규정과 국민의힘이 반대한 특검의 언론브리핑 조항은 유지됐다. 그러나 군·대통령실·국가정보원·경찰청·국방부·행정안전부 등 안보와 관련된 다수의 국가기관을 압수·수색하는 과정에서 나온 수사 대상과 무관한 국가 기밀은 언론에 알릴 수 없도록 했다. 또 수사 기간은 기존 130일에서 100일로 줄였으며, 인원도 파견검사 30인→25인, 파견공무원 60인→50인, 특별수사관 60인→50인으로 조정했다. 특검 후보는 여야가 아닌 대법원장이 추천하도록 했고, 야당이 후보자 재추천을 요구할 수 있는 권한인 「비토권」은 포함되지 않았다.

내란 특검법 수정안 주요 내용

정식 명칭	윤석열 정부 내란 행위의 진상 규명을 위한 특별검사 임명 등에 관한 법률안		
수사대상(6개)	국회 점거, 선관위 점거, 정치인 등 체포·구금, 무기 동원과 상해·손괴, 비상계엄 모의, 관련 인지사건		
수사기간	최대 100일	수사팀 규모	최대 125명
특검 추천	대법원장이 특검 후보 2명 추천하고 대통령 권한대행이 그중 1명 임명		
기타 주요 내용	• 언론 브리핑 가능 • 수사 대상과 무관한 국가기밀 입수 시 즉시 반환하거나 폐기		

최상목 대행, 국회 몫 헌법재판관 3명 중 2명 임명
野 추천 1명 보류해 논란

최상목 대통령 권한대행이 12월 31일 국회가 선출한 헌법재판관 후보자 3인 중 정계선 후보자(더불어민주당 추천)와 조한창 후보자(국민의힘 추천) 2명만을 임명했다. 최 대행은 이날 민주당이 추천한 후보자(2인) 가운데 마은혁 후보자 임명은 보류하면서, 마 후보자는 추후 여야 합의 시 임명하겠다고 밝혔다. 이처럼 최 권한대행이 국회에서 넘어온 헌법재판관 임명 의무를 국회로 다시 넘긴 데 대해 대통령 권한을 넘어선 「위헌적 행위」라는 지적이 제기되며 논란이 거세졌다.

헌법재판관 현황(현재 8인 체제)

헌법재판관	지명	임기 만료일
문형배(헌재소장 권한대행)	문재인 전 대통령	2025년 4월 18일
이미선		
김형두	김명수 전 대법원장	2029년 3월 30일
정정미		2029년 4월 16일
정형식	윤석열 대통령	2029년 12월 17일
김복형	조희대 대법원장	2030년 9월 20일
조한창	국회(국민의힘)	2030년 12월 31일
정계선	국회(더불어민주당)	
마은혁(임명 보류)		

💡 헌정회복을 위한 헌법학자회의가 1월 1일 보도자료를 내고 「국회 선출 재판관 중 일부를 임명하지 않은 것은 의무를 온전히 이행하지 않은 것이므로 헌법에 위반된다」고 밝혔다. 헌법학자회의는 12·3 비상계엄 사태와 관련해 헌정질서 회복이 필요하다는 취지로 헌법학자들이 모인 임시단체로, 헌법학자회의는 퇴임한 재판관의 후임자를 임명해 헌법재판소를 정상화하는 것은 대통령에게 부여된 헌법상 의무라고 밝혔다.

헌재, 75일 만에 6인 체제 종료　헌법재판관 2명의 임명이 이뤄지면서 헌재는 75일 만에 6인 체제를 벗어나게 됐는데, 헌재는 지난해 10월 17일 이종석 소장과 이영진·김기영 재판관이 퇴임한 이후 후임 재판관이 취임하지 못하면서 6인 체제가 이어져 왔다. 이처럼 6인 체제가 장기화되면서 6인 체제로 심판을 선고하는 것이 정당한지에 관한 견해가 엇갈렸고, 이에 헌재는 지난해 9월부터 일부 「각하」 결정을 제외하고는 대부분 사건의 심판 선고를 미뤄왔다. 다만 이번에 2명이 임명되면서 9인 체제 출범은 미뤄지게 됐으나, 심리정족수 7인을 넘기면서 가장 중요한 윤석열 대통령 탄핵심판을 무리 없이 진행할 수 있게 됐다는 평가다.

한편, 헌재는 1월 2일 재판관의 공석이 여전히 해소되지 않고 있다며 대통령 권한대행이 헌법재판관 1명을 더 임명해 9인 재판관 체제가 조속히 완성되어야 한다고 촉구했다. 또 대통령 권한대행이 재판관 임명을 하지 않은 행위와 관련해 제기된 헌법소원을 신속히 심리하겠다는 방침도 밝혔다.

> **헌법재판소의 구성** 헌법재판소는 법관의 자격을 가진 9명의 재판관으로 구성된다. 이 중 3명은 국회에서 선출하는 사람을, 다른 3명은 대법원장이 지명하는 사람을, 나머지 3명은 대통령의 권한으로 지명한다. 헌법재판소장은 재판관 중에서 대통령이 임명하는데, 국회 인사청문회와 국회의 동의를 얻어야 한다. 헌법재판소장과 헌법재판관의 임기는 모두 6년이다.

우원식 국회의장, 권한쟁의심판 청구 우원식 국회의장이 1월 3일 최 권한대행이 국회 추천 헌법재판관 후보자 3명 중 2명만 임명한 데 대해 헌법재판소에 권한쟁의심판을 청구했다고 의장실이 밝혔다. 의장실은 국회가 선출한 재판관 후보자 3인 중 자의적으로 마은혁 후보자의 임명만 보류한 것은 국회의 재판관 선출 권한과 이를 통한 헌법재판소 구성 권한 및 탄핵심판 등에서 공정하게 심판받을 권한이 침해당한 것이라고 설명했다. 또 의장실은 임명이 보류된 마 후보자에 대해 이미 헌법재판관의 지위에 있음을 확인하는 임시 지위를 정하는 가처분도 함께 신청했다고 밝혔다.

> **권한쟁의심판(權限爭議審判)** 국가기관 상호 간, 국가기관과 지방자치단체 상호 간, 지방자치단체 상호 간에 권한의 존부나 범위에 관한 다툼이 생긴 경우에 헌법재판소가 헌법해석을 통해 그 분쟁을 해결하는 제도를 말한다. 이는 국가기관 또는 지방자치단체 상호 간의 권한분쟁을 해결하는 제도이기 때문에, 일반 국민은 이를 청구할 수 없다.

헌재, 이진숙 방통위원장 탄핵소추 기각
이 위원장 174일 만에 직무 복귀

헌법재판소가 1월 23일 이진숙 방송통신위원장에 대한 국회의 탄핵소추를 기각했다. 이 위원장에 대한 탄핵소추는 4-4 동수로 의견이 갈렸지만, 헌재법에 따라 파면 결정에는 재판관 6인 이상의 동의가 필요하므로 기각이 결정됐다. 이에 따라 이 위원장은 지난해 8월 2일 국회의 탄핵소추안 가결로 직무가 정지된 지 174일 만에 직무에 복귀하게 됐다.

국회는 지난해 8월 2일 이 위원장이 방통위 법정 인원인 5인 중 2인의 방통위원만 임명된 상황에서 KBS와 MBC 대주주인 방송문화진흥회(방문진) 이사 선임안을 의결한 행위가 방통위법 위반이라며 탄핵소추안을 가결한 바 있다. 또 ▷방문진 이사들이 자신에 대해 기피신청을 냈는데도 의결 과정에 참여해 기각한 것 ▷이 위원장이 과거 MBC 재직 당시 노동조합 활동을 방해하고 기자들을 징계하는 데 동참한 의혹이 있음에도 방문진 이사 선임 절차를 스스로 회피하지 않은 것도 탄핵 사유에 포함됐다.

💡 국회는 대통령, 국무총리, 국무위원, 행정 각부의 장, 헌법재판소 재판관, 법관, 중앙선거관리위원회 위원, 감사원장, 감사위원, 기타 법률이 정한 공무원이 그 직무 집행에 있어서 헌법이나 법률을 위배한 때에는 탄핵의 소추를 의결할 수 있다.

「채 상병 사건」 수사 박정훈 대령,
항명·명예훼손 혐의 1심 무죄

중앙지역군사법원이 1월 9일 해병대 채 상병 순직사건과 관련해 항명 및 상관 명예훼손 혐의로 기소된 박정훈 전 해병대 수사단장(대령)의 1심 선고공판에서 모두 무죄를 선고했다. 박 대령은 2023년 7월 19일 발생한 채 상병 순직사건에 대한 조사기록의 민간 경찰 이첩을 보류하라는 김계환 당시 해병대사령관의 명령에 따르지 않고 항명했다는 혐의로 같은 해 10월 6일 국방부 검찰단에 의해 기소됐다. 또 언론 인터뷰 등에서 당시 이종섭 국방부 장관의 발언을 왜곡해 이 전 장관이 부당한 지시를 한 것처럼 일반인이 느끼게 했다는 상관 명예훼손 혐의도 받았다. 이후 2023년 12월 7일 시작된 박 대령 재판은 지난해 11월 21일 결심공판 때까지 총 10차례의 공판을 거쳤고, 군 검찰은 결심공판 때 박 대령에 징역 3년을 구형한 바 있다.

한편, 이번 무죄 판결에 따라 공수처가 2023년 8월부터 진행해 온 「채 상병 사건 외압 의혹」 수사도 법적 정당성을 확보했다는 전망이 나온다. 해당 수사는 해병대 수사단이 임성근 전 해병대 제1사단장을 업무상 과실치사 피의자로 특정해 경찰에 이첩하려 했으나, 윤석열 대통령이 격노한 후 국방부 수뇌부가 개입해 이첩이 보류됐다는 의혹을 핵심으로 한다.

박정훈 대령 재판 쟁점과 군사법원 판단

구분	군검찰	박 대령 측	군사법원 판단
이첩보류 지시 항명	명령 받고도 이첩	명령 없었음	무죄/ 명령으로 보기 어려움
이첩중단 지시 항명	인계 중이라며 불복	위법한 명령	무죄/ 정당하지 않은 명령
상관 명예훼손	이종섭 전 국방부장관이 「사단장을 빼라」고 했다며 허위사실 언급	허위사실 말한 적 없고 고의 아님	무죄/ 허위사실로 볼 수 없고 고의 인정하기 어려움

채 상병 순직사건은 무엇? 해병대 채수근 상병이 2023년 7월 19일 경북 예천의 수해 현장에서 실종자 수색을 하던 중 급류에 휩쓸리며 실종됐다가 14시간 만에 내성천 인근에서 숨진 채 발견된 사건을 말한다. 사건 이후 박정훈 대령을 수사단장으로 하는 해병대 수사단이 수사를 진행했고, 박 대령은 2023년 7월 30일 채 상병이 소속된 임성근 해병대 제1사단장 등 관계자 8명에게 업무상 과실치사 혐의가 있다는 내용의 조사 결과를 보고했다. 그러나 이종섭 당시 국방부 장관은 해병대 수사단 보고를 받은 뒤에 경찰 이첩을 보류하라는 명령을 내렸는데, 수사단은 이 지시를 따르지 않고 사건을 경북경찰청으로 이첩했다. 이후 국방부 검찰단은 수사서류를 경찰로부터 회수하고 박 대령을 항명 등의 혐의로 고발했고, 임성근 사단장을 제외한 해병대 대대장 2명에 대해서만 범죄 혐의를 물어 해당 사건을 경찰에 재이첩하면서 논란을 일으켰다. 한편, 해당 사건의 진상 규명 등을 위한 「채 상병 특검법」은 21대 국회와 22대 국회에서 통과(3차례)됐으나, 윤석열 대통령의 거부권 행사와 재의결 부결로 모두 폐기됐다.

대법, 「세월호 7시간 문건」 공개 여부 재심리 판결
청와대의 문서 비공개 처분은 위법

대법원 3부가 1월 9일 민주사회를 위한 변호사모임 소속 송기호 변호사가 대통령기록관장을 상대로 낸 「세월호 7시간 문건」의 정보 비공개 처분 취소소송에서 원심을 파기하고 사건을 서울고법으로 돌려보냈다. 이는 세월호 참사 당일 청와대가 생산하거나 보고받은 문서 목록의 공개 여부를 다시 심사해야 한다는 것이다.

송 변호사는 지난 2014년 4월 16일 세월호 참사 당일 대통령비서실과 경호실, 국가안보실에서 구조 활동과 관련해 생산하거나 접수한 문건인 이른바 「세월호 7시간 문건」의 목록에 대한 정보공개를 청구한 바 있다. 하지만 대통령지정기록물로 지정 및 이관돼 공개할 수 없다는 통지를 받자, 2017년 6월 행정소송을 제기했다. 이후 1심은 세월호 참사 관련 청와대 문서를 대통령기록물로 볼 수 없다며 송 변호사 승소 판결을 내렸으나, 2심은 대통령지정기록물상 예외 사유에 해당하지 않아 비공개 처분이 위법하지 않다는 판결을 내린 바 있다.

> **4·16 세월호 참사** 2014년 4월 16일 인천에서 제주로 향하던 여객선 세월호가 진도 인근 해상에서 침몰하면서 승객 304명(전체 탑승자 476명)이 사망·실종된 대형 참사다. 특히 세월호에는 제주도로 수학여행을 떠난 안산 단원고 2학년 학생 325명이 탑승해 해당 학교 학생들의 피해가 컸다. 검경합동수사본부는 2014년 10월 세월호의 침몰 원인에 대해 ▷화물 과적 및 고박 불량 ▷무리한 선체 증축 ▷조타수의 운전 미숙 등이라고 발표했다. 이후 2017년 3월 「세월호 선체 조사위원회 특별법」이 합의되면서 세월호 선조위가 출범했고, 이에 세월호 인양과 미수습자 수습·수색 등이 이뤄졌다.

세월호 7시간 문건은 무엇? 세월호 참사가 발생한 2014년 4월 16일 청와대에서 생산하거나 보고받은 문서의 목록으로, 당시 박근혜 대통령의 참사 당일 7시간 동안의 행적에 대한 논란과 관련된 문건을 가리킨다. 박 대통령은 참사 당일인 4월 16일 오전 10시 15분경 참사를 보고받았으나, 오후 5시 15분경에야 중앙재난안전대책본부(중대본)에 처음 모습을 드러냈다. 이에 참사 당시 정부의 초기 대응이 부실했다는 비판과 함께 박 대통령의 당일 행적이 불분명하다는 의혹이 제기되면서 큰 논란이 일었다. 사고 초기 7시간은 세월호 구조 작업의 골든타임으로 평가되었다는 점에서 비난이 더욱 거세졌는데, 해당 의혹은 추후 박근혜 정부의 국정농단 사태가 드러나면서 또 다시 점화된 바 있다. 이후 2017년 5월 대통령비서실과 경호실은 박 전 대통령 관련 대통령기록물을 이관하면서 세월호 참사 당일에 청와대에서 생산된 기록들을 비롯한 다수의 기록물을 대통령지정기록물로 지정했다. 대통령기록물법 제17조 제4항에 따라 대통령지정기록물로 지정되면 국회 재적의원 3분의 2 이상의 동의, 고등법원의 영장 발부, 대통령기록관장 사전 승인 등이 있지 않는 한 최장 15년간(사생활 관련은 최장 30년간) 문서 열람이 금지된다.

창원지검, 「명태균 사건」 서울중앙지검으로 이송
윤석열 대통령 부부 공천개입 의혹 등 수사

정치 브로커 명태균(54) 씨 관련 의혹을 수사해온 창원지검이 윤석열 대통령 부부의 공천개입과 여론조사 결과조작 의혹 등과 관련된 수사를 서울중앙지검으로 이송한다고 2월 17일 밝혔다. 검찰의 발표는 명 씨 등이 지난해 12월 3일 구속 기소된 지 2달여 만이다. 창원지검은 이날 명 씨와 관련된 사건 중간수사 결과를 발표하면서 사건 관련자 대부분이 서울 등 창원 이외의 지역에 거주하고 있고, 행위지도 주로 서울 지역인 점 등을 감안해 서울중앙지검으로 이송하되 현 수사팀을 이동해 수사를 계속 진행할 예정이라고 밝혔다. 검찰은 또 이날 김영선 전 국민의힘 의원 등을 국가산업단지 후보지 선정 의혹 등과 관련한 혐의로 추가 기소하고, 더불어민주당 공익신고자인 강혜경 씨를 정치자금법 위반 혐의 등으로 불구속 기소했다.

> **명태균 게이트** 윤석열 대통령과 김건희 여사가 2022년 6월 보궐선거와 22대 총선 당시 정치 브로커 명태균 씨를 통해 국민의힘 공천에 개입했다는 의혹이 지난해 9월 제기되며 시작된 사건이다. 특히 2022년 5월 9일 당선인 신분이었던 윤 대통령이 같은 해 6월 재보선을 앞두고 김영선 전 의원의 공천과 관련해 명 씨와 통화한 음성녹음 파일을 민주당이 공개하면서 해당 사건은 정국의 주요 쟁점으로 부상했다. 또 명 씨는 2021년 서울시장 보궐선거와 국민의힘 당대표 선거에 개입해 각각 오세훈 서울시장과 이준석 당시 당대표를 도왔다고 주장하는 등 국민의힘 주요 정치인들과의 의혹이 잇따라 제기됐다. 한편, 명 씨는 정치자금법 위반·증거은닉 교사 혐의로, 김영선 전 의원은 정치자금법 위반 혐의로 2024년 12월 3일 각각 구속 기소된 바 있다.

창원지검 중간수사 주요 내용 창원지검은 이날 「공천 관련 불법 정치자금 수수 등 중간수사 결과」라는 제목의 보도참고자료를 내고 김영선 전 국민의힘 의원과 명태균 씨의 정치자금법 위반 혐의 등 이미 기소한 사건을 제외한 다른 의혹을 서울중앙지검에 넘긴다고 밝혔다. 검찰의 결정은 윤 대통령 부부에 대한 조사가 불가피하다는 판단에 따른 것으로, 명 씨가 윤 대통령 부부에게 지난 대선 당시 무상으로 여론조사 결과를 제공했는지와 그 대가로 김 전 의원의 공천을 받아냈는지가 핵심 의혹이다. 검찰은 윤 대통령 부부가 대선 후보 경선이 한창이던 2021년 10월 명 씨의 비공표 여론조사 보고서를 최소 4차례 받았다고 보고 있으며, 이 중 3차례는 조작 정황이 있는 것으로 파악했다. 이에 중앙지검은 앞으로 윤 대통령 부부의 공천개입, 공직선거 및 당내 경선 여론조사 결과 조작, 여론조사 결과 무상 제공, 여론조사 비용 대납 등의 의혹을 집중 조사할 전망이다.

한편, 창원지검은 이날 창원 국가산업단지 후보지 정보를 누설하고 이를 이용해 후보지 인근 토지를 매입한 혐의(공무상비밀누설 등)로 김영선 전 의원과 김 전 의원의 남동생 2명을 기소했다고 밝혔다. 또 여론조사를 실시하지 않았음에도 이를 한 것처럼 속여 국회 정책개발비 2000만 원을 편취한 혐의(사기)로 김 전 의원과 김 전 의원 회계책임자였던 강혜경 씨도 재판에 넘겼다.

명태균 게이트 경과 및 수사 일지

2024. 9. 5.		뉴스토마토, 「명태균 게이트」 첫 보도
	23.	김영선 전 의원, 회계담당자 강혜경 씨를 사기·횡령·정치고발법 위반 혐의로 고발
	11. 8~9.	창원지검, 명태균 씨 소환조사
	14.	서울중앙지검, 윤석열 대통령 부부·명 씨 등 고발사건 창원지검에 이송
	15.	명 씨 구속
	12. 3.	창원지검, 김 전 의원·명 씨 등 5명 정치자금법 위반 등 혐의로 기소
2025. 2. 17.		창원지검, 윤 대통령 부부 공천개입 의혹 사건 서울중앙지검으로 이송

한반도, ICG 선정
「2025년 10대 분쟁 지역」에 포함

벨기에 브뤼셀에 본부를 둔 국제분쟁 전문 싱크탱크 국제위기그룹(ICG)이 1월 1일 발표한 「2025년 10대 분쟁 지역」에 한반도가 포함됐다. ICG가 한반도를 주요 분쟁 지역으로 선정한 것은 2020년 이후 처음이다. ICG는 전 세계 주요 분쟁의 총괄적 이해와 올바른 결과 도출을 목적으로 주요 분쟁지역에 대한 프로젝트를 통해 각 분쟁을 분석·전망하는 비영리 국제기관이다. 특히 기관은 매년 연말 또는 연초에 주목할 10대 분쟁지를 선정해 발표하고 있는데, 올해는 한반도 외에도 지난 2024년 목록에는 없던 시리아, 이란·미국·이스라엘, 미국·멕시코 등이 새로 추가됐다.

ICG는 한반도를 10대 분쟁지역에 포함시킨 데 대해 북한군의 우크라이나 전쟁 파병, 윤석열 대통령의 12·3 비상계엄 사태와 그로 인한 국회의 탄핵소추안 가결 등을 핵심 이유로 거론했다. 또 도널드 트럼프 미국 대통령의 4년 만의 재집권(2025년 1월 20일 취임)도 한반도의 불확실성을 키우는 요인이라고 덧붙였다.

ICG 선정 「2025년 주목해야 할 10대 분쟁 지역」

시리아	바샤르 알아사드 독재정권 53년 만의 종식 및 13년 내전에 따른 혼란
수단	2023년 4월 내전 발발 후 1200만 명 이상의 난민 발생
우크라이나와 유럽 전반	도널드 트럼프 미국 대통령 취임 이후 러시아의 유럽 도발 가능성 증가
이스라엘·팔레스타인	팔레스타인 가자지구의 인적·물적 피해 극심, 양측 휴전 협상 난망
이란·미국·이스라엘	이란 핵개발 가능성과 트럼프의 압박 정책에 따른 지역 긴장 고조
아이티	갱단 통치로 정부 기능 상실 및 국가 붕괴 위험
미국·멕시코	불법 이민과 마약 문제로 갈등 지속, 트럼프 취임 이후 갈등 더욱 심화될 가능성
미얀마	군부-반군 충돌 격화, 중국 개입에 따른 정치적 혼란 격화 가능성
한반도	남북 군사적 긴장 고조, 한국의 정치 혼란 가능싱
중국·미국	트럼프 2기 행정부의 강경 대중정책으로 인한 파장

쿠바에 韓대사관 공식 개관
한-쿠바 수교 11개월 만의 후속 조치

외교부가 1월 17일 쿠바 아바나 미라마르 지역에 주쿠바 한국대사관이 공식 개관했다고 밝혔다. 이는 지난해 2월 쿠바와 수교한 지 약 11개월 만으로, 우리나라는 쿠바와의 수교로 시리아 외에 모든 유엔 회원국과 수교를 맺은 바 있다. 그리고 쿠바 주재 대사관이 개관하면서 한국은 총 173개의 재외공관을 설치하게 됐으며, 쿠바 측에서는 한국 대사관이 자국 내 설치되는 117번째 대사관이 됐다.

한국-쿠바 관계 쿠바는 1959년 피델 카스트로 혁명 이후인 1960년 북한과 국교를 맺었고, 이에 우리나라와의 관계는 단절됐다. 특히 쿠바는 서반구 유일의 공산국가로, 북한과 함께 반미(反美) 기치를 내걸고 형제 국가로 지내왔다. 그러다 냉전이 종식되고 1999년 한국이 유엔총회의 대(對)쿠바 금수 해제 결의안에 처음으로 찬성표를 던지면서 양국 관계의 전환점을 맞은 바 있다. 그리고 지난해 2월 미국 뉴욕에서 양국 유엔 대표부가 외교 공한을 교환하는 방식으로 외교관계를 수

> **쿠바(Cuba)는 어떤 나라?** 카리브해 북부에 위치한 섬나라로, 수도는 아바나(Havana)이다. 1492년 콜럼버스에 의해 유럽에 알려진 이후 스페인의 식민지가 된 쿠바는 1898년 미국-스페인전쟁 이후 스페인에서 독립했으나 미국의 영향권에 들어갔다. 그러다 1959년 피델 카스트로와 체 게바라가 주도한 혁명(쿠바혁명)을 통해 사회주의 정부가 수립돼 현재에 이르고 있다.

립한 데 이어, 같은 해 4월에는 상대국 수도에 각각 상주공관을 설치하는 데 합의했다.

정부, 시리아와의 수교도 추진 정부가 바샤르 알아사드 독재정권을 몰아내고 과도정부가 들어선 시리아와의 수교를 본격적으로 검토하고 있다고 2월 11일 밝혔다. 수교가 성사된다면 시리아는 한국의 194번째 수교국이 됨과 동시에 우리나라는 유엔 회원국 가운데 북한을 제외한 마지막 미수교국과 외교관계를 수립하게 된다. 한국과 시리아의 수교 논의는 54년간 독재를 이어온 아사드 정권이 지난

해 12월 물러나고 이슬람 수니파 무장조직인 「하야트 타흐리르 알샴(HTS)」의 과도정부가 들어서면 서 본격적으로 진행된 바 있다. 정부는 1991년 유엔에 가입한 이후 시리아·쿠바 등과 수교를 추진 했으나 북한의 개입으로 성사되지 못했다. 시리아는 지난 1966년 북한과 공식 수교했는데, 시리아 주재 북한 대사관 외교관들은 지난해 12월 아사드 정권이 무너진 뒤 전원 탈출해 현재 체류하지 않 는 것으로 알려졌다.

> **하야트 타흐리르 알샴(HTS·Hayat Tahrir al-Sham)** 시리아 무장단체이자 반군의 주축 세력으로, 시리아 내전이 발발한 2011년에 만들어진 알카에다 시리아 지부인 「알누스라전선」이 전신이다. 시리아 북서부를 중심으로 세를 불려 최대 반 군으로 성장한 단체로, HTS를 주축으로 한 시리아 반군은 2024년 12월 8일 수도 다마스쿠스를 장악하면서 13년 9개 월간 이어진 시리아 내전 승리를 선언했다. 이와 같은 반군의 공세에 시리아를 철권 통치해온 바샤르 알아사드 대통령은 러시아로 도피했고, 이로써 2011년 「아랍의 봄」을 계기로 촉발된 시리아 내전은 발발 13년 9개월 만에 막을 내림과 함 께 53년간 이어졌던 알아사드 일가의 철권통치도 종식된 바 있다.

서울고법, 「10·26 사건」 김재규 전 중앙정보부장
사형 45년 만에 재심 개시 결정

서울고법 형사7부가 박정희 전 대통령을 시해한 「10·26 사건」으로 사형된 김재규 전 중앙정보부장 의 재심을 개시하기로 2월 19일 결정했다. 이는 1980년 김 전 부장이 사형에 처해진 지 45년 만이 자 유족이 재심을 청구한 지 약 5년 만이다. 김재규는 1979년 10월 26일 박정희 전 대통령과 차지 철 전 청와대 경호실장을 살해한 혐의로 체포돼 사건 한 달 만인 11월 26일 군법회의에 기소됐다. 그리고 재판 개시 16일 만에 내란목적 살인 및 내란수괴 미수 혐의로 사형을 선고받았고, 1980년 5월 24일 사형에 처해진 바 있다.
이후 김 전 부장의 유족들은 지난 2020년 5월 「김재규라는 인물에 대한 역사적 논의의 수준이 진 화하고 도약하는 계기가 되길 바란다」며 법원에 재심을 청구했다. 그리고 재판부는 재심 청구 약 4 년 만인 지난해 4월 첫 심문기일을 연 뒤 10개월간 사건의 재심 개시 여부를 검토해 왔다.

트럼프, 케나다·멕시코에 25% 관세 부과
중국에는 10% 추가 관세-미중 관세전쟁 포문

도널드 트럼프 미국 대통령이 2월 1일 미 동부시간 4일 0시부터 캐나다와 멕시코에 25% 관세를, 중국에는 기존 관세에 10%의 추가 관세를 부과하는 내용의 행정명령에 서명했다. 트럼프는 이 행정명령의 이유로 이들 국가가 불법 이민 및 마약 유입 단속에 미흡하다는 점을 들었다. 다만 멕시코·캐나다에 대해서는 2월 3일 「불법 이민, 마약 유입 차단을 위한 인력 1만 명 투입」 등의 합의안을 근거로 관세 부과를 한 달간 유예하면서 이들 국가는 일단 관세 폭풍을 피하게 됐다. 하지만 중국산 제품에 대한 10% 추가 관세는 2월 4일 0시를 기해 발효됐고, 이에 중국이 보복관세 등의 맞대응 조치를 내놓으면서 트럼프 1기 정부 때 미중 간 벌어졌던 관세전쟁이 다시 본격화됐다는 평가다. 여기에 트럼프 대통령은 유럽연합(EU)에도 관세 부과 조치를 시행할 것으로 밝히면서 트럼프발(發) 글로벌 통상전쟁 격화 우려가 높아지고 있다.

관세 부과 주요 내용 트럼프 대통령은 2월 1일 트루스소셜에 캐나다·멕시코·중국 3개국에 대한 관세 부과가 「국제긴급경제권한법(IEEPA)을 근거로 한 조치」라고 밝혔는데, IEEPA는 국가 비상사태가 발생했을 때 대통령이 외국과의 경제 거래를 제한하거나 금지할 수 있도록 한 법이다. 이는 그간 북한·러시아·이란 등 미국의 적국에 대한 경제제재 때 주로 사용된 것인데, 이번 조치는 우방국이자 자유무역협정(FTA) 체결국까지 무차별적 관세를 부과했다는 점에서 파장이 크다. 미국·캐나다·멕시코는 2020년 7월 1일부터 발효된 「미국·멕시코·캐나다 협정(USMCA)」에 따라 대다수 제품에 무관세를 유지해 왔다.

미국의 이와 같은 방침에 이들 3개국은 지체 없이 보복을 선언했는데, 쥐스탱 트뤼도 캐나다 총리는 2월 1일 긴급 기자회견을 열고 1550억 캐나다달러(약 156조 원) 상당의 미국산 제품에 똑같이 25%의 관세를 부과하겠다고 밝혔다. 또 클라우디아 셰인바움 멕시코 대통령도 관세·비관세 조치를 모두 동원한 대응 조치를 예고했으며, 중국도 미국을 세계무역기구(WTO)에 제소할 뜻을 밝혔다.

트럼프의 관세 행정명령 주요 내용

국가	현재	행정명령
캐나다	대부분이 무관세	미국으로 오는 모든 제품에 관세 25%, 단 원유 등 캐나다산 에너지 제품에는 10%
멕시코		미국으로 오는 모든 제품에 관세 25%
중국	관세 15~30%	종전 관세에 10%포인트 추가

💡 캐나다에서는 트럼프 미국 대통령의 관세 부과 조치로 반미(反美) 감정이 고조되면서 미국산 제품 불매 움직임과 함께 국산품 소비를 장려하는 「바이 캐나디안(Buy Canadian·캐나다산 물건을 사자)」 운동이 벌어지고 있는 것으로 알려졌다.

> **국제긴급경제권한법(IEEPA·International Emergency Economic Powers Act)** 미국의 안보나 외교·경제 등에 이례적이고 특별한 위협 수준의 국가 비상사태가 발생했을 때, 대통령에게 외국과의 무역 등 경제활동을 광범위하게 통제할 수 있는 권한을 부여하는 법안이다. 1977년 제정된 법안으로, 그간 이라크·러시아·북한 등 여러 국가에 대한 경제제재에 활용된 바 있다.
>
> **미국·멕시코·캐나다 협정(USMCA·United States Mexico Canada Agreement)** 미국·멕시코·캐나다 북미 3국이 1994년 발효된 북미자유무역협정(NAFTA)을 개정해 새롭게 합의한 다자 간 협정을 말한다. 협정에는 캐나다와 멕시코산 자동차에 대해 각각 연간 260만 대·240만 대에 한해 고율 관세를 면제하고, 무관세 자동차의 역내 부품 비율을 62.5%에서 75%로 상향하는 내용 등이 담겨 있다. 협정의 유효기간은 16년인데, 6년마다 재검토해 갱신 여부를 결정한다. USMCA는 3국 정상의 공식 서명, 각국 의회의 승인 절차를 거쳐 2020년 7월 1일 발효됐다.

트럼프, 캐나다·멕시코 관세 시행 한 달간 유예 트럼프 미국 대통령이 캐나다와 멕시코에 대한 25% 전면 관세 시행을 하루 앞둔 2월 3일, 양국의 국경 강화를 약속 받고 해당 조치를 한 달간 전격적으로 유예키로 했다. 캐나다는 미국에 ▷마약 문제를 담당하는 「펜타닐 차르」 임명 ▷국경 강화 계획에 13억 달러 투입 ▷국경에 마약 차단을 위한 인력 1만 명 유지 등을 약속했고, 멕시코는 마약 및 불법 이주민 단속을 위해 국경 지역에 1만 명의 군인 파견 등의 방침을 밝힌 것으로 전해졌다. 다만 이번 유예 조치가 한시적이라는 점에서 글로벌 통상전쟁 발발 가능성은 여전한데, 만약 캐나다와 멕시코의 관세 부과가 실현될 경우 이들 국가를 북미 수출용 제품 생산의 거점기지로 삼아온 한국 기업들에도 영향이 미칠 것으로 전망된다. 실제로 삼성·현대차·LG 등 국내 대표 기업들은 그간 미국과 가까운 멕시코, 캐나다에 생산 기지를 구축하는 이른바 「니어쇼어링(Nearshoring)」 전략을 추진해 왔다. 현재 멕시코에는 USMCA의 무관세 혜택을 겨냥해 자동차와 가전 등 500여 개의 한국 기업이 진출해 있으며, 캐나다에도 배터리 업체들이 다수 진출해 있다.

💡 니어쇼어링은 「가깝다」는 뜻의 「니어(near)」와 생산시설의 국내 복귀를 뜻하는 「리쇼어링(reshoring)」의 합성어로 비용이 저렴한 인접 국가에 사업의 일부를 이전하는 아웃소싱의 한 형태다.

美, 中에 10% 추가관세-中은 즉각 맞대응 트럼프 행정부가 캐나다·멕시코에 부과하기로 했던 추가 관세를 1개월간 유예하기로 한 것과는 달리, 중국에 대한 10% 추가 관세는 당초 예정대로 2월 4일부터 적용됐다. 중국 수입품에 대한 미국의 관세는 트럼프 1기(2017~2021년)에 이어 바이든 정부 때도 늘어 15~30%가 부과돼 왔는데 이번에 다시 추가로 올린 것이다. 이에 중국은 2월 10일부터 석유 등 일부 미국산 수입품에 10% 관세를, 석탄과 액화천연가스(LNG)에는 15% 관세를 각각 추가로 부과하기로 하는 등의 맞대응에 나섰다. 여기에 미국 대표 빅테크 기업인 구글에 대한 반(反)독점법 위반 조사를 진행하는 한편, 첨단 기기에 많이 사용되는 중국산 희귀광물(텅스텐, 텔루륨, 비스무트, 몰리브덴, 인듐)의 수출 통제도 시행한다고 밝혀 미중 간 무역전쟁 2라운드가 본격화됐다.

💡 트럼프 대통령은 2월 3일 기자회견에서 중국에 대한 관세 인상의 명분으로 중국이 미국인을 해치는 값싼 마약인 펜타닐(※ 시사용어 참조) 원료를 미 대륙에 수출하고 있다는 점을 내세웠다. 트럼프는 중국이 캐나다·멕시코 등에 (마약) 원료를 수출하면 두 나라에서 이 원료가 펜타닐로 제조돼 미국으로 흘러 들어온다고 비난해 왔다.

트럼프, EU 관세 부과 방침도 공식화 트럼프 대통령이 2월 2일 캐나다·멕시코·중국에 이어 유럽연합(EU)에 대한 고관세 부과 방침을 공식화했다. 미국은 EU의 최대 수출국으로, EU 전체 수출의 약 20%를 차지한다. 미국과 EU의 상품·서비스 교역액은 2023년 기준 1조 5000억 유로(약 2300조 원)로, EU는 미국과의 상품 교역에서 1600억 달러(약 233조 원) 흑자를, 서비스 교역에서 1억 1000만 달러(약 1600억 원)의 적자를 기록한 바 있다.

트럼프, 철강 25% 관세에 이어 상호관세 발표
트럼프發 관세 전쟁 본격화

도널드 트럼프 대통령이 2월 10일 미국에 수입되는 철강과 알루미늄 제품에 25%의 관세를 부과한다고 공식 발표했다. 트럼프 대통령이 이날 서명한 철강·알루미늄 관세 포고문은 집권 1기 때인 지난 2018년 철강제품 25% 관세를 부과하면서 일부 예외를 적용했던 한국 등에도 일률적으로 25% 관세를 적용한다는 내용이 담겼는데, 관세 적용은 「미국 동부시간 기준 3월 12일 오전 0시 1분」부터 이뤄지게 된다. 또 트럼프는 2월 13일 앞서 예고한 대로 「상호관세」 조치를 발표했는데, 이는 4월 1일 이후 시행될 것으로 예상된다. 이에 2월 1일 캐나다·멕시코·중국에 대한 관세 부과로 시작된 트럼프발(發) 관세전쟁은 10일 철강·알루미늄 제품 27% 관세 부과에 이어 13일 상호관세에 이르기까지 그 전선이 지속적으로 확대되며 글로벌 무역질서에 혼란을 일으키고 있다.

철강·알루미늄에 25% 관세 부과 트럼프 대통령은 첫 임기 때인 2018년 「무역확장법 232조」를 적용해 철강 제품에 25% 관세를, 알루미늄 제품에 10% 관세를 각각 부과했는데, 이번에는 예외와 면제를 없애는 한편 알루미늄 관세를 25%로 인상했다. 특히 트럼프 대통령의 이번 조치는 캐나다·멕시코 등과 더불어 주요 대미 철강 수출국 중 한 곳인 우리나라에도 영향을 미친다는 점에서 국내 업계의 불안이 높아지고 있다. 미 상무부 국제무역청(ITA) 통계에 따르면 지난해 대미 철강액은 수출액 기준으로 캐나다(23%), 멕시코(11%), 브라질(9%), 한국(9%) 순이었다. 앞서 2018년 트럼프 1기 때 철강·알루미늄 관세를 발표했을 때 우리나라는 미국과의 협상을 통해 철강 관세를 면제받는 대신 수출 물량을 제한하는 쿼터제를 수용했으며, 이에 현재까지 대미 철강 수출에서 「263만t 무관세」를 적용받아 왔다. 하지만 트럼프 대통령이 이번 행정명령에서 예외를 두지 않기로 하면서 쿼터를 조건으로 관세 면제를 받았던 한국산 철강 제품도 3월 12일부터 25%의 관세를 적용받게 될 예정이다.

> **무역확장법 제232조** 수입 제품이 미국 안보에 위협이 된다고 판단하면 수입을 제한하거나 관세를 부과할 수 있도록 한 법률이다. 이는 1962년 제정됐지만 적용 사례가 거의 없었는데, 트럼프 대통령은 지난 2018년 이를 근거로 수입 철강과 알루미늄에 관세를 부과한 바 있다.

트럼프, 상호관세 부과 공식 발표 도널드 트럼프 대통령이 2월 13일 앞서 예고한 대로 상호관세 조치를 발표했다. 해당 조치는 국가별 관세·비관세 현황에 대한 조사가 마무리되는 4월 1일 이후 시행될 것으로 예상된다. 「상호관세(Reciprocal Tariff)」는 상대국이 부과하는 관세율 수준에 맞춰 동등한 관세를 매기는 것으로, 모든 수입품에 일정한 관세를 부과하는 「보편관세」와는 다르다. 무엇보다 상호관세는 세계무역기구(WTO) 체제에서는 사실상 적용되지 않았던 조치라는 점에서 이 조치가 그간 국제 통상의 기준으로 통한 WTO 체제의 근간을 흔들 것이라는 분석까지 나온다.

우리나라의 경우 미국과 자유무역협정(FTA)이 체결돼 있어 대부분의 상품에 관세가 철폐된 상태지만, 트럼프가 비관세 장벽과 환율 등도 두루 검토한다고 밝힌 만큼 무차별 상호관세의 대상국에 포함될 가능성이 있다.

한미 FTA 주요 내용

발효일	2012년 3월 15일(※ 2019년 한 차례 개정)
주요 내용	• 한국, 전체 품목 99.8%에 대한 관세 단계적 철폐 • 미국, 전체 품목 100%에 대한 관세 단계적 철폐

> **보편관세(Universal Tariff)** 도널드 트럼프 대통령이 지난해 대선 기간 중 제안한 관세 정책 중 하나로, 모든 수입품에 일괄적인 관세를 부과해 기존의 복잡한 관세 체계를 단순화시키는 것이 핵심이다. 트럼프는 모든 국가에서 수입하는 모든 제품에 10~20%의 보편관세를 부과한다는 방침을 밝혔는데, 특히 중국산 제품에는 최소 60%의 관세를 매긴다고 밝혔다. 트럼프는 보편관세를 통해 외국 제품의 가격을 높임으로써 미국의 무역 적자를 해결한다는 의도지만, 이는 수입품 가격 상승으로 미국 내 소비자들의 부담 증가로 이어질 수 있다. 또한 트럼프의 보편관세에 대응해 다른 국가에서도 이에 상응하는 조치를 취할 경우 전 세계적으로 무역전쟁이 벌어질 가능성도 있다는 점에서도 우려를 높이고 있다.

트럼프의 부가세 저격, 왜? 트럼프 대통령이 2월 13일 상호관세 부과를 공식화하면서 「부가가치세(VAT, 부가세)」를 상호관세 책정의 주요 요소라고 밝히며 부가세가 주요 이슈로 부상했다. 트럼프는 또 2월 15일 사회관계망서비스(SNS) 트루스소셜에 올린 글에서 상호관세 적용 대상을 부가가치세를 매기는 국가로 다시 한번 지목했다. 경제협력개발기구(OECD) 보고서에 따르면 미국을 제외한 모든 OECD 회원국을 포함해 전 세계 175개국이 부가세 제도를 시행하고 있다. 미국의 경우 부가세가 아닌 「판매세(Sales tax)」를 시행하고 있는데, 판매세는 일반적으로 최종제품 구매시점에 한 번만 징수하는 반면 부가세는 제품이 공급망을 거치면서 부가가치가 추가될 때마다 부과된다.

트럼프 대통령은 부가세가 사실상 미국 기업에 대한 관세 효과를 발휘한다고 주장하고 있는데, 자국 제품을 외국에 수출할 때 부가세가 붙으면 비관세 장벽이 생겨 가격 경쟁력이 떨어져 미국 기업에 불리하다는 주장이다. 또 부가세 세율이 미국 판매세보다 높은 점도 영향을 미쳤는데, 대표적으로 유럽의 경우 부가세 세율이 평균 22%로 미국의 평균 판매세율인 6.6%보다 훨씬 높다. 트럼프 정부는 미국산 제품이 유럽 등 다른 나라에서 판매될 때 관세와 높은 부가세를 모두 내야 하기 때문에, 이 부가세 시스템 자체를 「국가별 불공정 무역 사례」로 주장하고 있다.

> **부가가치세(Value added tax)** 생산 및 유통의 각 단계에서 생성되는 부가가치에 대해 부과되는 조세로, 일반소비세임과 동시에 그 세부담의 전가를 예상하는 간접세의 일종이다. 부가가치세는 거래단계에서 창출한 부가가치에 과세하는 다단계 과세방식을 취하고 있다.

트럼프, 4월 2일부터 자동차 관세 부과
대미 수출 1위 한국 자동차업계 비상

도널드 트럼프 미국 대통령이 2월 14일 미국이 수입하는 주요국 자동차에도 4월 2일께 관세를 도입하겠다고 밝혔다. 또 트럼프 대통령은 자동차 구매 시 부가가치세(VAT)를 적용하는 나라에 대한 관세 부과 의지도 강조했는데, 현재 한국은 자동차에 10%의 부가가치세를 매기고 있다. 한미 양국은 그동안 FTA를 체결해 상대국의 자동차에 관세를 거의 물리지 않았지만, 이번 트럼프 대통령의 방침에 따르면 우리나라도 관세 부과 대상이 될 확률이 높다. 무엇보다 지난해 우리나라의 대미 자동차 수출액이 347억 달러(약 50조 원)로 전체 대미 수출의 27%(1위)를 차지했다는 점에서, 자동차 관세 부과로 향후 우리 경제에 상당한 충격이 불가피할 것이라는 전망이 나온다.

美 관세 부과, 한국 자동차업계의 영향은? 트럼프 대통령의 이번 방침에 따라 4월 2일부터 관세 부과 조치가 현실화되면 자동차 산업은 물론 한국 경제 전체가 큰 영향을 받게 될 전망이다. 대체재가 드문 한국산 반도체와 달리 자동차는 대체재가 많아 관세로 가격 경쟁력이 하락하면 미국 수출이 큰 타격을 입을 수 있기 때문이다. 특히 지난해 국내 전체 수출에서 자동차 비중은 10.4%로 반

도체(20.8%) 다음으로 컸는데, 우리나라는 최근 들어 미국 자동차 수입 시장에서 그 어느 나라보다 가파른 상승세를 보이고 있다. 산업통상자원부에 따르면 지난해 한국 전체 자동차 수출액 707억 8900만 달러 중 대미 수출액은 347억 4400만 달러로 그 비중이 49.1%에 달한다. 한국무역협회 기준 우리나라 대미 수출 품목 1위 역시 자동차이며, 규모 면에서도 수출 품목 2위인 반도체의 3배에 달한다. 아울러 우리나라는 대미 자동차 수출국 순위에서도 2023년 기준으로 멕시코·일본·캐나다에 이은 4위에 해당해 미국의 주요 검토 대상이 될 수밖에 없다는 전망이다.

따라서 미국의 관세 부과가 이뤄질 경우 국내 완성차 업체들에 큰 피해가 예상되는데, 특히 지난해 미국 시장에 101만 대를 수출한 현대차·기아에 이목이 집중된다. KB증권은 보고서를 통해 미국이 한국산 자동차에 10% 관세를 매길 경우 현대차·기아 영업이익이 각각 1조 9000억 원, 2조 4000억 원 줄어들 것이라는 예측을 내놓은 바 있다.

트럼프의 잇따른 관세 부과

국가별 관세	캐나다와 멕시코에 25% 관세 부과, 중국에 10% 추가 관세 부과
품목별 관세	철강·알루미늄 제품에 25% 관세 부과, 자동차에 관세 부과 예고
상호관세	국가별 불공정 무역관행 조사해 이에 상응하는 관세 부과
보편관세	모든 국가에 일률적 관세 부과

美 연준, 트럼프의 인하 압박에도
기준금리 4.25~4.5% 동결

미국 연방준비제도(Fed·연준)가 1월 29일 열린 올해 첫 연방공개시장위원회(FOMC) 회의에서 기준금리를 기존과 동일한 4.25~4.5%로 유지하기로 결정했다. 이에 따라 지난해 3차례(9, 11, 12월) 연속 이어진 연준의 금리 인하 움직임은 일단 멈추게 됐다. 특히 이번 FOMC 회의는 도널드 트럼프가 대통령에 취임한 이후 처음 열린 것인데, 연준은 트럼프 대통령의 공개적인 금리 인하 압박 요구에도 동결을 택했다.

한편, 연준의 이번 동결 조치에 따라 미국과 한국(3.00%)의 기준금리 차이는 1.50%포인트로 유지되게 됐다. 한국은행 금융통화위원회는 앞서 1월 16일 열린 새해 첫 통화정책방향 회의에서 높은 원·달러 환율 등을 고려해 기준금리를 동결한 바 있다.

> **기준금리(Base rate)** 중앙은행이 다른 금융기관과 거래할 때 기준으로 삼는 정책 금리로, 한국은행이 금융기관과 환매조건부증권(RP) 매매, 자금조정 예금 및 대출 등의 거래를 할 때 기준이 되는 금리를 말한다. 중앙은행은 기준금리를 정해 각종 금리의 기준이 되도록 하는데, 그 수준은 국내외 경제 상황 변화에 맞춰 유동적으로 조정한다. 우리나라의 경우 한국은행이 기준금리를 인상하면 시중은행의 금리도 함께 오르고, 기준금리를 인하하면 시중은행의 금리도 내리게 된다.

정부, 올해 성장률 1.8%로 하향 조정
18조 풀어 경기부양 방침

정부가 1월 2일 올해 경제성장률을 1.8%로 전망한 「2025년 경제정책방향」을 발표했다. 이 수치는 잠재성장률(2.0%)에도 못 미치는 것이자, 한국은행(1.9%)이나 국제통화기금(IMF) 전망치(2.0%)보다도 낮은 수치다. 정부는 이와 같은 성장률 전망의 가장 큰 이유로 수출 부진을 거론했는데, 수출 증가율은 지난해 8.2%에서 올해 1.5%로 급감할 것으로 전망했다. 또 미국 트럼프 2기 행정부 출범에 따른 관세 리스크 등으로 수출 위축 가능성이 높다고 분석했다.

여기에 계엄과 탄핵 국면이 올해 성장률 전망에 구체적으로 반영되지 않아 실제 성장률은 더 낮을 가능성이 높은데, 실제로 12·3 비상계엄 사태 이후 글로벌투자은행(IB)인 씨티와 JP모건은 올해 우리 경제 성장률 추정치를 각각 1.5%, 1.3%로 낮춘 바 있다. 이와 같은 경기 부진 전망에 정부는 18조 원 규모의 공공 가용재원을 동원하고, 85조 원 규모의 민생 예산을 상반기(1~6월)에 70%까지 투입한다는 방침이다.

올해 한국 경제성장률 전망치

경제협력개발기구(OECD)	2.1%
국제통화기금(IMF), 한국개발연구원(KDI)	2.0%
한국은행	1.9%
정부	1.8%

「2025년 경제정책방향」 주요 내용

소비 촉진   1월 3일부터 6월 30일까지 출고되는 자동차를 구매하면 최대 100만 원까지 개별소비세(개소세)를 30% 감면받을 수 있다. 전기차의 경우 보조금 지급 기준을 연초부터 신속하게 시행하는데 ▷중대형 승용차는 최대 580만 원+α ▷소형은 최대 530만 원+α이다. 취약계층의 가전 구매 부담을 덜어주기 위해 고효율 가전 구매 시의 환급 수준도 높이는데, ▷장애인·독립유공자·기초생활수급자 등은 현행 20%에서 30%로 ▷다자녀 가구 등은 10%에서 15%로 환급률이 높아진다. 정부는 또 올해 상반기 추가소비분(전년 대비 5% 이상)에 대해 100만 원 한도 내에서 20% 추가 소득공제를 추진한다는 방침이다.

> **개별소비세**   사치성 상품이나 서비스의 소비에 대해 별도의 높은 세율로 과세하는 것으로, 1977년 7월 「특별소비세」라는 명칭으로 신설됐다. 그러다 2008년 개별소비세로 명칭이 변경됐으며, 기본 세율은 물품별로 7~20%의 세율과 장소별로 10%·50%·정액세를 부과하도록 하고 있다. 다만 경제상황에 따라 일정 범위 내에서 정부가 국회의 동의 없이 신축적으로 세율을 조정할 수 있는 탄력세율도 적용되는데, 이는 기본세율의 상하 30% 범위 내에서 대통령령으로 조정한다.

관광 활성화   국내 관광 부흥을 위해 최대 3만 원어치 비수도권 숙박 쿠폰을 100만 장 신규 배포하고, 중소기업 등 근로자를 대상으로 한 휴가지원사업 수혜 규모도 6만 5000명에서 15만 명으로 늘린다. 이는 근로자가 20만 원을 내면 정부와 기업이 각각 10만 원을 지원해 총 40만 원의 국내 여행경비를 마련해주는 사업이다. 또 외국인 관광객 유치를 위해 설 명절과 코리아그랜드세일(1월 15일~2월 28일)을 연계하고, 3월에는 「미리온 동행축제」를 시작으로 동행축제를 연 3회 이상 개최하며, 11월 코리아세일페스타는 역대 최대 규모로 열기로 했다.

생계비 부담 경감   각자 출퇴근하는 맞벌이 주말부부의 주거 부담 완화를 위해 부부 각각의 월세 세액공제도 가구당 1000만 원 한도 내에서 허용한다. 또 전세 임차인이 대출 갈아타기(대환대출)를 하더라도 전세대출금에 대한 소득공제 혜택이 유지될 수 있도록 소득공제 적용 범위도 확대한다. 아울러 올해 물가 안정을 위해 농축수산물 할인지원과 에너지·농식품 바우처 등에 지난해보다 7.4% 늘어난 11조 6000억 원을 투입할 방침이다.

서민·취약계층 지원   소비를 하고 싶어도 여력이 부족한 서민·취약계층의 부담을 덜어주기 위해 농축산물 할인지원 등에 11조 6000억 원을 투입하는데, 이는 지난해(10조 8000억 원)보다 8000억 원 늘어난 규모다. 취약계층의 전기·가스요금 부담을 줄이기 위해 제공하는 에너지 바우처의 경우 사용 기간을 동절기(10~5월)와 하절기(7~9월)로 나누던 것에서, 오는 7월~내년 5월로 통합해 운영하기로 했다. 또 연매출 1억 400만 원 이하 소상공인 점포에 사용하는 신용카드 사용액은 소득공제율을 현행 15%에서 30%로 높이기로 했다.

2025년 경제정책방향 주요 내용

구분	주요 내용
생계비 부담 경감	• 맞벌이 주말부부 각각 월세 세액공제 허용(가구당 1000만 원 한도) • 전세대출 대환해도 소득공제 유지 • 중소기업 근로자에 장기 미임대 공공임대 주택 공급
소비 촉진	• 자동차 개별소비세 30% 인하(상반기, 100만 원 한도) • 취약계층 가전 구매비 최대 30% 환급
취약층 지원	• 생계급여 4인 가구 기준 월 11만 8000원 인상 • 노인 기초연금 월 34만 4000원으로 인상
관광 활성화	• 최대 3만 원 비수도권 숙박쿠폰 100만 장 배포 • 근로자 대상 휴가지원사업 지원 규모 6만 5000명 → 15만 명으로 확대

금융당국, 부실 상장사 퇴출 속도
시가총액·매출액 기준 강화

금융위원회와 금융감독원이 1월 21일 코스피 상장폐지 심사 기간을 절반으로 줄여 이른바 「좀비 기업」을 빠르게 퇴출시키는 내용 등을 담은 「IPO(기업공개) 및 상장폐지 제도개선 방안」을 공개했다. 이는 주식시장 내 저성과 기업을 빠르게 퇴출시키기 위해 상장유지 요건은 강화하고, 상장폐지 심사절차는 효율화하는 것이 주요 내용이다.

「IPO 및 상장폐지 제도개선 방안」 주요 내용

상장폐지 시가총액·매출액 기준 상향 현재 상장폐지 여부를 가르는 기준은 ▷시가총액 ▷매출액 ▷감사의견 미달 등 크게 3가지인데, 이 중 정량적 평가에 해당하는 시가총액(코스피 50억 원·코스닥 40억 원)과 매출액(코스피 50억 원·코스닥 30억 원) 기준이 너무 낮아 실효성이 없다는 지적이 많았다. 이에 금융당국은 상장폐지 기준이 되는 시가총액과 매출액 기준을 크게 높이기로 했는데, 우선 시가총액의 경우 ▷코스피 기준은 50억 원에서 500억 원으로 ▷코스닥 기준은 40억 원에서 300억 원으로 상향 조정한다. 상장폐지 매출액 기준도 코스피는 50억 원에서 300억 원으로, 코스닥은 30억 원에서 100억 원으로 각각 올린다. 다만 이는 단기간에 매출을 끌어올리기 어렵다는 점을 고려해 2029년까지 단계적으로 요건을 강화하기로 했다. 여기에 상장폐지 심의 절차를 간소화하고 소요기간도 대폭 줄이는데, 코스피는 상장 적격성 실질심사에 부여하는 개선기간을 최대 4년에서 2년으로 단축한다. 코스닥의 경우 심의 단계를 3심제에서 2심제로 축소하고, 개선 기간도 2년에서 1년 6개월로 단축한다. 아울러 감사의견이 2회 연속 적정에서 미달(한정·부적정·의견거절 등)된 기업은 올해 하반기부터 개선 기간 없이 즉시 상장폐지한다.

퇴출 기업은 K-OTC 통해 거래 지원 정부는 상장사 퇴출 확대에 따른 투자자 피해 가능성을 최소화하는 장치도 마련, 상장폐지 후 비상장 주식 거래를 지원하기로 했다. 현재 상장폐지 기업은 7거래일간 정리매매 이후 사실상 거래가 이뤄지기 어려운데, 금투협의 비상장주식 거래 플랫폼 K-OTC

에 상장폐지기업부(가칭)를 신설해 6개월간 거래를 지원한다는 방침이다. 만약 6개월 거래 후 평가를 통해 적정하다고 판단되면 기존 K-OTC로 연계 이전해 거래를 이어가도록 한다.

IPO 개선 금융당국은 상장 직후 주식을 바로 내다 파는 이른바 「IPO(기업공개) 단타」도 막는다는 방침이다. 이를 위해 의무보유 확약 우선배정제도를 도입해 기관투자자 배정 물량 중 40% 이상을 확약 기관투자자에게 우선 배정하며, 확약 물량이 40%에 미달하면 주관사가 최대 30억 원 규모 안에서 공모 물량의 1%를 취득해 6개월간 보유하도록 한다. 또 일정 기간 보호예수를 조건으로 증권 신고서 제출 전 기관투자자에 대한 사전 배정을 허용, 중·장기 투자자 확대에 도움이 되는 「코너스톤 투자자」 제도 도입을 추진한다.

IPO 및 상장폐지 제도개선 방안

시가총액·매출액 기준 강화	• 코스피 시가총액 50억 → 500억 원, 매출액 50억 → 300억 원 • 코스닥 시가총액 40억 → 300억 원, 매출액 30억 → 100억 원
감사의견 미달 기준 강화	감사의견 미달(한정, 부적정, 의견거절) 2회 연속 즉시 상장폐지
상장폐지 심의단계·개선기간 축소	• 코스피 개선기간 형식심사 2년 → 1년, 실질심사 4년 → 2년 • 코스닥 개선기간 실질심사 2년 → 1년 6개월, 3심제 → 2심제
기관투자자 의무보유 확약 확대	기관투자자 배정물량의 40%를 확약 기관투자자에 우선 배정

금감원, 공매도 가이드라인 최종안 발표
내부통제기준 법인별 차등화

금융감독원(금감원)이 오는 3월 공매도 재개를 앞두고 불법 무차입공매도 방지를 위한 세부 규정 등을 담은 「공매도 통합 가이드라인」 최종안을 마련했다고 1월 19일 밝혔다. 가이드라인은 공매도 법인의 내부통제 세부기준을 공매도 규모 및 무차입공매도 발생 가능성에 따라 차등화한 것이 핵심이다. 금융당국은 시행세칙 개정을 통해 공매도 전산화 관련 제도 틀을 완성하고 이 제도에 맞춰 전산화를 3월 말까지 완성한다는 계획이다.

> **공매도(空賣渡, Short Stock Selling)** 향후 주가가 하락할 것으로 예상되는 종목의 주식을 빌려서 매도(주식을 파는 것)한 뒤 실제로 주가가 하락하면 싼값에 되사들여(쇼트커버링) 빌린 주식을 갚음으로써 차익을 얻는 매매기법이다. 예를 들어 A종목 주가가 1만 원이고 주가 하락이 예상되는 경우 A종목 주식을 갖고 있지 않더라도 일단 1만 원에 공매도 주문을 낸다. 그리고 실제 주가가 8000원으로 하락했을 때 A종목을 다시 사서 2000원의 시세차익을 챙기는 것이다. 공매도는 차입(借入)이 확정된 타인의 주식, 채권 등 유가증권을 빌려 매도하는 차입공매도(Covered Short Selling)와 현재 유가증권을 보유하지 않은 상태에서 미리 파는 무차입공매도(Naked Short Selling)로 구분된다.

「공매도 통합 가이드라인」 주요 내용

법인별 내부통제 기준 금감원은 법인별 내부통제 기준을 무차입공매도 발생 가능성에 비례해 차등화하기로 했다. 공매도 잔고가 발행량의 0.01% 또는 10억 원 이상으로 대규모 공매도 거래를 할 수 있는 기관, 시장조성자(MM)·유동성공급자(LP) 역할을 맡은 금투사 등은 자체적으로 공매도 잔고관리 전산시스템을 구축해야 한다. 이에 해당되지 않는 소규모 기관 등은 공매도 업무규칙을 마련하면 된다. 또 대규모 공매도 법인의 잔고관리 전산시스템이 반드시 들여야 할 기능도 규정했는데, 이는 ▷종목별 실시간 잔고 산출 ▷잔고 초과 주문 실시간 차단 ▷수기수정 시 통제장치 마련 등이다.

공매도 수탁 증권사의 점검 항목 및 방법 공매도 수탁 증권사의 점검 항목은 ▷내부통제기준 구비 여부 ▷업무 분장의 명확성 ▷기관 내 잔고관리시스템 요구사항과 운영 조건 등의 충족 여부다. 점검 방법의 경우 증권사가 직접 점검하는 것이 원칙이나 공매도 법인의 기업경영 관련 비밀 유지의 필요성이 인정되는 경우 간접 점검도 허용한다. 간접 점검이란 공매도 법인이 자체 점검하고 수탁 증권사가 그 적정성을 검토하는 형식이다. 또 수탁 증권사는 글로벌 투자은행(IB) 등 법인이 내부통제기준과 전산시스템 등을 갖췄는지 연 1회 확인하고, 결과를 1달 내에 금감원에 보고해야 한다.

실체성 확인 위한 행정절차 마련 공매도 등록번호 발급 대상의 실체성을 확인하기 위한 행정절차도 마련됐다. 금감원은 불법 공매도 추적을 위해 대규모 공매도 거래 법인에 대해 등록번호를 발급한다. 시장조성자(MM)와 유동성공급자(LP)는 MM과 LP로서의 거래를 위해 따로 계좌를 구분해야 하며, 일임과 신탁은 투자자 재산별로 번호가 발급된다. 대규모 공매도 거래 법인과 한국거래소의 공매도 중앙점검시스템(NSDS) 간 정보 연계를 위해서는 각 법인이 보유 중인 모든 종목에 대해 매 영업일 잔고와 거래내역을 2영업일 내에 거래소에 제출하도록 규정했다. 이와 관련해 한국거래소는 불법 공매도 중앙차단시스템(NSDS)에 제출된 정보의 정확성을 확인하기 위해 시장감시위원회에 자료 제출을 요구할 수 있는 권한이 부여된다.

테라·루나 폭락사태 권도형,
美 형사재판 내년 1월 시작 예정

미국 뉴욕 남부연방법원이 1월 8일 테라·루나 폭락사태의 핵심 인물 권도형(35) 씨 사건의 첫 재판전 협의에서 본재판 개시 일정을 내년 1월 26일로 잠정 결정했다. 테라폼랩스 대표인 권 씨는 가상자산 「테라」와 관련한 사기로 400억 달러(약 58조 원) 이상의 투자 손실을 초래한 혐의 등을 받고 있다. 권 씨는 지난해 12월 31일 몬테네그로에서 미국 연방수사국(FBI)에 넘겨져 미국으로 송환됐으며, 현재 뉴욕 브루클린의 연방구치소에 수감돼 있다. 미국 법무부는 앞서 권 씨가 받는 9개 범죄 혐의가 모두 유죄로 인정될 경우 최대 130년형에 처할 수 있다고 밝힌 바 있는데, 미국에서는 각 죄에 대해 형을 정한 뒤 이를 합산하는 병과주의(併科主義)를 택하고 있다.

테라·루나 폭락사태는 무엇? 2022년 5월 권도형 대표가 운영하던 블록체인 기업 테라폼랩스가 발행한 김치코인 「테라」의 가치가 1달러 이하로 떨어지면서 테라는 물론 루나까지 동반 폭락한 사태를 말한다. 테라는 코인 1개당 가치가 1달러에 고정(페깅)되는 스테이블 코인이며, 루나는 테라의 가치를 뒷받침하기 위해 발행된 것이다. 그러나 알고리즘으로 발행량을 조절해 가격을 유지하는 불안정한 시스템이 코인의 동반 폭락을 일으키며 피해가 확산됐다. 테라폼랩스는 이러한 우려 속에서 테라 2.0과 루나 2.0을 출시하며 반전을 꾀했으나 이마저도 급락세가 지속됐고, 이는 전 세계 가상자산 시장에 악재로 작용했다. 이후 미국 증권거래위원회(SEC)는 2022년 2월 테라폼랩스 공동창업자인 권 씨와 테라폼랩스가 「수백만 달러의 암호화 자산 증권 사기를 조직했다」며 민사소송을 제기했고, 뉴욕 연방검찰은 한 달 뒤 사기·시세 조종 등의 혐의로 그를 기소했다.
한편, 권 씨는 사태가 터지기 직전인 2022년 4월 싱가포르로 출국한 뒤 잠적했으며, 이후 아랍에미리트(UAE)와 세르비아를 거쳐 몬테네그로로 넘어갔다. 그러다 2023년 3월 23일 현지 공항에서 가짜 코스타리카 여권을 소지하고 두바이로 가는 전용기에 탑승하려다 체포됐으며, 권 씨의 체포 이후 한국과 미국은 동시에 범죄인 인도를 청구한 바 있다. 이후 몬테네그로 당국과 법원은 어느 나라로 송환할지를 두고 여러 차례 결정을 번복해 왔는데, 미국에서의 형사재판으로 결정되면서 권 씨의 미국 송환이 이뤄졌다. 미국 뉴욕 남부연방지검은 2023년 3월 권 씨가 몬테네그로에서 검거된 직후 권 씨를 ▷증권사기 ▷통신망을 이용한 사기 ▷상품사기 ▷시세조종 공모 등 총 8개 혐의로 재판에 넘겼으며, 이후 자금세탁 공모 혐의 1건을 추가하면서 권 씨가 받는 범죄 혐의는 총 9건이 됐다.

> **죽음의 소용돌이(Death Spiral)** 특정 자산의 가치 하락이 이와 연동된 다른 자산의 가치 하락으로 이어지는 현상을 일컫는 말로, 2022년 상반기 한국산 가상자산 루나와 자매 스테이블 코인 테라가 서로의 가치를 끌어내리는 악순환이 발생하자 이를 가리키는 말로 널리 사용되기 시작했다. 당시 루나와 테라가 연일 폭락을 기록하자 주요 외신들은 해당 사태를 분석하면서 「죽음의 소용돌이」라는 말을 언급했다. 한편, 테라는 코인 1개당 가치가 1달러에 고정(페깅)되는 스테이블 코인이며, 루나는 테라의 가치를 뒷받침하기 위해 발행된 코인이다.

이재용 삼성전자 회장, 2심도 무죄 판결
부당합병·분식회계 등 19개 혐의 모두 무죄

삼성물산·제일모직 부당합병과 삼성바이오로직스 분식회계에 관여한 혐의로 재판에 넘겨진 이재용 삼성전자 회장(57)이 2월 3일 진행된 항소심에서 1심에 이어 무죄를 선고 받았다. 서울고법 형사13부는 이날 자본시장법 및 외부감사법 위반, 업무상 배임 등 이 회장이 받고 있는 19개 혐의 모두에 무죄를 선고했다. 그리고 함께 재판에 넘겨진 최지성 전 삼성전자 미래전략실 실장, 장충기 전 미전실 차장 등 전현직 임원 10명에게도 무죄가 선고됐다.

판결 주요 내용 이재용 회장은 지난 2015년 제일모직·삼성물산 합병 과정에서 최소 비용으로 경영권을 안정적으로 승계하고 지배력을 강화하기 위해 그룹 미래전략실이 추진한 각종 부정 거래와 시세 조종, 회계 부정 등에 관여한 혐의로 2020년 9월 재판에 넘겨진 바 있다. 이후 지난해 2월 1심 재판부는 삼성물산과 제일모직의 합병이 이 회장 승계와 지배력 강화가 유일한 목적이 아니고 「공소사실 모두 범죄 증명이 없다」며 이 회장이 받고 있는 19개 혐의 모두에 무죄를 선고한 바 있다. 이에 검찰은 앞서 1심에서 인정되지 않은 증거가 위법하지 않다는 점을 입증하기 위해 이번 항소심에서 약 2000건의 증거목록을 제출했으나, 2심 재판부는 이를 받아들이지 않았다. 이번 항소심에서의 주요 쟁점도 2015년 삼성바이오가 자회사 삼성에피스를 관계기업으로 전환하는 과정에서 회계처리 기준을 위반한 분식회계를 했는지 여부였으나, 항소심 재판부 역시 1심의 무죄 판결을 유지했다. 또 삼성물산과 제일모직의 합병이 이 회장의 경영권 승계를 위한 것이라는 검찰 측 주장에 대해서도 두 회사의 합병이 이 회장의 승계나 지배력 강화만을 목적으로 한다고 볼 수 없고, 합병 비율이 불공정해 삼성물산과 주주들에게 손해를 끼친 점 역시 인정되지 않는다고 판단했다.

이재용 삼성전자 회장 2심 선고 주요 내용

쟁점	1심	2심	2심 판결
자본시장법 위반(삼성물산–제일모직 부당합병 목적 허위정보 유포 및 회계조작)	무죄	무죄	경영권 분쟁 과정에서의 통상적이고 적법한 대응. 합병의 목적, 경과, 효과 등 허위정보 유포 인정할 수 없음
외부감사법 위반(삼성바이오로직스 분식회계)			공시 내용 다소 미흡하나, 과실을 넘어 고의 존재하는지 증명 부족
업무상 배임(삼성물산 주주 이익 보호 의무 위반)			임무 위배 사실 인정되지 않음. 주주들의 재산상 손해도 인정되지 않음

IMF, 올해 한국 성장률 2% 전망
세계 경제성장률은 3.3%로 전망

국제통화기금(IMF)이 1월 17일 올해 한국 성장률 전망치를 기존보다 0.2%포인트 내린 2.0%로 제시한 내용 등을 담은 「1월 세계 경제 전망 보고서」를 발간했다. 이는 정부(1.8%)와 한국은행(1.9%)보다 높지만 분석 시점의 차이로 비상계엄과 대통령 탄핵 등 정치적 혼란은 거의 반영되지 않은 것이어서 추가 하향 조정이 이뤄질 가능성이 있다.

IMF는 올해 세계 경제성장률은 3.3%로 전망했는데, 이는 지난해 10월 전망 대비 0.1%포인트 상향한 것이다. 국가별로 보면 미국의 올해 성장률이 2.7%로 직전 전망치보다 0.5%포인트 높아졌다. 유로존은 1.0%로 0.2%포인트 내렸으며, 일본은 1.1%로 직전 전망치와 동일했고, 중국은 4.6%로 0.1%포인트 올랐다.

💡 국가미래연구원은 1월 14일 올해 한국 경제성장률 전망치를 1.67%로 제시했는데, 이는 국회예산정책처(2.2%), 산업연구원(2.1%), 한국개발연구원(2.0%), 현대경제연구원(1.7%) 등 주요 연구기관에서 내놓은 전망치 중에서도 가장 낮은 것이다.

WB, 올 세계 경제성장률 2.7% 전망 세계은행(WB)이 1월 17일 올해 세계 경제가 지난해와 같이 2.7% 성장할 것으로 전망한 「세계 경제 전망 보고서」를 발표했다. 보고서에 따르면 선진국의 경제성장률은 올해 1.7%, 내년 1.8%를 각각 기록할 것으로 전망됐으며, 개도국의 경우 올해 4.1%, 내년에는 4%로 각각 예상됐다. 그러나 미국 트럼프 2기 정부가 10%의 보편관세를 부과하고 다른 나라들이 맞대응에 나설 경우 전망치보다 0.3%포인트가 낮아질 수 있을 것으로 예측했다. WB는 올해 성장률에 대해 하방요인 우세가 지속되고 있다고 평가하면서 주요 하방 요인으로는 ▷정책 불확실성 확대 ▷무역정책의 부정적 변화 ▷지정학적 리스크 확산 ▷물가 상승 ▷주요국 경기 둔화 ▷기상 이변으로 인한 자연재해 등을 꼽았다.

한국 지난해 1인당 GDP, 3만 6024달러
일본·대만 추월

2월 2일 기획재정부·한국은행·통계청 등에 따르면 2024년 한국의 1인당 국내총생산(GDP)이 전년보다 454달러(1.28%) 증가한 3만 6024달러(약 5253만 3799원)로 추계된다. 이는 국제통화기금(IMF)이 지난해 10월 발표한 2024년 추정치(3만 6132달러)와 비슷한 수준으로, 일본과 대만을 넘어선 것으로 추산됐다. IMF에 따르면 일본은 3만 2859달러, 대만은 3만 3234달러로 예상됐다.

우리나라의 1인당 GDP는 지난 2016년 3만 839달러로 처음 3만 달러를 돌파한 후 2018년 3만 5359달러까지 상승했으나, 코로나19 영향 등으로 2020년 3만 3503달러까지 하락한 바 있다. 이후 2023년부터 2년 연속 상승세를 보이며 1인당 GDP가 다시 증가했는데, 이러한 상승의 주요 요인은 수출 증가와 물가 상승 등으로 경상 GDP가 증가한 데 따른 것이다. 정부 전망에 따르면 경상 GDP 증가율은 지난해 5.9%로 2021년(7.9%) 이후 가장 높다. 하지만 지난해 원달러 환율이 전년 대비 58.57원이나 오르면서 1인당 GDP를 크게 낮추는 요인으로 작용했다.

한국의 1인당 GDP 추이

연도	1인당 GDP
2022년	3만 4810달러
2023년	3만 5570달러
2024년	3만 6024달러
2025년(추정치)	3만 7441달러

2024년 우리나라 세수 펑크는 30.8조 원
2년 연속 대규모 세수 결손 기록

기획재정부가 2월 10일 발표한 「2024년 국세수입 실적」에 따르면 지난해 세수 펑크 규모가 총 30조 8000억 원으로 확정, 2023년(56조 4000억 원) 역대 최대 세수 결손이 발생한 데 이어 2년 연속 대규모 세수 펑크가 현실화됐다. 이에 따르면 지난해 연간 국세수입(세수)은 336조 5000억 원으로, 전년(2023년) 실적(344조 1000억 원)보다 7조 5000억 원 줄어들었다. 이는 당초 정부의 본예산(367조 3000억 원)보다 30조 8000억 원이 덜 걷힌 것으로, 오차율은 -8.4%로 나타났다.

이처럼 대규모 세수 결손이 발생한 주원인으로는 법인세 감소가 꼽히는데, 지난해 법인세는 전년 대비 17조 9000억 원(-22.3%)이나 줄어든 62조 5000억 원이 걷히는 데 그쳤다. 반면 지난해 소득세 수입은 117조 4000억 원으로 전년 대비 1조 6000억 원 늘어났으며, 부가가치세 수입은 전년 대비 8조 5000억 원 늘어난 82조 2000억 원을 기록했다.

> **법인세[法人税]** 법인의 사업에 의해 발생한 소득을 과세대상으로 해 법인에 부과하는 세금이다. 개인이 소득세를 납부하는 것과 같이 법인은 소득세법의 적용을 받지 않고 법인세법에 의해 법인세를 부담하게 된다. 여기서 법인이란 주식회사, 합자회사, 합명회사, 유한회사 등의 영리법인과 사립학교 등의 비영리법인을 말한다. 다만 비영리법인의 경우 공익사업에는 과세하지 않고 수익사업에만 과세한다.

통계청, 「2024년 양곡소비량 조사 결과」 발표
1인당 쌀 소비량 30년 만에 반토막

통계청이 1월 23일 발표한 「2024년 양곡소비량 조사 결과」에 따르면 지난해 1인당 연간 쌀(멥쌀·찹쌀) 소비량(가구 부문·1400가구)은 55.8kg으로 전년 대비 1.1%(0.6kg) 감소했다. 이는 1963년 통계 작성 이래 역대 최저이고 1994년 소비량(108.3kg)의 절반 수준이다. 이를 1인당 하루 소비량으로 환산하면 152.9g으로, 이는 하루에 즉석밥(300g 기준) 1개 양만큼만 먹는 셈이다. 연도별로는 1964년 329.3g이던 쌀 소비량은 2010년 199.6g으로 200g 아래로 떨어졌고, 2020년 들어서는 150g대에 진입해 계속 감소하는 추세다.

다만 일반 가구가 아닌 식료품·음료 등 제품업체가 제품의 원료로 쌀을 사용한 소비량은 지난해 87만 3363t으로 1년 전보다 6.9% 늘었다. 특히 레토르트 식품·냉동식품·즉석밥 등 반조리 식품을 만드는 기타 식사용 가공처리 조리식품 분야의 쌀 소비량이 25.0% 급증하며 소비 증가세를 이끌었다. 이어 주정 제조업(16%), 도시락류 제조업(9.8%), 기타 곡물가공품 제조업(8.5%) 순으로 쌀 소비량이 늘어난 것으로 나타났다.

韓 여성고용률 61%,
OECD 38개국 중 31위

한국경제인협회(한경협)가 경제협력개발기구(OECD) 회원국의 15~64세(생산가능인구) 여성 고용 지표를 분석한 결과 2023년 기준 한국 여성의 고용률과 경제활동 참가율은 각각 61.4%, 63.1%로 집계돼 두 항목 모두에서 OECD 국가 중 31위에 머물렀다. 과거 20년간 한국의 여성 고용 지표 순위를 추적해 보면 고용률은 26~31위, 경제활동 참가율은 31~35위 사이에 머물며 하위권을 벗어나지 못했다.
특히 2021년 기준 한국에서 15세 미만 자녀를 둔 여성의 고용률은 56.2%로 30-50클럽(국민소득 3만 달러, 인구 5000만 명 이상 국가) 7개국 중 가장 낮았다. 이는 30-50클럽 평균인 68.2% 대비 12.0%p 낮은 수준이자 여타 선진국들과의 격차가 상당한 것으로, 특히 일본(74.8%)·영국(74.2%)·프랑스(73.9%)·독일(73.8%) 등은 여성 고용률이 70%를 넘겼다.

> **30-50 클럽** 1인당 국민소득 3만 달러 이상, 인구 5000만 명 이상의 조건을 만족하는 국가를 가리키는 용어이다. 이는 한 국가가 높은 수준의 국가경쟁력을 갖추기 위해서는 국민경제 규모의 기준이 되는 1인당 국민소득과 함께 적정선의 인구경쟁력도 갖추어야 한다는 의미이다. 그러나 실제 인구가 많으면 국민소득이 적고, 국민소득이 높으면 인구가 적은 경우가 많아 한 국가가 이 두 가지 조건을 만족하기는 쉽지 않다. 이에 현재 30-50 클럽에 가입된 국가는 일본(1992), 미국(1996), 영국(2004), 독일(2004), 프랑스(2004), 이탈리아(2005), 한국(2019) 등 7개국에 불과하다.

한은, 「AI와 한국경제」 보고서 발표
AI 잘 쓰면 韓 GDP 최대 13% 상승

한국은행이 2월 10일 「AI와 한국경제」 보고서를 통해 AI가 도입되면 10~20년 후 한국 경제 국내 총생산(GDP)이 4.2~12.6% 높아질 수 있고, 생산성(총요소생산성)도 1.1~3.2% 개선된다고 추정했다. 한은에 따르면 고령화·저출생에 따른 노동 공급 감소가 2023~2050년 한국 GDP를 16.5% 삭감할 것으로 추정되는데, AI가 성공적으로 생산성과 산출을 늘리면 이 감소폭을 5.9%까지 줄일 수 있다는 분석이다.
보고서는 또 특정 직업이 수행하는 직무가 AI로 대체 가능한지(노출도)와 대체 위험으로부터 보호받는지(보완도)를 동시에 계측했는데, 국내 근로자의 절반 이상(51%)이 AI 도입으로 큰 영향을 받는 것으로 나타났다. 여기서 AI 노출도가 높고 보완도도 높은 직업군은 AI에 의해서 대체될 수 있는 기술이지만, 직업의 사회적·물리적 속성에 의해 해당 종사자가 AI 기술을 보완적으로 이용할 수 있다는 의미다. 이에 따르면 전체 노동자의 27%는 대체 효과가 큰 그룹으로, 24%는 보완 혜택을 누리는 그룹으로 나타났는데, 일반적으로 관리자와 전문가는 보완도가 높은 반면 일반 사무직은 대체 위험이 큰 것으로 나타났다.

AI 대체 가능성에 따른 직업 분류

대체 가능성 큰 직업	통신 관련 판매직, 법률 및 감사 사무 종사자, 고객상담 및 기타 사무원, 통계 사무원, 비서, 여행·안내 사무원, 회계 및 경리 사무원, 컴퓨터 시스템 및 소프트웨어 전문가 등
대체 가능성 낮은 직업	의료 진료 전문가, 건설 및 채굴 기계 운전원, 운송서비스 종사자, 건설구조 기능 종사자, 전기공, 배관공, 경찰·소방 및 교도 종사자, 선박 승무원, 스포츠·레크레이션 전문가 등

자료: 한국은행

1월 청년층 체감실업률 16.4%
4년 만에 최대 악화

2월 16일 통계청 국가통계포털(KOSIS)에 따르면 지난 1월 15~29세 청년층의 체감실업률(고용보조지표3)이 1년 전보다 0.8%포인트(p) 오른 16.4%를 기록했다. 1월 청년층 고용보조지표3의 전년 대비 증가폭은 2021년 2월(26.8%)의 3.7%p 이후 3년 11개월 만에 가장 컸다.

체감실업률 상승, 왜? 고용보조지표3은 노동시장에서 채워지지 못하는 실질적 일자리 수요를 포괄해 나타내는 지표로, 피부로 느끼는 고용 상황을 보여준다는 의미에서 「체감실업률」이라고도 불린다. 청년층의 체감실업률이 악화된 것은 불완전 취업 상태인 청년들이 크게 늘었기 때문으로 풀이되는데, 실제로 지난 1월 경제활동을 하고는 있지만 더 많이 일하길 원하는 「시간 관련 추가 취업 가능자」의 수는 13만 1000명으로 1년 전보다 4만 1000명 늘었다. 시간 관련 추가 취업 가능자는 주당 취업 시간이 36시간 미만이면서 추가 취업 의사와 능력이 있는 이들을 말한다. 이들이 증가했다는 것은 정규직 등 안정된 일자리가 한정된 상황에서 취업에 실패하거나 구직 기간이 길어지는 청년들이 생계 등을 위해 임시·단기 일자리에 뛰어들고 있다는 의미다.

1인당 일자리 0.28개 – 1997년 1월 이후 최저치 고용노동부가 2월 10일 발표한 「2025년 1월 노동시장 동향」에 따르면 1월 기업들의 신규 구인 인원은 13만 5000명으로, 전년 동월 대비 42.7%(10만 1000명) 감소했다. 이는 1997년 통계 집계 이래 역대 최대 감소폭이다. 이에 구직자 1인당 일자리 수를 뜻하는 구인배수는 0.28로 떨어졌는데, 이는 1997년 1월(0.23) 이후 최저치다. 이러한 고용시장 악화는 고용보험 가입자 지표에도 반영됐는데, 1월 말 기준 고용보험 상시가입자는 1517만 4000명으로 전년 동월 대비 0.8%(11만 5000명) 늘어나는 데 그쳤다. 1월 기준으로는 사상 첫 0%대 증가율로 2004년 1월(1.0%) 이후 최소 증가폭이다.

금값 고공행진에
골드바·골드뱅킹 판매 사상 최고치

2월 16일 금융권에 따르면 KB국민·신한·하나·우리·NH농협 등 5대 은행의 2월 1~13일 골드바 판매액이 총 406억 345만 원으로 집계됐다. 이는 전년 같은 기간 판매액(20억 1823만원)의 20배이자 전월 같은 기간(135억 4867만 원)과 비교해도 거의 3배 상승한 수치다. 이처럼 금 가격이 급등하자 금 대신 은을 찾는 경우도 늘었는데, 실버바를 취급하는 KB국민·신한·우리·NH농협은행의 2월 1~13일 실버바 판매액은 5억 2889만 원으로 전월 같은 기간(3422만 원)의 15배에 달했다. 이와 같은 금 수요의 상승은 최근 금값이 급등함에 따른 것으로, 2월 10일 국제 금값은 온스당 2907.34달러로 사상 최초로 2900달러를 돌파한 바 있다. 금값 상승은 지난해 중동 지역의 지정학적 위험이 부각되면서 본격화됐는데, 특히 지난 1월 도널드 트럼프 미국 대통령 취임 이후 관세로 인한 불확실성이 커지면서 금 매수세가 증가, 가격 상승이 계속됐다.

고용부, 「통상임금 노사지도 지침」 개정
대법원의 지난해 판례 반영

고용부가 2월 6일 지난해 말 대법원 판결로 변경된 통상임금 판례를 현장에 적용하는 새 「통상임금 노사지도 지침」을 내놓았다. 대법원 전원합의체는 지난해 12월 19일 재직 중이거나 특정 일수 이상 근무한 경우에만 지급하는 조건부 정기 상여금도 통상임금에 해당한다는 판결을 내린 바 있다. 기존 통상임금의 요건에는 ▷소정 근로 대가성 ▷정기성 ▷일률성 ▷고정성이 포함돼 있었는데, 대법원이 해당 판결에서 「고정성」 개념을 폐기함에 따라 각종 수당과 퇴직금의 산정 기준이 되는 통상임금 범위가 넓어지게 됐다. 한편, 고용부의 통상임금 노사 지도지침 개정은 2014년 이후 11년 만이다.

임금 유형별 통상임금 해당 여부

임금 유형	해당 여부
정기적으로 지급되는 상여금	O
근무실적 평가에 따른 성과급	X
최소한도가 보장되는 성과급	O
기업 실적에 따라 부정기적으로 사용자 재량으로 주는 상여금	X
재직 근로자만 주는 명절귀향비, 휴가비 등	O
부양가족 수에 따라 달라지는 가족수당	X

통상임금(通常賃金) 근로의 대가로 정기적이고 일률적으로 지급하는 임금으로, 시간 외·야간·휴일근로 시의 가산수당, 연차유급휴가수당, 퇴직금의 산출기초가 된다. 2013년 대법원 전원합의체는 통상임금의 개념적 요건을 정기성·일률성·고정성으로 정리했는데, 지난해 12월 19일 재직 중이거나 특정 일수 이상 근무한 경우에만 지급하는 조건부 정기 상여금도 통상임금에 해당한다는 판결을 내리면서 통상임금의 고정성 기준을 11년 만에 폐기한 바 있다. 대법원은 통상임금을 「소정 근로의 대가로 정기적, 일률적으로 지급하기로 한 임금」으로 재정의하면서, 통상임금 개념 변경의 파급 효과 등을 고려해 새로운 법리는 12월 19일 이후 산정되는 통상임금부터 적용되도록 했다.

Q&A

「통상임금 노사지도 지침」 Q&A(출처: 고용노동부)

Q 통상임금은 무엇인가?

A 현행 근로기준법 시행령 제6조는 통상임금을 「근로자에게 정기적이고 일률적으로 소정근로 또는 총 근로에 대해 지급하기로 정한 시간급·일급·주급·월급 또는 도급 금액」이라고 정의하고 있다.

Q 「소정근로의 대가」의 의미는?

A 근로자가 소정근로시간에 통상적으로 제공하기로 정한 근로에 관하여 사용자와 근로자가 지급하기로 약정한 금품으로 정의한다.

Q 재직자에게만 지급하는 임금이 통상임금에 해당하는가?

A 대법원은 「퇴직」이 근로자와 사용자가 소정근로시간에 제공하기로 정한 근로의 대가와는 관련이 없음을 명확히 했다. 따라서 정기상여금이 소정근로의 대가로 사전에 확정되고 정기성, 일률성을 갖추었을 경우에는 설령 특정 시점에 재직 중일 조건이 있더라도 통상임금 산정에 영향을 미치지 못하기 때문에 통상임금에 해당된다.

Q 일정한 근무일수를 충족한 경우에만 지급하는 임금이 통상임금에 해당하는가?

A 통상임금은 정해진 소정근로를 모두 근무한다는 전제하에 사전에 임금이 얼마로 정해졌는지를 판단하면 되고, 실제 지급조건 충족에 따른 사후적인 임금 지급 여부는 통상임금 판단의 고려사항에 해당하지 않는다.

Q 하계휴가비나 체력단련비도 통상임금에 포함되는가?

A 명칭이나 형식에 관계없이 소정근로의 대가, 정기성, 일률성을 갖춘 경우에는 통상임금에 해당된다.

Q 정기상여금의 통상임금 산정 방법은?

A 근로기준법 시행령에 보면 통상임금을 시간급 금액으로 산정할 경우 일급·주급·월급은 구체적인 산정 방안을 제시하고, 그 외 일정한 기간으로 정한 임금은 해당 방안에 준해 산정된 금액으로 하도록 돼 있다. 시간급 금액은 월간 또는 연간 몇 시간 일하는지를 먼저 계산한 후 그 시간을 전체 금액(여기서는 정기상여금)으로 나눠 산출할 수 있다.

교육부, 「2028학년도 수능시험 및 점수체제」 발표
탐구 영역은 선택과목 없이 통합형으로 시행

교육부가 1월 20일 「2028학년도 수능시험 및 점수체제」를 통해 영역별 문항수, 시험시간, 성적통지표 양식 등을 확정했다. 2028학년도 수능은 고교학점제가 전면 적용되는 올해 고교 1학년이 2027년 11월에 치르는 시험이다. 이에 따르면 2028학년도 수능부터 국어·수학·탐구 영역의 선택과목이 폐지되는데, 특히 탐구 영역의 경우 문·이과 상관없이 통합사회·통합과학을 모두 응시해야 한다.

> **고교학점제** 학생들이 진로에 따라 다양한 과목을 선택·이수하고, 누적학점이 기준에 도달할 경우 졸업을 인정받는 제도를 말한다. 1학년 때는 공통과목(선택과목 수강 전 이수하는 과목)을 중심으로 수강하며 희망 진로와 연계된 학업 계획을 수립하고, 2학년부터 선택과목을 본격 수강하게 된다. 또 고등학교 수업과 학사운영 기준이 기존의 「단위」에서 「학점」으로 바뀌며, 졸업기준은 현행 204단위(3년 기준)에서 192학점으로 바뀐다. 이러한 고교학점제는 2020년 마이스터고에 도입된 바 있으며, 2022년에는 특성화고·일반고 등에 부분 도입됐고 올해부터 전체 고교에 전면 시행된다.

「2028학년도 수능시험 및 점수체제」 주요 내용 교육부가 발표한 2028학년도 수능시험·점수체제에 따르면 국어·수학·영어 영역은 현행 수능과 문항 수와 시험 시간이 동일하다. 국어와 수학은 선택과목이 폐지되지만 국어 45문항 80분, 수학 30문항(단답형 9문항 포함) 100분으로 기존 수능과 동일하다. 영어 영역 또한 45문항(듣기평가 17문항 포함) 70분, 한국사는 20문항 30분으로 현행과 같다. 반면 사회·과학 총 17개 과목(사회 9개·과학 8개) 중 최대 2과목을 선택해 과목당 20문항씩 30분 동안 치르던 탐구 영역은 통합사회·통합과학으로 변경되면서 문항 수와 시험 시간이 모두 늘어난다. 과목별로 문항 수는 20문항에서 25문항으로 5문항 늘고 시험 시간도 30분에서 40분으로 늘어나며, 2점·3점 체제였던 문항별 배점은 1.5점·2점·2.5점으로 삼원화된다. 이 밖에 제2외국어·한문 영역은 기존 30문항 40분에서 20문항 30분으로 문항수와 응시 시간 모두 줄어든다.

성적 제공방식은 현행과 동일하게 국어, 수학, 탐구 영역은 표준점수·백분위·등급이 기재되고, 절대평가인 한국사, 영어, 제2외국어·한문 영역은 현행처럼 등급(9등급 구분 유지)만 기재된다. 다만 사회탐구와 과학탐구 영역은 표준점수, 백분위, 등급이 분리돼 산출된다.

대학수학능력시험 문항 및 시험시간

구분		현행	2028학년도 이후
국어 영역		45문항 80분	현행 유지
수학 영역		30문항 100분	
영어 영역		45문항 70분	
한국사/탐구 영역	한국사	20문항 30분	
	사회·과학·직업탐구1(선택과목)	20문항 30분	사회·직업탐구: 25문항 40분
	사회·과학·직업탐구2(선택과목)	20문항 30분	과학탐구: 25문항 40분
제2외국어/한문		30문항 40분	20문항 30분

2028학년도 수능 탐구영역 개편안

현행(~2027학년도)	항목	개편(2028학년도~)
17과목(사회 9과목, 과학 8과목) 중 최대 택 2	사회·과학	통합사회·통합과학 일원화
20문항 30분	과목당 문항수·시험시간	25문항 40분
2점·3점 이원화	문항별 배점	1.5점/2점/2.5점 삼원화
5과목 중 택 1 하거나, 성공적인 직업생활 + 택 1	직업탐구	성공적인 직업생활 공통

국토부, 「무안공항 제주항공 사고기 엔진서 깃털 발견」
조류 충돌 공식 확인

국토교통부가 지난해 12월 29일 발생한 무안국제공항 제주항공 여객기 사고 당시 「조류 충돌(Bird Strike)」을 겪었다고 1월 7일 밝혔다. 그간 관제사의 경고와 생존 승무원의 증언 등을 토대로 조류 충돌이 사고의 최초 원인으로 지목돼 왔는데, 조류 충돌 발생 사실을 정부가 처음으로 공식 확인한 것이다. 다만 국토부는 「로컬라이저」 규정 위반 논란에 대해서는 법적으로 문제가 없다는 입장을 고수했지만, 최대한 안전성이 확보되는 방향으로 검토됐어야 했다는 점은 미흡했다며 개선 방안을 마련하겠다고 밝혔다.

> **제주항공 7C2216편 사고** 승객과 승무원 181명이 탑승한 제주항공 7C2216편 여객기가 2024년 12월 29일 오전 9시 3분께 전남 무안국제공항에 착륙하던 중 랜딩기어(비행기 바퀴) 미작동으로 활주로 외벽에 충돌한 뒤 화재가 발생, 179명이 사망한 대형 참사를 말한다. 사고기는 12월 29일 오전 8시 57분 관제사에게 조류 충돌 경고를 받은 후, 2분 후인 8시 59분 메이데이를 선언하고 곧바로 고도를 높이는 복행을 시작했다. 이후 1차 착륙 시도 때와 다르게 활주로 반대 방향으로 동체 착륙을 시도했으나, 9시 3분 활주로 바깥에 있는 로컬라이저(방위각 시설) 콘크리트 둔덕과 충돌하며 화재가 발생했다. 이 사고로 해당 여객기는 꼬리날개 부분 일부를 제외한 동체가 완파되며 전소됐다.
>
> **조류 충돌(Bird Strike)** 조류가 인공 구조물이나 건축물 등에 부딪히거나, 항공기의 이착륙 및 순항 중 항공기 엔진·동체에 충돌하는 현상을 이르는 용어. 특히 조류가 순항 중인 항공기의 엔진이나 동체 등에 충돌할 경우 엔진으로 들어간 조류로 인해 팬 블레이드가 망가지는 등 대형 항공기 사고의 원인이 된다는 점에서 그 문제가 심각하다.

무안공항 로컬라이저(Localizer) 논란은? 로컬라이저는 공항 활주로 주변에 설치하는 안테나 모양의 시설로, 전파를 쏴 항공기가 활주로 가운데 정확히 착륙할 수 있도록 유도하는 역할을 한다. 그런데 이번 제주항공 여객기 참사에서는 사고기가 로컬라이저에 충돌하며 피해가 커졌는데, 우선 무안공항의 로컬라이저는 활주로 주변 바닥에 설치된 다른 공항과 달리 콘크리트 구조물 위에 설치돼 있다. 이는 국제 규정에서 요구하는 「프랜지빌리티(Frangibility·부서지기 쉬움) 원칙」에 어긋나는데, 프랜지빌리티 원칙은 활주로 종단에서 직선거리로 300m 이내에 있는 구조물은 모두 쉽게 부러지도록 해야 한다는 것이다. 무안공항 로컬라이저는 2007년 개항 당시 1.5m가량 흙을 쌓고 콘크리트 기초(기둥) 19개를 박은 둔덕 위에 설치됐는데, 이후 2023년 시행된 개량공사에서 기존 콘크리트 지지대 위에 두께 30cm의 콘크리트 상판이 덧대진 것으로 알려졌다. 또 종단안전구역(항공기가 착륙할 때 활주로를 벗어나더라도 안전하게 멈출 수 있도록 활주로 양쪽에 두는 여유 부지)에 대해서도 논란이 있다. 무안공항은 착륙대에서 활주로 종단안전구역까지의 거리가 199m로, 국토부 고시의 최소 기준인 90m를 충족하기는 하나 권고기준인 240m에는 미치지 못하는 것이다.

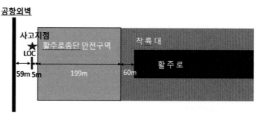

▲ 무안공항 활주로 및 종단안전구역(출처: 국토교통부)

💡 미국 연방항공국(FAA)은 상업용 공항의 경우 활주로 양쪽 끝으로부터 300m 이상의 안전구역(도로·바다·건물 등이 없는 구역)을 확보하라고 보다 강력하게 권고하고 있다. 만약 이 거리를 확보하지 못할 경우 항공기 제동을 돕는 「항공기 이탈방지시스템(EMAS·Engineered Materials Arresting System)」을 설치하도록 하고 있는데, 국내에는 EMAS를 설치한 공항이 한 곳도 없는 것으로 알려졌다. EMAS는 항공기가 제대로 멈추지 못하고 활주로를 벗어나는 이른바 「오버런」 사고의 피해를 줄이기 위한 장치로, 바닥에 쉽게 부서지는 물질을 깔아서 활주로를 벗어난 항공기의 속도를 줄이는 역할을 한다.

제주항공 사고기 충돌 전 마지막 4분 기록 無 1월 12일 국토교통부 항공·철도사고조사위원회(사조위)에 따르면 제주항공 사고기의 블랙박스인 「비행자료기록장치(FDR)」와 「조종실 음성기록장치(CVR)」 자료를 분석한 결과 사고 항공기가 로컬라이저에 충돌하기 직전 4분간의 기록 저장이 모두 중단됐다. 이들 장치는 항공사고 원인을 규명하는 데 핵심적인 역할을 한다는 점에서 사고 원인 조사가 장기화될 우려가 나오고 있다. 중단된 4분은 사고기 기장이 조류 충돌로 인한 「메이데이」(조난 신호)를 외친 후 복행을 통보한 무렵인 오전 8시 59분부터 무안공항 활주로 끝단의 로컬라이저가 설치된 콘크리트 둔덕과 충돌한 오전 9시 3분까지다. 앞서 지난 12월 29일 사조위는 무안공항의 사고 현장에서 CVR은 외관상 온전한 상태로, FDR은 전원과 자료저장 유닛 간 커넥터가 손상된 채로 수거한 바 있다. 사조위는 자체 시험분석센터에서 CVR의 저장이 중단된 것을 파악했고, FDR과 CVR을 미국 워싱턴에 있는 교통안전위원회(NTSB) 분석실에 보내 사조위 조사관 입회하에 지난 1월 7~11일까지 분석을 진행한 바 있다.

전원 셧다운 발생 가능성? 블랙박스는 비행고도·대기속도·기수방위·엔진상황 등이 25시간까지 수록된 FDR(Flight Data Recorder)과 조종실 내 대화와 관제기관과의 교신내용 중 최종 30분간이 녹음되는 CVR(Cockpit Voice Recorder) 등 2개 장치가 한 세트로 구성돼 있다. FDR과 CVR은 1100도 고온에서 1시간 이상 버티고 3400G(중력가속도)의 충격도 견딜 수 있을 정도로 설계돼 있으나, 사고 여객기의 마지막 4분간 블랙박스의 작동이 멈춘 것에 대해 기체 내 모든 전원이 셧다운됐기 때문이라는 주장이 나온다. 전원 셧다운은 항공기의 전기 계통에 문제가 생긴 상태를 뜻하는 말로, 주력 엔진 2개와 보조동력장치(APU) 모두에 이상이 생기는 이례적인 상황이 발생했을 것이라는 관측이다.

국토부, 공항 콘크리트 둔덕 철거 후 재설치-지하화 국토교통부가 1월 22일 무안공항의 콘크리트 둔덕처럼 항공기 충돌 시 안전에 위협이 되는 방위각시설(로컬라이저) 구조물을 이르면 6월까지 전면 철거하는 내용 등을 담은 「방위각시설 등 공항시설 안전 개선 방안」을 발표했다. 이는 무안공항의 제주항공 여객기 참사 이후 전국 15개 공항의 방위각시설 구조물에 대한 특별점검을 벌인 결과 7개 공항·9개 시설물이 충돌 시 쉽게 부서지지 않은 것으로 드러난 데에 따른 후속 조치다. 이에 해당 공항들은 ▷둔덕을 전면 철거하고 부러지기 쉬운 구조로 재설치하거나(무안, 여수공항) ▷둔덕 주위에 흙을 쌓아 둔덕을 지하화(광주, 포항경주, 김해, 사천공항)하는 방안이 검토된다. 또 활주로를 벗어난 항공기가 다른 시설물과 충돌하는 것을 막기 위한 안전구역을 확장하고, 부지 확보가 어려운 경우에는 활주로 이탈방지시스템(EMAS)을 설치한다.

「방위각시설 등 공항시설 안전 개선 방안」 주요 내용

방안	대상 공항
로컬라이저 철거 후 재설치	무안, 여수, 제주
로컬라이저 지하화	포항경주, 사천, 김해, 광주
안전구역 확장	무안, 여수, 포항경주, 사천, 김해
활주로 이탈방지시스템(EMAS) 설치	포항경주, 사천, 제주

담배 속 유해성분 정보,
내년 하반기부터 공개 의무화

보건복지부와 식품의약품안전처가 2월 6일 담배 출시 이후 한 달 내 유해성분을 검사하도록 하는 내용을 담은 「담배유해성관리법 시행령·시행규칙 제정안」을 입법예고했다. 이번 시행규칙 제정은 지난 2023년 제정된 「담배유해성관리법」이 오는 11월 시행되는 데 따른 것으로, 이 법에 따라 담배 제조·수입업자는 2년마다 제품의 유해성분 검사를 받고 이를 전 국민에게 공개해야 한다.

주요 내용 현재는 담뱃갑에 적힌 니코틴·타르 함량과 발암물질 6종에 대한 경고 문구가 소비자들이 알 수 있는 유해성분의 전부다. 하지만 이번 입법예고안에 따라 모든 담배 제조·수입판매 업자는 판매 중인 담배에 대해 시행일(올해 11월 1일)로부터 3개월 이내에 유해성분 검사를 의뢰해야 한다. 그리고 이후 2년마다 그해 6월 30일까지 정기적으로 검사를 진행해야 한다. 새로 출시한 담배의 경우 판매개시일 이후 한 달 안에 성분 검사를 의뢰하면 되며, 검사 결과서는 발급일 15일 내에 식약처장에게 제출해야 한다. 식약처는 제출받은 검사 결과를 토대로 매년 12월 31일까지 시판 담배의 유해성분과 성분별 인체에 미치는 정보 등을 홈페이지에 공개한다. 첫 공개는 2026년 하반기 이뤄질 예정으로, 구체적인 공개 범위나 방법 등은 향후 「담배 유해성 관리정책위원회」에서 심의·의결한다.

25년째 복역 무기수 김신혜,
재심서 「친부 살해 혐의」 무죄

광주지법 해남지원 제1형사부가 1월 6일 존속살해 및 사체유기 혐의로 기소돼 무기징역형을 확정받고 25년째 복역 중이던 김신혜(48) 씨의 재심 선고 공판에서 무죄를 선고했다. 이번 판결은 김 씨가 구속된 지 24년 만이자 재심 개시가 결정된 지 9년여 만으로, 김 씨는 지난 2000년 친부 살해 혐의로 무기징역을 선고받았다. 무엇보다 국내 사법 역사상 대법원에서 유죄 확정 판결을 받고 복역 중인 무기수가 재심을 통해 무죄가 선고된 것은 이번이 처음이다.

재심 무죄 판결에 이르기까지 김신혜 사건은 2000년 3월 7일 오전 5시 30분쯤 전남 완도군 완도읍의 한 버스 승강장에서 52세의 남성이 변사체로 발견된 가운데, 그의 큰딸 김신혜 씨(당시 23세)가 존속살해 및 사체유기 혐의로 무기징역을 선고받은 사건을 말한다. 경찰은 당시 사건 발생 하루 만인 3월 8일 김 씨를 피의자로 체포했으며, 김 씨는 존속살해 및 사체유기 혐의로 그해 4월 재판에 넘겨졌다. 김 씨는 수사 단계에서는 자신과 여동생을 성추행한 부친을 살해하려 했다고 자백했으나, 재판 과정에서 이를 번복하며 혐의를 부인했다. 하지만 법원은 김 씨의 번복된 진술을 받아들이지 않았고, 1심과 2심에서 연이어 김 씨에 대한 무기징역 판결이 내려졌다. 그리고 대법원이 2001년 3월 김 씨의 존속살인죄를 인정해 무기징역을 확정하면서 김 씨는 복역 생활을 이어왔다.

하지만 이후 언론과 방송 등에서 해당 사건이 재조명된 가운데 수사기관의 영장 없는 압수수색, 경찰의 현장검증 강요 등의 위법수사 사실이 드러나며 논란이 됐다. 이에 대한변호사협회는 2015년 1월 경찰의 반인권적 수사가 확인됐다며 재심을 청구했으며, 그해 11월 광주지법 해남지원은 재심 개시를 결정했다. 그러나 검찰의 항고가 계속되면서 2018년에야 대법원의 재심 개시가 확정됐다. 그리고 이날 이뤄진 재심 공판에서 재판부는 김 씨가 수사기관에서 「아버지를 살해했다」고 자백한 진술조서를 부인하는 만큼 유죄의 증거로 사용할 수 없다고 판단했으며, 김 씨가 건넨 다량의 수면제 때문에 그의 아버지가 사망했다는 것도 명확하지 않다고 밝혔다.

2024년 출생자수 24만 2334명
9년 만에 반등

행정안전부가 1월 3일 내놓은 「2024년 주민등록 인구통계 분석 결과」에 따르면 지난해 우리나라 출생자 수는 24만 2334명으로, 2023년(23만 5039명)보다 7295명 늘며 9년 만에 증가했다. 성별로 보면 남아(12만 3923명)의 출생이 여아(11만 8411명)보다 5512명 더 많았다. 또 2024년 사망(말소)자 수는 36만 757명으로 2023년보다 6837명 늘었으며, 이에 출생자 수에서 사망자 수를 뺀 자연적 요인에 따른 주민등록 인구 감소는 11만 8423명이었으나, 감소 폭은 2023년(11만 8881명)보다 줄었다.

기타 주요 내용 지난해 주민등록 인구는 5121만 7221명으로 2020년 이후 5년 연속 줄었으며, 주민등록 인구의 평균 연령은 45.3세(남자 44.2세, 여자 46.5세)로 나타났다. 연령대별 주민등록 인구 비중은 50대가 870만 6370명(17.00%)으로 가장 많았고, ▷60대 (15.27%) ▷40대(15.08%) ▷70대 이상(12.94%) ▷30대(12.93%) ▷20대(11.63%) ▷10대(9.02%) ▷10대 미만(6.13%) 순으로 나타났다. 특히 전체 주민등록 인구(5121만 7221명)에서 차지하는 비중은 ▷0~14세 인구가 10.67% ▷15~64세 인구가 69.30% ▷65세 이상 인구가 20.03%로 집계, 65세 이상 인구가 0~14세 미만의 2배에 육박한 것으로 나타났다.

출생자의 전년 대비 증감률

연도	전년 대비 증감률
2015년	1.12%
2016년	−7.26%
2017년	−11.90%
2018년	−7.92%
2019년	−7.61%
2020년	−10.65%
2021년	−4.60%
2022년	−3.23%
2023년	−7.69%
2024년	3.10%

문화시사

〈쇼군〉, 제82회 골든글로브 주요 부문 4관왕
데미 무어는 생애 첫 여우주연상

일본의 17세기 막부 시대를 배경으로 한 미국 드라마 〈쇼군〉이 1월 5일 미국 로스앤젤레스(LA)에서 열린 제82회 골든글로브 시상식에서 작품상을 비롯해 ▷남우주연상(사나다 히로유키) ▷여우주연상(안나 사웨이) ▷남우조연상(아사노 타다노부)까지 수상하며 4관왕을 달성, TV 시리즈 부문에서 최다 수상을 기록했다. 드라마 〈쇼군〉은 17세기 일본 최고 권력인 정이대장군(쇼군) 자리를 두고 막부 지도부 사이에 벌어지는 정치·무력 갈등을 담은 작품으로, 앞서 열린 제76회 프라임타임 에미상에서는 18개 부문을 수상하며 단일 시상식 역대 최다 수상 기록을 쓴 바 있다.

> **골든글로브상(Golden Globe Awards)** 할리우드 외신기자협회(HFPA)에서 수여하는 영화상으로, 1944년부터 시작됐다. 영화상 시상은 드라마와 뮤지컬·코미디 부문을 따로 분류하여 진행되며, 작품상·감독상·남녀조주연상 등에 대한 수상이 이뤄진다. 특히 2020년 제77회 골든글로브 시상식에서 봉준호 감독의 〈기생충〉(2019)이 한국 영화 최초로 외국어영화상을 수상했으며, 이듬해 제78회 시상식에서는 한국계 미국인 정이삭 감독의 〈미나리〉(2021)가 외국어영화상을 받았다. 또한 2022년 제79회 시상식에서는 넷플릭스 드라마 〈오징어 게임〉(2021)의 배우 오영수가 한국인 배우 최초로 남우조연상을 수상한 바 있다.

기타 주요 수상 내용 젊음을 되찾고 싶은 여성의 이야기를 다룬 영화 〈서브스턴스〉의 데미 무어(63)는 뮤지컬·코미디 영화 부문 여우주연상을 수상, 배우 경력 47년 만에 처음으로 골든글로브 연기상을 차지했다. 또 영화 〈브루탈리스트〉가 작품상(드라마)·감독상·남우주연상(애드리언 브로디) 등 3관왕에 올랐으며, 프랑스 거장 자크 오디아드 감독의 〈에밀리아 페레즈〉는 뮤지컬·코미디 영화 부문 작품상과 여우조연상(조 샐다나)·외국어영화상·주제가상 등 4관왕을 기록했다.

한편, 넷플릭스 드라마 〈오징어 게임〉 시즌 2는 이례적으로 공개 전에 골든글로브 TV 드라마 부문 작품상 후보로 올랐지만 수상은 불발됐다. 시즌2는 공식 방영일이 지난 12월 26일이었지만, 이보다 앞선 같은 달 9일 작품상 후보로 지명되면서 화제를 모았다. 〈오징어 게임〉 시즌1은 지난 2022년 골든글로브 시상식에서 TV드라마 부문 작품상·남우주연상·남우조연상 등 3개 부문 후보에 올랐고, 오영수가 한국 배우 최초로 남우조연상을 수상한 바 있다.

제82회 골든글로브상 주요 수상 내용

구분		수상자(작)
작품상	드라마	〈브루탈리스트〉
	뮤지컬·코미디	〈에밀리아 페레즈〉
감독상		브래디 코베, 〈브루탈리스트〉
각본상		피터 스트로갠, 〈콘클라베〉
여우 주연상	드라마	페르난다 토레스, 〈아임 스틸 히어〉
	뮤지컬·코미디	데미 무어, 〈서브스턴스〉
남우 주연상	드라마	애드리언 브로디, 〈브루탈리스트〉
	뮤지컬·코미디	세바스찬 스탠, 〈어 디퍼런트 맨〉
외국어영화상		〈에밀리아 페레즈〉

넷플릭스 드라마 〈오징어 게임〉 시즌2, 美 크리틱스 초이스 외국어 시리즈 작품상

넷플릭스 오리지널 시리즈 〈오징어 게임〉 시즌2가 3월 7일 미국 로스앤젤레스(LA)에서 열린 「제30회 크리틱스 초이스 어워즈(CCA·Critics Choice Awards)」에서 외국어 시리즈 작품상을 받았다. 앞서 〈오징어 게임〉은 2022년 시즌1으로 크리틱스 초이스 어워즈에서 한국 드라마 최초로 외국어 작품상을 수상한 바 있는데, 여기에 〈오징어 게임〉의 주인공 이정재가 남우주연상을 수상하며 2관왕을 차지했었다.

지난해 12월 26일 넷플릭스를 통해 공개된 〈오징어 게임〉 시즌2는 복수를 다짐하고 다시 게임에 참가하는 성기훈(이정재)과 그에 맞서는 프론트맨(이병헌)의 치열한 대결을 담아냈다. 시즌2 역시 공개 일주일 만에 누적 기준 넷플릭스에서 역대 가장 인기 있는 비영어권 TV쇼 부문 7위에 오르는 등 시즌 1만큼의 화제를 모았는데, 〈오징어 게임〉 시즌3는 오는 6월 27일 공개될 예정이다.

> **크리틱스 초이스 어워즈(Critics Choice Awards)** 아메리칸-캐네디언 크리틱스 초이스 협회(CCA·Critics Choice Association)가 주관하는 시상식으로, 1996년 처음 개최됐다. CCA는 미국과 캐나다에 기반한 400여 명 이상의 평론가가 소속된 평론가협회로, 영화·TV·다큐멘터리 등을 대상으로 수상자 및 수상작을 선정한다. 특히 이 가운데 장편영화를 대상으로 하는 무비 어워즈는 이후 열리는 미국 아카데미 시상식과 에미상 등의 결과를 예측할 수 있는 지표로 여겨져 그 주목도가 높다.

비욘세, 생애 첫 그래미 어워즈 「올해의 앨범」 수상

미국 팝스타 비욘세(44)가 2월 2일 미국 로스앤젤레스(LA) 크립토닷컴 아레나에서 열린 제67회 그래미 어워즈에서 앨범 〈카우보이 카터(COWBOY CARTER)〉로 생애 처음으로 최고상인 「올해의 앨범」상을 수상했다. 1997년 데뷔한 비욘세는 지난해까지 그래미 어워즈에서 총 32개의 트로피를 차지하며 역대 최다 수상 기록을 세웠으나, 올해의 앨범 수상은 네 차례 실패했던 바 있다. 여기에 비욘세는 이번 시상식에서 11개 부문 후보에 올라 컨트리앨범상과 컨트리듀오·그룹 퍼포먼스상 등 3관왕을 차지하며 최다 수상 기록을 35회로 늘렸다. 흑인 여성 가수가 컨트리 부문에서 상을 받은 것은 1975년 R&B 보컬그룹 포인터 시스터스 이후 50년 만이며, 컨트리앨범상 수상은 1964년 이 부문을 제정한 이래 처음 있는 일이다.

> **그래미 어워즈(Grammy Awards)** 전미 레코딩 예술과학아카데미(NARAS)가 주최하는 음악 시상식으로, 1959년 처음 개최됐다. 아메리칸 뮤직 어워드(AMAs)·빌보드 뮤직 어워드(BBMAs)와 함께 「미국 3대 음악 시상식」으로 불린다. 매년 우수한 성적을 거둔 레코드와 앨범을 대상으로 총 70~100여 부문에 걸쳐 시상하는데, 이 중에서도 ▷올해의 앨범(Album of the year) ▷올해의 노래(Song of the year) ▷올해의 레코드(Record of the year) ▷올해의 신인(Best new artist)이 「4대 본상(General Fields)」으로 꼽힌다.

기타 주요 수상 내용 그래미 어워즈의 또다른 주요 부문인 올해의 노래와 올해의 레코드는 〈낫 라이크 어스(Not Like Us)〉로 힙합 뮤지션 켄드릭 라마가 2관왕을 기록했다. 〈낫 라이크 어스〉는 동료 래퍼를 디스(비판)하기 위해 만든 노래로, 디스곡이 주요 부문 후보에 오르고 수상한 것은 이례적이다.

그리고 신인상인 베스트 뉴 아티스트는 〈굿 럭 베이비(Good Luck Babe!)〉를 부른 챕펠 로안이 수상했다. 이 밖에 지난해 12월 29일 타계한 지미 카터 미국 제39대 대통령이 생전 교회에서 한 공연을 녹음한 앨범 〈라스트 선데이스 인 플레이스: 어 센테니얼 셀러브레이션〉이 최고의 낭독 앨범상을 받아 주목을 받았다.

제39회 골든디스크어워즈, 음반대상은 세븐틴-음원대상은 에스파 수상

그룹 세븐틴(Seventeen)과 에스파(aespa)가 1월 4~5일 일본 후쿠오카에서 열린 제39회 골든디스크어워즈에서 각각 음반대상과 음원대상을 수상했다. 세븐틴은 미니 12집 〈스필 더 필스(SPILL THE FEELS)〉로 지난해에 이어 2년 연속 음반 부문 대상을 차지한 것은 물론, 음원 부문 본상까지 받으며 2관왕을 기록했다. 특히 세븐틴은 제30회 신인상을 시작으로 10년 연속 트로피 수상이라는 대기록을 세우기도 했다. 또 에스파는 130만 장의 판매고를 올린 첫 정규앨범 〈아마겟돈(Armageddon)〉과 타이틀

제39회 골든디스크어워즈 주요 수상 내용

구분		수상자
디지털 음원 부문	대상	에스파
	본상	뉴진스, 데이식스, 비비, 아이브, 아이유, 아일릿, 에스파, 태연, 투어스, (여자)아이들
음반 부문	대상	세븐틴
	본상	세븐틴, 스트레이 키즈, 아이브, 에스파, 에이티즈, 엔시티 드림, 엔하이픈, 제로베이스원, 투모로우바이투게더, (여자)아이들

곡 〈수퍼노바(Supernova)〉로 음원대상을 비롯해 음원·음반본상까지 수상하며 3관왕에 올랐다.
한편, 이번 시상식은 2023년 11월 초부터 2024년 11월 초까지 발매된 음원·음반을 대상으로 판매량 집계 60%와 전문가 심사 40%를 합산해 결정됐다.

> **골든디스크어워즈(Golden Disk Awards)** 한 해 동안 대중음악의 성취를 결산하는 자리로, 대중가요의 창작 의욕 진작과 신인 발굴, 음반 및 음악 산업 성장을 목적으로 1986년부터 개최됐다. 매년 발매된 음반 판매량과 디지털 음원 이용량을 집계하여 수상자를 선정한다는 점에서 방송활동을 위주로 하는 오버그라운드 가수뿐만 아니라 언더그라운드의 실력파 뮤지션들까지 모두 수상 후보가 된다.

국가유산청, 「한글서예」 국가무형유산 지정 특정 보유자 없는 공동체 종목

국가유산청이 우리 고유의 문자 예술로 이어온 「한글서예」를 국가무형유산으로 지정했다고 1월 23일 밝혔다. 국가유산청에 따르면 한글서예가 ▷우리의 고유 문자인 한글 창제 시기부터 현재까지 오랜 역사를 지니고 ▷문학작품과 서간문 등 다양한 기록물 연구에 기여하며 ▷현재 다양한 교육기관을 통해 전승된다는 점에서 국가무형유산으로 지정할 가치가 있다고 밝혔다. 다만 국가유산청은 한글서예가 온 국민이 향유하고 있다는 점에서 특정 보유자나 보유단체를 인정하지 않는 「공동체 종목」으로 지정했다.

> **우리나라의 국가무형유산 공동체 종목 [총 22건]** 아리랑, 제다, 씨름, 해녀, 김치 담그기, 제염, 온돌문화, 장 담그기, 전통어로방식-어살, 활쏘기, 인삼재배와 약용문화, 막걸리 빚기, 떡 만들기, 갯벌어로, 한복생활, 윷놀이, 설과 대보름, 한식, 단오, 추석, 동지, 한글서예

한글서예   한글서예는 먹과 붓을 사용해 한글을 쓰는 행위와 그에 담긴 전통 지식을 포함한다. 한글은 훈민정음이 창제되고 반포된 15세기 이후 종이, 금석, 섬유 등 다양한 재질의 매체에 한국인의 삶을 기록하는 수단으로 전해져 왔다. 왕실과 민간 가리지 않고 사용됐던 한글은 문학작품의 필사본과 편지글 등에 쓰였으며, ▷인쇄용 판각본에 사용한 판본체 ▷궁중 상궁들이 사용한 궁체 ▷개인화된 민체 등을 통해 다양한 서체와 필법이 전해지며 현재에 이르고 있다.

97년 역사 칠곡 구 왜관성당, 국가등록문화유산 등록

국가유산청이 97년 역사를 지닌 경북 칠곡군의 「구 왜관성당」을 국가등록문화유산으로 등록했다고 2월 13일 밝혔다. 칠곡 구 왜관성당은 1895년 경북 최초의 천주교 본당인 가실본당에 소속된 공소였다가 본당으로 승격되면서 1928년 건립된 예배당 건물이다. 이 건물은 현재까지 원형을 잘 유지한 채 높은 첨탑과 반원 아치 모양의 창호 등 당시 성당 건축의 특징을 잘 보여주고 있다.

▲ 칠곡 구 왜관성당
(출처: 국가유산청)

국가유산청에 따르면 구 왜관성당은 선교활동을 펼치던 독일 성 베네딕도회의 수도자들이 한국 전쟁 기간 중 이곳에 피난을 와서 세운 베네딕도수도원이 오늘날의 「성 베네딕도 왜관수도원」으로 이어지기까지의 과정을 설명하는 매우 중요한 건물이라는 점에서 역사적 가치가 있다.

왕의 초상 모신 「경복궁 선원전 편액」 108년 만에 일본으로부터 국내 환수

국가유산청과 국외소재문화유산재단이 일제강점기 일본으로 반출된 것으로 추정되는 「경복궁 선원전 편액」을 환수했다고 2월 3일 밝혔다. 국가유산청과 재단은 1910년대 경복궁 선원전이 일제 조선총독부 만행으로 뜯기면서 행방이 묘연했던 선원전 편액이 일본 야마구치현에 100년 넘게 보관됐다는 사실을 지난해 확인했다. 그리고 2012년부터 문화유산보호 지원사업을 이어 온 게임업체 〈라이엇게임즈〉가 환수 비용을 지불하면서 지난

▲ 경복궁 선원전 편액(출처: 국가유산청)

해 2월 국내 환수가 이뤄졌다. 한편, 이번에 환수된 경복궁 선원전 편액은 국립고궁박물관에서 2월 27일 언론에 최초 공개된다.

경복궁 선원전 편액   편액은 역대 왕들의 어진(초상화)을 봉안하고 의례를 지냈던 경복궁 선원전 정면에 붙었던 현판(이름표)이다. 가로 312cm·세로 140cm 크기로, 검게 옻칠한 판에 왕실을 상징하는 「옥의 근원」이란 뜻을 가진 「선원(璿源)」 글자가 금빛으로 새겨져 있다. 편액 사방 끝 테두리는 부채와 보자기 따위의 칠보 무늬를 채색해 그려 넣어 상서로운 뜻을 강조했으며, 테두리를 길게 이은 부분은 봉과 구름 모양을 입체적으로 조형해 품격과 양식미를 보여준다.

신라 왕경 핵심 유적, 10년 발굴 성과 공개
신라 태자궁 실제 위치 확인

국가유산청이 2월 6일 열린 언론공개회에서 국립경주문화유산연구소가 10년간 진행한 신라 왕경 핵심 유적 14개소 중 주도적으로 추진해 온 월성과 동궁과 월지에 대한 주요 성과를 발표했다.

발굴 주요 내용 신라시대 태자가 살던 동궁(東宮)의 위치가 기존 월지의 서쪽이 아닌 「동쪽」에 있었다는 사실이 새롭게 확인됐다. 국가유산청은 월지의 동쪽에서 서쪽보다 규모가 작고 높이가 낮은 위계 건물이 추가로 확인돼 월지 동쪽 건물지를 동궁으로, 본래 동궁으로 추정했던 서쪽 건물지를 왕의 공간(연회장 추정)으로 보는 것이 타당하다고 밝혔다. 이에 따라 월지 동쪽에서 출토됐던 상아로 만든 정육면체 주사위(2017년 발견)와 가느다란 선으로 화조도를 새긴 금박(2022년 공개)도 태자의 유물로 재평가됐다. 또한 동궁으로 새롭게 확인된 곳에서는 복도식 건물에 둘러싸인 건물지와 그 앞에 펼쳐진 넓은 마당시설, 내부에 별도로 조성된 원지(정원 안의 못), 동궁의 원지가 별도로 운영돼 독립된 배수 체계를 갖추고 있었다는 사실 등이 추가로 확인했다.

> **경주 월성(慶州 月城)** 경북 경주에 있는 신라시대의 도성으로, 신라시대의 왕들이 건국부터 멸망까지 살았다고 해서 「천년 왕성」이라고도 부른다. 이곳은 935년 신라 멸망 이후 점차 흔적을 잃었으며, 몽골군 방화 등으로 고려 중기 이후에는 폐허로 변했다. 이후 터만 남아 자연 상태로 보존돼 오다가, 1915년 일본 고고학자 도리이 류조(鳥居 龍蔵, 1870~1953)에 의해 처음으로 발굴작업이 시작됐다. 당시 월성의 남쪽 성벽에서 골촉, 토기편, 동물 뼈 등이 수습됐으나, 내부 발굴로는 이어지지 못했다. 그러다 1963년 1월 21일 사적으로 지정됐으며, 1979년 동문지에 대한 발굴조사가 이루어진 바 있다.
>
> **경주 동궁과 월지** 통일신라시대 별궁터이자 임해전 등 여러 부속 건물과 정원이 있던 장소로, 1963년 1월 「사적」으로 지정됐다. 임해전은 통일신라 때 다른 부속 건물과 함께 왕자가 거처하는 동궁으로 사용되면서, 군신들의 연회나 귀빈 접대를 위한 잔치 등을 베풀던 곳이다. 이곳은 본래 임해전지 혹은 안압지라고 불렸으나 2011년 7월부터 경주 동궁과 월지로 명칭이 변경됐다.

국가유산청, 「한국의 갯벌 2단계」
세계유산 확대 등재 신청

국가유산청이 지난 1월 말 「한국의 갯벌 2단계」 세계유산 확대 등재신청서를 유네스코 세계유산센터에 제출했다고 2월 7일 밝혔다. 「한국의 갯벌」은 철새가 동아시아부터 대양주까지 이동하는 경로 중 중간기착지로, 대체 불가능한 서식지의 보전에 기여하는 국제적 중요성을 인정받아 지난 2021년 7월 제44차 세계유산위원회에서 세계유산으로 등재된 바 있다. 당시 등재된 갯벌은 서천, 고창, 신안, 보성-순천갯벌 등 4곳이다.

갯벌 2단계 확대 등재신청서에는 제44차 세계유산위원회 권고에 따라 유산의 탁월한 보편적 가치(OUV)를 보호하고 강화하기 위해 충남 서산갯벌과 전남 무안·고흥·여수갯벌이 새로 추가됐다. 또 기존 1단계에 포함된 서천·고창·보성-순천갯벌에 물새 이동범위와 서식공간을 충분히 포괄하도록 완충구역이 확대됐다. 이번에 제출된 등재신청서는 유네스코 세계유산센터의 완성도 검사(형식 검토)를 거쳐, 오는 3월부터 2026년까지 전문심사 기구인 국제자연보전연맹(IUCN)의 평가를 거치게 된다. 이후 등재심의 대상에 오르면 2026년 제48차 세계유산위원회에서 최종 등재 여부가 결정될 예정이다.

대가야 중심지 경북 고령,
우리나라 5번째 「고도(古都)」로 지정

국가유산청이 약 1500년 전 대가야의 정치·문화 중심지였던 경북 고령을 신규 「고도(古都)」로 정식으로 지정했다고 2월 18일 발표했다. 이번 신규 고도 지정은 2004년 경주·부여·공주·익산 4개의 도시가 고도로 지정된 이후 21년 만이다. 고도는 과거 우리 민족의 정치·문화 중심지로서 역사상 중요한 의미를 지닌 지역으로, 고도로 지정되면 주거환경이나 가로경관의 개선 및 유적을 활용한 여가 문화공간 조성 등의 지원을 받는다.

고령의 고도 지정, 이유는? 5~6세기 대가야의 수도였던 고령은 대가야 당시의 유적과 유물들이 출토된 곳으로, 대가야의 도성(都城) 체계를 보여주는 궁성지를 비롯해 ▷지산동 고분군 ▷왕궁 방어성(주산성) ▷수로 교통유적 ▷토기 가마 ▷대가야 건국설화 등의 유·무형 문화유산이 잘 보전돼 있다. 특히 수백 기의 무덤이 모여 있는 「고령 지산동 고분군」은 대가야의 위상을 보여주는 유적으로서 그 가치를 인정받아 2023년 우리나라 16번째 「유네스코 세계유산」에 등재된 바 있어 역사·학술적 가치가 높다. 여기다 1978년 지산동 고분군 32호분에서 출토된 금동관은 5~6세기 대가야의 금속공예 수준을 보여주는 대표적인 유물로, 현재 보물로 지정돼 있다.

박윤재, 한국 발레리노 최초로
로잔 발레 콩쿠르 우승

발레리노 박윤재(16·서울예고)가 2월 8일 스위스 로잔에서 열린 「제53회 로잔 발레 콩쿠르」에서 1위에 이름을 올린 데 이어 특별상인 「최우수 젊은 인재상(Best Young Talent Award)」까지 수상하며 2관왕에 올랐다. 한국 남성 무용수가 이 대회에서 우승한 것은 박윤재가 처음이다.

로잔 발레 콩쿠르 로잔 발레 콩쿠르는 바르나·잭슨·모스크바·파리 콩쿠르와 함께 「세계 5대 발레 콩쿠르」로 꼽힌다. 이 콩쿠르에는 15~18세 학생들만 참가할 수 있는데, 입상자들은 세계적인 발레 재단의 장학생으로 선발되거나 연계된 해외 발레단에 갈 수 있어 무용수들의 등용문으로 불린다. 한국인 발레리나 중에는 1985년 강수진 현 국립발레단장이 한국인 최초로 입상한 데 이어 ▷2002년 최유희 ▷2005년 김유진 ▷2007년 박세은이 우승한 바 있어 박윤재의 로잔 콩쿠르 우승은 한국인 무용수로는 18년 만의 일이다.

💡 박윤재는 초등학교 때 한국예술종합학교 산하에 있는 한국예술영재교육원을 다니면서 무용에 대한 두각을 드러내기 시작했다. 이후 2020년 제6회 대한민국무용 콩쿠르 클레식 발레 초등 6학년 부문에서 수상한 데 이어, 계원예중 재학 중이던 2022년에는 제52회 동아무용콩쿠르 중등부 장려상을, 2024년에 열린 제53회 동아무용콩쿠르 고등부에서는 동상을 수상했다.

KBO, 「2025시즌 규정 개정안」 공개
연장전 11회 축소 및 내년 아시아 쿼터 도입

한국야구위원회(KBO)가 1월 22일 지난해 12회까지 진행하던 정규시즌 연장전을 11회로 축소해 운영하는 내용 등을 골자로 한 「2025시즌 규정 개정안」을 발표했다. 이는 2025시즌부터 정식으로 피치클락이 시행되면서 투수들의 체력 소모가 가중됨을 고려한 것으로, 연장전 이닝 축소는 선수단 체력 부담을 완화하고 경기 시간을 단축하게 만들 전망이다.

또 2026년부터 각 팀은 기존 외국인 선수 3명 외에도 아시아야구연맹(BFA) 회원국 및 호주 국적 선수 1명을 추가로 영입할 수 있다. 이는 KBO리그 경쟁력 강화와 원활한 외국인 선수 수급을 위해 지속적으로 필요성이 제기된 사안으로, 이에 따라 1군 엔트리는 현재 28명에서 29명으로 늘어나며 포지션은 무관하다. 이 밖에 포스트시즌에서 우천 등으로 경기 중단이 불가피할 경우 서스펜디드 경기만 허용된다.

> **피치클락(Pitch Clock)** 경기 시간을 단축하기 위해 투수와 타자의 준비 시간에 제한을 두는 것을 뜻하며, KBO에서는 2025시즌부터 정식으로 시행된다. 투수의 경우 주자가 없을 시 20초, 있을 시 25초로 적용해 제한 시간 안에 투구하는 것이 규칙이며, 타자는 33초 이내에 타석에 들어서야 하고 타석당 타임아웃은 두 차례 허용된다. 또한 이닝 교대와 투수 교체 시간은 2분 10초가 주어진다.
>
> **서스펜디드 경기(Suspended Game)** 9회가 끝나기 전에 시간 부족이나 우천 등으로 경기를 지속할 수 없는 상황이 발생하는 경우, 후일 경기를 속행하겠다는 조건하에서 일시적으로 시합을 중단하는 경기를 일컫는다. 이때 경기를 다시 진행하게 되면 양 팀의 정규 경기에 앞서 정지한 때와 동일한 상황을 전제로 속행한다.

스즈키 이치로, 아시아 선수 최초로
MLB 명예의 전당 입성

스즈키 이치로(52·일본)가 1월 22일 발표된 미국야구기자협회(BBWAA) 투표 결과 394표 중 만장일치에 1표 부족한 393표를 얻어 득표율 99.7%로 2025년 MLB 명예의 전당에 이름을 올렸다. 이로써 이치로는 후보 자격을 얻은 첫해에 아시아 출신 선수 최초로 메이저리그(MLB) 명예의 전당에 입성하게 됐다.

> **MLB 명예의 전당(MLB Hall of Fame)** MLB 출신 선수와 감독, 심판, 해설자 등 야구 발전에 공헌한 사람들을 기리기 위해 1936년 제정됐다. 10시즌 이상 경기를 뛰고 은퇴한 뒤 5시즌이 지나야 후보 자격이 부여되며, 미국야구기자협회(BBWAA) 소속 기자들로부터 75% 이상의 찬성표를 얻어야 입성할 수 있다.

스즈키 이치로의 주요 기록　이치로는 일본 프로야구에서 경기를 뛰었던 9년(1992~2000년) 동안 평균 타율 0.353·1278안타·118홈런·199도루를 기록하고 7년 연속 퍼시픽리그 타격왕을 차지하며 큰 주목을 받았다. 그러다 28세이던 2001년에 일본 야수로는 최초로 MLB 무대를 밟았으며, MLB 데뷔 첫해 아메리칸리그(AL) 신인왕과 최우수선수(MVP)를 동시에 석권했다. 그는 메이저리그에서 19시즌을 보내며 타율 0.331·3089안타·117홈런·780타점·1420득점·509도루의 성적을 기록했으며, 올스타 10회 선정, 골든글러브 10회 연속(2001~2010년) 수상 등의 경력을 쌓았다. 특히 2004년에 기록한 262안타는 현재까지도 단일 시즌 최다 안타 기록으로 남아 있는데, 여기에 일본 프로야구에서 기록한 1278안타를 더하면 프로 선수로는 가장 많은 안타 기록(4367개)을 남겼다.

필라델피아, 7년 만에 슈퍼볼 우승
캔자스시티 3연패 저지

미국프로풋볼(NFL) 필라델피아 이글스가 2월 10일 미국 루이지애나주 뉴올리언스 시저스 슈퍼돔에서 열린 제59회 슈퍼볼에서 캔자스시티 치프스에 40-22로 승리하며 우승을 차지했다. 필라델피아의 슈퍼볼 우승은 팀 창단 이래 두 번째이자 2018년 이후 7년 만이다. 2018년 슈퍼볼에서 당시 최강팀이었던 뉴잉글랜드 패트리어츠를 상대로 우승했던 필라델피아는 이번에는 NFL 역대 최초로 「스리핏(프로 스포츠에서 3시즌 연속 우승)」에 도전했던 캔자스시티를 저지했다.
한편, 이날 21개의 패스 중 17개를 성공하고 221패싱야드와 역대 슈퍼볼 최장인 72러싱야드를 기록한 필라델피아 쿼터백 제일런 허츠가 슈퍼볼 MVP의 주인공이 됐다.

> **슈퍼볼(Super Bowl)**　북미프로미식축구리그(NFL) 양대 리그인 내셔널풋볼컨퍼런스(NFC) 우승팀과 아메리칸풋볼컨퍼런스(AFC) 우승팀이 겨루는 챔피언결정전을 말한다. NFL 각 리그에 소속돼 있는 팀들은 매년 9월부터 12월까지 홈 앤드 어웨이 방식의 경기를 치르고, 여기서 각 리그의 우승자가 결정되면 매년 1~2월 중 단판의 승부로 챔피언을 뽑는데 이를 「슈퍼볼」이라 한다. 슈퍼볼의 명칭은 1964년 화학자 노먼 스팅리가 개발한 고무로 만들어진 작은 공인 슈퍼볼(Superball)에서 따온 것이다. 슈퍼볼은 1967년부터 시작됐으며, 1970년부터는 1회와 2회 슈퍼볼 우승팀이었던 그린베이 패커스의 빈스 롬바르니 감독의 이름을 딴 「빈스 롬바르디 트로피(Vince Lombardi Trophy)」를 우승팀에 수여하고 있다.

김아림, LPGA 2025시즌 개막전
「와이어 투 와이어」 우승

김아림(30)이 2월 3일 미국 플로리다주 레이크 노나 골프 앤드 컨트리클럽(파72)에서 열린 미국여자프로골프(LPGA) 투어 2025시즌 개막전 「힐튼 그랜드 베케이션스 토너먼트 오브 챔피언스」에서 최종합계 20언더파 268타를 기록, 세계 1위 넬리 코르다(27·미국)를 2타 차로 제치고 정상에 올랐다. 특히 김아림은 이번 대회 1라운드부터 7언더파로 단독 선두로 올라선 뒤 4라운드까지 나흘 내내 선두를 유지하며, 지난해 11월 롯데 챔피언십에 이어 이번에도 「와이어 투 와이어(Wire to Wire)」 우승을 달성했다. 이로써 2020년 12월 US여자오픈에서 처음 우승한 그는 지난해 11월 롯데 챔피언십에 이어 투어 통산 3승째를 기록하게 됐다.

> **와이어 투 와이어(Wire to Wire)** 골프나 경마·자동차 경주에서 주로 사용되는 스포츠 용어로, 경기 내내 1등을 놓치지 않고 우승했을 때 사용하는 말이다. 「와이어 투 와이어」라는 말은 1700년대 영국의 경마에서 유래된 것으로 알려져 있다. 골프에서는 1라운드부터 4라운드까지 선두를 내주지 않고 우승하는 것을 뜻하는데, 특정 라운드에서 공동 선두를 허용하더라도 경기 내내 2위로 떨어지지 않으면 와이어 투 와이어 우승을 인정한다.

노예림, LPGA 파운더스컵 우승 미국 교포 노예림(24)이 2월 10일 미국 플로리다주 브래덴턴 컨트리클럽(파71·6229야드)에서 폐막한 파운더스컵에서 최종합계 21언더파 263타로, 고진영(30)을 꺾고 미국여자프로골프(LPGA) 투어 첫 우승을 차지했다. 이로써 2020년 투어에 데뷔한 노예림은 118번째 출전한 대회에서 처음 우승해 상금 30만 달러(약 4억 3700만 원)를 받았다. 한편, 앞서 이 대회에서 3차례 우승했던 고진영은 4번째 우승 기회를 놓치며 준우승을 차지했다.

루드비그 오베리,
美 PGA 제네시스 인비테이셔널 우승

루드비그 오베리(스웨덴)가 2월 16일 미국 캘리포니아주 샌디에이고의 토리파인스 골프코스 남코스(파72)에서 끝난 미국프로골프(PGA) 투어 올시즌 세 번째 시그니처 대회인 「제네시스 인비테이셔널」에서 최종합계 12언더파 276타를 기록, 2위 매버릭 맥닐리(미국)를 1타 차로 제치고 우승했다. 오베리는 지난 2023년 11월 RSM 클래식에서 처음으로 PGA 투어 정상에 오른 바 있어 1년 3개월 만에 투어 통산 2승을 달성하게 됐다.

PGA 투어 시그니처 대회는 무엇? 4대 메이저대회(마스터스·PGA 챔피언십·US오픈·디오픈)와 플레이어스 챔피언십에 이은 PGA 투어 상위 등급에 해당하는 대회다. 이는 막대한 사우디아라비아 자본으로 운영하는 LIV 골프로부터 상위 랭커들의 이탈을 막기 위해 큰 상금을 걸고 2023시즌부터 개최되고 있다. 1년에 8차례 열리는 시그니처 대회는 총 상금 2000만 달러(한화 약 263억 원)의 규모를 자랑하며 ▷페덱스컵 상위 랭커 ▷지난해 투어 우승자 ▷세계 랭킹 30위 이내 PGA투어 회원 ▷투어 통산 80승 이상에 한해서 출전할 수 있다.

얀니크 신네르, 호주오픈 2연패
여자단식은 매디슨 키스가 첫 우승

얀니크 신네르(24·이탈리아)가 1월 26일 호주 멜버른 로드 레이버 아레나에서 열린 남자프로테니스(ATP) 투어 호주오픈 남자단식 결승에서 알렉산더 츠베레프(28·독일)를 세트 스코어 3-0으로 제압하고 우승을 차지했다. 이로써 지난해 이 대회에서 2000년대생으로는 처음으로 우승했던 그는 2연패를 기록함과 동시에 지난해 US오픈을 포함하면 개인 통산 세 번째 메이저대회 우승을 거뒀다. 또한 그는 호주오픈 14승승과 메이저대회 14연승과 함께 지난해 10월 ATP 투어 상하이 마스터스부터 이어온 최근 경기 21연승 행진도 이어가게 됐다.

> **호주오픈(Australian Open)** 매년 호주에서 열리는 국제 테니스대회로, 윔블던(전영오픈)·US오픈·프랑스오픈과 함께 「테니스의 4대 메이저대회」에 속한다. 호주오픈은 1905년 처음으로 개최돼 1968년까지는 호주 여러 도시의 잔디코트에서 치러졌다. 그러다 1969년부터 프로에게 오픈됐으며, 1988년부터는 멜버른에서 매년 1월 개최되며 4대 테니스 메이저대회 중 가장 먼저 열리고 있다.

매디슨 키스, 여자단식 우승 1월 25일 열린 호주오픈 여자단식 결승에서는 세계랭킹 14위 매디슨 키스(30·미국)가 1위 아리나 사발렌카(27·벨라루스)를 세트스코어 2-1로 이기며 우승했다. 2017년 US오픈에서 준우승한 그는 7년 만에 다시 메이저대회 결승 무대를 밟고 생애 첫 4대 메이저대회 정상에 이름을 올리게 됐다. 여기다 그는 2014년 리나(당시 31세·중국) 이후 역대 두 번째로 많은 나이에 호주오픈에서 처음 우승한 선수가 됐으며, 2009년 프랑스오픈의 스베틀라나 쿠즈네초바(러시아) 이후 약 16년 만에 메이저대회 여자단식에서 세계랭킹 1·2위를 모두 꺾은 사례를 남겼다.

우리은행, 2년 만에 여자농구 정규리그 정상
최다 통산 15번째 정규리그 1위

아산 우리은행이 2월 16일 충북 청주체육관에서 열린 청주 KB국민은행과의 「2024~2025시즌 여자프로농구(WKBL)」 정규리그 원정경기에서 46-44로 이기며 남은 경기 결과와 상관없이 15번째 정규리그 우승을 확정지었다. 우리은행이 정규리그 1위를 차지한 것은 2022~2023시즌 이후 2년 만이다. 특히 우리은행은 이번 우승으로 리그 최다인 통산 15번째 우승을 기록하며, 공동 2위 인천 신한은행과 용인 삼성생명(6회)과의 격차를 더 벌렸다.
한편, 2012~2013시즌부터 지휘봉을 잡아 우리은행의 우승을 이끈 위성우 감독은 역대 사령탑 최초로 정규리그 두 자릿수 우승(10회)이라는 대기록을 세우게 됐다.

한국, 동계 유니버시아드 종합 2위 기록
김길리는 쇼트트랙 5관왕

1월 13일부터 23일까지 약 10일간 이탈리아 토리노에서 「제32회 동계 세계대학경기대회(유니버시아드)」가 열린 가운데, 대한민국 선수단이 출전한 6개 종목 중 ▷쇼트트랙(금8·은4·동5) ▷스노보드(은1) ▷컬링(은1) ▷피겨(동1)에서 메달을 획득하며 프랑스(금18·은8·동14)에 이어 3회 연속 종합 2위를 기록했다.

> **유니버시아드(Universiade)** 대학(University)과 올림피아드(Olympiade)의 합성어로, 대학 스포츠의 발전, 학생의 체육 및 후생, 전 세계 학생들 간의 밀접한 접촉 및 국제적인 협력 등을 목적으로 한다. 하계 유니버시아드는 1959년 이탈리아 토리노 대회부터, 동계 유니버시아드는 1960년 프랑스의 샤모니 대회부터 시작됐으며, 1981년부터는 같은 해에 열리고 있다. 특히 유니버시아드는 시상식에서 1위 국가의 「국가」 대신 「Gaudeamus Igitur(젊은이의 노래)」라는 제목의 국제대학스포츠연맹(FISU) 공식 찬가를 사용하는 것이 가장 큰 특징이다.

한국 대표팀 경기 주요 내용 한국 쇼트트랙 대표팀은 쇼트트랙 종목에 걸린 9개의 금메달 중 남자 5000m계주를 제외한 8개의 금메달을 휩쓰는 맹활약을 펼쳤다. 특히 여자 쇼트트랙 에이스 김길리(20)는 500m·1000m·1500m·혼성 2000m계주·여자 3000m 계주 등 출전한 전 종목에서 금메달을 목에 걸며 5관왕에 올랐는데, 이는 이번 대회 최다 금메달 기록이다. 또 남자 쇼트트랙 대표팀에서도 김태성(24)이 4관왕(500m·1000m·1500m·혼성계주)을 차지했다. 이 밖에 스키 종목의 마준호(한국체대)가 스노보드 알파인 남자 평행 대회전에서 은메달을 차지했고, 여자 컬링도 은메달을 획득했다. 또 피겨스케이팅 차준환(고려대)은 남자 싱글 종목에서 동메달을 차지했다.

김영미 대장, 남극대륙 단독 횡단 성공
한국인 최초 기록

산악인 김영미(45)가 1월 17일 약 1700km 거리의 남극대륙 단독 횡단을 한국인 최초로 성공했다. 김 대장은 지난해 11월 8일 100kg이 넘는 썰매를 끌고 남극대륙 내 해안가 허큘릿 인렛에서 출발해 49일 3시간 만인 12월 27일 남위 90도 남극점에 도달했다. 그리고 출발 69일 8시간 3시간 만인 1월 17일 오전 12시 13분에 남극을 정복하는 데 성공했다.

이번 도전은 김 대장의 3단계 프로젝트의 마지막으로, 김 대장은 2017년 바이칼호(724km)를 시작으로 2023년에는 한국인 최초이자 아시아 여성으로는 처음으로 남극점 무보급 단독 도달에 성공한 바 있다. 여기다 김 대장은 앞서 히말라야 암푸 1봉(6840m)을 세계 최초로 등정한 데 이어 국내 최연소(28세)로 7대륙 최고봉 완등에 성공하는 등 한국을 대표하는 산악인으로 꼽혀 왔다. 이에 김 대장은 2020년 국가 체육 발전에 기여한 공로를 인정받아 체육훈장 거상장을 수훈했다.

7대륙 최고봉

대륙	최고봉
오세아니아	칼스텐츠(인도네시아와 파푸아뉴기니아의 경계, 4884m)
북아메리카	매킨리(미국 알래스카, 6195m)
아프리카	킬리만자로(탄자니아와 케냐의 국경 부근, 5895m)
유럽	엘부르즈(러시아 코카서스, 5642m)
남극	빈슨 매시프(4897m)
아시아	에베레스트(네팔과 중국의 티베트 국경 히말라야 산맥, 8848m)
남아메리카	아콩카과(아르헨티나 안데스 산맥, 6959m)

제9회 하얼빈 동계 아시안게임 폐막
한국은 종합 2위로 대회 마무리

2월 7일 중국 하얼빈에서 개막한 제9회 하얼빈 동계 아시안게임이 8일간의 열전을 마무리하고 14일 폐회식을 끝으로 마무리됐다. 이번 대회는 당초 2021년에 열릴 예정이었으나 개최지 선정 난항과 코로나19 여파 등이 겹치면서 8년 만에 열리게 됐다. 이번 대회에는 동계 아시안게임 역사상 최다인 34개국 약 1300여 명의 선수가 참가해 6개 종목(빙상, 스키, 컬링, 아이스하키, 바이애슬론, 산악스키)의 11개 세부종목에서 총 64개의 금메달을 놓고 열전을 펼쳤다.

한편, 대한민국 대표팀은 금메달 16개·은메달 15개·동메달 14개로 종합 2위를 달성했으며, 개최국 중국이 1위(금32·은27·동26)를 차지했다. 차기 2029년 동계 아시안게임은 사우디아라비아에서 열릴 예정인데, 서아시아에서 동계대회가 열리는 것은 처음이다.

하얼빈 동계 아시안게임 최종 순위

구분	국가	금	은	동	합계
1위	중국	32	27	26	85
2위	한국	16	15	14	45
3위	일본	10	12	15	37

한국대표팀 경기 주요 내용 아시아 최강인 대한민국 쇼트트랙은 이번 대회에서 금6·은4·동3을 수확했는데, 이는 1999년 강원대회와 2003년 아오모리대회에서 거둔 역대 동계 아시안게임 최다 금메달과 타이 기록이다. 여자 대표팀의 에이스 최민정은 혼성 2000m계주를 비롯해 여자 500m와 1000m에서 금메달을 석권하며 우리나라 선수 중 유일하게 3관왕에 올랐고, 김길리가 1500m에서 우승하며 한국 대표팀이 여자 개인전을 휩쓸었다. 여기에 남자는 박지원과 장성우가 각각 1500m와 1000m를 제패해 총 6개의 금메달을 획득했다.

스피드스케이팅에서는 김민선과 이나현이 각각 500m와 100m에서 우승한 데 이어 여자 팀 스프린트에도 함께 출전해 우승을 차지, 총 금메달 3개를 합작했다. 피겨스케이팅에서는 남녀 싱글 차준환과 김채연이 한국 피겨 사상 최초로 남녀 동반 우승이라는 새 역사를 일궜다. 또 여자 컬링 대표팀은 10전 전승으로 금메달을 획득하며 2007년 창춘대회 이후 18년 만에 아시아 정상을 탈환했다.

〰〰〰〰〰〰〰〰〰〰〰〰〰〰〰〰〰〰〰〰〰〰〰〰〰〰〰

中 딥시크, 챗GPT 필적 생성형 AI 개발
저비용 등으로 전 세계 빅테크에 거센 충격

중국의 인공지능(AI) 스타트업 딥시크(DeepSeek)가 1월 20일 저성능 칩만으로 오픈AI의 챗GPT를 능가하는 추론 모델인 R1을 출시하면서 전 세계 AI 시장에 큰 충격을 안겼다. 무엇보다 딥시크의 AI 모델은 미국의 고성능 AI 칩 수출제한 조치를 이겨낸 성과라는 점에서 실리콘밸리는 물론 미 정부에도 충격을 주고 있다. 여기에 딥시크의 AI 모델이 누구나 자유롭게 사용하고 개선할 수 있는 개방형 오픈소스라는 점에서 미국이 글로벌 AI 개발 생태계의 주도권을 중국에 뺏길 수 있다는 전망까지 나온다. 이처럼 그동안 글로벌 AI 산업에서의 미국 독주가

딥시크는 어떤 기업?

창업자	량원펑(40, ※ 시사인물 참조)
본사	중국 항저우
창립연도	2023년 5월
주요 서비스	딥시크 V3(LLM 기반 범용 AI 서비스), 딥시크 R1(추론 특화 모델)
특징	저비용 고성능 모델

중국에 의해 제지당하면서 글로벌 AI 질서 재편과 함께 미·중의 AI 전쟁이 본격화됐다는 분석까지 나오고 있다.

딥시크가 일으킨 충격은?　2023년 5월 설립된 딥시크는 지난해 말 대형언어모델(LLM) V3를 공개한 데 이어 1월 20일에는 복잡한 추론 문제에 특화한 AI 모델인 R1을 선보였다. 1월 20일 R1이 출시된 당시에는 큰 주목을 받지 못했으나, 이 AI가 오픈AI의 챗GPT 개발비(1억 달러)의 약 5.6%에 불과한 비용으로 챗GPT에 필적하는 제품을 만든 사실이 알려지면서 큰 화제를 일으켰다. 딥시크는 개당 1000만 원이 넘는 고사양 AI칩 없이도 최고 성능의 AI 기술을 구현했는데, 회사 측에 따르면 딥시크-V3 개발에 소요된 비용은 557만 6000달러(약 78억 8000만 원)다. 이는 메타가 최신 AI 모델인 라마(Llama)-3 모델을 엔비디아의 고가 칩 H100으로 훈련한 비용 대비 10분의 1 수준이다. 또 딥시크의 AI 모델 훈련에는 엔비디아가 중국 수출용으로 성능을 낮춰 출시한 H800 칩 2000여 개가 사용됐다. 조 바이든 전 미국 행정부는 2022년 8월 「중국군이 AI 구현 등에 쓰이는 반도체 제품을 군사용으로 전용할 위험이 있다」는 이유로 엔비디아와 AMD의 첨단 반도체 중국 수출을 금지한 바 있다. 이에 따라 엔비디아의 A100과 업그레이드 버전인 H100의 중국 수출에 제동이 걸렸고, 이에 엔비디아는 중국 시장 전용으로 다운그레이드 제품인 H800을 내놓았다.
여기에 딥시크는 자사의 V3와 R1 모두 미국의 주요 AI 모델보다 성능이 더 낮거나 비슷한 수준이라고 밝혔는데, R1의 경우 미국 수학경시대회 벤치마크 테스트에서 79.8%의 정확도를 기록해 오픈

AI의 o1(79.2%)을 앞섰고, 코딩 테스트에서는 65.9%의 정확도로 o1(63.4%)보다 나은 결과를 나타냈다. 딥시크 R1의 이와 같은 성능 우위가 알려지면서 R1은 1월 27일 애플 앱스토어 무료 앱 다운로드 순위에서 챗GPT를 제치고 1위에 오르기도 했다.

딥시크 vs 오픈AI

구분	딥시크(중국)	오픈AI(미국)
설립 시기	2023년	2015년
창업자	량원펑(40)	샘 올트먼(40)
AI 개발 비용	557만 6000달러(V3 기준)	1억 달러(추정)
투입된 반도체	엔비디아 저사양 칩 H800 2000개	엔비디아 고성능 칩 H100 1만 개 이상(추정)
AI 모델 방식	오픈소스	폐쇄형

엔비디아 등 낙폭은 진정세　딥시크가 출시한 저비용 AI 모델은 미국 증시에도 큰 충격을 안겼는데, 특히 엔비디아는 1월 27일 하루에만 무려 16.95% 폭락해 코로나19 초기였던 2020년 3월 이후 최대 낙폭을 기록했다. 또 엔비디아의 이날 시가총액은 하루 만에 5890억 달러(약 846조 6875억 원)가 증발, 뉴욕 증시에서 역대 단일 기업으로는 하루 최대치의 시총 감소 기록이 나왔다. 이는 딥시크의 AI 모델 개발 비용이 그간 미국 기업들의 비용에 비해 훨씬 낮은 수준이라는 소식이 전해지면서 엔비디아의 고가 AI 칩에 대한 무용론이 일어난 데 따른 것이다. 다만 미국 증시는 1월 28일 기술주를 중심으로 반등하며 다소 진정세를 기록했으며, 엔비디아 역시 전날보다 8.82% 오른 128.86달러(약 18만 6718원)로 마감했다.

AI 모델 개발방식 논쟁도 확산　지금까지 AI 기술은 오픈AI·구글 등 폐쇄형 모델이 주도해 왔으나, 오픈소스 모델을 채택한 딥시크가 돌풍을 일으키면서 이러한 흐름을 바꿀 것이라는 전망이 제기됐다. 오픈소스 방식은 더 많은 참여자를 확보해 AI 산업에서 입지를 넓힐 수 있는 것이 장점으로 꼽히지만, 수익성을 확보하기 쉽지 않고 범죄 집단 등에 의해 악용될 위험성을 갖고 있다. 반면 폐쇄형 모델은 성능에서 확실한 우위를 확보하면 시장을 사실상 독점하며 막대한 수익을 낼 수 있지만, 외부의 혁신적 기술을 흡수하는 데는 한계가 있다는 단점이 있다.

오픈소스 AI와 폐쇄형 AI 비교

구분	오픈소스 AI	폐쇄형 AI
특징	소스코드 및 모델 공개	소스코드 및 모델 비공개
장점	많은 개발자 참여, 투명성	사용 편리, 높은 보안성
단점	보안 우려	불투명성
대표 기업	딥시크, 메타, 엔비디아 등	오픈AI, 구글, 마이크로소프트, 아마존 등

개인정보 유출·개발비용 축소 의혹 등 딥시크 논란은?

엄격한 통제와 개인정보 유출 우려　외신들은 딥시크 출시 이후 「중국의 엄격한 인터넷 통제와 검열」을 한계라고 지적했는데, 이는 딥시크 역시 다른 중국 AI 모델들과 마찬가지로 중국에서의 민감한 주제에 대해서는 자체 검열을 실시한다는 의혹 때문이다. 대표적으로 영국 가디언지는 1월 28일 딥시크가 중국 정부의 인터넷 검열과 밀접한 주제(톈안먼, 대만, 홍콩시위 등)에는 명확한 답변을 내놓지 않는다고 보도했다. 또 딥시크는 사용자 이름, 이메일, 인터넷주소(IP) 같은 개인정보뿐 아니라 사용자의 입력 문자·오디오·파일·기기 정보 등 수많은 데이터를 수집하는데, 중국의 데이터보안법은 「중국의 모든 조직과 국민은 정부가 국가 안보를 이유로 데이터를 요구하면 제공해야 한다」는 내용을 명시하고 있어 개인정보 유출 위험성이 높다는 우려가 있다.

> **타이핑 패턴(Typing Pattern)** 딥시크는 다른 생성형 AI 모델과 다르게 사용자들의 타이핑 패턴을 수집하는데, 이는 사용자가 키보드로 입력하는 방식과 관련된 데이터를 말한다. 예컨대 사용자가 키를 누르는 속도, 각 키를 누르는 시간, 입력하는 순서 등이 이에 포함되는데, 이러한 패턴은 개인의 입력 습관을 반영한다. 따라서 이를 활용하면 국가 단위의 사용자 식별과 행동 추적이 가능해진다는 점에서 개인정보가 수집될 수 있다는 우려가 있다.

딥시크가 수집하는 정보

개인정보	사용자의 이름, 이메일 주소, 전화번호 등 서비스 이용 시 제공되는 개인 식별 정보
사용 데이터	서비스 이용 중 자동으로 생성되는 로그 데이터, IP 주소, 브라우저 유형 등
사용자 생성 데이터	사용자가 입력한 텍스트, 파일 업로드 내용 등
기기 정보	사용자가 서비스에 접근하는 데 사용하는 기기의 유형, 운영체제 등
기타 결제 정보	유료 서비스 이용 시 결제 관련 정보

기술력 도용과 개발비용 축소 의혹 딥시크의 기술력에 대한 의혹도 있는데, 이는 딥시크가 오픈AI의 데이터를 도용했다는 것이다. 실제로 챗GPT 개발사인 오픈AI와 마이크로소프트(MS)는 딥시크가 AI 모델 훈련을 위해 오픈AI 데이터를 무단으로 수집했는지 여부에 대한 조사에 착수했다. 오픈AI는 중국에 기반을 둔 기관들이 자사의 AI 도구에서 대량의 데이터를 빼내려고 하는 여러 시도를 목격했다며, 이는 「증류(Distillation)」

> **지식 증류(Knowledge Distillation)** 성능이 뛰어난 대형 AI 모델이 학습한 지식을 소형 AI 모델로 뽑아내는 기술을 말한다. 예컨대 대형 AI 모델이 산출한 데이터를 소형 AI가 참고해 자신의 답과 차이를 줄이는 방식으로 학습한다.

라고 불리는 기술적 과정을 통해 자체 모델을 훈련하기 위한 것으로 보인다고 설명했다. 이 밖에 딥시크가 개발비용을 축소했다는 의혹도 제기되는데, 딥시크가 밝힌 비용 대부분은 AI 학습에 소요된 엔비디아의 저가형 AI 반도체 비용이며 초기 AI 모델 개발 비용 등 기초 연구비는 포함되지 않았다는 것이다.

각국의 딥시크 차단 움직임 딥시크의 광범위한 정보 수집·검열 의혹이 제기되면서 딥시크 사용을 제한하려는 국가와 기업이 늘고 있다. 이탈리아의 경우 1월 자국 내에서 딥시크 앱 다운로드를 차단했으며, 호주·일본·대만 등도 정부 소유 기기에서 딥시크 사용을 금지했다. 또 월스트리트저널(WSJ)의 2월 6일 보도에 따르면 미국 하원은 정부 소유 기기에서 딥시크 사용을 금지하는 「딥시크 금지법」을 발의할 것으로 알려졌다.

세계 각국 딥시크 사용 제한은?

국가	주요 내용
미국	국방부, 항공우주국(NAS), 연방 하원 의회 사용 금지
이탈리아	딥시크 앱 다운로드 차단
대만·호주	정보 소유 기기 딥시크 사용 금지
한국	• 국방부·외교부 등 주요 정부 부처와 민간기업들 딥시크 접속 제한 • 딥시크 앱 다운로드 차단

한편, 국내에서도 딥시크 출시 일주일 만에 이용자가 120만 명을 넘어설 정도의 큰 관심을 모았으나, 이용자 정보 유출 우려가 높아지자 정부 부처와 민간 기업 등에서 잇따라 딥시크 차단 조처에 나섰다. 외교부·국방부 등의 정부 부처들은 2월 5일부터 딥시크-R1 접속 차단에 나선 데 이어 한국수력원자력·한전KPS 등 정부 산하기관 역시 딥시크 차단에 동참했다.

개인정보위, 「딥시크 앱 국내 다운로드 잠정 중단」 개인정보보호위원회가 2월 17일 개인정보 수집 논란이 불거진 딥시크의 국내 서비스가 15일 오후 6시부터 잠정 중단됐다며, 딥시크가 국내 개인정보보호법에 따른 개선·보완을 한 후에 서비스를 재개할 예정이라고 밝혔다. 이는 딥시크 사용자 정보가 틱톡 모기업으로 흘러들어간다는 사실을 확인한 개인정보위의 권고를 받아들여, 딥시크가 자체적으로 결정한 것으로 알려졌다. 다만 이번 잠정 중단은 앱마켓에서 신규 앱 다운로드를 제한하는 조치로, 기존 앱 이용 및 웹 서비스 이용은 제한되지 않는다. 한편, 국가 차원에서 딥시크 앱 다운로드가 전면 차단된 것은 지난 1월 말 이탈리아에 이어 우리나라가 두 번째다.

블루오리진, 재사용 발사체 「뉴글렌」 발사
스페이스X 독주에서 경쟁체제 돌입 전망

아마존 창업자 제프 베이조스의 우주기업 블루오리진(Blue Origin)이 1월 16일 오전 2시 3분 미국 플로리다주 케이프커내버럴 우주군 기지에서 궤도 견인선 블루링 시제품을 실은 재사용 발사체 「뉴글렌(New Glenn)」을 처음으로 발사했다. 뉴글렌은 이날 지구 궤도에 2단 로켓을 진입시키는 데에는 성공했지만, 재사용이 가능한 1단 로켓의 바다 위 바지선 안착에는 실패했다. 하지만 뉴글렌의 발사는 일론 머스크의 스페이스X 독주를 깰 수 있다는 점에서 주목받고 있는데, 현재 발사체 시장은 재사용이 가능한 팰컨9을 앞세운 스페이스X가 사실상 독점하고 있는 상태다.

> **뉴글렌(New Glenn)** 2016년부터 개발이 진행된 재사용 발사체로, 높이 98m·지름 7m의 2단 로켓이다. 이는 베이조스가 회사 설립 25년 만에 내놓은 첫 궤도 발사체로, 미국에서 처음으로 궤도비행을 한 우주비행사 존 글렌(John Glenn, 1921~2016)의 이름에서 따온 명칭이다. 뉴글렌은 지구 상공 2000km 이하 저궤도(LEO)에 부피가 큰 탑재체를 운반하기 위해 설계됐는데, 정지궤도에는 최대 13t의 페이로드(운송 중량)를 올릴 수 있고 지구 저궤도에는 최대 45t을 실어 나를 수 있다. 이 최대 탑재 중량은 스페이스X의 「팰컨9(Falcon 9)」의 2배 이상에 이르는 것이다. BE-4 엔진 7개를 탑재한 1단 부스터의 추진체는 액화천연가스(LNG)와 액체산소(LOX)가 사용되며, BE-3U 엔진 2개가 탑재된 2단 발사체는 액체수소와 액체산소를 추진체로 사용한다.

뉴글렌 발사 주요 내용 블루오리진은 지난 1월 10·12·13일에도 뉴글렌 발사를 준비했지만, 1단 로켓이 착륙할 대서양의 기상 악화와 유압 시스템 문제 등의 이유로 발사를 미루다가 16일에야 발사를 진행했다. 뉴글렌은 이륙한 지 약 4분 만에 1단 로켓을 분리했으며, 발사 약 12분 뒤에는 2단 로켓이 지구 궤도에 안정적으로 들어서며 목표 궤도 진입에 성공했다. 이 2단 로켓에는 화물 운반용 신형 우주선의 시제품인 「블루링 패스파인더(Blue Ring Pathfinder)」가 탑재돼 있다. 하지만 총 25회의 재사용이 가능하도록 설계된 1단 로켓 회수는 실패했는데, 당초 뉴글렌의 1단 로켓은 6시간 정도 비행한 후 대서양 해상에서 대기하고 있는 드론십 「잭린(Jacklyn, 베이조스의 어머니 이름)」에 착륙할 예정이었다.

스페이스X 스타십, 7차 시험비행 실패
발사체 회수에는 성공

일론 머스크의 우주기업 스페이스X가 1월 16일 오후 4시 37분(한국시간 17일 오전 7시 37분) 미국 텍사스주 보카치카에 있는 스타베이스 기지에서 스타십 7차 발사를 실시했다. 이번 발사에서 스타십 1단 로켓인 「슈퍼헤비」는 임무를 마친 뒤 지상 발사대로 안착하는 데 성공했지만, 2단 로켓인 스타십 우주선은 비행 시작 8분 30초 만에 통신이 끊기며 예정된 지구 궤도 진입에 실패했다.

스타십 발사 주요 내용 스타십 발사 뒤 약 3분 만에 1단 부분인 「슈퍼헤비」가 약 67km 고도에서 분리됐다. 분리된 슈퍼헤비는 발사 7분 만에 우주에서 지구로 돌아와 「메카질라(Mechazilla)」로 불리는 지상 발사탑의 공중 젓가락 팔 장비에 안착했는데, 이는 지난해 10월 5차 시험비행에서 메카질라로 슈퍼헤비를 회수하는 데 성공한 이후 2번째다. 하지만 슈퍼헤비와 분리된 2단 우주선은 비행을 시작한 지 8분 30초 만에 통신이 끊겼고, 이에 궤도 비행에 실패하며 주요 목표로 계획했던 위성 배치 임무에는 실패했다. 이번 7차 시험발사는 스타십 우주선을 고도 수백km 고도에 올린 뒤 차세대 스타링크 위성 10여 기를 방출하도록 계획돼 있었다.

한편, 스타십은 2023년 4월과 11월, 2024년 3월 이뤄진 1~3차 시험비행은 실패했으나, 같은 해 6월 이뤄진 4차 시험비행에서는 목표로 했던 궤도 비행을 성공적으로 마치고 1단 발사체와 2단 우주선 모두 목표대로 착수한 바 있다. 이후 지난해 10월 행해진 5차 시험비행은 성공적으로 마무리된 것 외에도 로켓 재활용을 위한 젓가락 기술에까지 성공했으며, 11월 행해진 6차 시험비행도 성공적으로 마무리됐으나 젓가락 기술은 이뤄지지 않았다.

> **스타십(Starship)** 일론 머스크가 이끄는 우주기업 스페이스X가 달과 화성에 사람과 화물을 보낸다는 목표로 개발한 대형 우주선이다. 길이 50m·직경 9m·추력 7590t의 스타십은 인류 역사상 가장 크고 강력한 로켓으로 평가받는데, 21세기 내에 화성에 100만 명 이상이 거주하는 도시를 건설한다는 목표로 2019년 본격적으로 개발이 시작됐다. 스타십은 「슈퍼헤비(Super Heavy)」로 불리는 1단 로켓 추진체와 2단부 로켓인 스타십 우주선으로 구성돼 있다. 특히 스타십은 2027년으로 미뤄진 미 항공우주국(NASA) 아르테미스 3호의 유인 달 착륙 때 착륙선으로 사용될 예정이다.

美·日 민간 달 탐사선,
스페이스X에 실려 동시 발사

미국과 일본 민간 우주기업의 무인 달 탐사선 2대를 실은 스페이스X 로켓이 1월 15일 발사에 성공했다. 미국 우주기업 파이어플라이의 달 탐사선 「블루고스트(Blue Ghost)」와 일본 우주기업 아이스페이스의 「리질리언스(Resilience)」를 탑재한 스페이스X 팰컨9 로켓은 이날 오전 1시 12분쯤 미국 플로리다주 케네디우주센터에서 발사됐다. 한편, 세계 최초의 민간 달착륙선 기록은 지난해 2월 오디세우스를 착륙시킨 미국의 인튜이티브 머신스가 갖고 있다. 따라서 블루고스트와 리질리언스가 달 착륙에 성공할 경우 민간 기업으로는 각각 세계 2번째와 3번째가 될 전망이다.

발사 주요 내용

블루고스트 블루고스트는 이륙 후 약 1시간 뒤에 팰컨9에서 분리돼 비행 궤도에 진입했는데, 이후 약 45일간 지구 궤도와 달 궤도를 돌고 3월 초에 달 착륙을 시도하게 된다. 착륙 목표 지점은 달 앞면의 북동쪽 사분면에 있는 큰 분지 「마레 크리시움(Mare Crisium·위난의 바다)」 내의 「몬라트레이유(Mons Latreille)」라 불리는 고대 화산 지형 근처로, 달 표면에 착륙한 뒤에는 약 14일 동안 작동하며 임무를 수행할 예정이다. 블루고스트에는 위성 항법실험을 비롯해 방사선에 적응하는 컴퓨터, 달 먼지를 닦아낼 수 있는 자동세척 유리 등 10개의 장비가 탑재됐다. 특히 예술작품을 달로 보내는 프로젝트의 일환으로 세계 창작자들이 만든 시집 《폴라리스 트릴로지》가 실렸는데, 여기에는 한국의 시조 작품 8편도 포함됐다.

> 💡 블루코스트에 실린 시집 속 한국 시조는 해와 달, 별 등을 주제로 한 구충회(달에게), 김달호(운석의 꿈), 김흥열(은하), 박헌오(신비한 하늘 시집), 서관호(강촌의 달), 이광녕(해를 안고 오다), 최은희(월광 소나타), 채현병(칠월칠석날) 등 한글 작품 8편과 영문 시조 3편이다.

리질리언스 블루코스트와 함께 팰컨9에 실린 리질리언스는 발사 1시간 30여 분이 지난 후 팰컨9에서 분리됐다. 리질리언스는 연료 절약을 위해 달 중력의 도움을 받는 우회 경로를 이용하기 때문에 4~5개월의 우주 비행을 거친 뒤 5~6월 달 앞면의 「추위의 바다」에 착륙할 예정이다. 리질리언스에는 「터네이셔스」라는 높이 26cm의 초소형 달 탐사차가 탑재됐으며, 달에 착륙한 후에는 토양 샘플을 채취하는 등의 임무를 수행하게 된다. 특히 아이스페이스는 리질리언스에 탑재된 로버가 채취한 달의 모래와 돌 소유권을 NASA에 판매하기로 계약했다. 앞서 아이스페이스는 2023년 4월 민간기업으로는 최초로 달 착륙을 시도했지만 착륙 과정에서 소프트웨어 오작동으로 실패한 바 있다.

한수원-美 웨스팅하우스,
원전 지식재산권 분쟁 타결

한국수력원자력과 한전이 1월 16일 미국 웨스팅하우스와 지식재산권 분쟁을 종결하고 향후 글로벌 원전 시장에서 협력하기로 합의했다고 17일 밝혔다. 웨스팅하우스는 그동안 한수원이 체코에 공급하려는 최신 한국형 원전 APR1400이 자사의 원천 기술에 기반한 것이라며 한수원의 독자적인 수출에 제동을 걸어왔다. 반면 한수원은 APR1400이 웨스팅하우스의 기술과 무관하게 국산화에 성공했기 때문에 독자 수출에 문제가 없다는 입장이다. 이처럼 양측의 입장이 팽팽하게 맞서면서 체코 본계약을 비롯해 한수원이 원전 수주전에 나설 때마다 제동이 걸릴 것이라는 전망이 이어져 왔다. 그러나 2년 여간 지속되던 지재권 분쟁이 종료됨에 따라 오는 3월로 예정된 체코 신규 원전 최종 수주에도 청신호가 켜졌다는 전망이다. 만약 한수원이 최종적으로 체코 원전 건설 계약을 성사시킬 경우 2009년 아랍에미리트(UAE) 바라카 원전 이후 16년 만에 역대 두 번째 원전 수출 수주가 이뤄지게 된다.

> **체코 신규 원전사업** 체코의 두코바니와 테켈린 지역에 1.2GW(기가와트) 이하의 원전 총 4기를 짓는 프로젝트로, 한수원은 지난해 7월 17일 두코바니 5·6호기 건설 우선협상 대상자로 선정됐다. 당시 웨스팅하우스는 체코 원전 건설사업 수주를 위해 한수원 및 프랑스전력공사(EDF)와 3파전을 벌였지만 가장 먼저 탈락한 바 있다. 웨스팅하우스는 한수원의 원자로 기술인 「APR100」과 「APR1400」이 자사의 원천 기술인 「시스템80+」를 활용한 것이므로, 해당 기술로 원전을 짓기 위해서는 자사의 허가를 받아야 한다고 주장하고 있다. 한편, 해당 사업은 2029년 건설 착수 및 2036년 상업운전을 목표로 하고 있다.
>
> **APR1400(Advanced Power Reactor 1400)** 1992년부터 10년간 한국수력원자력 등이 2300억 원을 들여 개발한 차세대 원전 모델로, 신고리 3호기에 적용되어 2016년 12월 상업운전에 들어간 3세대 원전 모델이다. 이는 기존 한국형 원전인 OPR1000과 비교하면 발전용량이 1000MW에서 1400MW로 향상됐고, 설계수명은 40년에서 60년으로 연장됐으며, 발전원가도 10% 이상 더 줄었다. 특히 2011년 후쿠시마 원전에서 발생했던 사고를 예방할 수 있는 다중 안전장치를 갖췄다는 것이 큰 특징이다.

인스타그램 10대 계정, 1월 22일부터 국내 적용
청소년 보호 차원-부모 권한 강화

청소년 보호 차원에서 도입된 인스타그램의 10대 계정이 1월 22일부터 우리나라에도 적용됐다. 인스타그램 10대 계정은 청소년의 과도한 사용과 부적절한 콘텐츠 노출 등을 제한하기 위해 지난해 도입된 것으로, 미국과 호주를 비롯한 영미권에서 지난해 9월 처음 시작해 연말 도입이 완료됐고 유럽연합(EU) 지역에서도 지난해 말부터 순차 도입 중에 있다. 한국을 비롯한 나머지 글로벌 권역은 1월 22일부터 순차적으로 적용을 시작해 상반기 중으로 도입을 마무리할 예정이다.

이처럼 인스타그램이 청소년을 대상으로 한 10대 계정을 도입하는 것은 세계적으로 청소년의 SNS 과의존 문제가 심각해지고 있기 때문이다. 우리나라의 경우 과학기술정보통신부가 지난해 발표한 「2023 스마트폰 과의존 실태조사」에 따르면 국내 청소년(10~19세)의 과의존 위험군 비중은 40.1%로 모든 연령에서 가장 높은 수치를 보였다.

인스타그램 10대 계정은 무엇? 10대 계정은 청소년들이 부적절한 콘텐츠에 노출되고 SNS에 과의존하는 문제들을 예방하기 위해 도입된 제도다. 10대 계정이 적용되면 국내 만 14세 이상 18세 이하 청소년의 인스타그램 계정은 비공개로 전환되며, 새로 생성되는 10대 계정 역시 비공개가 기본 설정이 된다. 만 17세 이상은 본인이 원하는 경우 공개로 다시 바꿀 수 있지만, 만 14~16세 청소년은 보호자의 동의가 있어야 공개로 전환할 수 있다. 메시지 설정의 경우 청소년이 팔로우하는 사람과 이미 연결된 사람들에게서만 메시지를 받을 수 있으며, 폭력적인 콘텐츠 등 민감한 내용의 콘텐츠 시청은 제한된다. 인스타그램 사용 시간이 60분을 넘으면 앱을 닫으라는 알림이 표시되고, 오후 10시부터 오전 7시까지는 사용 제한 모드가 설정돼 알림이 해제되고 다이렉트 메시지(DM)에는 자동 답장이 발송된다. 특히 부모의 관리 감독 기능이 강화돼 자녀들의 대화 상대를 부모가 볼 수 있고, 앱 이용 시간 역시 제한할 수 있다.

MS, 양자컴퓨팅 칩 「마요라나1」 공개
세계 최초의 위상 큐비트 방식

마이크로소프트(MS)가 2월 19일 세계 최초로 위상 큐비트 방식의 양자컴퓨팅 칩 「마요라나(Majorana)1」을 공개했다. MS는 이날 자체적으로 개발한 신소재 「토포컨덕터(위상초전도체)」를 활용해 마요라나1에서 위상 큐비트를 안정적으로 구현하는 데 성공했다고 밝혔다. 양자컴퓨팅 칩은 양자컴퓨터(※ 시사용어 참조)에서 연산을 수행하는 핵심 부품으로, 이 기술이 상용화되면 양자컴퓨팅 시대를 한발 앞당길 것으로 전망된다.

주요 내용 일반 컴퓨터는 0 또는 1을 표현하는 「비트」라는 단위로 정보를 처리하는 반면 양자컴퓨터는 0과 1이 동시에 존재하는 상태인 「큐비트(Qubit)」를 활용한다. 이같은 특성 덕분에 양자컴퓨터는 일반 컴퓨터로는 불가능한 막대한 양의 정보를 빠르게 처리할 수 있다. 따라서 양자컴퓨팅의 핵

빅테크의 양자컴퓨팅 개발 현황

마이크로소프트 (MS)	세계 최초 위상 큐비트 기반 양자컴퓨팅 칩 「마요라나1」 공개
IBM	국내 최초 127큐비트 양자컴퓨터 「IBM 퀀텀 시스템 원」 도입(연세대 송도국제캠퍼스)
구글	2024년 차세대 양자컴퓨팅 칩 「윌로」 공개
인텔	일본 국립연구기관과 2030년까지 차세대 양자컴퓨터 공동 개발 목표

심은 이러한 큐비트를 얼마나 잘 구현하는가에 달려 있는데, 현재까지 양자컴퓨팅의 가장 큰 한계는 큐비트의 불안정성이었다. 그런데 이번에 MS가 활용한 위상 큐비트는 자연적으로 오류 보호 기능을 가지고 있어 기존 큐비트보다 오류가 적고 안정성이 높으며, 특히 작은 공간에 대량 배치할 수 있다는 장점이 있다. 아울러 양자컴퓨팅의 성능은 큐비트의 수에 따라 결정되는데, MS의 마요나라 1에는 8개의 큐비트가 탑재됐으며 향후 100만 개 이상을 적용할 수 있도록 설계됐다.

과기부, 다중암 조기진단 등
「2025년 10대 바이오 미래유망기술」 선정

과학기술정보통신부와 한국생명공학연구원이 1월 20일 「2025년 10대 바이오 미래유망기술」을 발표했다. 바이오 미래유망기술은 향후 5~10년 이내에 기술적 또는 산업적 실현이 가능하고 파급효과가 클 것으로 예상되는 기술로, 과기정통부와 생명연은 2015년부터 매년 이를 발표해 왔다. 올해 선정된 10가지 기술에는 ▷인간 면역체 ▷다중암 조기진단 ▷RNA 구조체 ▷AI가 디자인한 유전자 편집기 ▷항노화 항체치료제 ▷분자 접착기술 ▷살아 움직이는 생물학적 로봇 ▷디지털 인공장기 ▷바이오 파운데이션 모델 ▷헬스케어 디지털 트윈 등이 포함됐다.

2025년 10대 바이오 미래유망기술

구분	내용
인간 면역체	인간 면역 시스템을 고해상도로 측정하는 기술로, 글로벌 면역 데이터베이스를 생성하고 인간 면역체계 AI 모델을 구축하는 것
다중암 조기진단	혈액검사를 기반으로 암 바이오마커를 정밀하게 분석해 검출이 어려웠던 다양한 암을 조기에 탐지하는 것
RNA 구조체	유전물질인 RNA가 발달, 질병, 노화 등 생명 현상에 미치는 영향을 연구하는 것
AI가 디자인한 유전자 편집기	소수의 유전자를 편집해 해가 되는 기능을 제거하거나 필요한 기능을 강화하는 유전자 편집 기술에 AI를 결합한 것
항노화 항체치료제	노화 과정에서 증가하는 세포나 인자를 표적으로 제어하는 것
분자 접착기술	세포 내 단백질이나 분자를 인위적으로 접착시켜 새로운 생명현상을 유도하는 것
살아 움직이는 생물학적 로봇	생체 내 조직을 스스로 이동하며 동맥을 청소하거나 약물을 전달하는 바이오의학 기술
디지털 인공장기	인공장기와 인체 생리적 신호를 디지털 방식으로 정밀 분석·제어해 인공장기와 몸의 기능을 보강하는 것
바이오 파운데이션 모델	연구 과정에서 생산되는 대규모 바이오 데이터 학습을 통해 새로운 원리를 예측하고 추론하는 혁신 플랫폼
헬스케어 디지털 트윈	개인의 신체, 건강 상태를 디지털로 모델링해 시뮬레이션으로 관련 제품과 서비스 설계를 지원하는 기술

청소년 SNS 금지, 그 향방은?

호주 의회가 지난해 11월 28일 16세 미만 청소년의 SNS 사용을 전면 금지하는 법안을 전격 통과시키면서 화제가 됐다. 앞서 프랑스와 미국의 일부 주에서 미성년자가 부모의 동의 없이 SNS를 이용하지 못하도록 하는 법을 통과시킨 바 있지만, 부모의 동의와 관계없이 모든 미성년자의 SNS 이용을 전면 금지한 것은 처음이었기 때문이다. 해당 법률은 올해 11월 말 시행될 것으로 전망되는데, SNS 금지 대상에는 페이스북·인스타그램·X 등이 포함될 것으로 예상된다. 이 법률이 시행되면 SNS 회사들은 청소년이 계정을 만들지 못하도록 충분한 조치를 마련해야 하는데, 만약 조치가 불충분할 경우 해당 플랫폼에는 최대 4950만 호주달러(약 450억 원)의 벌금이 부과된다. 이 밖에 미국 캘리포니아주는 1월 1일부터 부모의 명시적인 동의가 없으면 SNS 서비스업체가 해당 주에 거주하는 미성년자에게 중독성 있는 피드를 제공하는 것을 금지하는 방안을 시행하고 있다. 특히 오는 2027년에는 연령확인 기술을 사용해 이용자가 미성년자인지 파악해 이에 맞게 피드를 조정하도록 강제하는 법안도 적용한다는 방침이다.

이처럼 전 세계적으로 청소년의 SNS 규제 움직임이 이뤄지는 가운데 국내에서도 관련 법안이 국회에 발의되는 등 논의가 진행 중에 있다. 대표적으로 지난해 조정훈 국민의힘 의원은 청소년의 SNS 일별 이용한도 등을 담은 「정보보호법」 개정안을 발의했으며, 윤건영 더불어민주당 의원은 14세 이상인 청소년부터 SNS에 가입할 수 있도록 한 「정보통신망법」 개정안을 발의한 바 있다. 인스타그램의 경우 부모가 10대 자녀의 인스타그램 이용을 제한할 수 있는 「10대 계정(Teen Account)」을 도입했는데, 이는 미국과 호주를 비롯한 영미권을 시작으로 유럽연합(EU) 지역을 거쳐 1월 22일부터 국내에도 적용됐다. 이에 따르면 국내 만 14세 이상 18세 이하 청소년의 인스타그램 계정은 비공개로 전환되며, 부모가 「감독 툴」을 통해 기능을 해제하기 전까지는 비공개 모드를 해제할 수 없다. 다만 만 17세 이상 청소년은 스스로 기능을 해제할 수 있다.

Tip

인스타그램(Instagram)
2010년 출범한 사진 및 동영상 공유를 중심으로 한 소셜 미디어 플랫폼으로, 현재는 메타(Meta)가 소유하고 있다. 인스타그램은 15~90초 길이의 짧은 동영상을 제작하고 공유하는 릴스(Reels) 기능도 제공하며, 사용자들 간에 개인 메시지를 주고받을 수 있는 DM(Direct Message) 기능도 갖고 있다.

청소년 SNS 금지, 찬성한다

청소년의 SNS 금지를 찬성하는 측에서는 정신적으로 미성숙한 청소년을 무분별하고 유해한 정보·콘텐츠의 범람 속에 방치하는 것은 옳지 않다는 입장이다. 또 미성숙한 나이에 무분별한 정보를 수동적으로 습득하다 보면 잘못된 윤리관이나 왜곡된 가치관이 생길 수 있으며, SNS상에서 끊임없이 자신과 타인을 비교하면서 자괴감이나 우울증에 빠지는 부작용이 일어날 수 있다고 우려한다. 아울러 청소년들은 개인정보 보호에 대한 인식이 부족해 사생활 침해나 사이버 괴롭힘의 피해자가 될 가능성이 높고, SNS 사용이 과도해지면 학업과 두뇌 발달을 방해하고 생활리듬이 깨질 수 있다는 점을 우려하는 의견도 있다.

찬성 측은 청소년이 SNS를 통해 온라인 도박에 중독되거나 유해 물품을 구매할 수 있으며, 사이버 폭력이나 성인 콘텐츠에도 쉽게 노출될 수 있다는 문제점도 제기한다. 또한 SNS에 집중하다 보면 대면 상호작용이 줄어들면서 현실에서의 인간관계를 소홀히 할 가능성도 지적한다. 따라서 청소년들의 올바른 자아 형성을 돕고 정신건강을 예방하는 차원에서도 이들에 대한 SNS 금지 조치는 필요하다는 입장이다.

청소년 SNS 금지, 반대한다

청소년의 SNS 금지를 반대하는 측에서는 법적 강제는 표현의 자유와 청소년의 자기결정권을 침해할 수 있다는 입장이다. 또 이들은 SNS가 다양한 정보와 학습자료를 쉽게 얻을 수 있는 통로인 데다 각종 플랫폼들을 통해 자신만의 콘텐츠를 제작하는 등 창의력 함양에도 도움이 된다는 점에서, 강제적 금지 조치는 디지털 환경에서 책임감 있고 비판적으로 생각하는 능력을 키울 수 있는 교육 기회를 제한한다고 주장한다. 아울러 SNS를 통해 사회적 이슈나 캠페인에 쉽게 접근할 수 있다는 점에서 사회적 책임감 함양에도 방해가 된다는 주장도 있다.

반대 측은 SNS가 청소년들이 다양한 사람들과 소통·연결될 수 있는 플랫폼이라는 측면에서, 이러한 금지 조치들이 청소년들이 학교 밖에서도 새로운 인간관계를 만들 수 있는 긍정적 효과를 없앤다는 우려도 내놓는다. 특히 소수집단에 속하거나 외딴 지역에 거주해 SNS가 주요한 소통 수단인 청소년들에게는 오히려 피해를 일으킬 수 있다는 주장이다. 또 정상적인 경로로 SNS를 이용하기 어려워질 경우 부모 등의 성인 명의로 가입해 SNS를 이용하려는 문제점을 일으킬 수 있다는 지적도 있다.

나는 이렇게 생각한다

2025 달라지는 것들

2025년부터 결혼세액공제가 신설되며, 근로장려금(EITC) 맞벌이 가구의 소득상한금액이 연 3800만 원에서 4400만 원으로 인상된다. 또 인구감소지역이나 비수도권 미분양 주택을 새롭게 구입한 기존 1주택자에게는 1세대 1주택 특례가 적용돼 종부세와 양도세 혜택을 받게 된다. 그리고 올해부터 5월 15일은 「스승의 날」과 더불어 「세종대왕 나신 날」이 되며, 5월 27일은 「우주항공의 날」이 된다. 이 밖에 기존 5가지 감염병을 예방하던 「5가 혼합백신」에 B형간염까지 예방하는 「6가 혼합백신」의 영아 무료 접종이 1월 2일부터 시작됐다. 이처럼 2025년 달라지는 우리 사회 전반의 정책과 제도는 다음과 같다.

🗄 세제·금융

결혼세액공제 신설 _ 2024~2026년에 혼인신고를 한 경우 1회에 한정해 혼인신고를 한 날이 속하는 과세기간의 종합소득산출세액에서 50만 원이 공제된다. 이는 올 1월 1일 이후 과세표준을 신고하거나 연말정산하는 부분부터 적용된다.

기업의 출산지원금 비과세 _ 기업이 근로자 또는 그 배우자의 출산 시 그 출산과 관련해 자녀의 출생일 이후 2년 이내에 최대 두 차례에 걸쳐 지급하는 급여 전액에 대해서 근로소득 비과세가 적용된다.

자녀세액공제 금액 확대 _ 만 8세 이상 20세 이하 자녀(또는 손자녀)를 둔 가구의 자녀세액공제 금액이 확대된다. 소득세법 개정에 따라 ▷첫째는 연 25만 원 ▷둘째는 30만 원 ▷셋째 이상은 40만 원으로, 공제액이 10만 원씩 높아진다.

자동차 취득세 감면 기준 완화 _ 다자녀 가구의 자동차 취득세 감면 기준이 3자녀 이상에서 2자녀로 확대되면서, 2자녀 가구도 자동차 취득세를 50% 감면 받게 된다. 또 6인승 이하 승용차 기준 70만 원 한도 내에서 취득세가 감면된다.

주택청약종합저축 세제지원 적용 대상 확대 _ 연소득 7000만 원 이하인 주택청약종합저축 가입자의 소득공제 혜택이 무주택 세대주뿐만 아니라 배우자까지 확대되며, 납입액의 40% 한도인 연 300만 원까지 소득공제 혜택이 부여된다. 청년 우대형 주택청약종합저축의 이자소득 비과세 대상은 세대주와 배우자까지 확대된다. 이는 총 급여액 3600만 원 또는 종합소득금액 2600만 원 이하인 무주택 세대주가 대상으로, 이자소득 비과세 한도는 500만 원이다.

헬스장 등 체육시설 이용료의 30% 소득공제 _ 도서 구입, 공연 관람, 박물관 입장 등에 적용되던 문화비 소득공제가 7월부터는 헬스장과 수영장 이용에도 적용된다. 이에 총급여 7000만 원 이하의 근로소득자는 시설 이용료의 30%를 300만 원 한도 내에서 소득공제 받을 수 있다.

현금영수증 의무발행 업종 확대 _ 올해부터 의복 액세서리 소매업, 여행업, 실내·실외 경기장 운영업, 스키장 운영업, 애완동물 장묘 및 보호 서비스업 등 13개 업종이 현금영수증 의무발행 업종에 포함된다. 이에 해당 업종 사업자는 거래 건당 10만 원 이상의 현금 거래 시 상대방의 요청과 상관없이 현금영수증을 반드시 발급해야 한다. 만약 이를 위반할 경우 미발급 금액의 20%에 해당하는 가산세가 부과된다.

고향사랑기부금 연간 상한액 확대 _ 고향에 기부하고 세액공제 등을 받을 수 있는 「고향사랑기부금」 연간 상한액이 1월 1일부터 기존 500만 원에서 2000만 원까지 확대된다. 고향사랑기부제는 「고향사랑기부금에 관한 법률」에 따라 고향에 기부하고 세액공제와 답례품 혜택을 받을 수 있는 제도로, 기부액 10만 원까지는 전액(100%), 10만 원 초과분은 16.5%를 세액공제해 준다.

실손 청구 전산화, 의원·약국으로 확대 시행 _ 지난해 병원급(병상 30개 이상) 의료기관에서 먼저 시행된 실손 청구 전산화가 10월 25일부터 의원·약국까지 확대 시행된다. 이는 「실손24」 앱이나 웹 등을 통해 신청하면 보험사로 청구서류가 자동 전송되는 것이다.

청년주택드림대출 출시 _ 청년들의 내 집 마련 꿈을 실현해주기 위한 「청년주택드림대출」이 올해 중 출시되는데, 이는 분양가의 80%까지 최저 2.2%로 빌려주는 상품이다. 이는 청년주택드림청약에 가입한 뒤 1년 이상 돈을 납입한 만 19세 이상 34세 이하 무주택 청년 가운데, 연소득 7000만 원(부부 합산 1억 원) 이하인 경우 이용이 가능하다.

착오송금 반환지원, 1억 원 이하로 확대 _ 계좌번호 입력 실수 등으로 잘못 송금한 돈을 예금보험공사가 대신 반환받아 돌려주는 제도인 「착오송금 반환지원」의 대상 금액이 기존 5000만 원 이하에서 1억 원 이하로 확대된다. 또 신속한 반환 지원을 위해 수취인의 자진반환 요구 기간을 3주에서 2주로 단축한다.

청년도약계좌 가입자 혜택 강화 _ 올해부터 청년도약계좌 정부기여금이 월 2만 4000원에서 월 3만 3000원으로 확대된다. 또한 청년도약계좌에 2년 이상 누적 800만 원 이상의 금액을 납입할 경우 신용점수에서 5~10점가량의 추가 가점을 제공한다. 아울러 2년 이상 가입자에 한해 만기 전 누적 납입 원금의 40% 이내로 부분 인출을 허용한다.

스트레스 DSR 3단계 실시 _ 7월(예정)에는 스트레스 DSR(총부채원리금상환비율) 3단계가 실시되는데, 이는 금융권의 모든 가계대출에 가산금리를 부여하는 제도다. 따라서 스트레스 DSR 3단계가 시행되면 가계대출 한도가 줄어들게 되고, 모든 금융권 대출이 규제를 받게 된다.

🏠 부동산

1주택자 인구감소지역 주택 구입 시 세제 혜택 _ 인구감소지역이나 비수도권 미분양 주택을 새롭게 구입한 기존 1주택자는 「1세대 1주택 특례」가 적용돼 종부세와 양도세 혜택을 받게 된다. 이는 인구감소지역(수도권·광역시 제외, 수도권 내 접경지역 및 광역시 내 군지역 포함)에 공시가격 4억 원 이하의 주택 1채를 신규 취득하는 경우와, 비수도권에서 전용면적 85m² 이하·취득가액 6억 원 이하인 미분양 주택을 취득하는 경우가 해당한다.

신생아 특례대출 소득요건 완화 _ 신생아 특례 구입·전세자금대출 소득요건이 기존 부부 합산 연소득 1억 3000만 원에서 2억 5000만 원까지 3년간(2025~2027년) 추가 완화된다. 이에 더해 특례 대출기간에 추가 출산한 경우 금리를 현행 0.2%p에서 0.4%p까지 추가 우대금리를 적용한다. 이는 올해 1월 1일 이후 출산한 가구에만 해당한다.

악성임대인 임대사업 등록 말소 _ 비아파트를 대상으로 의무임대 기간 6년이 적용되는 단기등록임대 유형을 6월부터 복원하며, 상습적으로 임대보증금을 반환하지 않아 보증회사가 대위변제한 악성임대인에 대한 등록말소도 가능해지게 된다. 등록말소는 보증회사가 2회 이상 대위변제한 후 6개월이 경과한 후에도 보증채무 전액을 상환하지 않은 악성임대인을 대상으로 한다. 임대사업자는 말소 즉시 세제 혜택을 상실하게 되고, 그동안 받은 세제 혜택은 추징된다.

안전진단 없이 재건축 가능 _ 6월부터 준공 30년 이상 된 아파트는 안전진단 없이 재건축이 가능해진다. 또 「재건축 안전진단」이라는 명칭도 「재건축 진단」으로 변경되고, 사업시행계획 인가 전까지만 통과하면 재건축이 가능하도록 절차를 수정한다.

공공주택 층간소음 기준 강화 _ 모든 공공주택에 층간소음 기준 1등급 수준을 적용한다. 이에 따르면 바닥 두께를 기존보다 4cm 상향(21→25cm)하고, 고성능 완충재 사용과 철저한 시공 관리 등을 통해 현행 대비 4배 이상 강화된 층간소음 1등급 수준(49dB → 37dB 이하)을 적용하는 것이다.

비(非)아파트 구입자의 청약 시 무주택 인정범위 확대 _ 단독·다가구주택, 연립·다세대주택, 도시형생활주택 등 비(非)아파트 구입자가 청약에서 불이익이 없도록 청약 시 무주택으로 인정하는 범위를 확대한다. 기존에는 60m²·공시가격 1억 원(수도권 1억 6000만 원) 이하 주택을 저가주택으로 인정해 청약 시 무주택으로 간주했으나, 올해부터는 기준이 85m²·공시가격 3억 원(수도권 5억 원) 이하 주택으로 완화된다.

모바일 등기신청 도입 _ 1월 13일부터 등기신청을 할 때 관할 등기소에 방문할 필요 없이 모바일 애플리케이션을 이용해 등기 신청을 할 수 있게 된다. 등기신청 때 필요한 행정정보는 행정정보 공동이용시스템을 통해 관공서에서 관할 등기소로 직접 제공될 예정이다.

행정·법무

9급 공시 출제기조 개편 _ 9급 공무원 시험 중 국어·영어 과목의 출제기조가 올해부터 암기형이 아닌 현장 직무 중심으로 전면 전환된다. 이에 국어 과목의 경우 기본적인 국어능력과 이해·추론·비판력과 같은 사고력을 검증하고, 영어에서는 실제 업무 수행에 필요한 실용적인 영어능력을 검증한다.

세종대왕 나신 날·우주항공의 날 제정 _ 올해부터 5월 15일은 「스승의 날」과 더불어 「세종대왕 나신 날」이 된다. 세종대왕 나신 날은 1397년 5월 15일(양력) 세종대왕 탄신일을 의미하는데, 이에 그간 한글주간(10월 4~10일)에 시행하던 세종문화상을 「세종대왕 나신 날」 기념행사에서 시상한다. 또 5월 27일은 「우주항공의 날」이 되는데, 이는 우주항공청 개청일로 정한 것이다.

모바일 주민등록증·외국인증 발급 가능 _ 1분기부터 17세 이상 국민 누구나 모바일 주민등록증을 발급받을 수 있게 되며, 상반기 중에는 외국인도 모바일 신분증을 발급받아 사용할 수 있게 된다. 모바일 주민등록증은 지역 내 주민센터를 방문해 직접회로(IC) 주민등록증을 발급받아 휴대전화에 인식하거나 QR 코드를 발급하는 등의 2가지 방법으로 신청할 수 있다.

범죄 피해자 지원 강화 _ 올해부터 범죄 피해자에 대한 구조금액이 약 20% 늘어나며, 분할지급도 가능해진다. 특히 구상권 행사 시에는 가해자 보유 재산을 조회할 수 있도록 했다. 또 범죄피해자 일상 회복을 위한 생계비 지원금액이 월 100만 원에서 120만 원(2인 기준)으로 인상되고, 생계 지원 기간은 최대 6개월에서 12개월로 연장된다.

꼼수 공탁 차단 _ 범죄자가 가벼운 처벌을 받기 위해 피해자 의사와는 다르게 법원에 일정액을 기습 공탁하거나, 공탁을 이유로 감형받은 후

공탁금을 몰래 회수하는 일이 불가능해진다. 판결 선고 전 형사공탁 시 법원은 피해자 의견을 의무적으로 청취하게 되며, 형사공탁금 회수는 원칙적으로 제한된다.

성범죄자 취업제한 점검 강화 _ 성범죄로 취업제한 명령을 선고받은 자가 아동·청소년 관련 기관 등에 취업했는지 등을 지방자치단체와 교육청 등이 연 1회 이상 점검·확인하고, 그 결과를 2개월 이내 해당 기관 누리집에 공개한다. 또 1월 17일부터 성범죄자 등 강력범죄자는 죄의 경중에 따라 최대 20년까지 배달업 종사가 제한된다. 이 제도는 소화물배송대행서비스 인증사업자가 계약 또는 계약 갱신 때 종사자의 범죄경력 확인서를 제출받거나 경찰청에 범죄경력 조회를 신청해 운용될 계획이다.

👥 고용·노동

2025년 최저임금, 시급 1만 30원 _ 근로자를 사용하는 사업 또는 사업장은 1월 1일부터 인상된 최저임금 이상의 임금을 지급해야 한다. 2025년 최저임금은 시급 기준 1만 30원, 일급 기준 8만 240원이며, 월급(주 40시간제, 주휴 포함 월 209시간) 기준으로는 209만 6270원이다. 이는 업종별 구분 적용 없이 전 사업장에 적용된다.

상습체불사업주 처벌 강화 _ 상습체불사업주는 ▷출국금지 ▷국가의 각종 보조·지원사업에서 배제 ▷국가 및 지자체 입찰 제한 등의 불이익을 받는다. 또한 체불사업주 명단이 공개되는 기간에 재차 임금체불을 하면 노동자의 의사와 관계없이 처벌된다.

부모 육아휴직 확대 _ 2월 23일부터 부모가 각각 육아휴직을 3개월 이상 사용하는 경우와 한부모 또는 중증 장애아동 부모의 경우 육아휴직 기간을 6개월 추가로 신청할 수 있고, 육아

휴직의 분할 사용이 3회(사용 횟수는 4회까지 가능)로 확대된다. 또 월 150만 원 이내에서 통상임금의 80%를 지급하던 육아휴직 급여는 휴직 첫 3개월 동안 월 250만 원 한도에서 통상임금의 100%로 늘어난다. 이후 3개월은 월 200만 원 한도로 통상임금의 100%를, 7개월째부터는 월 160만 원 한도로 통상임금의 80%를 지급한다. 그리고 육아휴직 급여의 25%를 육아휴직 복귀 6개월 후 지급하던 사후지급 방식이 폐지된다.

육아기 근로시간 단축 대상 확대 _ 육아기 근로시간 단축의 대상이 현행 8세 또는 초등학교 2학년 이하에서 12세 또는 초등학교 6학년 이하로 확대된다. 육아휴직(1년)을 사용하지 않은 기간에 대해서는 2배를 가산한 기간을 단축기간으로 사용할 수 있으며, 최소 사용기간도 종전 3개월에서 1개월로 단축해 사용할 수 있게 된다.

청년일자리도약장려금 사업 확대 _ 빈일자리와 청년고용을 해결하기 위해 「청년일자리도약장려금」 사업이 확대된다. 1월부터 5인 이상 빈일자리 업종의 기업이 청년을 정규직으로 신규채용하면 기업에게 채용장려금을 주고, 청년에게는 장기근속 인센티브를 지원한다.

중장년 경력지원제 신설 _ 재취업을 희망하는 퇴직 중장년이 일경험을 원하는 경우 1~3개월간 직무교육과 직무수행이 연계된 프로그램을 제공하고, 참여자는 참여수당으로 월 최대 150만 원을 지원받게 된다.

구직증명서, 고용24에서 통합 관리 _ 그간 개별 기관에서 일일이 발급·제출하던 구직관련 증명서(자격, 경력, 학력 등)가 고용24 모바일 앱에서 통합 관리된다. 또 앱에서 「디지털배지」라고 불리는 디지털 증명서를 발급하면 채용기업에 바로 제출도 가능하다.

6가 혼합백신 시행 _ 기존 5가지 감염병을 예방하던 5가 혼합백신에 B형간염까지 예방하는 「6가 혼합백신」의 영아 무료 접종이 1월 2일부터 시작된다. 백신은 디프테리아, 파상풍, 백일해, 소아마비, b형 헤모필루스 인플루엔자(Hib), B형간염을 예방한다.

56세 건강검진에 C형간염 검사 도입 _ 올해부터 국가건강검진에 C형간염 항체 검사를 실시하는데, 대상 연령은 56세로 올해 1969년생이 해당된다. C형간염은 환자의 혈액이나 체액을 통한 C형간염 바이러스(HCV) 감염으로 발생하는 간질환으로, 무증상 감염이 약 70~80%에 이른다. 이는 예방 백신은 없지만 치료제가 있어 완치가 가능하기 때문에 감염 사실을 조기에 발견하고 빨리 치료를 시작하는 것이 중요하다.

골다공증 검사, 60세 여성까지 확대 시행 _ 현재 54세, 66세 여성에 한정해 실시되고 있는 골다공증 검사가 올해부터 60세 여성까지 확대 시행된다. 이에 따라 현행 54세, 66세 여성 총 2회에서 54세, 60세, 66세 총 3회로 늘어난다.

청년 대상 정신건강 검사 검진주기 단축 _ 청년(20~34세) 대상 정신건강 검사(우울증 검사) 검진주기는 10년에서 2년으로 단축되며, 기존 우울증 검사에 더해 조기 정신증 검사도 신규 도입된다. 조기 정신증은 뚜렷한 정신병적 증상이 드러나기 이전의 상태를 포함해 뚜렷한 증상이 발현된 시점부터 최대 5년을 말한다.

필수 가임력 검사비 지원 _ 만 20~49세 남녀라면 누구나 결혼 여부와 관계없이 필수 가임력 검사비를 지원받는다. 여성은 부인과 초음파·난소기능검사(AMH)에 13만 원, 남성은 정액검사에 5만 원 한도로 최대 3번 지원받을 수 있다.

농식품 바우처 사업 확대 _ 저소득층의 식생활 개선을 위해 지원되는 농식품 바우처 사업의 지원 금액이 기존 4인 가구 기준 월 8만 원에서 월 10만 원으로 인상된다. 지원 대상 역시 기존 중위소득 50% 이하에서 올해부터는 임산부와 영유아, 초·중·고등학생이 있는 중위소득 62% 이하 가구로 확대된다.

기준 중위소득 인상 _ 2025년도 급여별 선정 기준이 되는 기준 중위소득은 6.42%가 인상되면서 4인 가구 기준으로 609만 7773원이 됐다. 기준 중위소득은 중위소득에 여러 경제지표를 반영해 산출한 것으로, 기초생활보장제도 등 복지사업의 수급자 선정에 활용된다.

차상위계층 아동두 디딤씨앗통장 지원 _ 저소득층 아동의 자립 지원을 강화하기 위한 「디딤씨앗통장」 가입 대상자가 차상위계층 아동(0~17세)까지 확대된다. 디딤씨앗통장은 아동이 후원 등을 통해 일정 금액 적립 시 월 10만 원 내에서 2배의 금액을 정부가 매칭 지원하는 사업이다.

문화누리카드 지원금 인상 _ 저소득층 대상 통합문화이용권(문화누리카드)의 1인당 지원금이 연간 13만 원에서 14만 원으로 인상된다. 문화누리카드는 6세 이상(2019년 12월 31일 이전 출생자) 기초생활수급자와 차상위계층을 대상으로 문화예술, 여행, 체육 활동 등을 지원하는 사업이다.

🏫 교육·보육

초·중·고 대상 디지털교과서 단계적 도입 _ 올해 초등학교 3·4학년, 중학교 1학년, 고등학교 1학년을 대상으로 영어·수학·정보·국어(특수교육 대상자) 과목부터 단계적으로 디지털교과서가 도입된다.

고교학점제 전면 도입 _ 올해부터 전국 고등학교에 고교학점제가 본격적으로 시행되는데, 고교학점제는 학생들이 진로에 따라 다양한 과목을 선택·이수하고 누적학점이 기준에 도달할 경우 졸업을 인정받는 제도를 말한다. 이와 함께 올해부터 고교 내신 성적이 기존 9등급제에서 5등급제로 변경되며, 학생의 학업 성취도는 절대평가(A~E등급)와 상대평가(1~5등급)가 병기된다.

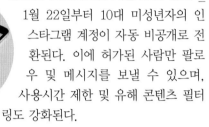

청소년 인스타그램 계정 보호 강화 _ 1월 22일부터 10대 미성년자의 인스타그램 계정이 자동 비공개로 전환된다. 이에 허가된 사람만 팔로우 및 메시지를 보낼 수 있으며, 사용시간 제한 및 유해 콘텐츠 필터링도 강화된다.

늘봄학교 대상 확대 _ 올해 1학기부터 늘봄학교 지원 대상이 초등학교 1학년에서 2학년으로 확대된다. 늘봄학교는 정규 교과과정 외에 제공되는 종합 교육 프로그램으로, 희망하는 초등학교 1~2학년이 모두 참여할 수 있다. 이는 매일 2시간씩 맞춤형 프로그램이 운영된다.

국가장학금 지원 확대 _ 국가장학금 I 유형과 다자녀장학금 지원 대상을 기존 8구간 이하(100만 명)에서 9구간 이하(150만 명)으로 확대한다. 또 국가근로장학금 수혜 대상도 14만 명에서 20만 명으로 늘리고, 지원 단가도 인상한다. 여기에 원거리 진학으로 통학이 어려운 저소득 대학생에게는 연간 최대 240만 원의 「주거안정장학금」이 제공된다.

양육비 선지급제 시행 _ 7월부터 양육비를 받지 못하고 있는 한부모 가족에게 국가가 양육비를 우선 지급하고, 이를 비양육자에게 회수하는 양육비 선지급제가 도입된다. 이는 양육비를 받지 못하는 중위소득 150% 이상 가구를 대상으로 자녀 1인당 월 20만 원씩 지원하게 된다. 회수에 불응할 경우 국세 강제징수 방법에 따라 양육비를 받아내게 된다.

아이돌봄 서비스 강화 _ 맞벌이 부부의 양육 부담을 줄이기 위해 도입된 아이돌봄 서비스가 강화되는데, 소득구간별로 요금 지원율을 5~50%포인트 인상하고 2024년 11만 가구였던 지원 대상을 12만 가구로 늘린다. 이용자는 시간대만 이용하는 시간제 돌봄은 물론 영아를 대상으로 진행하는 종일제 돌봄도 신청할 수 있다.

🎖 국방·병무

병 봉급 인상 _ 1월부터 병장 봉급이 월 125만 원에서 150만 원으로 오르고, 상병은 월 100만 원에서 120만 원으로, 일병은 월 80만 원에서 90만 원으로 상승한다. 또 월 64만 원을 수령하던 이병은 75만 원을 받게 된다.

장병내일준비적금 재정지원금 인상 _ 1월부터 장병내일준비적금 정부 재정지원금이 월 최대 40만 원에서 55만 원으로 오른다. 정부 지원금 인상에 따라 기존의 적금 가입자는 1월 2일까지 가입계좌의 납입한도 상향과 군 급여 중앙공제를 새로 신청해야 한다.

동원훈련 II형 및 작계훈련에 훈련·교통비 지급 _ 예비군이 2박 3일 숙영하는 동원훈련은 「동원훈련 I형」으로, 4일간 출퇴근하는 동미참훈련은 「동원훈련 II형」으로 그 명칭이 바뀐다. 1월부터 동원훈련 II형에 참석하면 하루당 1만 원의 훈련비를 지급한다. 또 예비군 5~6년차가 주소지 인근에서 받는 작계훈련의 참석자에는 훈련 1회당 3000원의 교통비가 제공된다.

군인의 공무상 재해추정제도 시행 _ 1월 17일부터 군인의 공무상 재해추정제도를 시행하는데, 이는 군인이 공무수행 과정에서 상당기간 유해·위험요인에 노출돼 질병·장해를 입거나 공무상 사고로 인한 부상 시 공무상 재해로 추정하는 것이다.

20세 병역판정검사 후 입영, 시범 실시 _ 그동안 모든 병역의무자가 19세에 병역판정검사를 받은 뒤 현역병 입영을 다시 신청해야 했지만, 올해부터는 20세에 한 번의 신청으로 병역판정검사를 받고 3개월 후 원하는 날짜에 입영할 수 있는 제도가 시범 실시된다.

🚎 교통

K패스 확대 _ 5월부터 대중교통비를 환급해 주는 K패스의 혜택이 확대된다. 현재 일반인은 20%, 만 19~34세 청년은 30%, 저소득층은 53%를 환급해 주는데, 여기에 다자녀 가구(2자녀 30%, 3자녀 이상 50%) 혜택이 신설된다. 또 K패스 적용 지역도 189개 기초지자체에서 210개 지자체로 늘어난다.

음주운전 의심자의 운전 후 추가 음주행위 금지 _ 6월 4일부터 술에 취한 상태에 있다고 인정할 만한 상당한 이유가 있는 사람이 자동차 등을 운전한 후 경찰의 음주측정을 곤란하게 할 목적으로 추가로 술을 마시는 등의 음주측정을 방해하는 행위가 금지된다. 이를 위반하는 경우 음주측정을 거부한 행위와 동일하게 형사처벌, 운전면허 취소, 운전면허 결격기간 등이 적용된다.

자동차등록번호판 봉인제 폐지 _ 1962년 도입된 자동차등록번호판 봉인제도가 2월 21일부터 폐지된다. 번호판 봉인제는 무궁화 문양의 볼트로 후면 번호판을 고정한 것으로, 자동차번호판의 도난 및 위변조 방지 등을 위해 도입된 것이다.

전기차 배터리 인증제 시행 _ 2월 17일부터 전기차 배터리 인증제가 시행되면서 모든 전기차에 장착되는 배터리 안전성을 제작사가 스스로 인증하는 자기인증 방식에서 정부가 직접 사전에 안전성을 인증하는 방식으로 변경된다. 또 개별 배터리에 식별 번호를 부여해 제작부터 폐기까지 전 주기 이력을 관리하는「배터리 이력관리제」도 시행된다.

레벨4 자율주행차 운행 허용 _ 3월 20일부터 레벨4 이상 자율주행차도 국토교통부의 성능 인증과 적합성 승인을 받아 도로 운행이 가능해진다. 레벨4 수준은 운전자 없이 차량이 스스로 운전하는 조건부 완전자율주행 단계를 말한다.

♻ 환경·기상

녹색 중소·중견기업 성장 지원 _ 녹색산업 분야 담보력이 열악한 중소·중견기업이 성장에 필요한 자금을 원활하게 조달할 수 있도록 보증을 제공하는「녹색전환보증」사업이 시작된다. 지원 대상으로 선정되면 신용보증기금·기술보증기금을 통해 최대 100%까지 보증을 받을 수 있다.

배출권 위탁거래 도입 _「온실가스 배출권의 할당 및 거래에 관한 법률」개정에 따라 배출권거래 중개업이 도입된다. 기존에는 배출권거래소(한국거래소)를 통해 직접 거래만 가능했지만, 올 하반기부터 할당 대상업체 및 제3자(금융기관 등)는 배출권거래 중개회사로 등록한 증권사의 홈트레이딩시스템(HTS)을 통해 거래가 가능해진다.

공영 자전거 타면 탄소중립 포인트 적립 _ 탄소중립 포인트 지급 항목에 공영 자전거 이용과 잔반 남기지 않기가 추가된다. 잔반의 경우 식사 전후 잔반량을 확인할 수 있는 장치를 갖춘 곳에서 포인트를 받을 수 있다. 탄소중립 포인트 제도는 친환경 행동을 하면 현금처럼 사용할 수 있는 포인트를 지급하는 제도를 말한다.

긴급재난 문자 대상 확대 _ 5월부터 국민 안전을 지키기 위한 호우 긴급재난문자 운영지역이 전국으로 확대된다. 또 여름철부터는 수도권·경북·전남권에 국한됐던 긴급재난문자 대상 지역이 전국으로 확대되며, 겨울철부터는 대설에 대해서도 안전안내문자가 신규로 제공된다.

선제적 폭염정보 제공 _ 올해부터 선제적 폭염 대비를 위해 폭염정보가 더 빨리 제공되는데, 최대 5일까지 폭염 발생 가능성 정보를 재난 관계 기관에 시범 제공한다. 또 보건·산업 등 6개 분야에 대한 위험수준을 제공하는 폭염 영향예보는 하루 앞당겨 2일 전에 제공한다.

🏛 농축산·수산

빈집 재생사업 신설 _ 농촌 생활인구 유입 확대와 빈집 활용에 대한 민간의 관심을 접목시키기 위해 농촌 빈집 거래를 활성화하고 민간과 함께 빈집을 재생하는 사업을 신설한다. 우선 지자체에서 실태조사로 활용 가능한 빈집을 파악하고 소유자 동의를 얻어 해당 빈집 정보를 구체화한 뒤 부동산 거래 플랫폼에 올리고 빈집을 관리하도록 중개인의 활동비를 지원한다.

농촌 체류형쉼터 도입 _ 농지법 시행령·시행규칙 개정에 따라 농지에 가설건축물로 설치하는 농촌 체류형쉼터가 1월 본격 도입된다. 이에 따라 본인 소유 농지에 별도의 전용 절차 없이 농촌 체류형쉼터(연면적 33m² 이내)를 설치할 수 있다. 농촌 체류형쉼터 설치를 위해서는 쉼터와 그 부속시설 합산 면적의 최소 2배 이상의 농지를 보유해야 하며, 쉼터와 부속시설 설치면적 외의 농지는 모두 영농활동을 해야 한다.

공익직불제 면적직불금 지급단가 인상 _ 농업인 소득·경영안전망 확충을 위해 2020년 공익직불제 도입 이후 처음으로 기본형 공익직불제 면적직불금 지급단가를 5% 수준으로 인상한다.

벼 재배면적 조정제 시행 _ 쌀 산업의 구조적 공급과잉을 해소하기 위한 벼 재배면적 조정제가 올해 처음 시행된다. 이는 향후 쌀 수요량 전망 등을 감안해 2025년 벼 재배농가 전체를 대상으로 8만ha 감축을 목표로 한다.

농업 수입안정보험 본사업 전환 _ 2015년 시범사업으로 시작된 농업 수입안정보험이 2025년부터 본사업으로 전환된다. 대상 품목은 쌀과 보리, 양파, 무(가을), 배추(가을), 감귤(만감류) 등을 포함해 15개로 늘어난다. 농업인은 수입보험의 보장 수준(60~85%)을 선택할 수 있다.

친환경축산직불금 인상 _ 친환경축산직불금의 품목별 지급단가 및 농가당 지급한도가 인상되고, 유기지속 직불금이 신규 도입된다. 품목별 지급단가는 ▷한우 17만 원에서 37만 원(1마리) ▷우유 50원에서 122원(1ℓ) ▷계란 10원에서 20원(1개)으로 인상되며, 농가당 지급한도는 3000만 원에서 5000만 원으로 인상된다.

개 사육농장주 및 도축상인 전·폐업 지원 _ 개 사육농장주는 시·군·구에 신고한 연평균 사육 마릿수를 기준으로 마리당 최대 60만 원의 폐업이행 촉진지원금을 받을 수 있다. 농장주나 도축 상인이 폐업할 경우 감정평가를 통해 산출한 시설물 잔존가액과 시설물의 철거를 지원받는다.

양식업 면허 심사평가제 시행 _ 양식 어장의 환경과 관리 실태를 종합적으로 평가해 양식업 면허 발급 여부를 결정하는 「양식업 면허 심사평가제」가 시작된다. 이는 내수면 양식업을 제외한 어류, 패류, 해조류, 복합, 협동, 외해 등 양식 면허가 대상이다. 2026년 7월~2027년 6월 면허가 만료되는 어업인의 경우 올해 평가를 받아야 한다.

시사용어

① 정치·외교·법률

고마스리(胡麻擂リ·아부) 외교 ▼

"이시바 시게루(石破茂) 일본 총리와 도널드 트럼프 미국 대통령이 2월 7일 첫 미·일 정상회담을 가진 가운데, 뉴욕타임스(NYT)는 「이시바가 트럼프에게 아부의 기술(the Art of Flattery)을 구사했다」며 이시바 총리의 외교술에 대해 평가했다."

강대국이나 특정 국가에 과도하게 아부하고 비위를 맞추는 외교 정책을 이르는 용어다. 이는 일본 외교에서 미국이나 서방 강대국에 지나치게 순응적이거나 종속적인 태도를 보일 때, 이를 비판적인 시각에서 칭하며 사용하는 표현이다. 고마스리 외교는 일본 메이지시대(1868~1912) 때 시작된 것으로 전해진다. 일본 막부는 1850년대 서구 열강과 잇따라 불평등한 수호통상조약을 맺었는데, 일본은 1868년 막부가 몰락한 뒤에도 열강의 지지를 얻기 위해 불평등 조약 체제를 유지했다.

국토외곽 먼섬 ▼

"행정안전부가 1월 7일 「울릉도·흑산도 등 국토외곽 먼섬 지원 특별법 시행령」이 국무회의에서 의결돼 17일부터 시행된다고 밝혔다. 이번 시행령은 지난해 1월 제정된 특별법의 후속조치 일환으로, 기존 34개의 섬에 더해 9개 섬을 국토외곽 먼섬으로 추가 지정하기 위한 기준을 마련한 것이다. 추가 지정되는 섬은 우리나라 영해의 기준이 되는 선까지의 거리가 10km 이하로 섬 접근성이 낮은 섬이다. 여기에는 안마도 및 대석만도(전남 영광), 동도 및 서도(전남 여수), 상추자도 및 하추자도(제주) 등 육지까지의 항로거리가 50km 이상인 6개 섬과 황도(충남 보령), 죽도(전남 영광) 등 정기 여객선이 없는 2개 섬, 운항 빈도가 낮은 하왕등도(전북 부안)가 포함됐다."

사람이 정주하는 섬으로서 ▷육지에서 50km 이상 떨어진 섬 ▷영해 및 접속수역법 제2조제2항에 따른 직선기선을 정하는 기점이 되는 섬 ▷그 밖에 항로거리 등 섬 접근성을 고려하여 대통령령으로 정하는 섬 등을 말한다. 다만 제주특별자치도 본도(本島)는 제외한다. 이는 지난해 1월 제정된 「울릉도·흑산도 등 국토외곽 먼섬 지원 특별법」에 근거하는데, 이들 섬은 군사적·안보적으로 중요한 위치에 있는 것은 물론 해양영토의 지배권을 강화해 주는 우리나라 국경 역할을 담당하고 있다. 이 법에 따라 국토외곽 먼섬은 육지에서 50km 이상 떨어진 유인섬 27개와 영해 및 접속수역법에 따른 직선기선을 정하는 기점에 해당하는 유인섬 7개 등 34개가 지정된 바 있다. 그러다 1월 7일 특별법 시행령 의결에 따라 전남 영광 안마도, 충남 보령 황도 등의 9개 섬이 추가 지정되며 모두 43개로 늘어났다.

> **울릉도·흑산도 등 국토외곽 먼섬 지원 특별법** 울릉도·흑산도 등 우리나라의 최외곽에 위치하여 지리적·역사적 특수성이 있고, 국경수비대의 역할을 하는 국토외곽 먼섬의 안전한 정주환경 조성과 소득증대 및 생활기반 시설의 정비·확충 등 지속가능한 섬 발전에 필요한 사항을 규정한 법률이다.
>
> **영해 기점** 국토 최외곽에 위치해 해양 관할권 외측 한계를 결정하는 시작점으로, 우리나라의 영해 기점은 23개이다. 이 가운데 사람이 거주하는 유인섬은 ▷어청도(전북 군산) ▷상왕등도(전북 부안) ▷횡도(전남 영광) ▷홍도(전남 신안) ▷가거도(전남 신안) ▷여서도(전남 완도) ▷거문도(전남 여수) 등 7개다.

금강산 이산가족면회소 (金剛山 離散家族面會所) ▼

"통일부가 2월 13일 북한이 금강산 관광지구 내 남측의 마지막 정부 시설인 이산가족면회소 철거를 시작했다고 밝혔다. 통일부는 이날 대변인 성명을 통해 북한에 강한 유감을 표명하며 철거 행위를 즉각 중단할 것을 엄중히 촉구한다고 밝혔다."

2003년 11월 제5차 남북적십자회담 합의에 따라 남북협력기금 550억 원을 들여 2005년 8월 31일 착공해 2008년 7월 완공된 시설이다. 북한 강원도 고성군 온정리 조포마을에 위치한 건물은 행사장과 206개의 객실을 갖춘 지상 12층(지하 1층) 규모로, 최대 1000명을 수용할 수 있다. 그러나 완공 이후 고(故) 박왕자 씨 피격 사건 등으로 1년여 동안 사용되지 못하다 2009년 9월에야 이산가족 상봉장소로 처음 사용됐다. 이후 현대아산 관계자들이 상주하면서 면회소를 관리했지만, 2010년 봄 북한이 관광 중단으로 인한 손해배상을 주장하고 금강산 내 남측 자산을 동결·몰수하면서 위기를 맞기도 했다. 현재까지 금강산 이산가족면회소에서의 이산가족 상봉은 ▷2009년 9월 ▷2010년 10~11월 ▷2014년 2월 ▷2015년 10월 ▷2018년 8월 등 총 5차례 이뤄진 바 있다.

더닝 크루거 효과(Dunning−Kruger effect) ▼

능력이 없는 사람이 잘못된 결정을 내려 부정적인 결과가 나타나도 능력이 없기 때문에 스스로의 오류를 알지 못하는 현상으로, 심리학 이론의 인지편향(認知偏向) 중 하나이다. 더닝 크루거 효과는 미국 코넬대학교 사회심리학 교수인 데이비드 더닝과 대학원생 저스틴 크루거가 코넬대 학부생들을 실험한 결과를 토대로 마련됐다. 이 이론에 따르면 능력이 없는 사람은 자신의 실력을 실제보다 높게 평가하는 반면, 능력이 있는 사람은 오히려 자신의 실력을 과소평가한다. 또 능력이 없는 사람은 타인의 능력을 알아보지 못하며, 자신의 능력 부족으로 발생한 결과를 깨닫지 못한다. 이들은 훈련을 통해 능력이 향상된 후에야 이전의 능력 부족을 깨닫고 인정하는 경향을 보인다.

DEI 정책 ▼

"소셜미디어 페이스북과 인스타그램을 운영하는 메타가 다양성·형평성·포용성(DEI) 정책을 4년 만에 종료하기로 했다고 로이터가 1월 11일 보도했다. DEI는 조 바이든 행정부 당시 적극적으로 독려되던 정책이었으나, PC와 DEI를 적대시해 온 도널드 트럼프 2기 행정부 출범을 앞두고 잇따라 폐기돼 왔다."

Diversity(다양성)·Equity(형평성)·Inclusion(포용성)의 약자로, 인종·성·성 정체성 등에서 소수자에게 더 많은 혜택을 부여해 포용적인 환경을 갖춰가자는 정책을 말한다. 미국 기업들의 DEI 정책 도입은 2020년 5월 흑인 남성 조지 플로이드 사건 이후 일기 시작했는데, 이 사건은 전 세계적으로 「흑인 생명도 소중하다(BLM·Black Lives Matter)」 운동을 촉발시키며 구조적 인종차별과 불평등 문제에 대한 논쟁을 일으켰다. 이 사건을 계기로 많은 기업들이 조직 내 인종적 다양성과 형평성을 강화하려는 노력을 시작했고, 특히 2020년 치러진 대선에서 유색인종들의 압도적 지지를 받은 조 바이든이 당선되면서 보다 적극적인 도입이 이뤄졌다. 이 정책은 특히 「정치적 올바름(PC)」과 「워크(Woke, 깨어있는)」 문화를 상징하는 정책으로 인식됐다. 하지만 DEI 정책은 역차별 논란도 일으켰으며, 2023년 6월 미국 연방대법원이 흑인·히스패닉·여성 등 소수 인종 및 사회적 소수자에게 대학 입학·취업 등에서 혜택을 주는 「어퍼머티브 액션」에 위헌 판결을 내리면서 점차 폐지하는 기업들이 늘기 시작했다. 무엇보다 지난해 11월 5일 치러진 대선에서 PC와 DEI를 적대시해 온 도널드 트럼프가 대통령에 당선되면서 사회 각계에서 DEI 폐지 움직임이 본격화됐다.

도널드 트럼프 미국 대통령이 2월 5일 미국 내 성전환자(트랜스젠더)들의 여성 스포츠 참가를 금지하는 행정명령에 서명했다. 이번 조치는 DEI 정책 폐지의 일환으로 분석되는데, 해당 행정명령에는 남성에서 여성으로 성을 전환한 이들이 여성 스포츠팀에 참가할 수 없도록 하고 이를 허용한 학교에는 연방자금 지원을 거부한다는 내용이 명시됐다.

러시아–우크라이나 전쟁 ▼

"미국과 러시아가 2월 18일 러시아–우크라이나 전쟁 종식을 위한 미·러 고위급협상을 사우디아라비아 수도 리야드에서 진행했다. 이는 2022년 2월 러시아의 우크라이나 침공 이후 3년 만에 이뤄진 본격적인 종전 논의다. 그러나 종전 협상이 미국과 러시아 주도로 개시되면서 협상에서 배제된 우크라이나와 유럽의 반발이 고조되고 있다."

러시아가 2022년 2월 24일 우크라이나 수도 키이우를 미사일로 공습하고 지상군을 투입하는 등 전면 침공을 감행하면서 시작돼 현재까지 이어지고 있는 양국의 전쟁이다. 특히 러시아와 우크라이나는 세계 4대 곡물수출국인 데다 러시아가 유럽으로 향하는 천연가스 대부분을 공급한다는 점에서 양측의 군사충돌은 전 세계적으로 에너지, 곡물 등 원자재 가격의 가파른 상승을 일으켰다. 더욱이 양국의 전쟁은 미국을 중심으로 한 서방과 러시아·중국 등 비서방 간의 신냉전이 본격적으로 도래하는 계기가 됐는데, 특히 유럽에는 큰 전환점으로 작용했다. 이 전쟁으로 군사적 중립국이었던 스웨덴과 핀란드는 오랜 금기를 깨고 우크라이나에 군사장비와 전투식량 등 군사물자를 지원한 것은 물론, 러시아 위협에 대응하기 위해 북대서양조약기구(NATO)에 가입했다.

레바논(The Republic of Lebanon) ▼

"레바논 의회가 1월 9일, 13번째 시도 만에 2022년 10월 임기가 종료된 미셸 아운 전 대통령의 후임자로 조셉 아운(60) 육군 참모총장을 대통령으로 선출했다. 다민족·다종교인 레바논은 내전을 겪으며 대통령·총리·국회의장을 각 종교에서 맡아 신출하는 독특한 방식의 권력 공유체제를 유지하고 있다. 이 가운데 6년 임기의 대통령은 국회의원 투표로 선출하는 간선제를 채택하고 있으나, 그동안 정치적 내분으로 인해 그 선출이 번번이 무산되면서 2022년 10월 이후 약 2년 3개월 동안 대통령직이 공백 상태였다."

지중해 동부 연안에 위치한 공화국으로, 수도는 베이루트(Beirut)이다. 레바논은 1943년 프랑스에서 독립했으나 이후에도 종교적·이념적 갈등이 계속되고 있는데, 국가 조직은 마로나이트 기독교와 이슬람교 수니파 및 시아파의 권력 안배를 기본으로 한다. 이에 따라 대통령은 기독교 마론파, 총리는 이슬람 수니파, 국회의장은 이슬람 시아파에서 선출하는 독특한 방식의 권력 공유체제를 이어가고 있다. 레바논은 프랑스로부터 독립한 이후 금융업을 발전시켜 중동의 금융허브로 성장세를 거듭하기도 했으나, 1970년대 팔레스타인해방기구(PLO)가 레바논으로 거점을 옮기면서 정세 변화가 시작됐다. 그러다 1975년 내전이 발생했는데, 이 내전은 시리아·이스라엘 등 주변국들의 개입으로 확대되며 사실상 휴전이 성립된 1991년까지 계속됐다. 하지만 휴전이 이뤄진 이후에도 이슬람 무장단체인 헤즈볼라와 이스라엘 간 무장투쟁이 2000년까지 레바논 내부에서 지속되며 혼란이 이어졌다.

레이큰 라일리법(Laken Riley Act) ▼

"도널드 트럼프 대통령이 1월 29일 연방 상하원을 초당적 지지로 통과한 「레이큰 라일리법」을 1호 서명법으로 선택해 발효시켰다. 이 법은 불법 이민자 단속을 강화하는 것이 핵심으로, 지난해 2월 미국에 불법 입국한 베네수엘라인에 의해 살해된 미국 여성의 이름을 딴 것이다."

불법 이민자의 구금기준을 대폭 완화한 강경 반(反)이민법으로, 절도·주거침입 등 경범죄로 기소된 불법 이민자에 대해서도 구금을 의무화하는 내용을 담고 있다. 만약 구금 조치를 소홀히 할 경우 주정부에서 연방기관을 고소할 수 있으며, 가석방은 긴급하고 중대한 인도적 이유가 있을 때만 제한적으로 허용된다. 또 이민과 관련된 연방정부의 결정으로 주민들이 피해를 볼 경우 연방정부에 가처분 소송을 낼 수 있는 권한을 각 주(州)에 부여하는 내용도 해당 법안에 포함됐다.

매드맨 전략(Madman Theory) ▼

"도널드 트럼프 대통령이 2월 4일을 기해 캐나다와 멕시코에 25% 관세를 부과한다는 행정명령에 서명했으나, 시행 하루 전인 3일 해당 조치를 한 달 유예한다고 전격 발표했다. 이를 두고 트럼프의 매드맨 전략이 또다시 성공을 거뒀다는 평가가 나오고 있는데, 트럼프가 이들 국가에 관세 폭탄에 대한 공포감을 극대화한 뒤 불법 이민자와 마약류 유입을 막기 위한 협조를 받아냈기 때문이다."

상대방이 지도자의 행동을 예측할 수 없도록 만들어 두려움을 조성하고, 이를 협상에서 유리하게 활용하는 전략을 말한다. 이는 미국의 리처드 닉슨(Richard Nixon) 전 대통령이 냉전 시기 베트남전에서 사용하면서 유명해진 개념으로, 당시 닉슨 행정부는 핵전쟁 공포를 조성해 베트남 전쟁을 종결시키려 한 바 있다. 현재는 도널드 트럼프 미국 대통령이 이 전략을 적극 활용하고 있는데, 트럼프는 예측 불가능한 발언과 갑작스러운 정책 변화를 통해 상대방을 혼란에 빠뜨리고 협상에서 우위를 점하는 전략을 취하고 있다. 대표적으로 트럼프는 2017년 당시 북한 김정은 국무위원장을 향해 강경 발언을 거듭하며 위기를 고조시킴과 동시에 북한과의 정상회담을 제안하며 두 차례 북미 정상회담을 성사시킨 바 있다.

머그샷(Mug Shot) ▼

"12·3 비상계엄 사태로 내란죄 혐의를 받고 있는 윤석열 대통령이 1월 19일 구속이 결정되면서 정식 구치소 입소 절차를 밟았다. 윤 대통령은 앞서 1월 15일 공수처에 체포된 뒤 구치소 내 구인 피의자 거실에 머물렀지만, 공식적인 미결수용자로 신분이 바뀌면서 처우가 달라진 것이다. 이에 구치소 안에서 양복 차림을 유지하던 윤 대통령은 수용번호가 새겨진 미결수용 수용복으로 갈아입고, 이른바 「머그샷」으로 불리는 수용기록부용 사진을 찍은 것으로 전해졌다."

수사기관이 피의자의 얼굴 식별을 위해 구금 과정에서 촬영하는 「얼굴 사진(Police Photograph)」의 은어이다. 이는 머그(Mug)가 큰 컵이라는 의미도 있지만, 18세기부터 「얼굴」을 일컫는 은어로 사용된 데서 유래했다. 머그샷은 범죄자의 신원을 목격자나 피해자에게서 확인하기 위한 목적으로 경찰서 유치장이나 구치소·교도소에 구금하는 과정에서 이름표나 수인번호를 들고 키 측정자 옆에서 촬영한다. 이는 정면과 측면을 촬영하며, 촬영된 사진은 수용기록부에 올라간다. 과거 우리나라의 경우 머그샷 촬영을 할 수는 있었지만 신상공개가 결정돼도 「개인정보보호법」상 정보 주체의 동의가 필요해 머그샷이 공개되는 경우가 거의 없었다. 이 때문에 주로 신분증 사진을 공개했는데, 범죄자의 현재 모습과 다른 부분이 많아 실효성 논란이 끊이지 않았다. 그러다 머그샷 촬영 근거 규정을 신설한 「특정중대범죄 피의자 등 신상정보 공개에 관한 법률」이 지난해 1월 25일부터 시행되면서 피의자의 최근(30일 전후) 모습을 공개할 수 있게 됐다. 해당 법률에 따르면 수사기관이 피의자의 얼굴을 강제 촬영 및 공개할 수 있으며, 신상정보는 정보통신망을 통해 30일 동안 공개된다. 또 특정강력범죄·성폭력범죄 등에만 한정됐던 신상공개 대상 범죄 범위도 내란·외환, 범죄단체 조직, 아동·청소년 대상 성범죄, 마약 관련 범죄 등으로 확대됐다.

멕시코만(The Gulf of Mexico) ▼

"도널드 트럼프 대통령이 1월 20일 현재 「멕시코만」의 지명(地名)을 「아메리카만(the Gulf of America)」으로 바꾸는 행정명령에 서명했다. 이 행정명령에 따라 텍사스 등 미 남부 5개 주(州)와 멕시코 본토와 맞닿아 있는 멕시코만의 미국 내 공식 명칭은 아메리카만이 됐다. 또 트럼프 대통령은 북미 최고봉인 디날리산의 명칭을 윌리엄 매킨리 전 대통령의 이름을 딴 「매킨리산」으로 되돌렸다."

북아메리카 대륙의 남부에 위치한 거대한 바다로, 미국·멕시코·쿠바에 둘러싸여 있다. 대서양 및 카리브해와 연결돼 있는 멕시코만은 다양한 해양생물이 서식하는 것은 물론 해안가에는 맹

그로브숲과 습지가 있는 등 생물 다양성 면에서도 중요한 곳이다. 아울러 멕시코만은 세계적인 석유와 천연가스 생산 지역이기도 하며, 멕시코만 주변 지역(플로리다 해변, 멕시코 리비에라 마야 등)은 관광지로도 높은 인기를 누리고 있다.

> **디날리산(Mount Denali)** 북미에서 가장 높은 산으로 미국 알래스카주 중남부에 위치한다. 본래 디날리였지만 1896년 이후로 미국의 제25대 대통령인 윌리엄 매킨리의 이름을 따 매킨리라고 불렸다. 하지만 매킨리산 근방에 살던 알래스카 원주민들은 본래 사용해 왔던 이름인 디날리를 되찾고자 오랜 기간 정부에 청원 활동을 전개했고, 이에 2015년 당시 버락 오바마 정부는 디날리로 공식 개칭한 바 있다.

뮌헨안보회의
(MSC·Munich Security Conference) ▼

"러시아-우크라이나 종전안에 대한 기대를 모았던 세계 최대 안보 분야 국제회의인 뮌헨안보회의(MSC)가 2월 16일 폐막까지 사흘간 도널드 트럼프 미국 행정부의 일방주의만 재확인하는 자리에 그쳤다는 평가를 받았다. 이번 회의에서는 미국이 유럽에 방위비 분담을 압박하고 정치 문제에 훈수를 두는 데에만 집중하면서 우크라이나 전쟁 종식 방안을 둘러싼 논의 진척은 이뤄지지 않았다."

세계에서 가장 중요한 안보 및 외교정책 포럼 중 하나로, 매년 독일 뮌헨에서 열리는 국제회의이다. 이는 1963년 독일의 외교 전문가인 에발트 폰 클라이스트(Ewald von Kleist)에 의해 창설됐으며, 초기에는 나토(NATO) 회원국 간 안보 협력 강화를 위함이 목적이었다. 그러다 현재는 NATO 회원국뿐 아니라 전 세계 다양한 국가와 국제기구가 참여해 국제 안보 및 외교정책을 논의하는 자리가 됐다. 특히 이 회의에서 발표된 연설과 논의 내용은 향후 국제 외교 및 안보정책에 큰 영향을 미치고 있다.

한미일 외교장관이 2월 15일 독일 뮌헨안보회의(MSC)가 열리는 뮌헨 바이어리셔호프 호텔 인근의 코메르츠방크에서 회담을 갖고, 북한의 완전한 비핵화에 대한 확고한 의지를 재확인하고 대북제재를 더욱 강화해 나가기로 했다. 특히 이번 회담은 미국 도널드 트럼프 2기 행정부가 출범한 이후 처음 열린 것이다.

미국 법전 891조 ▼

"도널드 트럼프 미국 대통령이 1월 20일 서명한 「미국 우선주의 통상정책」이라는 제목의 대통령 각서를 통해 재무부·상무부 등에 「(해외에서 사업하는) 미국 기업에 불균형한 세금을 매기거나 그럴 가능성이 있는 국가를 조사하라」고 지시했다. 특히 트럼프는 이 각서에서 미국 기업을 불공정하게 다루는 국가를 「미국법전(USC) 제26권 제891조」에 근거해 조치할 방안을 검토하라고 밝혔다."

미국이 자국 기업이나 시민에게 차별적 세금을 매긴다고 판단할 경우 미국에 주재하는 해당 국가 기업과 시민에게 기존보다 2배 높은 세율을 부과할 수 있다는 내용의 법이다. 이는 1934년 미국·프랑스 간 세금 분쟁이 발생했을 때 미국이 프랑스를 경고하기 위해 제정한 것인데, 실제로 해당 법률이 시행된 적은 없는 것으로 알려졌다.

백골단(白骨團) ▼

"국민의힘 김민전 의원이 1월 9일 윤석열 대통령 체포 반대 집회를 벌이는 반공청년단의 국회 기자회견을 주선하면서 논란을 일으켰다. 특히 반공청년단이 이날 스스로를 「백골단」으로 지칭한 것을 두고 거센 비판이 일었는데, 더불어민주당 등 야6당은 1월 10일 이들의 국회 기자회견을 주선한 김 의원에 대한 제명 촉구 결의안을 공동 제출했다."

군사독재 시절인 1980년부터 1990년대까지 대학가를 중심으로 발생한 학생시위와 노동운동 등의 사회적 저항을 진압하기 위해 조직했던 비공식적인 사복경찰 부대를 말한다. 백골단이라는 명칭은 이들이 착용한 하얀 헬멧과 사복 차림에서 비롯된 것으로 알려져 있다. 이들은 경찰제복 대신 사복을 입고 활동했기 때문에 일반 시민들과 쉽게 구별되지 않았고, 이에 시위대와 시민들의 공포심을 유발했다. 백골단은 시위대 내부에 잠입해 내부 동향이나 주요 인물을 파악하거나, 시위에 급습하는 형태로 시위 주도자나 관련자들을 체포하는 역할을 맡았다. 그러나 진압 과정에서 폭력을 행사하거나 시위 참가자들을 무차별적으로 체포하면서 과잉 진압과 인권침해 논란을 일으켰고, 정식 경찰조직이 아니라는 점에서 이들의 활동 대부분이 법적 정당성이 없다는 점에서도 논란이 됐다. 이러한 백골단의 활동은 1987년 6월 민주항쟁과 대통령 직선제 도입으로 민주화가 가속화되면서 점차 줄어들었다. 특히 김대중 정부(1998~2003) 때는 시위 진압에 있어 법치주의와 인권 존중이 강조되며 경찰의 시위 대응방식 변화가 이뤄졌고, 노무현 정부(2003~2008) 때는 경찰조직 내에서 사복경찰을 폐지하거나 이를 공식적인 경찰 조직으로 흡수하는 개혁 등이 이뤄지며 이들의 역할은 약화되게 되었다.

벨링캣(Bellingcat) ▼

온라인을 기반으로 추적하는 영국의 탐사 보도 매체로, 유튜브·구글맵 등에 널리 공개된 자료를 깊이 있게 파고들어 새로운 사실을 찾는 방식으로 취재한다. 창립자 엘리엇 히긴스에 의해 2014년 출범한 벨링캣의 명칭은 유럽의 중세 우화에 나오는 「고양이 목에 방울 달기」에서 따온 것이다. 벨링캣은 전통적인 언론이 다루기 어려운 사건들을 다루면서 주목을 받고 있는데, 전문 탐사 기자뿐 아니라 일반 대중 누구나 참여할 수 있는 플랫폼을 제공하며 특정 정부나 단체에 치우치지 않는 독립적인 입장을 견지한다. 다만 벨링캣의 조사 기법은 혁신적이라는 평가를 받지만, 정보의 공개적 성격 때문에 종종 오판 가능성이나 편향성 문제에 대한 지적도 있다. 벨링캣은 2018년 5월, 앞서 2014년 7월 우크라이나 상공에서 벌어진 말레이시아 여객기 격추사건 당시 사용된 미사일의 일련번호를 찾아내 러시아가 해당 사건에 개입돼 있다는 증거를 제시하면서 주목을 받았다. 그리고 2018년 10월에는 그해 3월 영국에서 발생한 러시아 출신 이중 스파이 세르게이 스크리팔에 대한 암살시도 사건 용의자 2명의 자세한 신원을 밝혀내기도 했다.

서울평화상(Seoul Peace Prize) ▼

"서울평화상문화재단이 2월 18일 오전 제17회 서울평화상 수상자로 미국에 소재한 국제의료구호단체 「다이렉트 릴리프」를 선정했다고 발표했다. 1948년 설립된 다이렉트 릴리프는 비영리 인도주의 의료 구호단체로, 지난 76년간 재난, 전쟁, 질병, 빈곤 등으로 생명을 위협받는 전 세계 136개국의 사람들에게 즉각적이고 직접적인 의료물품을 제공해 왔다."

1988년 제24회 서울올림픽 성공을 기념하기 위해 1990년에 제정된 국내 유일의 국제평화상이다. 서울평화상은 전 세계적으로 모든 분야에서 인류화합과 세계평화에 기여한 인물이나 단체에게 2년마다 수여하며, 수상자는 상장과 상패, 부상으로 20만 달러(약 2억 3000만 원)를 받는다. 1명의 개인 또는 단체를 대상으로 시상함을 원칙으로 하나, 동일한 업적에 2명 이상의 개인 또는 단체가 관련된 경우에는 동(同) 해당자를 공동수상자로 할 수 있으며 이 경우 상금은 나누어 수여된다. 사망자는 수상자가 될 수 없으며 다만 생전의 공적으로 위원회가 수상자로 선정하고, 발표한 이후에 사망한 경우에는 예외로 한다는 원칙을 두고 있다. 제1회 서울평화상 수상자는 안토니오 사마란치 당시 국제올림픽위원회(IOC) 위원장이었으며, 이후 ▷국경 없는 의사회 ▷코피 아난 UN 사무총장 ▷옥스팜(영국 구호단체) 등이 이 상을 수상한 바 있다.

스발바르 제도(Svalbard) ▼

"1월 20일 제47대 미국 대통령으로 취임한 도널드 트럼프가 당선인 시절부터 덴마크령 그린란드 매입을 지속적으로 주장하며 논란이 일고 있는 가운데, 인근 노르웨이령 스발바르 제도에도 긴장감이 고조되고 있다. 실제로 《폴리티코》는 1월 10일 미국의 그린란드 영유권 주장이 북극 다른 지역에도 긴장을 불러일으키고 있다고 보도하면서 트럼프 당선인이 그린란드 다음으로 스발바르 제도 확보를 시도할 가능성이 있다는 주장을 제기하고 나섰다."

북극해에 위치한 노르웨이령 군도로, 20세기 초 이곳의 풍부한 자원(특히 석탄)으로 인해 여러 국가가 영유권을 주장했다. 그러나 1920년 체결된 스발바르 조약에 따라 노르웨이가 주권을 공식 인정받게 되었다. 다만 해당 조약은 군도에 대한 노르웨이의 주권을 인정하면서도, 모든 조약 가입국에 평등한 경제활동 권리를 부여해 천연자원을 이용할 수 있도록 허용하고 있다. 특히 스발바르 제도는 러시아 북방함대가 대서양으로 가기 위해 반드시 지나야 하는 해로를 따라 자리 잡고 있어 러시아에 있어 전략적으로 중요한 곳인데, 이에 스발바르 제도를 둘러싼 노르웨이와 러시아 간 긴장이 적지 않다.

특히 스발바르는 「스발바르 국제종자저장고(Global Seed Vault)」가 있는 것으로 유명한데, 이 저장고는 만약의 대재앙을 대비해 후손들의 생존을 위한 수백만 개의 씨앗을 저장하고 있어 「최후의 날 저장고」로도 부른다.

아브라함 협정(Abraham Accords) ▼

2020년 9월 15일 미국의 중재로 이스라엘이 아랍에미리트(UAE)·바레인과 정식 외교관계를 수립한 협정을 말한다. 협정의 명칭은 유대교, 이슬람교, 기독교가 공통의 조상으로 여기는 「아브라함」의 이름을 딴 것이다. 아브라함 협정 체결로 1948년 건국된 이스라엘은 팔레스타인 분쟁 등을 이유로 대립관계였던 걸프 지역(사우디아라비아, 쿠웨이트, 아랍에미리트, 카타르 오만, 바레인 등이 해당)의 아랍국가와 72년 만에 수교하게 됐다. 이로써 이스라엘이 수교에 합의한 이슬람

아랍국가는 기존 이집트(1979년)와 요르단(1994년)을 포함해 4개국으로 늘어난 바 있다.

도널드 트럼프 미국 대통령이 2월 4일 베냐민 네타냐후 이스라엘 총리와 백악관에서 두 번째 임기의 첫 정상회담을 가진 데 이어 11일에는 압둘라 2세 요르단 국왕을 백악관으로 초청해 만남을 가졌다. 특히 트럼프는 이번 임기 중에 아브라함 협정을 완성하겠다는 의지를 드러내고 있는데, 다만 이에 대해서는 사우디아라비아와의 수교가 난제로 꼽히고 있다. 사우디는 2023년 이스라엘과 팔레스타인 가자지구 무장단체 하마스 간의 전쟁 발발 이후 협상 전면 중단을 선언한 바 있다.

아시아협력대화 (ACD·Asia Cooperation Dialogue) ▼

아시아 국가 간의 협력을 강화하고, 경제·사회·문화 등 다양한 분야에서 통합과 발전을 촉진하기 위해 2002년 6월 태국 주도로 창설된 범아시아 지역 협의체를 말한다. 2002년 당시 18개국으로 출범한 ACD는 현재 한국·중국·일본 등 아시아 및 중동 국가 35개국이 참여하는 범아시아 지역협력체로 발전했으며, 협의체에서는 ▷빈곤 경감 ▷경제발전 ▷상호교류 등 실질협력 방안이 논의되고 있다. ACD는 외교장관회의를 중심으로 개최되다가 2012년 제1차 정상회의(쿠웨이트)를 계기로 그 협력 수준을 격상한 비 있다. ACD의 주요 활동으로는 ▷각국 외교장관들이 모여 협력 방안을 논의하는 「연례 장관급 회의」 ▷교육·기술·관광·환경 보호 등 다양한 분야에서 협력 사업을 진행하는 「협력 프로젝트」 ▷아시아의 통합 및 지속가능한 발전 등을 논의하는 「ACD 정상회의」 등이 있다. 우리나라는 2016년 ACD 정상회의에서 정식 가입했으며, 디지털 경제·인공지능(AI)·녹색에너지 분야의 협력을 주도하고 있다.

우레 ▼

"합동참모본부가 2월 18일 서울 등 수도권을 위협하는 북한의 장사정포를 최단 시간에 파괴할 수 있는 전술지대지유도무기(KTSSM)인 「우레」가 작전 배치됐다고 밝혔다."

수도권을 위협하는 북한의 장사정포와 방사포 등을 단시간에 파괴할 수 있는 전술지대지유도무기(KTSSM)로, 「우레」는 천둥을 뜻하는 순우리말이다. 이는 2010년 11월 연평도 포격전을 계기로 개발이 이뤄져 2020년 개발이 완료됐고, 이후 수백 발이 양산되며 15년 만에 실전 임무에 돌입하게 됐다. 우레는 지상 고정형 발사대에서 발사되는데, 관통형 열압력 탄두를 장착해 지하갱도를 뚫고 들어가 북한군의 170mm 자주포·240mm 방사포(다연장로켓) 등을 궤멸

시킬 수 있다. 또 원형공산오차(CEP)가 5m 내외로 세계 최고 수준의 정밀도를 갖고 있으며, 최대 사거리는 180km로 휴전선 일대에서 평양까지 도달할 수 있다. 우레는 고정식 발사대에서 미사일 4발을 쏠 수 있는데, 전방부대에는 북한 공격으로부터의 보호를 위해 콘크리트 구조물로 발사대를 보호하는 형태로 배치된다.

군 당국은 KTSSM을 천무 다연장로켓 발사차량에 결합해 기동성을 높이고, 사거리를 300km로 늘린 KTSSM-Ⅱ를 개발하고 있다. 또 현재 운용중인 미국산 에이태큼스(ATACMS)가 노후화하면서 이를 대체할 KTSSM-Ⅲ 개발도 추진 중에 있다.

USAID(United States Agency for International Development) ▼

"도널드 트럼프 2기 행정부가 국제개발처(USAID)의 인원과 역할을 대폭 축소하고 국무부 산하 조직으로 흡수해 운영하겠다는 방침을 밝혔다. 트럼프 대통령은 USAID 조직 개편을 정부효율부(DOGE) 수장인 일론 머스크 테슬라 최고경영자(CEO)에 맡겼는데, 머스크는 USAID가 이제 사라질 때라며 대수술을 예고했다."

냉전 시기인 1961년에 설립된 미국 정부의 공식 해외 원조기관으로, 「미국 국제개발처」라고도 한다. 개발도상국의 경제·사회 발전을 지원하고 국제 인도주의 활동을 수행하는 기관으로, 존 F. 케네디(John F. Kennedy) 대통령 때 해외원조법(FAA·Foreign Assistance Act)을 제정하며 공식 출범했으며 본부는 미국 워싱턴 D.C.에 소재한다. USAID는 매년 전 세계에 수십억 달러를 지원하며 ▷개도국의 빈곤 완화 ▷질병 치료 등 글로벌 보건 개선 ▷기근 및 자연재해 대응 ▷민주주의 및 인권 증진 등의 다양한 활동을 수행하고 있다. 직원은 약 1만 명이며 2023년 기준 세계 130여 개국에 438억 달러(약 63조 5100억 원)를 지원했다. 주요 수혜국은 우크라이나·에티오피아·요르단·소말리아 등으로, 특히 2022년 2월 러시아의 우크라이나 침공 후에는 피란민 신세가 된 우크라이나 주민을 대거 지원해 왔다. 하지만 트럼프 지지층을 중심으로 미국인의 혈세를 외국에 낭비한다는 주장이 제기되며 주요 구조조정 대상으로 인식됐다. 그리고 트럼프 대통령은 1월 20일 취임하자마자 미국의 대외 개발원조를 90일 동안 동결하는 행정명령에 서명하면서, USAID 조직 개편 움직임을 본격적으로 시작했다.

이슬람국가(IS·Islamic State) ▼

"1월 1일 오전 3시 15분 새해맞이로 유명한 미국의 관광명소 뉴올리언스 최대 번화가인 프렌치쿼터의 버번 스트리트에서 픽업트럭 한 대가 인파를 향해 돌진하면서 15명이 사망하는 참사가 벌어졌다. 용의자는 텍사스 출신의 퇴역 미군인 샴수드 딘 자바르(42)로, 그는 트럭을 몰고 달아나다 총격전 끝에 사살됐다. 특히 용의자의 차량 뒤에 극단주의 무장단체인 이슬람국가(IS)의 깃발이 꽂혀 있었다는 점에서 한동안 잠잠했던 이슬람 극단주의 자생 테러가 재발하는 것이 아니냐는 우려가 높아졌다. IS는 본거지인 시리아와 이라크에서는 사실상 와해됐지만, 온라인 점조직을 통해 세계 각지에서 외로운 늑대들을 양산하고 있다는 지적이 나오고 있다."

2003년 국제 테러조직 알카에다의 이라크 하부조직으로 출발한 급진 이슬람 수니파 무장단체로, 본래 명칭은 「이라크-레반트 이슬람국가(ISIL, ISIS)」다. 그러다 2014년 6월 이라크 제2의 도시 모술과 인근 유전 지역을 점령하는 등 엄청난 기세로 확장을 거듭했고, 그해 6월 29일 ISIL에서 이슬람국가(IS)로 개명했다. 시리아 락까에 본부를 뒀던 IS의 자금력·조직 동원력·군사력은 이전의 다른 무장단체나 테러조직들과 비교하기 어려울 정도로 위협적이었고, 과거 알카에다 등 다른 테러단체와는 달리 영토까지 갖고 있었다. IS는 이와 같은 세를 기반으로 중동 지역은 물론 파리 동시다발 테러(2015), 브뤼셀 테러(2016), 맨체스터 테러(2017) 등을 자행하며 전 세계에까지 공포를 안겼다. 하지만 IS의 승승장구는 2014년부터 미국이 주도하는 국제 동맹군(이라크와 시리아 정부군, 쿠르드족 및 이슬람 시아파 민병대)이 반격에 나서면서 서서히 꺾이기 시작했다. IS는 2017년 주요 거점에서 패전을 거듭했으며, 그해 7월과 10월에는 이라크 모술과 시리아 락까에서 연이어 패하면서 세력이 급속히 약화됐다. 그리고 2019년 3월 시리아민주군(SDF)이 IS의 마지막 근거지였던 시리아 동부 접경도시 바구즈를 완전히 탈환하면서 IS의 영토는 완전히 상실된 바 있다.

EU 新이민·난민협정 ▼

"유럽연합(EU) 이사회가 2월 8일 27개 회원국이 이민 유입 방지를 위한 「신(新)이민·난민 협정」을 최종 승인했다고 엑스(X)에 밝혔다. 유럽은 해마다 수십만 명의 난민이 유입돼 심각한 사회 문제를 겪고 있는데, 해당 협정은 유럽 내 국가들이 난민에 대한 책임을 고르게 분담하도록 하는 것을 핵심으로 한다. 이 법안은 유럽의회의 최종 승인 절차를 거친 뒤 빠르면 2026년부터 본격 시행될 예정이다."

EU 국가들이 난민 수용 책임을 분담하기 위해 마련한 새 협정으로 2026년 말 시행 예정이다. 이는 1997년 발효된 더블린 조약 이후 35년 만에 나온 난민 해법으로, 더블린 조약의 경우 난민이 처음 입국한 나라가 수용한다는 원칙으로 인해 난민 유입이 집중되는 그리스나 이탈리아 등 접경 국가들의 불만이 높았다. 특히 2010년대 이후 중동과 아프리카 내 분쟁이 증가하면서 난민들이 선호하는 특정 국가에 책임 부담이 몰리면서 기존 조약의 한계가 본격적으로 드러나기 시작했다. 하지만 신협정에서는 EU 모든 회원국이 연 최소 3만 명의 난민을 수용해야 하며, 할당된 난민을 거부하고 본국으로 돌려보내려는 회원국은 난민 1명당 2만 유로(약 3000만 원)를 EU에 기금으로 내거나 난민들의 본국에 물품이나 기반 시설을 지원하도록 했다.

진공로(Vacuum Furnace) ▼

"미국 워싱턴에 있는 싱크탱크인 과학국제안보연구소(ISIS)가 1월 15일 공개한 「제어된 진공로의 북한 선적」 보고서에 따르면 핵무기 생산에 사용되는 진공로가 지난 2022년 스페인과 멕시코, 남아프리카공화국, 중국을 비롯한 최소 4개 국가를 거쳐 북한으로 밀반입됐다. 진공로는 항공·우주산업 등에도 사용될 수 있는 이중용도(Dual-use) 품목으로, 유엔 안전보장이사회 결의안에 따라 북한으로의 반출이 금지돼 있다."

공기와 불순물이 거의 없는 진공 상태에서 고온 열처리를 수행하는 장비로, 핵무기를 개발할 때는 우라늄 원료에서 불소를 제거해 순수 우라늄으로 만드는 과정에 이용된다. 구체적으로 핵무기의 원료인 농축우라늄(HEU)이나 플루토늄-239를 정제·주조하는 과정에서 진공로가 사용되는데, 금속 우라늄이나 플루토늄은 산소와 쉽게 반응하므로 진공 상태에서 가공해야 산화를 방지하고 높은 순도를 유지할 수 있다. 이처럼 진공로는 평화적인 목적(산업 및 연구)뿐만 아니라 군사적 목적에도 활용될 수 있기 때문에 이중 용도로 사용될 수 있는 장비에 해당한다. 따라서 국제적으로 핵확산방지조약(NPT) 및 관련 수출 통제체제에 의해 장비의 수출과 사용이 엄격히 관리된다.

특례시(特例市) ▼

"1월 7일 경남 창원시에 따르면 지난해 12월 기준 창원시의 주민등록인구가 1년 새 9180명(0.9%) 줄어든 99만 9858명으로 집계됐다. 이는 2010년 창원·마산·진해를 합쳐 「통합 창원시」로 출범한 지 14년 만에 100만 명 선이 깨진 것으로, 이로써 인구 100만 명 이상 대도시에 부여되는 특례시 지위도 위태롭게 됐다는 평가다."

광역지방자치단체와 기초지방자치단체의 중간 형태인 새로운 지자체 유형이다. 기존 광역시와 달리 인구가 많은 기초지자체에 부여하는 명칭으로, 기초지자체의 지위를 유지하면서 광역시급 위상에 걸맞은 행정·재정 자치권한을 확보하고 일반 시와 차별화되는 법적 지위를 부여받는 것이 특징이다. 다만 특례시로 지정되더라도 권한이 달라지는 것은 없고, 도시 이름도 특별시나 광역시와 달리 기존과 동일하게 유지된다. 이는 지난 2020년 12월 9일 인구 100만 이상 대도시에 「특례시」 명칭을 부여하는 지방자치법 전부개정안이 국회 본회의를 통과함에 따른 것으로, 이에 수원·고양·용인·창원 등 인구 100만 명 이상 대도시가 2022년 1월 13일부터 특례시로 출범한 바 있다. 다만 인구가 2년 연속 100

만 명 아래로 떨어지면 행정안전부의 심의·의결을 거쳐 특례시 지위를 잃게 된다.

펜타닐(Fentanyl) ▼

"도널드 트럼프 미국 대통령이 2월 1일 멕시코, 캐나다, 중국에 관세 부과 결정을 내리며 펜타닐을 그 원인으로 지목했다. 트럼프는 이날 이들 3개국에서 미국으로 유입되는 펜타닐이 미 사회에 엄청난 해악을 끼치는 만큼 관세로 대응할 수밖에 없다고 주장했다."

수술 후 환자나 암환자의 통증을 경감시키기 위해 사용되는 마약성 진통제, 마취 보조제이다. 1950년대에 개발됐으나 실제로 사용된 것은 1960년대로, 우리나라에는 1968년 정맥 마취제로 병원에 처음 도입돼 현재 심장병 등의 수술에 사용되고 있다. 펜타닐은 그 효과면에서 보면 헤로인의 80~100배, 몰핀보다는 200배 이상 강력한 것으로 알려져 있다. 또 발현 시간은 1~4분, 작용시간은 30~90분 정도로 알려져 있다. 이처럼 펜타닐은 강력하고 빨리 발현되므로 과도하게 흡입하면 호흡이 멈추고 혼수상태에 빠지게 되며 심하면 사망에 이르기도 한다. 특히 펜타닐은 신종 합성마약 형태로 세계 각지에서 불법적으로 유통되고 있어 문제가 되고 있는데, 펜타닐에 중독된 사람들이 거리에서 흐느적거리는 모습이 영상 등으로 퍼지면서 「좀비 마약」으로 불리게 됐다.

한중 잠정조치수역(韓中 暫定措置水域) ▼

2000년 8월 3일 체결(2001년 6월 30일 발효)된 한중 어업협정에 따라 한국과 중국의 어선에 한해 신고 없이 자유롭게 조업할 수 있도록 허용된 수역을 말한다. 이는 양국 간의 배타적 경제수역(EEZ) 경계가 확정되지 않은 상태에서 어업 등과 관련된 충돌을 줄이기 위해 설정한 임시 수역이다. 한국과 중국은 1992년 수교 이후 해양경계 설정 문제를 해결하지 못해 어업과 관련된 분쟁이 지속적으로 이어지자, 2021년 어업협정을 통해 황해를 중심으로 잠정조치수역을 설정했다. 즉, 한중 간 EEZ 200해리가 겹치는 수역의 일부를 좌표로 지정하고 이 수역에서는 두 나라 어선이 함께 조업하되 두 나라 정부가 수산자원을 공동 관리하기로 한 것이다. 아울러 이 협정에서는 「기국주의(旗國主義)」를 채택했는데, 이는 잠정조치수역 내에서 자국의 어선이 해당국의 법률에 따라 관리 및 단속되는 원칙을 말한다. 따라서 한중 잠정조치수역에서 조업 중인 한국 어선은 한국 정부의 법률과 감독을 받으며, 중국 어선은 중국 정부의 법률과 감독을 받는다. 다만 이 수역은 임시로 설정됐다는 점에서 근본적인 해결책은 아니며, 중국 어선의 불법 조업이 해당 수역에서 자주 발생함에도 기국주의 원칙 때문에 중국 어선에 대한 직접적인 단속이 어렵다는 문제가 있다.

> **배타적 경제수역(EEZ·Exclusive Economic Zone)** 자국 연안으로부터 200해리까지의 모든 자원에 대해 독점적 권리를 인정하는 국제 해양법상의 수역을 말한다. 1994년 12월에 발효돼 1995년 12월 정기국회에서 비준된 유엔 해양법협약은 연안국의 EEZ 권리를 인정하고 있다.

핵보유국(Nuclear Power) ▼

"도널드 트럼프 미국 대통령이 1월 20일 북한을 핵보유국(Nuclear Power)이라고 부르며 첫 임기 때 김정은 국무위원장과 잘 지냈다는 입장을 거듭 밝혔다. 트럼프 대통령이 북한을 핵보유국이라고 언급한 것은 이례적으로, 역대 미국 정부의 당국자들은 「핵보유국」이라는 용어를 사용하면 북한의 핵무기 보유를 용인하는 듯한 뉘앙스를 줄 수 있다는 이유로 이를 자제해 왔다. 앞서 1월 14일 피트 헤그세스 국방부 장관 지명자도 인사청문회에서 북한을 「핵보유국」으로 표현한 바 있어, 북한 비핵화에 대한 미국의 입장이 변화하는 것이 아니냐는 우려가 제기된 바 있다."

핵확산금지조약(NPT)이 인정하는 핵보유국은 미국·영국·프랑스·중국·러시아 등 5개국으로, 이들을 「공식 핵무기 보유국(Nuclear Weapon State)」이라고 한다. 이들 5개국은 새로운 핵국가의 출현을 막기 위해 IAEA(국제원자력기구)를 창설해 핵무기 비보유국의 핵물질 관리실태를 점검하고, 현지에서 직접 사찰할 수 있도록 했다. 또 NPT 등을 체결해 비핵국가의 새로운 핵무기 보유·개발 금지 등 핵개발 기회를 봉쇄하고 있다.

한편, NPT에서 공식적으로 인정하지는 않았으나 사실상 핵보유 국가로 인정받고 있는 비공식 핵보유국(Nuclear Power)으로는 인도·파키스탄·이스라엘 등이 있는데, 이들 3개국은 NPT에 가입하지 않은 나라들이다. 6차례의 핵실험을 진행한 북한의 경우 이들 3개국과 NPT 가입 여부에 있어 차이가 있다. 북한은 1985년 전력난 해소 차원에서 소련으로부터 원전을 들여오기 위해 NPT에 가입했다. 이후 1993년과 2003년에 각각 NPT 탈퇴를 일방적으로 선언했으나 탈퇴를 공인받지는 못했다.

도널드 트럼프 대통령과 이시바 시게루 일본 총리가 2월 7일 미국 워싱턴 백악관 정상회담 뒤 발표한 공동성명에서 「완전한 북한 비핵화」를 명시했다. 트럼프 2기 행정부 출범 뒤 미국 공식 대외 문서에 「북한 비핵화」가 목표로 명시된 것은 처음이다. 이는 트럼프 대통령이 앞서 북한을 「핵보유국」으로 지칭한 것과는 다른 입장이라는 점에서 이목을 끌고 있다. 또 트럼프 대통령은 이날 기자회견에서 김정은 북한 국무위원장과의 정상외교 가능성을 시사하며 북·미 대화의 중요성도 강조했다.

핵확산금지조약
(NPT·Nuclear Non-Proliferation Treaty) ▼

비핵보유국의 핵무기 보유와 핵보유국의 핵무기 양여를 금지하는 조약으로, 미국과 소련 주도로 성립됐다. 이는 중국·영국·프랑스를 포함한 5개국의 핵무기 독점보유를 인정하는 대신 여타 가맹국의 핵무기 개발·도입·보유를 금지하고 있다. 또한 5개 핵보유국은 제3국으로의 핵무기와 기폭 장치의 이양을 할 수 없으며, 가입국은 국제원자력기구(IAEA)의 핵사찰을 받아야 한다. 그러나 비핵보유국은 핵무기 개발이나 획득이 금지되고 원자력시설에 대한 IAEA의 핵사찰을 받아야 하는 반면, 핵보유국은 점진적인 핵무기 감축만이 요구되는 데다 협약 위반 시 적절한 제재수단이 없다는 문제가 있다.

---

② 경영·경제

가산금리(Spread) ▼

"1월 26일 금융권에 따르면 KB국민은행이 27일부터 은행채 5년물 금리를 지표로 삼는 가계대출 상품의 금리를 0.04%포인트 낮추며, 우리은행은 31일 자로 주요 가계대출 상품의 가산금리를 최대 0.29%포인트 내린다."

기준금리에 신용도 등의 조건에 따라 덧붙이는 금리를 이르는 말로, 은행의 대출금리는 「지표(기준)금리」와 은행들이 임의로 덧붙이는 「가산금리」로 구성된다. 대출금리는 지표금리에 가산금리를 더한 뒤 우대금리를 빼는 방식으로 산정된다. 가산금리는 통상 차주별 상환능력을 고려한 신용등급 및 담보물건의 가치에 따라 달라지는데, 차주의 신용도 등이 높을수록 가산금리가 적게 붙고 신용도가 나쁠수록 가산금리가 높다.

교외선(郊外線) ▼

"경기 고양시·양주시·의정부시를 잇는 경기 북부의 철도교통 노선인 교외선이 1월 11일 새벽 6시 대곡역~의정부역(1호선)의 의정부발 무궁화호 열차를 시작으로 20여 년 만에 운행을 재개했다. 교외선은 이날부터 대곡역, 원릉역, 일영역, 장흥역, 송추역, 의정부역 등 6개 역에 무궁화호 열차를 왕복 8회 운행(향후 단계적으로 운행 확대)하게 되는데, 대곡에서 의정부(30.5km)까지는 50분가량 소요되며 전 구간 기본요금은 2600원이다."

경기 고양시·양주시·의정부시를 잇는 경기 북부의 철도교통 노선으로, 서울 도심지에서 송추계곡, 장흥수목원 등 주요 인근 관광지를 연결하는 핵심적인 동서 철도 교통이다. 그러나 서울외곽순환도로 개통 등 도로교통의 발달, 수도권 광역전철 도입 및 노선 확대 등으로 이용객이 점차 감소하면서 2004년 4월 여객열차 운행을 중지했다. 그러나 교외선 운행 중단으로 경기 북부지역 도민들의 교통 불편이 가중되자 경기도는 2021년부터 국토교통부 및 의정부시·양주시·고양시·한국철도공사·국가철도공단과 협업해 재개를 추진했으며, 이후 497억 원의 사업비가 투입돼 시설 개량 등이 이뤄졌다.

그랜드 제너레이션(GG·Grand Generation) ▼

"대한상공회의소가 1월 30일 「GG(Grand Generation) 마켓 공략 보고서」를 통해 향후 30년간 확대될 GG 소비파워를 고려해 MZ세대(밀레니얼+Z세대) 중심 사업전략의 전환을 서둘러야 한다고 밝혔다."

은퇴를 앞두고 있거나 은퇴 후에도 왕성한 경제·사회·여가활동을 이어가는 1950~1971년생(54~75세) 시니어를 가리킨다. 대한상공회의소의 보고서에 따르면 GG는 스스로를 시니어로 인지하지 않고 생물학적 신체 나이보다 10년 이상 젊은 「감성 나이」로 생활하는 경향이 있다. 또 젊게 보이기 위해 건강 관리와 외모 가꾸기에 투자하는 경우가 많으며, MZ세대 못지않은 디지털 친숙도를 보이는 실버서퍼(Silver Surfer)들이 많다.

글로벌 최저한세
(Global Minimum Corporate Tax) ▼

"도널드 트럼프 미국 대통령이 1월 20일 「경제협력개발기구(OECD) 글로벌 조세 합의」 각서에 서명하며, 글로벌 조세 합의가 미국에서 강제력이나 효력이 없음을 명확히 한다고 선언했다. 글로벌 최저한세는 다국적 기업이 조세 회피를 위해 세금이 낮은 나라로 본사 등을 옮기는 것을 막기 위해 최소 15%의 법인세를 부과하는 제도로, 전임 조 바이든 행정부가 주도한 것이다."

다국적기업의 소득에 대해 특정 국가에서 15%의 최저한세율보다 낮은 세율을 적용하는 경우 최종 모기업의 거주지국 등 다른 국가에 추가 과세권을 부여하는 제도를 말한다. 이는 국가 간 조세 경쟁을 활용해 다국적 기업이 저율 과세 국가를 찾아다니며 조세를 회피하는 것을 방지하기 위해 경제협력개발기구(OECD)와 주요 20개국(G20)의 포괄적 이행체계에서 합의된 것이다. 우리나라에서는 글로벌 최저한세 도입을 위한 「국제조세 조정에 관한 법률」 개정안이 2022년 12월 국회에서 통과돼 올해부터 시행되고 있다. 적용대상은 직전 4개 사업연도 중 2개년 이상의 연결 재무제표상 매출이 7억 5000만 유로(약 1조 원) 이상인 다국적기업이다. 이는 국가별로 계산한 실효세율(조정대상 조세를 글로벌 최저한세 소득으로 나눈 값)을 기준으로 15%에 미달하는 만큼 추가 과세한다. 다만 정부기관, 국제기구, 비영리기구, 연금펀드, 투자펀드 등은 적용 대상에서 제외된다. 이는 경제협력기구(OECD)가 추진하는 국제조세 개편의 두 축 중하나(필라 2)로, 디지털세를 뜻하는 필라1의 경우 다국적 기업들이 본사가 속한 국가뿐 아니라 실제 매출이 발생한 국가에도 세금을 내도록 하는 국제조세 규약을 말한다.

넥스트레이드(Nextrade) ▼

"금융위원회가 2월 5일 정례회의를 열어 넥스트레이드의 다자간매매결결회사 투자중개업을 인가했다고 발표했다. 이에 한국거래소의 70년 독점 체제를 깰 국내 첫 대체거래소(ATS) 넥스트레이드가 오는 3월 4일 출범하게 된다."

자본시장 인프라의 질적 발전을 위해 추진 중인 첫 번째 다자간매매체결회사(ATS·Alternative Trading System)이다. 금융투자협회와 주요 증권사 등 34곳이 출자한 넥스트레이드는 현재 한국거래소가 독점하고 있는 증권시장을 경쟁을 통해 효율적이고 편리한 복수시장 체제로 전환하기 위해 추진된 것이다. 넥스트레이드에서는 기존 거래소 운영시간인 오전 9시~3시 30분에 프리마켓 오전 8시~8시 50분, 애프터마켓 오후 3시 30분~8시가 추가돼 일일 12시간 주식 거래를 할 수 있다. 다만 시세조종을 막기 위해 한국거래소의 시가 예상체결가 표출시간과 종가 단일가매매 시간은 변경된다. 호가 유형도 다양해지는데, 최우선 매도와 매수 호가의 중간 가격에 체결되는 중간가 호가, 시장 가격이 투자자가 미리 정해놓은 가격 수준에 도달하면 지정가로 주문되는 스톱지정가 호가 유형이 도입된다. 매매체결 수수료도 한국거래소의 20~40% 수준으로 인하할 예정으로, 넥스트레이드에서는 일단 10개 우량주를 시작으로 추후 1개월 내 유동성이 높은 800여 개 유가증권 및 코스닥시장 종목이 거래된다.

넥스트레이드 개관

출범	3월 4일
거래시간	오전 8시~오후 8시(오전 8시~8시 50분 프리마켓/ 오후 3시 30분~오후 8시 애프터마켓)
거래비용	한국거래소 대비 20~40% 저렴
거래종목	출범 1~2주차에는 10개 종목만 거래, 이후 확대 예정

노후·유병력자 실손보험 ▼

"금융위원회와 금융감독원이 2월 11일 고령화 시대 노년층 의료비 보장을 강화하기 위해 노후·유병력자 실손보험 가입 연령을 현행 70~75세에서 90세로 확대하고, 보장 연령도 100세에서 110세로 확대한다고 밝혔다. 이번 개선으로 가입·보장 연령이 확대된 노후·유병력자 실손보험은 오는 4월 1일부터 출시된다. 보장 연령이 100세인 기존 계약은 재가입(3년 주기) 시기에 맞춰 보장 연령이 110세로 자동 연장된다."

고령층 특화 실손 상품으로, 노후 실손은 2014년 8월에 50~75세 사이의 고령층을 대상으로 시작됐다. 이는 일반 실손에 비해 70~80% 수준의 보험료로 출시됐으며, 고액 의료비 보장 중심으로 높은 보장 한도를 설정한다. 구체적으로 입원과 통원 구분 없이 연간 1억 원까지 보장되며, 통원은 횟수 제한 없이 회당 100만 원까지 보장이 가능하고 자기부담금 한도는 500만 원이다. 다만 노후 실손은 가입 심사항목이 일반 실손과 동일해 만성질환자나 치료 이력이 있는 고령층의 가입에는 한계가 있었다. 이에 2018년 4월 유병력자 실손보험이 도입됐는데, 이는 가입 심사항목을 축소하고 만성질환자도 가입할 수 있도록 한 것이다. 유병력자 실손은 일반 실손 대비 가입심사 항목을 축소해 경증 만성질환이나 치료 이력이 있지만 일정 기간이 지난 유병력자의 가입이 가능하다.

대왕고래 프로젝트 ▼

"최남호 산업통상자원부 2차관이 2월 6일 정부세종청사에서 진행한 브리핑에서 동해 심해 가스전 유망구조인 대왕고래 첫 탐사시추 결과 가스 징후가 일부 포착되긴 했지만 경제성을 확보할 수 있는 수준은 아니었다고 밝혔다. 이처럼 대왕고래 프로젝트가 1차 시추에서 사실상 실패로 판명나면서 동해 심

해 석유·가스전 개발사업의 나머지 6개 유망구조 시추에도 차질이 불가피힐 것으로 예상된다. 이에 지난해 윤 대통령이 식접 탐사 시추 계획을 발표하며 예상 성과를 지나치게 낙관적으로 잡아 기대 효과를 부풀렸다는 비판이 거세게 일고 있다."

동해 포항 앞바다 수심 2km 심해에 140억 배럴이 매장돼 있을 것으로 추정되는 석유·가스전을 찾는 탐사 프로젝트명이다. 정부는 2024년 6월 3일 윤석열 대통령의 첫 번째 국정 브리핑을 통해 대규모 가스·석유 매장 가능성을 확인하기 위한 시추 계획을 공식 발표한 바 있다. 당시 윤 대통령은 이례적으로 직접 발표에 나서며 동해 심해 석유·가스전 유망구조 7곳에 최대 140억 배럴의 가스와 석유가 매장됐을 가능성이 있다고 밝힌 바 있다. 정부와 석유공사는 미국의 액트지오(Act-Geo)사로부터 받은 물리 탐사 분석 결과에 추가로 국내외 업체와 민간 전문가 위원회를 통한 검증을 거쳐 최우선 개발 후보 해역인「대왕고래」를 선정한 것으로 전해졌다. 그러나 액트지오가 글로벌 자원개발 회사도 아닌 소규모 분석업체라는 점에서 전문성에 대한 여러 의문이 제기됐고, 특히 액트지오 미국 본사 주소지가 일반 주택가라는 사실이 드러나면서 의문은 더욱 확산됐다. 여기에 글로벌 자원개발 기업인 우드사이드가 이미 대왕고래 유망구조를 검토했다가 철수했다는 소식이 전해지면서 사업 적합성을 둘러싼 의혹은 더욱 증폭됐다. 급기야 지난해 말 국회에서 관련 예산 497억 원이 전액 삭감된 가운데, 한국석유공사는 지난해 12월 20일 경북 포항 앞바다에서 약 40km 떨어진 대왕고래에 시추선 웨스트 카펠라호를 투입해 2월 4일까지 1차 시추 작업을 진행했다.

이처럼 동해 가스전 사업 가운데 성공 가능성이 가장 높게 평가됐던 대왕고래 프로젝트가 사실상 실패로 평가되면서 동일 업체인 액트지오가 분석한 또 다른 유망구조인「마귀상어」의 가능성에 대한 의구심도 높아지고 있다.

동행복권(로또, Lotto) ▼

"1월 30일 기획재정부와 복권 수탁 사업자인 동행복권에 따르면 지난해 로또복권 판매액이 5조 9562억 원으로 역대

최대를 기록했다. 지난해 당첨 액수가 가장 컸던 회차는 11월 23일 추첨한 1147회차로, 8명이 각각 33억 2300여 만원을 받았다. 반면 7월 13일 추첨한 1128회차에서는 당첨자가 무려 63명이나 나오며 1명당 당첨금이 4억 2천 여만원에 그쳤다."

최고 당첨금액의 제한이 없는 복권으로, 우리나라에서는 2002년 12월 시작됐다. 이는 45개의 숫자 중에서 6개의 번호를 선택하여 모두 일치할 경우 1등에 당첨되며, 3개 이상의 번호가 일치할 경우 당첨금을 받게 된다. 로또 1게임의 가격은 초기에는 2000원이었으나, 2004년 8월부터 1000원으로 인하돼 현재에 이르고 있다. 다만 만 19세 미만 청소년은 복권 및 복권기금법에 따라 구매할 수 없으며, 유효하게 발매된 복권은 환불되지 않는다. 특히 2018년 12월 2일부터는 로또 수탁사업자 업무가 나눔로또에서 동행복권으로 변경됨에 따라, 명칭 역시 「동행복권」으로 바뀌었다. 또 수탁사업자 변경에 따라 로또 복권 추첨방송 방송사도 12월 8일(제836회차)부터 SBS에서 MBC로 변경됐으며, 추첨시간은 매주 토요일 오후 8시 35분이다.

로또복권은 1년 365일 연중무휴 판매되지만, 추첨일(토요일) 오후 8시부터 다음 날(일요일) 오전 6시까지는 판매가 정지된다.

디딤씨앗통장 ▼

"1월 6일 서울시에 따르면 저소득층 아동이 학자금, 취업, 주거비 마련 등 자립에 필요한 목돈을 마련할 수 있도록 자산 형성을 돕는 디딤씨앗통장 가입 대상이 올해부터 약 14배로 늘어난다. 이는 지난해까지는 아동양육시설이나 위탁가정에서 생활하는 보호대상 아동만 신규 가입이 가능했지만, 올해부터는 기초생활수급가구와 차상위계층(차상위, 한부모) 아동도 신규 가입이 가능해진 데 따른 것이다."

취약계층 아동이 사회에 진출할 때 필요한 초기 비용 마련을 지원하기 위해 정부에서 운영하는 유일한 아동자산형성 지원사업이다. 디딤씨앗통장은 아동(보호자, 후원자)이 매월 일정금액 적립 시 국가(지자체)가 월 10만 원 내에서 1:2 매칭 지원 형태로 이뤄진다. 적립금 사용 용도는 만 18세(만기) 이후는 학자금, 기술자격 및 취업훈련비용, 창업지원금, 주거마련 지원 등 자립을 위한 용도에 한해 사용 가능하다. 학자금·기술자격취득·주거마련 등 자립사용 용도가 발생하지 않고 만 24세 도달 시에는 사용 용도의 제한 없이 아동 적립금 및 정부 매칭지원금 지급이 가능하다. 한편, 해지의 경우 만기해지가 원칙이나 일정 조건 만족 시에는 조기인출이 가능하다.

마가노믹스(Maganomics) ▼

도널드 트럼프 미국 대통령이 추진하는 경제 정책을 이르는 용어로, 트럼프의 선거 캠페인 구호인 「Make America Great Again(MAGA)」와 「경제학(Economics)」을 합친 말이다. 이는 ▷자국 기업에 대한 감세와 규제 개혁 ▷무역 상대국에 대한 관세 부과와 보호무역주의 ▷인플레이션감축법(IRA) 폐기 등을 핵심으로 한다. 트럼프는 집권 1기 때 법인세율을 35%에서 21%로 인하하는 등의 대규모 감세 법안을 통과시키고, 기업 활동에 장애가 되는 산업 규제들도 대폭 완화한 바 있다. 1월 20일부터 출범한 트럼프 2기 행정부 역시 집권 1기에서와 마찬가지로 관세무역을 앞세워 보호무역주의 기조를 대폭 강화하는 움직임을 보이고 있다. 실제로 트럼프 대통령은 2월 1일 캐나다·멕시코·중국에 대한 관세 부과를 시작으로 10일에는 철강·알루미늄 제품에 27%의 관세를 부과했다. 이어 2월 13일에는 상호관세 조치를 발표하는 등 관세 전선을 지속적으로 확대해 나가고 있다.

무순위 청약 ▼

"국토교통부가 2월 11일 이르면 5월 중순부터 무주택자만 무순위 청약을 신청할 수 있도록 하는 무순위 청약제도 개편방안을 발표했다. 이는 무주택 실수요자 지원이라는 청약제도의 본래 목적을 살린다는 취지에서다. 이번 제도 개편은 기존 무순위 청약제도가 투기성 청약을 조장한다는 지적에서 비롯된 것이다."

1·2순위 청약 이후 미계약(부적격자 혹은 계약 포기) 또는 미분양 물량에 대해 무작위 추첨을 통해 청약 당첨자를 선정하는 것이다. 이는 청약통장 보유나 무주택 여부와 관계 없이 19세 이상이라면 누구나 청약이 가능하다는 특징이 있다. 당초 정부는 2021년 5월 「해당 지역에 거주하는 무주택자」로 무순위 청약 자격을 제한했다가 2022년 하반기 금리 인상과 미분양 우려 등으로 시장이 냉각되자 2023년 2월 청약 요건을 대폭 완화한 바 있다. 하지만 이로 인해 시세 차익이 클 것으로 전망되는 아파트의 미계약분 공급 시 전국적으로 수요자가 몰리며 과열현상이 빚어졌고, 유주택자도 청약신청이 가능하다는 점에서 청약제도의 본래 취지인 실수요자 주택 공급을 훼손한다는 비판이 이어졌다.

한편, 무순위 청약은 「줍줍족」이라는 신조어를 탄생시키기도 했는데, 이는 아파트 미분양이나 청약 미계약분 등을 찾아다니면서 마치 줍듯이 사가는 현금 자산가나 매매인들을 가리키는 말이다. 줍줍족은 청약제도의 잦은 변경으로 부적격 당첨자가 늘어나고, 강력한 대출 규제로 청약 당첨자들이 계약을 포기하는 사례가 늘면서 급증했다.

반도체특별법 ▼

"국회 산업통상자원중소벤처기업위원회가 2월 17일 산업통상자원특허소위원회를 열고 반도체특별법 처리를 논의했다. 하지만 여야가 반도체업종 주52시간 예외 조항 편입에 대한 이견을 좁히지 못하면서 합의는 결국 무산됐다."

반도체 산업 직접 보조금, 대통령 직속 위원회 및 지원 조직 설치, 반도체 클러스터 전력·용수 관련 인허가 최소화, 인력 양성 지원 등을 핵심으로 하는 법이다. 즉, 반도체 산업 경쟁력 강화를 위해 정부의 반도체 기업 재정적·행정적 지원을 의무화하고, 반도체 연구개발(R&D) 인력의 주52시간 적용 예외(화이트칼라 이그젬션) 등을 주요 내용으로 한다. 그러나 핵심 쟁점인 「화이트칼라 이그젬션 조항」을 두고 경영계와 노

동계가 다른 견해를 보이고 있으며, 국회에서도 해당 조항을 둘러싼 여야의 대립이 이어져 왔다.

배트맨(BATMMAAN) ▼

올해 미국 증시를 주도할 것으로 꼽히는 8개의 대형 기술주를 이르는 말로, ▷브로드컴(Broadcom) ▷애플(Apple) ▷테슬라(Tesla) ▷마이크로소프트(Microsoft) ▷메타(Meta) ▷아마존(Amazon) ▷알파벳(Alphabet) ▷엔비디아(Nvidia)의 두 문자를 조합한 것이다. 이는 미국의 7대 기술 기업을 이르는 「매그니피센트 7(Magnificent 7)」에 브로드컴이 추가된 것이어서 M8이라고도 불린다. 이들 8개 업체는 모두 시총 1조 달러를 돌파한 기업들로, 특히 브로드컴의 경우 인공지능(AI) 가속기인 XPU를 선보이며 엔비디아의 그래픽처리장치(GPU) 대항마로 급부상한 기업이다. 브로드컴은 2023년 12월 13일 미국 기업 기준으로 시총 1조 달러에 도달한 9번째 기업이 된 바 있다.

미국의 대형 기술주들을 뜻하는 다양한 용어들이 있는데, 대표적으로 팡(FANG), 팡(FAANG), 만타(MANTA) 등을 꼽을 수 있다. 팡(FANG)은 페이스북(Facebook)·아마존(Amazon)·넷플릭스(Netflix)·구글(Google) 등 4개 기업을 지칭하며, 팡(FAANG)은 여기에 애플(Apple)이 추가된 것이다. 그리고 만타(MANTA)는 2021년 말 미국 증시를 주도한 마이크로소프트(MS)·애플(Apple)·엔비디아(NVIDIA)·테슬라(TESLA)·알파벳(Alphabet)을 가리키는데, 글로벌 투자은행 골드만삭스가 2021년 12월 14일 「팡(FAANG)이 저물고 만타(MANTA)의 시대가 왔다」고 분석하면서 이 용어가 사용되기 시작한 바 있다.

벌크업 소비 ▼

보다 저렴하고 보다 양이 많은 상품을 구매해 쟁여두는 소비 행태로, 저성장과 고물가가 지속되면서 늘고 있는 소비 방식이다. 즉, 고물가에 지친 소비자들이 대용량 제품을 저렴하게 구매한 뒤 오랜 기간 사용하고자 하면서 등장한 소비다. 벌크업 소비가 늘면서 관련 업계에서는 대용량 제품과 「원 플러스 원(1+1)」 행사상품 판매가 증가하고 있다.

벼 재배면적 조정제 ▼

"농림축산식품부가 쌀 공급과잉 해소를 통한 쌀값 안정과 농가 소득 향상을 위해 올해 8만ha 감축을 목표로 「벼 재배면적 조정제」를 추진한다고 2월 4일 밝혔다."

쌀값 안정과 농가 소득 향상을 위해 지역에 배정된 감축 목표 면적을 지역 여건에 맞게 자율적으로 줄이는 제도를 말한다. 농림부는 농가별 강제적인 감축 없이 지자체별로 감축 목표를 자율적으로 정해 재배면적 조정을 유도할 방침으로, 성과가 우수한 지자체에는 공공비축 미곡을 우선 배정한다. 시도·시군구는 지역 여건을 고려해 ▷농지전용 ▷친환경 인증 ▷전략·경관 작물 ▷타작물 ▷자율 감축 등 5가지 유형별 세부 감축 계획을 수립하고 지역 농협·생산자 단체와 협력해 감축을 이행하게 된다. 벼에서 타작물 재배로 전환하는 농가를 돕기 위해서는 전략작물·친환경 직불금 지원을 확대한다. 또 식량·SOC 등 관련 정책 지원사업을 우대하고, 지자체와 농협에서 추진하는 지원사업에서도 감축에 참여한 농업인을 우대한다.

브릭스(BRICS) ▼

"중국과 러시아가 주도하는 경제협력체인 브릭스(BRICS)에 아세안(ASEAN) 최대 경제국으로 꼽히는 인도네시아가 1월 6일 합류했다. 이로써 브릭스 정회원국은 브라질, 러시아, 인도, 중국, 남아프리카공화국, 이집트, 에티오피아, 이란, 아랍에미리트연합, 인도네시아 등 10개국으로 늘어났다."

1990년 말부터 경제성장 속도가 빠르고 경제성장 가능성이 커 주목받은 브라질(Brazil)·러시아(Russia)·인도(India)·중국(China) 등 신흥경제 4개국의 앞 글자를 딴 경제용어에서 출발, 2006년을 기점으로 정식 국제협력기구를 가리키는 명칭이 된 용어다. 이는 골드만삭스가 2003년 10월 브릭스의 성장가능성을 제시하며 내놓은 보고서인 〈브릭스와 함께 꿈을 (Dreaming with BRICs)〉에서 처음으로 사용되며 확산됐다. 초기 브릭스 4개국은 서방이 독점하고 있는 세계경제 구조에 대항하기 위해 「브릭스 정상회의(BRICS summits)」를 출범시키고 2009년부터 이를 매년 개최하기 시작했다. 이후 2011년 2월 남아프리카공화국이 정식 회원국으로 합류하면서 브릭스는 5개 국가로 확대되며 브릭스(BRICs)의 소문자 s가 대문자(S)로 변경됐다. 그러다 지난해 이란·이집트·에티오피아·아랍에미리트연합(UAE)이 가입하며 남아공 가입 13년 만에 브릭스 가입국이 늘어났으며, 올 1월에는 인도네시아가 가입하면서 회원국은 총 10개국이 됐다. 이들 브릭스 회원국은 현재 전 세계 인구의 40% 이상을 차지하며, GDP(국내총생산)는 2023년 기준 전 세계 GDP의 약 25%를 차지한다.

비자발적 실업자 ▼

"2월 2일 통계청 고용동향 마이크로데이터에 따르면 지난해 비자발적 실업자는 137만 2954명으로 집계, 1년 전보다 10만 6761명(8.4%) 늘어났다. 특히 지난해 전체 퇴직자 10명 중 4명(42.9%)은 비자발적 실업자였는데, 이는 경기 침체로 실적 부진에 시달리는 기업들이 권고사직 등을 통해 구조조정에 나선 것이 주요인으로 분석되고 있다."

직장의 휴업·폐업, 명예퇴직·조기퇴직·정리해고, 임시적·계절적 일의 완료, 사업 부진 등의 사유로 직장을 그만둔 실업자를 이른다. 여기서 실업자는 경제활동인구 중 취업자에 속하지 않는 사람으로, 통계청의 경제활동인구조사 대상 주간에 수입을 목적으로 일을 하지 않고, 적극적으로 일자리를 찾아봤으며, 일이 주어졌을 경우 즉시 일할 수 있는 능력과 여건이 구비된 사람을 말한다. 비자발적 실업자는 코로나19 팬데믹 당시인 2020년 180만 6957명으로 전년 대비 35.9% 급증한 이후 ▷2021년 169만 명 ▷2022년 130만 명 ▷2023년 127만 명으로 3년째 감소세를 이어가다 지난해 반등한 바 있다.

상생금융(相生金融) ▼

금융기관이 고객·소상공인·중소기업·지역사회와의 상생을 추구하는 금융 정책을 이르는 말로, 금융기관만의 이익이 아닌 사회적 책임을 행하고 취약계층을 지원하는 방향으로 이뤄지는 것이다. 예컨대 금융기관이 저소득층·소상공인·중소기업에 더 낮은 금리로 대출을 제공하거나 금융 약자를 위한 맞춤형 상품을 개발하는 것 등이 이에 해당한다. 이러한 상생금융을 통해 금융기관은 고객의 신뢰를 확보할 수 있고, 지역사회와 협력해 경제 전반이 활성화되는 데에 도움이 될 수 있다. 또 금융 소외계층의 접근성을 개선하여 경제적 불평등 해소에도 기여한다는 긍정적 효과가 있다.

한편, 은행권은 올해 6000억~7000억 원을 부담해 25만 명, 대출액 14조 원 규모의 소상공인 금융 지원을 전개한다는 방침이다.

샤오미(小米, Xiaomi) ▼

"지난해 12월 30일 한국 법인을 설립한 샤오미코리아가 1월 15일 한국 법인 설립 이후 첫 번째 기자간담회를 개최하고 한국에서 적극적인 판매를 시작하겠다고 밝혔다. 샤오미코리아는 이날 기자간담회 현장에서 스마트TV·스마트폰·스마트워치·무선 이어폰 등 다양한 기기를 선보였는데, 특히 샤오미 특유의 가성비 높은 제품들을 공개하며 이목을 집중시켰다."

소프트웨어 전문가였던 중국인 레이쥔(Lei Jun)이 2010년 설립한 회사로, 스마트폰 시장 진출 초기에 저렴한 가격으로 시장에서 인기를 얻었다. 샤오미는 설립한 해인 2010년 안드로이드 기반의 독립적인 운영체제(OS) 미유아이(MIUI)를 내놓았으며, 이듬해인 2011년 8월에는 MIUI가 탑재된 스마트폰을 출시했다. 샤오미는 생산원가에 가까운 초저가 스마트폰을 제조·판매하여 기기로부터 나오는 수익은 줄이고, 서비스·애플리케이션·액세서리 등의 판매로 이익을 창출하는 전략을 사용해 왔다. 또 온라인 판매만을 고집해 오프라인 유지 비용을 줄여 가격 경쟁력을 확보했다. 이때까지 샤오미는 스마트폰 제조사였으나

이후 TV와 공기청정기(미에어)까지 판매했으며, 특히 기존 제품의 반값도 되지 않는 가격으로 화제를 일으켰다. 샤오미는 현재 주력 제품인 스마트폰은 물론 미밴드·미스케일 등의 헬스케어, 전동스쿠터, 이어폰, 블루투스 스피커, 정수기 등 사업 분야를 대거 확장시킨 상태다.

수산전통식품 ▼

"2월 17일 해양수산부 산하 국립수산물품질관리원에 따르면 수품원은 연구용역을 통해 삭힌 홍어가 수산전통식품으로 지정되기 적합하다고 판단했다. 마무리 검토 결과 문제가 없다면 삭힌 홍어는 「수산전통식품의 품질인증 대상 품목 및 표준규격」 고시 개정을 통해 수산전통식품 목록에 추가된다."

수산식품산업법에 따르면 수산전통식품은 국산 수산물을 주원료로 하고, 전통적으로 전승되는 방법에 따라 제조·조리돼 우리 고유의 맛과 향을 내는 수산식품이다. 이는 국립수산물품질관리원의 현장 조사와 검토·심사를 거쳐 지정되는데, 현재 수산전통식품으로 지정된 품목은 오징어와 명란, 창란 등 젓갈류 22종과 조미김, 전복죽, 꽃게장 등 44개다. 수산전통식품으로 지정되면 정부·지자체의 우선 구매 대상이 되고, 각종 수출 지원제도에서 우대받을 수 있다. 또 정부와 지자체는 수산식품산업법에 따라 수산전통식품의 수출과 세계화를 위한 다양한 지원에 나서야 한다.

> **대한민국 수산식품명인** 수산식품의 제조·가공 및 조리 등 수산식품 분야에서 우리 수산식품의 계승·발전을 위하여 종사해 온 사람으로서 수산식품산업법 제25조제1항에 따라 지정된 사람을 말한다. 대한민국 수산식품명인으로 지정되면 명인이 제조한 제품에 「대한민국 수산식품명인」 표시(마크)를 사용할 수 있고, ▷제품전시 ▷홍보 ▷박람회 참가 ▷체험교육 등 다양한 정부 지원을 받을 수 있게 된다.

스테이블 코인(Stable Coin) ▼

비변동성 가상자산을 뜻하는 말로, 법정 화폐 혹은 실물 자산을 기준으로 가격이 연동되는 가

상자산을 뜻한다. 가상자산의 경우 특유의 가격 변동성 때문에 통화로 사용되기에는 안정성이 떨어지는 특징이 있다. 그러나 스테이블 코인은 이러한 가격변동성을 줄이고, 법정 화폐와 마찬가지로 가치의 척도가 되는 동시에 가치의 저장 기능을 가지고 있다.

2월 4일 미국 워싱턴 DC 국회의사당에서 도널드 트럼프 2기 행정부의 인공지능(AI)·가상화폐 정책을 총괄할 차로로 임명된 데이비드 색스가 기자회견을 가진 가운데, 이 기자회견에서는 트럼프가 펼칠 가상자산 정책의 방향성이 공개됐다. 특히 이날 회견에서는 스테이블 코인이 가장 큰 주목을 받았는데, 이날 색스는 「스테이블 코인이 잠재적으로 수조 달러 규모의 미국 국채 수요를 창출해 장기 금리를 낮출 수 있다」면서 스테이블 코인의 기능과 장점을 소개하는 데 많은 시간을 할애했다.

슬로플레이션(Slowflation) ▼

"통계청이 2월 5일 발표한 「1월 소비자물가동향」에 따르면 1월 소비자물가지수가 115.71로 지난해 1월 대비 2.2% 올랐다. 이는 지난해 8월(2.0%) 이후 2%대에 다시 진입한 것으로, 여기에 올해 우리나라 경제성장률이 1%대로 전망되면서 한국 경제가 슬로플레이션 초입에 들어선 것이 아니냐는 우려가 제기되고 있다."

경기회복 속도가 둔화(Slow)되는 상황 속에서도 물가 상승(Inflation)이 나타나는 것을 뜻하는 말이다. 슬로플레이션은 통상 경기침체 속에서 나타나는 인플레이션을 뜻하는 「스태그플레이션(Stagfaltion)」보다는 경기 하강의 강도가 약할 때 사용된다. 스태그플레이션은 경제활동이 침체되고 있음에도 지속적으로 물가가 상승되는 상태가 유지되는 저성장·고물가 상황으로, 슬로플레이션은 스태크플레이션보다는 덜 심각한 상황이긴 하지만 이 역시 경제 전반에는 상당한 충격을 미친다.

실손의료보험(實損醫療保險) ▼

"대통령 직속 사회적 논의기구인 의료개혁특별위원회가 1월 9일 관리급여를 신설해 도수치료 등 과잉 비급여 진료에 적용하는 등의 내용을 담은 실손보험 개선방안을 발표했다. 정부는 남용 우려가 큰 비급여 항목의 경우 관리급여로 전환

해 진료기준·가격 등을 설정하고 관리할 방침인데, 관리급여에 해당하면 건강보험에서 5~10%를 부담하고 환자는 90~95%를 부담하게 된다."

병·의원 및 약국에서 실제로 지출한 의료비·약제비를 보상해 주는 보험이다. 실손의료보험은 일부 비갱신 보험과 달리 질병에 걸릴 위험률과 보험금 지급 실적 등을 반영해 보험료가 3~5년마다 바뀌며, 보험료는 나이가 들면 들수록 증가한다. 가장 중요한 보장 내용은 의료실비(입원 의료비와 통원 의료비 특약을 합친 말)로, 의료실비 한도는 높으면 높을수록 좋다. 1999년 9월 최초 판매부터 2009년 10월까지는 의료비를 전액 보장하는 상품이 많았지만, 2009년 10월부터 판매된 2세대 실손보험부터는 자기부담금이 늘어났다. 실손보험은 그 판매시기 및 담보구성에 따라 ▷2009년 10월 이전 판매한 표준화 이전 실손인 1세대(구실손) ▷2009년 10월~2017년 3월까지 판매한 2세대(표준화 실손) ▷2017년 4월 이후 판매한 3세대(착한 실손) ▷2021년 7월부터 판매된 4세대로 나뉜다. 전체 실손보험 가입자의 80% 이상은 1·2세대 가입자로, 1세대는 자기부담금이 없고 2세대는 10%로 낮다. 이에 가입자의 의료 이용이 증가할수록 적자가 늘어나는 구조를 띠자, 금융당국은 2017년 3세대(착한실손) 실손보험을 출시했다. 착한실손의 자기부담금은 급여의 10~20%, 비급여의 20~30% 수준이다. 2021년 7월부터 판매가 시작된 4세대 실손보험은 기존의 1·2·3세대 실손보험보다 보험료는 낮췄으나, 자기부담금이 급여 20%·비급여 30%로 기존 실손보험보다 높다. 또 1·2·3세대 실손보험이 주계약에 급여·비급여가 모두 포함된 구조인 반면, 4세대는 급여(주계약)와 비급여(특약)를 분리했다.

알테쉬 ▼

"도널드 트럼프 대통령이 2월 1일 서명한 캐나다·멕시코·중국에 대한 관세 조치를 담은 행정명령에 3국을 대상으로 소액 면세 제도를 인정하지 않는다는 내용이 담겼다고 블룸버

그가 2일 보도했다. 이에 트럼프 대통령이 소액 면세 제도를 이용해 미국 시장을 잠식한 알·테·쉬 등 중국 이커머스 기업들을 막기 위해 관세 폭탄을 던졌다는 분석이 제기됐다."

중국 이커머스 플랫폼인 알리익스프레스·테무·쉬인을 이르는 말로, 중국에서 생산된 제품을 판매용 수입 절차를 거치지 않고 개인에게 직접 배송하는 직구(직접 구매) 플랫폼이다. ▷알리는 글로벌 이커머스 시가총액 2위 알리바바의 자회사 ▷테무는 핀둬둬(Pinduoduo) 홀딩스의 자회사 ▷쉬인은 중국 대형 패션플랫폼이다. 이들 플랫폼은 저렴한 가격을 앞세워 전 세계 온라인 시장을 공략하면서 각국 유통업계에 비상을 안기고 있다. 하지만 이들 플랫폼은 가격은 저렴하지만 품질이 균일하지 않고, 전화번호 같은 개인정보가 해외(중국)로 유출되는 문제가 빈번하다는 점에서 주의를 요구하는 목소리도 높다.

에너지 3법 ▼

국가기간전력망확충특별법(전력망확충특별법), 고준위방사성폐기물 관리에 관한 특별법(고준위방폐장특별법), 해상풍력 계획입지 및 산업육성에 관한 특별법(해상풍력특별법) 등의 3개 법을 이른다. 이들 3개 법은 2월 17일 여야 합의로 국회 산업통상자원중소벤처기업위원회 소위를 모두 통과했는데, 이로써 지난 2016년 첫 논의가 시작된 후 국회에 계류돼 있던 고준위방폐장법의 경우 약 9년 만에 상임위를 통과하게 됐다.

전력망확충특별법은 첨단산업 전력 수요 대응을 위한 것으로, 정부가 송전선로 확충을 지원해 전력 생산에 속도를 내도록 지원하는 법안이다. 그리고 고준위방폐장특별법은 원자력발전소 가동으로 발생하는 사용후핵연료(고준위 방사성폐기물)의 처리 시설을 건설하기 위한 근거법이며, 해상풍력특별법은 민간이 주도하던 해상풍력 사업을 정부 주도의 계획입지 방식으로 바꾸는 내용을 담고 있다.

APEC 정상회의 (APEC Economic Leaders' Meeting) ▼

"경상북도가 올해 10월 말 열리는 경주 아시아태평양경제협력체(APEC) 정상회의 준비를 본격화하고 있는 가운데, 오는 2월 그 첫 관문인 「APEC 2025 한국 제1차 고위관리회의」가 열릴 예정이다. 고위관리회의 행사는 2월 24일부터 3월 9일까지 14일간 경주 하이코 일원에서 열리는데, 고위관리회의는 APEC 내에서 정상회의 주요 의제에 관한 실질적인 협의와 결정을 이끄는 핵심협의체로 사전 준비 성격을 지닌다. 이번 회의에는 APEC 회원국 대표단 등 약 2000명이 방문할 것으로 예상된다."

아시아태평양경제협력체(APEC)의 회원국 정상들이 모여 주요 경제 및 무역 이슈를 논의하는 연례 회의이다. 이는 1993년 7월 7일 주요 7개국(G7) 정상회담 참석차 일본을 방문했던 빌 클린턴 당시 미국 대통령이 신태평양공동체(NPC) 설립을 제창하며 기존 APEC 각료회의를 정상회담으로 격상시킬 것을 제안하면서 시작됐다. 이에 그해 11월 미국 시애틀에서 첫 APEC 정상회의가 열렸으며, 이후 1994년부터 매년 각국을 돌아가면서 개최되고 있다. APEC 정상회의에는 각국 정상들이 모여 ▷경제 통합 ▷디지털 경제와 기술 혁신 ▷기후 변화와 지속 가능성 ▷포용적 경제 등의 다양한 분야를 논의한다. 2005년 제13차 APEC 정상회의는 우리나라의 부산에서 개최됐는데, 당시 참가국 정상들은 무역·투자 자유화와 역내 안보 증진을 위한 합의 내용을 담은 「부산선언」을 발표한 바 있다. 아울러 APEC은 정상회의 외에도 외무장관·재무장관·통상장관회의 등 분야별 장관회의를 열고 있으며, 정상회의를 정점으로 하여 최종고위관료회의(CSOM)와 회원국의 주요 기업 최고경영자(CEO)가 참여하는 자문위원회(ABAC)를 두고 있다.

> **APEC(Asia Pacific Economic Cooperation)** 아시아 태평양 지역의 경제 협력을 강화하고 자유 무역과 지속 가능한 성장을 촉진하기 위해 1989년에 설립된 다자간 협력체다. 이는 아시아·태평양 지역 최초의 범정부 간 협력 기구로, 현재 우리나라를 비롯해 미국·일본·중국·러시아·호주·캐나다 등 21개국이 가입돼 있다.

F4 회의 ▼

Finance 4의 축약어로 거시경제와 금융, 통화당국 수장 4명의 모임을 말한다. 거시경제·금융현안 간담회로도 불리는 F4 회의에는 ▷경제부총리 ▷한국은행 총재 ▷금융위원장 ▷금융감독원장이 참여하며, 이들은 매주 한 차례 비공개로 모여 정책 현안을 논의한다. F4라는 명칭은 지난 2023년 1월 범금융 신년인사회에서 추경호 당시 부총리가 본인을 포함해 김주현 위원장과 이복현 금감원장, 이창용 총재 등 4명을 지칭하면서부터 사용되고 있다.

엔 캐리 트레이드 청산 (Yen Carry Trade 清算) ▼

캐리 트레이드란 금리가 낮은 나라에서 돈을 빌린 뒤 금리가 높은 나라에 투자해 수익을 올리는 것을 말한다. 따라서 엔 캐리 트레이드는 금리가 낮은 일본의 엔화를 빌려 달러 또는 새로운 시장의 통화로 바꾼 뒤 그 자금을 해당 국가의 주식이나 채권, 부동산 등에 투자해 수익을 올리는 것을 말한다. 그리고 엔 캐리 트레이드 청산은 엔화를 빌려 글로벌 자산에 투자했던 이들이 돈을 회수하는 것으로, 주로 일본의 금리 인상 시 발생한다. 엔 캐리 트레이드 청산은 일본은행이 지난해 7월 31일 금리를 0~0.1%에서 0.25%로 인상한 뒤 발생했는데, 이에 같은 해 8월 5일(월요일) 캐리 트레이드 자금이 급격히 빠져나가면서 한국 증시에서 「블랙먼데이」로 일컬어진 폭락장이 일어난 바 있다. 이러한 엔 캐리 트레이드 청산이 발생할 경우 투자자들이 엔화를 대량으로 매수하게 되어 엔화의 가치가 상승하고, 외환시장과 자산시장의 변동성이 커질 수 있다.

오피셜 트럼프(Official Trump) ▼

도널드 트럼프의 47대 미국 대통령 공식 취임(2025년 1월 20일)을 앞두고 발행된 트럼프 밈

코인으로, 「솔라나 블록체인 네트워크」를 기반으로 한다. 여기서 밈(Meme)코인은 인터넷과 SNS 등에서 큰 인기를 끄는 사진이나 영상을 기반으로 만든 가상자산으로, 유행에 따라 가격이 급등락한다는 특징이 있다. 2024년 미국 대선을 앞두고 「친(親) 가상자산 대통령」을 공약한 트럼프는 1월 17일 자신의 소셜미디어 계정을 통해 「유일한 공식 트럼프 밈」이라며 새로운 밈코인을 발행한다고 밝힌 바 있다. 이처럼 차기 대통령이 자신의 이름으로 된 가상자산을 홍보하면서 일각에서는 해킹이라는 반응까지 제기됐으나, 트럼프가 직접 출시·홍보한 것이 맞다는 사실이 알려지면서 오피셜 트럼프의 가격은 상승세를 기록하기도 했다. 오피셜 트럼프는 2024년 7월 트럼프 피격사건 당시의 모습을 딴 밈코인으로, 트럼프 일가가 소유한 트럼프 그룹 계열사가 80%를 소유해 거래 관련 수익을 얻게 된다. 다만 일각에서는 트럼프 일가의 가상자산 시장 참여가 공직자로서 윤리적 논란 및 이해상충 문제가 될 수 있다는 지적도 내놓고 있다.

> **밈코인(Meme Coin)** 인터넷과 소셜네트워크서비스(SNS)에서 큰 인기를 끄는 사진이나 영상을 기반으로 만든 가상자산을 말한다. 이는 특별한 목표나 기술력 없이 인기 캐릭터를 앞세운 재미 유발을 목적으로 하는데, 2021년 도지코인으로 큰 관심을 받으면서 주목 받기 시작했다. 도지코인은 출시 시점에는 큰 인기가 없었으나 테슬라 최고경영자(CEO)인 일론 머스크가 이를 지지하는 글을 연달아 올리면서 그 인기가 급등했으며, 이후 이를 모방한 시바이누·사모예드 등의 밈코인이 잇따라 등장했다. 다만 밈코인은 유통규모가 크지 않고 특별한 목표나 기술력이 없다는 특성상 가격 변동성이 크고 투자 사기 위험성도 존재하므로 투자자들의 주의가 요구된다.

중복 상장(Dual Listing) ▼

"올해 기업공개(IPO) 공모주 시장의 최대어로 꼽혔던 LG CNS가 상장 첫날인 2월 5일 공모가보다 10% 가까이 폭락하며 마감했다. 이는 예년과 달리 연초부터 공모주 시장이 침체된 데다 중복 상장 논란 등에서 자유롭지 못했기 때문으로 분석된다. LG CNS의 최대 주주는 49.95%의 지분을 보유한 지주사 LG인데, 모회사인 LG와 자회사인 LG CNS 모두 상장이 되면서 중복 상장 논란이 일어난 것이다."

한 그룹 내에서 모회사와 자회사가 각각 별도로 동시에 증권거래소에 상장되는 것을 이르는 말로, 보통 모회사가 기존 사업 부문을 분리해 자회사를 만들어 상장시키는 경우(쪼개기 상장)가 많다. 이러한 중복 상장은 ▷기업 가치 극대화 ▷투자 유치 확대 ▷사업별 독립 운영 강화 등의 목적으로 이뤄지는데, 이는 이해관계 충돌이나 지배구조 문제 등 부정적인 측면도 존재한다. 구체적으로 중복 상장은 자회사가 독립적으로 평가받을 수 있어 개별 기업의 가치가 명확해지고, 모회사 전체 가치가 높아지는 등 기업 가치를 극대화할 수 있다는 장점이 있다. 또한 사업별 특성에 맞는 투자자 유치가 가능하고, 모회사가 자회사 지분을 보유하며 배당수익 확보가 가능해져 지주회사 구조를 강화할 수 있다는 이점도 있다. 하지만 모회사와 자회사 간 이익 배분 문제가 발생하는 등 이해충돌 문제가 일어날 수 있고, 모회사와 자회사 주주들 간의 충돌 가능성도 존재한다. 아울러 자회사가 독립적으로 상장되면 모회사 주주가 추가적인 이익을 얻기 어려워지는 등 모회사 주주에 불리한 영향을 미칠 수도 있다.

지급여력(K-ICS) 비율 ▼

"금융감독원이 1월 14일 지난해 3분기 말 기준으로 국내 보험사의 지급여력(K-ICS·킥스) 비율이 218.3%로 직전 분기보다 1.0%포인트 상승했다고 밝혔다. 이는 주가와 시장금리가 떨어지면서 보험부채가 늘어난 데 따른 것으로, 보험부채 증가는 보험사의 가용자본을 줄여 건전성을 악화시킨다."

보험사의 순익·잉여금 등 가용자본을 미래 보험금 지급을 위해 필요한 요구자본으로 나눈 값으로, 보험사의 건전성을 평가하는 지표로 활용된다. 보험사는 만기 시 계약자에게 지급해야 할 돈이나 계약자의 보험금 지급 요청에 대비해 회사 내부에 준비해 두는 돈, 즉 책임준비금을 보유하고 있어야 한다. 그리고 이러한 책임준비금에 대해 회사가 실제 지급할 수 있는 돈이 얼마나 되는가를 나타낸 것이 지급여력비율이다. 법은 보험계약의 보존 및 회사 경영 상태의 건전성을 확보하기 위해 보험회사가 일정액 이상의 여유자금을 보유하도록 규정하고 있다. 이 비율은 100%를 기준으로 정상으로 보고 있는데, 만약 지급여력비율이 100% 미만일 경우에는 금융당국으로부터 적기 시성소치를 받게 된다.

지속가능항공유
(SAF·Sustainable Aviation Fuel) ▼

"SK이노베이션, GS칼텍스, 에쓰오일, HD현대오일뱅크 등 정유 4사가 지속가능항공유(SAF) 전용 공장을 공동으로 설립할 것으로 알려졌다. 이는 정유 4사가 특수목적법인(SPC)을 설립해 공동 투자하고 공장도 함께 운영하는 방식이다."

석탄이나 석유 대신 폐식용유, 사탕수수, 동식물성기름, 옥수수 등 바이오 대체 연료로 생산한 친환경 항공유이다. 기존 항공유보다 탄소 배출을 80% 줄일 수 있어 탄소중립 시대의 대체 연료로 주목받고 있으나, 기존 항공유보다 2~5배 비싸다는 점에서 경제성에 대한 논란도 있다. 특히 항공 분야에 탄소중립 움직임이 거세지면서 유럽연합(EU)은 올해부터 「유럽 내 공항에서 급유하는 항공기는 전체 연료의 최소 2%를 지속가능항공유로 대체해야 한다」는 의무 규정을 시행한다. 이 비율은 2030년 6%, 2035년 20%, 2050년 70%로 단계적으로 높아진다. 또 미국은 「인플레이션감축법(IRA)」에 따라 2023년부터 2024년까지 자국 내 바이오매스를 통해 생산 및 판매된 지속가능항공유에 세액공제 혜택을 부여한 바 있다.

집중투표제(集中投票制, Cumulative Voting) ▼

"서울중앙지방법원 민사합의50부가 1월 21일 MBK·영풍 측이 고려아연을 상대로 제기한 집중투표 방식의 이사 선임 금지 가처분 인용 결정을 내렸다. 법원은 고려아연이 정관에서 집중투표제를 배제한 만큼 상법상 절차에 맞지 않는다고 판단했다."

주주총회에서 이사진을 선임할 때 1주당 1표씩 의결권을 주는 방식과 달리, 선임되는 이사 수만큼 의결권을 부여하는 제도를 말한다. 이는 소액주주권 보호 및 기업지배구조 개선을 위한 제도로, 2명 이상의 이사를 선임할 때 주당 이사수와 동일한 수의 의결권을 부여하는 것이다. 예컨대 이사 3명을 선임한다면 주당 3개의 의결권을 부여한다. 이때 주주는 특정이사에 집중적으로 투표하거나 여러 명의 후보에게 분산해 투표할 수 있다. 즉 이사 3명을 뽑을 때 한 주를 가진 주주는 3표를 행사할 수 있으며 이 표를 한 후보에게 몰아줄 수 있다. 투표 결과 최다수를 얻은 자부터 순차적으로 이사에 선임되기 때문에 이 제도가 의무화되면 소액주주들이 자신을 대표하는 사람을 이사로 선임하거나, 대주주가 내세운 후보 중 문제가 있는 사람이 이사로 선임되는 것을 저지할 수 있게 된다.

책무구조도(Responsibilities Map) ▼

"1월 3일부터 은행·금융지주사 내 책무구조도가 본격 가동됨에 따라 내부통제가 한층 강화될 전망이다. 지난해 7월 개정 금융회사의 지배구조에 관한 법률(지배구조법) 시행에 따라 은행·금융지주회사들은 대표이사와 임원이 담당하는 직책에 따라 구체적 책무를 지정한 책무구조도를 제출했다. 이에 따라 본인 책무와 관련한 내부통제 관리 의무를 다하지 않은 임원이나 직원은 당국으로부터 해임 요구 등의 신분 제재를 받을 수 있다."

금융사 임원에게 담당 업무에 따른 내부통제 책무를 배분해 책임소재를 보다 분명히 하도록 하는 문서를 말한다. 이는 금융회사의 주요 업무에 대한 최종책임자를 특정해 내부통제 책임을 회피하지 못하도록 하고 내부통제에 대한 조직 전반의 관심을 제고하려는 것이 목적이다. 이에 따라 금융회사의 법령준수, 건전경영, 소비자보호 등에 영향을 줄 수 있는 업무별 내부통제 책임이 책무구조도상 임원에게 부여된다. 책무구조도는 대표이사가 작성해 이사회의 심의·의결을 거쳐 확정되며, 이렇게 확정된 책무구조도는 금융당국에 제출해야 한다. 만약 대표이사가 책무구조도 작성을 미흡하게 했거나 실제 권한 행사자와 책무구조도상 임원이 불일치하는 등 거짓으로 작성했을 경우에는 제재를 받게 된다. 책무구조도에 기재된 임원은 자신의 책임범위 내에서 내부통제가 적절히 이뤄질 수 있도록 ▷내부통제기준의 적정성 ▷임직원의 기준 준수여부 및 기준의 작동여부 등을 상시 점검하는 내부통제 관리의무를 이행해야 한다. 특히 대표이사는 내부통제 총괄 책임자로 전사적 내부통제 체계를 구축하고 각 임원의 통제활동을 감독하는 등의 총괄관리를 해야 한다.

취업비자 총량 사전공표제 ▼

"법무부가 1월 5일 발표한 「2025년 취업비자 발급 규모」에 따르면 올해 숙련기능인력(E-7-4) 취업비자 발급 규모는 지난해와 같은 3만 5000명이다. 비전문취업(E-9·고용허가제)은 13만 명, 계절근로(E-8)는 7만 4689명(상반기 기준), 선원취업(E-10)은 2만 3300명으로 정해졌다. 새로 도입되는 기능인력(E-7-3) 비자는 ▷건설기계제조 용접·도장원 ▷자동차부품제조 성형·용접·금형원 ▷자동차종합수리 판금·도장원 ▷도축원(기능직군 한정) 등 4개 분야가 시범 도입 대상이다."

다음 해 주요 취업 비자의 분야별 발급 규모를 사전에 공표하는 제도로, 지난해 시범 운영되다가 올해부터 정식 운영이 시작됐다. 이는 인구 감소에 따른 산업 전반의 외국인력 수요 증가에 대비해 정주 적합성이 높은 전문·숙련인력을 체계적으로 도입하는 것을 목표로 하는데, 총량 사전공표제가 적용되는 비자는 전문인력(E1~E7) 및 비전문인력(E8~E10) 취업비자다. 다만 외국 인력의 과잉 공급으로 우리 국민의 일자리가 위협받는 상황을 막기 위해 비자 발급 총량은 제한된다. 취업비자는 발표한 총량 이내에서 발급하는 것을 원칙으로 하되 관계부처와 함께 비자별 유입 현황을 모니터링하고 외국인력 과잉 유입, 불법체류 등 부작용 발생 여부를 지속적으로 파악해 대응하게 된다.

칩스법(CHIPS and Science Act) ▼

"로이터통신이 2월 14일 복수의 소식통을 인용해 백악관이 칩스법에 대한 재협상을 추진하고 있으며 향후 이뤄질 예정이었던 일부 반도체 관련 지출을 지연시킬 수 있다고 전했다."

중국과의 기술 패권 경쟁에서 미국의 기술 우위를 강화하기 위해 반도체 및 첨단기술 생태계 육성에 총 2800억 달러를 투자하는 내용을 핵심으로 한 미국의 법으로, 조 바이든 행정부 때인 2022년 8월 9일 시행됐다. 이 법에 따르면 미국 내 반도체 시설 건립 보조금 390억 달러를 비롯해 연구 및 노동력 개발에 110억 달러, 국방 관련 반도체 칩 제조에 20억 달러 등 반도체 산업에 527억 달러가 지원된다. 또 미국에 반도체 공장을 건설하는 글로벌 기업에 25%의 세액공제를 적용하는 방안도 포함됐다. 여기에 미국이 첨단 분야의 연구 프로그램 지출을 늘려 기술적 우위를 지킬 수 있도록 과학연구 증진에 2000억 달러가량을 투입하는 내용도 담겼다.

커피플레이션(Coffeeflation) ▼

"전 세계 커피의 70%를 차지하는 아라비카 원두 가격(미국 ICE 선물거래소 3월물 기준)이 2월 12일 파운드당 4.3달러를 돌파하며 사상 최고치를 경신했다."

가뭄·폭염 등의 기후변화로 커피원두 주요 산지의 작황 부진이 발생한 반면 커피 수요는 증가하면서 커피 가격이 오르는 현상이다. 즉 엘니뇨 등으로 인한 가뭄과 폭염의 지속으로 커피원두의 주요 산지인 콜롬비아, 베트남, 브라질 등의 커피농장이 작황 부진을 겪으면서 원두 가격이 급등한 것이 원인이다. 여기다 전 세계적인 커피 수요 증가도 원두 가격 상승을 일으키고 있는데, 이와 같은 원두 가격 상승으로 주요 커피 매장들도 연달아 커피 가격을 인상하면서 커피플레이션이 빚어지고 있다.

K칩스법 ▼

"국회 기획재정위원회가 2월 18일 전체회의를 열고 반도체 기업의 통합투자세액공제율을 현행보다 5%포인트(p) 상향하는 내용을 골자로 한 이른바 K칩스법(조세특례제한법 개정안)을 심의·의결했다. 이번 개정안이 국회 본회의까지 통과하면 반도체 기업의 시설 투자에 대한 세액공제율은 대·중견기업 15%, 중소기업 25%에서 각각 20%와 30%로 높아진다."

반도체 등 국가전략기술산업 시설 투사에 대한 세액공제율을 높이는 내용의 조세특례제한법 개정안으로, 「조세특례제한법」은 조세의 감면·중과 등 조세특례와 이의 제한에 관한 사항을 규정한 법이다. 개정안은 2023년 3월 16일 국회 기획재정위원회 소위원회를 통과했으며, 3월 22일 기재위 전체회의와 법제사법위원회를 거쳐 30일 국회 본회의를 통과했다. K칩스법에 따르면 반도체 투자에 대한 세액공제율이 ▷대기업과 중견기업은 현행 8%에서 15%로 ▷중소기업은 16%에서 25%로 확대된다. 여기에 직전 3년 동안 연평균 투자금액을 초과해 투자하는 경우 2023년까지는 10% 추가 공제를 해주는 내용도 포함됐는데, 추가공제 적용 시 대기업은 최대 25%, 중소기업은 최대 35%까지 세액 공제가 가능하다. 또 개정안은 국가전략기술 분야인 반도체·2차전지·백신·디스플레이 등 4개 분야와 함께 수소와 미래형 이동수단을 「국가전략기술」로 명시했다. 그밖에 대통령령으로 정하는 분야와 관련된 기술도 세액공제 대상에 포함하기로 명시했다.

키친 클로징(Kitchen Closing·주방 폐쇄) ▼

주방을 최소화하거나 아예 없애는 것을 이르는 말로, 1인 가구 증가와 식재료 가격 인상, 가사노동을 줄이려는 움직임 등이 확산되면서 늘고 있다. 키친 클로징이 늘어나면서 배달음식 수요가 늘어나는 것은 물론, 대형마트에서는 즉석조리식품(델리) 분야의 매출이 늘어나는 추세다. 특히 1~2인 가구 비중이 높은 젊은층에서는 다량의 식자재를 보관하기 어렵거나 사회생활로 가사나 요리를 할 시간이 부족한 경우가 많아, 마트나 백화점 식품관 등에서 조리가 간편한 제품을 구매하는 수요가 많다.

토지거래허가구역(土地去來許可區域) ▼

"서울시가 2월 12일 제2차 도시계획위원회를 열고 송파구 잠실동, 강남구 삼성·대치·청담동 등 국제교류복합지구 인근 아파트(305곳 중 291곳)에 대한 토지거래허가구역 지정을 해제했다. 현재 서울 시내 토지거래허가구역으로 지정된 곳은 이 국제교류복합지구 일대(14.4km²)와 압구정동(강남구)·여의도동(영등포구)·목동(양천구)·성수동(성동구) 등 주요 재건축·재개발 단지(4.58km²), 신속통합기획 및 공공재개발 후보지(7.75km²) 등 총 65.25km² 규모다."

토지의 투기적인 거래가 성행하거나 성행할 우려가 있는 지역 및 지가가 급격히 상승하거나 상승할 우려가 있는 지역에 땅 투기를 방지하기 위해 설정하는 구역으로, 1979년 처음 도입됐다. 토지거래허가구역으로 지정되면 토지 용도별로 일정 규모 이상의 토지거래는 시·군·구청장의 허가를 받아야 한다. 또 주택의 경우 2년 동안 실거주 의무가 있어 매매와 임대가 제한된다. 토지거래계약을 허가받은 자는 대통령령으로 정하는 사유가 있는 경우 외에는 5년의 범위에서 그 토지를 허가받은 목적대로 이용해야 한다. 만약 목적대로 이용하지 않는 경우 상당한 기간을 정해 이행명령을 부여하고, 명령 불이행 시 토지 취득가액의 10% 범위 내에서 매년 이행강제금을 부과할 수 있다.

토털리턴 상장지수펀드(TR ETF) ▼

"정부가 세법을 개정해 오는 7월부터 해외주식형 토털리턴 상장지수펀드(TR ETF)의 이자·배당에 대해 매년 과세(최대 49.5%)하겠다는 방침을 발표했다. 다만 한국 주식시장 활성화를 위해 국내주식형 TR ETF는 과세 대상에서 제외했다."

매년 이자·배당이 발생해도 분배하지 않고 전액 재투자하다가 나중에 팔 때 총수익누계액(Total Return)에 대해 세금을 내는 펀드 상품이다. 일반적인 ETF는 배당금을 현금으로 지급하거나 별도로 처리하지만, TR ETF는 배당금을 자동으로 재투자해 지수에 반영하는 것이 특징이다. 예컨대 투자금 100만 원에 대해 첫 해 배당금이 5만 원이라면, 다음 해에는 원금과 배당이 합쳐져서 105만 원으로 운용된다. 이는 장기 투자할수록 복리 효과가 커지며 수익이 높아진다는 점에서 주로 연금 가입자들이 선호하는 투자 방식으로 꼽힌다.

통상위협 대응조치 (ACI·Anti-Coercion Instrument) ▼

"도널드 트럼프 미국 대통령이 2월 1일 캐나다·멕시코에 25%, 중국에 10%의 추가 관세를 부과하는 행정명령에 서명한 뒤 다음 표적으로 유럽을 지목했다. 이에 유럽연합(EU)은 이러한 미국의 관세 조치에 대응하기 위해 「통상위협 대응조치(ACI)」를 검토할 것으로 알려졌는데, 만약 유럽이 ACI를 사용할 경우 2023년 제정 이후 처음으로 활용하는 사례가 된다."

유럽연합(EU)이 제3국이 경제적 압박(무역 제재, 수출입 제한, 불공정한 경제적 조치 등) 등을 가할 경우 이에 대응하기 위해 마련한 무역 규칙이다. ACI는 2023년 12월 27일 공식 발효돼 2024년부터 본격적으로 적용됐는데, 이는 2021년 EU 회원국인 리투아니아가 대만 국호를 쓴 외교공관 설립을 추진하자 중국이 리투아니아산 상품 통관 거부 등 경제적 보복 조치를 가한 것을 계기로 마련됐다. ACI에 따르면 타국이 EU 회원국을 무역 제재나 관세로 압박할 경우 EU는 해당국에 대해 ▷보복관세 ▷수출 및 수입 제한 ▷투자 금지 ▷정부조달 배제 ▷금융제재 등으로 공동 대응할 수 있다. ACI 활용 절차는 가장 먼저 EU 집행위원회가 특정 국가의 경제적 강압 행위를 조사하고 이를 공식적으로 선언하는 데서 시작된다. 이후 조사 결과를 두고

시사상식

EU 이사회가 가중다수결 투표를 통해 대응 수위와 방식을 결정하게 되는데, 우선 상대국과의 협상을 통한 외교적 조치를 시행한다. 그러나 협상에 실패할 경우 상대국에 대한 무역·투자·금융 등 다양한 제재 조치를 시행하게 된다.

프루트플레이션(Fruitflation) ▼

프루트(Fruit, 과일)와 인플레이션(Inflation)을 합친 말로, 과일 가격이 고공행진하면서 전체 물가를 끌어올리는 현상을 말한다. 이와 같은 프루트플레이션은 이상기후에 따른 수급 불안을 비롯해 인건비·난방비 등 생산비용 증가, 농가 고령화 등에 따른 재배면적 감소 등이 대표적 원인으로 꼽힌다.

> **기후플레이션(Climateflation)** 기후변화로 인한 자연재해나 극한 날씨로 농작물 생산이 감소해 식료품 물가가 상승하는 현상을 이르는 말이다. 즉, 기후변화로 인해 인간이 감당해야 할 직간접적 경제적 비용이 상승하는 것을 가리킨다. 특히 이러한 기후변화로 인한 피해는 경제적으로 취약한 계층에 더 큰 영향을 미치기 때문에 그 심각성을 더하고 있다.

피크 코리아(Peak Korea) ▼

"1월 23일 한국은행에 따르면 지난해 4분기 실질 국내총생산(GDP) 성장률(직전 분기 대비·속보치)이 0.1%에 그치며, 지난해 연간 GDP 성장률은 2.0%를 기록했다."

한국 경제가 과거 고도 성장기를 거치고 나서 성장이 정점을 찍고 내리막에 들어섰다는 견해를 말한다. 이는 국내총생산(GDP)의 급격한 감소와 잠재성장률 하락을 근거로 한 것인데, 실제로 1990년대까지 두 자릿수 성장률을 보였던 한국의 경제성장률은 2000년대 들어서는 5%대, 2010년대에는 3%대, 2020년대 이후에는 2%대로 떨어지고 있다. 특히 지난해 12·3 비상계엄 사태와 연이은 대통령 탄핵 국면 등의 정치적 혼란이 더해지면서 피크 코리아 주장 목소리는 더욱 높아지고 있다.

③ 사회·노동·환경

기후 위플래시(Hydroclimate Whiplash) ▼

지구 온난화에 따른 현상으로, 가뭄과 폭우가 번갈아 이어지는 이상기후 현상을 가리킨다. 즉, 극심한 가뭄이 들었다가 폭우가 쏟아지거나 폭우가 쏟아지다가 가뭄이 드는 등 기후가 극단적으로 바뀌는 현상을 말한다. 지구 온난화로 기온이 상승하면 수분 증발량이 많아지면서 지면에서는 가뭄이 발생하는 반면 대기에는 더 많은 수분을 빨아들일 수 있는 환경이 조성된다. 이러한 대기 스펀지는 많은 양의 수분을 지속적으로 흡수하다가 일정 수준을 넘어서게 되면 결국 폭우로 이어지게 된다.

농촌소멸대응 빈집재생사업 ▼

농촌지역 빈집을 활용해 생활인구를 확대하기 위해 올해부터 본격 추진되는 사업으로, 농촌 빈집우선정비구역에 있는 빈집을 주거·워케이션, 문화·체험, 창업 공간 등 다양한 생활 공간으로 조성하는 것을 핵심으로 한다. 여기서 「생활인구」는 정주인구 뿐만 아니라 일정 시간·일정 빈도로 특정 지역에 체류하는 사람까지 지역의 인구로 보는 것으로, 최근 지방소멸을 막기 위한 대안으로 주목받고 있는 개념이다. 해당 사업은 도시민의 4도3촌과 주말농장 등의 수요가 증가하고, 청년들의 농촌창업에 대한 관심이 높아지는 등 농촌 빈집의 활용에 대한 국민적 관심이 커지고 있는 상황을 반영한 것이다. 농림축산식품부에 따르면 올해 농촌지역 139개 시·군을 대상으로 공모해 이 가운데 3곳을 선정하고, 향후 3년간 총 21억 원을 투입한다는 방침이다. 이를 통해 농촌의 빈집을 ▷주거·워케이션(일과 휴가를 동시에 즐기는 근무 형태) ▷문화·체험 ▷창업 공간 등 다양한 생활 공간으로 조성하고, 마을영화관과 공동부엌 등 주민과 공동으로 활용할 수 있는 장소도 만들게 된다. 사업에 참여하고자 하는 시·군은 역량 있는 민간과 협업해 기획 단계부터 공동으로 사업을 구상하는 등 민간의 창의적인 아이디어를 기반으로 지역 특성을 반영한 사업을 추진할 수 있다.

돌리네(Doline) ▼

"경북도가 1월 24일 스위스에서 열린 제64차 람사르협약 상임위원회에서 문경시의 람사르 습지도시 인증이 확정됐다고 2월 6일 밝혔다. 특히 전 세계 람사르 습지 중 돌리네 지형 또는 돌리네가 2개 이상 연결된 지형 습지는 문경 돌리네를 포함해 6곳뿐이다."

석회암 지형에서 형성되는 원형 또는 타원형의 함몰 지형으로, 석회암이 빗물이나 지하수에 의해 용해되면서 지표면이 꺼져 형성된다. 돌리네는 형성 방식에 따라 ▷빗물과 지하수가 석회암을 오랜 시간 동안 서서히 용해하면서 형성된 「용식 돌리네(Solution Doline)」 ▷지하에 형성된 동굴이나 공동이 무너지면서 생기는 「붕괴 돌리네(Collapse Doline)」 ▷석회암층 위에 있는 토양이나 퇴적물이 지하로 서서히 빠져나가면서 생기는 「토반 돌리네(Suffosion Doline)」 ▷기존의 돌리네가 시간이 지나면서 퇴적물에 의해 메워진 「침전 돌리네(Buried Doline)」로 나뉜다. 돌리네는 이를 통해 빗물이 지하로 스며들어 지하수 저장소 역할을 하기도 하지만, 농경지 및 도로가 함몰할 위험성도 갖고 있다. 돌리네는 슬로베니아의 카르스트 지방 및 인근 지역들, 일본의 야마구치현 아키요시다이가 세계적으로 유명하다.

> **람사르 습지** 람사르협약에 따라 독특한 생물지리학적 특성을 가지거나 희귀동물 서식지 및 물새 서식지로서의 중요성이 있는 습지를 보호하기 위해 지정된 곳이다. 습지 보전에 지역사회가 모범적으로 참여 및 활동한 도시나 마을은 람사르 습지도시로 인증한다. 문경시의 지정에 따라 국내에서는 9곳(창녕군 우포늪, 인제군 용늪, 제주시 동백동산습지, 순천시 순천만, 서귀포시 물영아리오름, 고창군 운곡습지 및 고창갯벌, 서천군 서천갯벌, 문경시 돌리네 습지, 김해시 화포천습지)이 람사르 습지도시가 됐다.

베타세대(β Generation) ▼

2010~2024년까지 출생한 알파세대에 이어 2025~2039년까지 태어나는 세대를 말한다. 베타세대는 호주의 사회학자이자 미래학자인 마크 맥크린들이 제안한 개념으로, 알파세대 역시 맥크린들이 제시한 것이다. 맥크린들은 2035년께 베타세대가 전 세계 인구의 16%를 차지할 것이라고 예측했다. 그에 따르면 알파세대가 디지털 네이티브로 성장한 첫 세대라면 베타세대는 일상생활에서 인공지능(AI)을 자유롭게 사용한다는 것이 가장 큰 특징으로, 이들은 AI 기술이 모든 생활 영역에 깊숙이 자리 잡은 환경에서 성장하는 AI 네이티브가 될 것으로 전망된다. 한편, 맥크린들은 ▷1946~1964년생을 베이비붐 세대 ▷1965~1979년생을 X세대 ▷1980~1994년생을 Y세대(밀레니얼 세대) ▷1995~2009년생을 Z세대 ▷2010~2024년생을 알파세대로 분류해 왔다. 베타세대의 이전인 알파세대는 스마트폰과 사회관계망서비스(SNS)가 대중화된 시기에 태어나 디지털 문화에 익숙하다는 특징이 있으며, Z세대 역시 어릴 때부터 디지털 환경에 노출돼 이에 익숙한 세대이다.

사람 메타뉴모바이러스 (HMPV·Human Metapneumovirus) ▼

뉴모바이러스과에 속하는 음성 단일가닥 RNA 바이러스로, 2001년 네덜란드의 어린이 환자에게서 처음으로 확인됐다. HMPV에 감염되면 급성호흡기감염증인 「사람 메타뉴모바이러스 감염증(Human Metapneumovirus Infection)」 및 급성 호흡기질환이 나타나며, 특히 어린이들에게는 하부호흡기감염증을 일으키기도 한다. HMPV는 주로 5세 미만의 어린이를 비롯해 ▷항암제를 복용하거나 장기이식을 받은 면역저하자 ▷65세 이상의 노년층 ▷스테로이드를 사용하는 천식환자에게서 많이 발생한다. 이는 호흡기 비말을 통해 직접 전파되거나 감염된 사람의 분비물 및 오염된 물건 접촉으로 간접 전파된다. 잠복기는 일반적으로 4~5일로, 주요 증상은 발열·기침·가래·콧물·코막힘 등 대부분 감기와 유사한 증상을 겪는다. HMPV는 예방백신이나 특이적인 항바이러스 치료제는 없고, 해열제나 수액 등으로 대증치료를 한다. 예방 방법으로는 ▷비누와 물로 20초 이상 손을 자주 씻기 ▷씻지 않은 손으로 눈, 코, 입을 만지지 않기 ▷아픈 사람과의 긴밀한 접촉을 피하기 ▷기침과 재채기를 할 때 입과 코 가리기 등이 있다.

산림재난방지법 ▼

"산림청이 산불, 산사태, 병해충 등 산림재난을 통합적으로 관리하기 위한 산림재난방지법이 제정돼 내년부터 시행된다고 1월 22일 밝혔다."

산불·산사태·병해충 등 산림재난을 통합적으로 관리하기 위한 법률로, 산림재난법에 따르면 산림재난 관리의 대상이 산림과 인접한 논과 밭, 과수원 같은 지역까지 확대된다. 또 재난 위험 징후가 파악되면 위험지역 주민이 대피할 수 있도록 산림청장이 시장, 군수, 구청장과 소방서장에게 대피 명령을 요청할 수 있게 된다. 여기에 전국 산림재난 위험지도도 제작돼 지자체의 입산통제구역 지정, 산림재난 예방사업 대상지 선정을 위한 기초자료로 활용된다. 이 밖에 산림재난별로 운영하는 한국산불방지기술협회, 한국치산기술협회, 산림병해충 모니터링센터는 한국산림재난안전기술공단으로 통합 신설되는데, 공단은 ▷산림재난 방지를 위한 연구 조사 ▷교육훈련 ▷기술 정보의 국제 교류 ▷행정 지원 등의 역할을 수행하게 된다.

산분장(散粉葬) ▼

"보건복지부가 1월 14일 국무회의에서 산분장의 장소와 방법 등을 구체화한 「장사 등에 관한 법률 시행령 일부개정안」이 의결됐다고 밝혔다. 이는 지난해 1월 개정된 법률의 시행령을 구체화한 것으로, 해당 개정안은 1월 24일부터 시행된다."

시신을 화장한 뒤 나온 뼛가루(골분, 骨粉)를 산이나 강 등에 뿌리는 장사 방법으로, 자연장(自然葬)의 일종이다. 그간 장사법에는 매장·화장·자연장(수목장)만 규정돼 있고 산분장과 관련한 규정은 없었는데, 1월 24일부터 시행되는 장사법 개정안에 따라 산분장이 합법화됐다. 그동안 국내의 화장률이 높아지면서 부족한 봉안시설의 대안으로 산분장을 제도화해야 한다는 목소리가 계속돼 왔으며, 2023년 12월 산분장을 명시한 장사법 개정안이 국회를 통과한 바 있다. 국무회의에서 의결된 장사법 시행령 일부개정안에 따르면 산분장을 할 수 있는 장소는 골분을 뿌릴 수 있는 시설이나 장소가 마련된 묘지·화장시설·봉안시설·자연장지 및 육지의 해안선에서 5km 이상 떨어진 해양이다. 다만 5km 이상의 해양이더라도 환경관리해역, 해양보호구역에서의 산분장은 제한된다. 또 바다에서 산분을 할 때는 골분이 흩날리지 않도록 수면 가까이에서 해야 하고, 다른 선박의 항행이나 어업 행위·양식 등을 방해해서는 안 된다. 아울러 골분과 생화(生花)만 뿌릴 수 있고 그 밖의 유품이나 용기 등을 바다로 버려서는 안 된다. 또 장사시설에서도 산분이 가능한 별도의 장소에서 골분을 뿌린 후 잔디를 덮거나, 골분을 깨끗한 흙과 함께 섞어 뿌린 후 땅에 잘 흡수될 수 있도록 충분한 물을 뿌리도록 했다.

산림탄소상쇄제도 ▼

개인 산주·공공기관·민간단체·기업 등이 ▷신규 조림 ▷산림경영 개선 ▷산림 보호 등의 활동을 통해 온실가스 감축에 기여하고 이를 정부로부터 인증받는 제도를 말한다. 이를 통해 기업은 해당 감축분을 탄소배출권으로 거래하거나 기업의 사회적 책임(CSR) 활동으로 활용할 수 있다. 특히 올해부터는 사업계획서 분야를 ▷흡수 ▷저장·감축 ▷정보통신기술(ICT)로 나눠 지원한다. 여기서 흡수 분야는 신규·재조림,

식생복구, 수종갱신, 산불피해지 조림 등이고 저장·감축 분야는 목제품 이용, 산림바이오매스다. 그리고 정보통신기술 분야는 드론, 라이다(LiDAR) 활용 식생복구, 신규·재조림 사업 등이다. 해당 제도의 지원대상은 사회공헌형 산림탄쇄상쇄사업 참여 희망자와, 공고일 기준 산림탄소상쇄사업에 등록된 사업자이다. 참여를 희망하는 사업자는 사업계획서 등의 필요서류를 첨부해 한국임업진흥원을 통해 신청하면 되며, 심사를 통해 지원사업 대상으로 선정된 사업자는 사업계획서 작성 및 모니터링·검증에 필요한 행정비용을 지원받을 수 있다.

산타아나 바람(Santa Ana Winds) ▼

"1월 7일 미국 캘리포니아주 로스앤젤레스(LA) 퍼시픽 팰리세이즈에서 시작한 산불이 강력한 국지성 돌풍 산타아나 바람을 타고 확산하면서 대규모 피해가 발생했다. 이번 화재로 건물이 2000여 채 이상 파괴되고 여의도 면적(4.5km²)의 25배 가까운 110km² 이상이 불에 타면서, LA 역사상 최악의 화재로 기록될 가능성이 크다는 전망이 나왔다."

미국 캘리포니아와 네바다 내륙사막에서 태평양으로 부는 강력한 바람으로, ▷강한 풍속 ▷높은 온도 ▷낮은 습도 등의 특성으로 인해 「악마의 바람」으로도 불린다. 주로 가을과 겨울에 발생하는 산타아나 바람은 내륙 고기압에서 해안 저기압으로 공기가 이동하면서 발생한다. 이때 공기가 이동하는 과정에서 캘리포니아 남부의 산맥을 넘어가게 되는데, 이 과정에서 공기가 압축 가열되면서 뜨겁고 건조해지며 속도가 빨라지게 된다. 산타아나 바람의 풍속은 약 6만 5110km/h에 이를 정도로 매우 강한데, 이처럼 건조한 공기와 매우 빠른 풍속은 대형 화재 위험을 높이는 주원인으로 작용한다. 실제로 산타아나 바람은 매년 가을과 겨울철 캘리포니아에서 발생하는 대형 산불과 밀접한 관련이 있다. 무엇보다 이 시기는 여름 내내 이어진 가뭄으로 식생이 매우 건조하다는 점에서 산불 발생 요인을 높이는데, 특히 지구 온난화에 따른 기후변화로 이 지역의 가뭄이 더 길어지면서 식생의 건조는 날이 갈수록 심해지고 있다.

산토리니섬(Santorini) ▼

"그리스 시민보호부가 2월 6일 지진이 계속되고 있는 산토리니섬에 비상사태를 선포했다. 그리스의 주요 지진 연구기관인 아테네 지구역학연구소에 따르면 1월 26일 이후 약 2주간 산토리니섬, 아모르고스섬, 아나피섬 인근 해역에서 6000건이 넘는 지진이 발생했다. 산토리니섬은 아프리카판과 유라시아판의 경계에 자리 잡고 있어 지진이 잦은 지역으로 분류되지만, 이번처럼 지속적인 지진 활동은 매우 이례적이라는 평가다. 이와 같은 지진으로 산토리니섬 주민 1만 6000명 가운데 1만 1000명 이상이 섬을 떠난 것으로 알려졌다."

그리스 에게해 남부에 위치한 섬으로, 기원전 1600년경인 미노스 문명 시대에 발생한 초대형 화산 폭발(테라 화산 폭발)로 형성됐다. 당시 폭발로 섬 중앙이 무너져 내리면서 거대한 칼데라(Caldera)가 형성되며 현재 말굽 모양의 섬 구조가 생겨난 것이다. 이곳은 도리아인, 로마제국, 비잔틴제국, 베네치아공화국, 오스만제국을 거쳐 현재 그리스의 일부가 되었다. 산토리니섬은 특유의 하얀 건물과 파란 지붕, 에게해의 푸른 바다가 어우러  진 경관으로 매년 340만 명의 관광객이 찾을 정도로 전 세계적인 관광명소로 꼽힌다.

스폿워크(Spot Work) ▼

장기 고용에 관계없이 단시간·단발적으로 일하는 방식으로, 단기 아르바이트나 임시직 근무를 가리킨다. 주로 특정 시간대나 하루 단위로 필요한 일손을 구하는 방식으로, 특히 최근에는 스마트폰 앱을 이용한 스폿워크 플랫폼이 등장하면서 더욱 활성화됐다. 이러한 플랫폼에서는 사용자가 원하는 날짜와 시간에 맞춰 단기 아르바이트를 찾고, 일한 후에는 바로 급여를 지급받는 방식으로 이뤄진다.

시민안전보험(市民安全保險) ▼

"1월 9일 지자체에 따르면 시민안전보험 가입 지자체가 2020년 199곳에서 지난해 228곳(226개 기초지자체·세종·제주)으로 늘었다. 보험금 총 지급건수는 2020년 3362건에서 2023년 1만 8148건으로 증가했고 같은 기간 총 지급액 역시 91억 3700만 원에서 321억 1500만 원으로 상승했다."

재난·사고로 인한 시·도민의 생명·신체 피해를 보상하고자 지자체가 자율적으로 보험사·공제회와 가입 계약한 보장제도를 말한다. 즉 지방자치단체가 관장하고 보험·공제사가 운영하는 보험으로, 보험료를 관할 지자체에서 부담함으로써 일상생활 중 예상치 못한 사고 등을 당했을 경우 피해자가 일상으로 복귀할 수 있도록 지원해 주는 것이나. 시사체가 보험에 가입할 때 해당 지자체에 주소를 둔 시·도민은 별도 절차 없이 일괄 가입이 이뤄지게 된다. 2015년 충남 논산시에서 최초로 도입한 이후 현재 지자체의 약 90%가 보험에 가입한 상태이며, 보험에 가입한 지자체에 주소를 두고 있는 시민은 별도 절차 없이 자동으로 보험 혜택을 받을 수 있다. 다만 지자체 자율로 보험에 가입하기 때문에, 지자체에 따라 보장항목의 종류와 보상한도에는 약간씩 차이가 있다.

UBRC
(University Based Retirement Community) ▼

대학 캠퍼스 내에 설립된 은퇴자 주거단지로, 1980~1990년대 미국에서 은퇴한 교수들을 위해 처음 생겨났다. UBRC는 대학 내에 설립돼 은퇴한 교수, 동문, 전문가 및 일반 은퇴자들에게 평생학습, 문화활동, 건강관리 등의 혜택을 제공한다. 이에 은퇴 후에도 지속적으로 학습하고 대학과의 교류를 통해 활발한 사회 활동을 원하는 사람들에게 이상적인 생활 방식을 제공한다는 특징이 있다. 특히 UBRC는 2000년대 이후 교육 수준이 높은 베이비붐 세대의 은퇴가 이어지면서 그 인기가 더욱 높아졌는데, 2025년

현재 미국에서는 100개 이상의 UBRC가 운영되고 있는 것으로 알려졌다. UBRC는 대학과 연계돼 있어 은퇴자들은 대학 강의를 수강하는 것은 물론 다양한 세미나 및 연구 활동 참여도 가능하다. 또 주거 공간은 물론 청소·식사·교통 등의 편의시설도 제공받을 수 있으며, 대학병원 등과 협력 체계를 갖추고 있어 건강관리도 지원받을 수 있다. 아울러 대학생·교수·동문들과의 교류를 통한 사회적 활동 및 활발한 커뮤니티 형성이 가능하다는 장점도 갖추고 있다. 여기에 대학 입장에서는 UBRC를 통해 새로운 재정 수입원 확보가 가능하다는 이점도 있다.

이탄습지(泥炭濕地) ▼

고위도 지방의 춥고 습한 지역에서 주로 발견되는, 유기물이 잘 분해되지 않고 토양층이 쌓여 있는 습지를 말한다. 여기서 이탄(泥炭)은 낮은 온도로 인해 죽은 식물들이 미생물 분해가 제대로 이뤄지지 않은 상태로 쌓여 만들어진 토양층을 말한다. 보통 1mm의 이탄층이 쌓이는 데 1년 정도가 걸리는데, 이탄습지는 시대별 퇴적물을 그대로 간직해 자연사 연구에도 귀중한 자료가 되고 있다. 우리나라의 경우 국립공원관리공단이 2008년 1월 17일 오대산 국립공원 내 소황병산 해발 1170m 지점에 생물다양성이 풍부하고 보존상태가 뛰어난 이탄습지 1곳을 발견해 특별보호구로 지정한 바 있다.

이산화탄소저장활용법 ▼

"산업통상자원부 등이 2월 7일부터 이산화탄소 포집·수송·저장 및 활용에 관한 법률(이산화탄소저장활용법)이 시행된다고 6일 밝혔다. 이처럼 이산화탄소 포집·수송·저장 및 활용(CCUS) 산업을 육성할 제도적 기반이 마련되면서 해당 기술 개발과 기업 지원이 탄력을 받을 것으로 기대되고 있다."

육상·해양 저장 후보지 선정 및 공표 절차, 저장사업 허가, 감독 체계 등 온실가스 감축에 필수적인 이산화탄소 저장소 확보와 운영에 관한 프

로세스 등을 규정한 법률로, 개별법에 산재한 이산화탄소 포집·수송·저장 및 활용(CCUS) 관련 규정을 일원화한 것이다. 지난해 2월 제정된 해당 법률은 관련 산업의 성장 기반 조성을 위해 ▷이산화탄소 활용 전문기업 확인 및 지원 ▷기술 및 제품 인증 ▷실증·사업화 지원 ▷사업비 보조·융자 등 다양한 기업 지원 내용도 명시하고 있다. 아울러 산업 생태계 활성화를 위한 CCUS 집적화 단지 지정 및 지원 제도, CCUS 진흥센터 설립 근거도 규정했다. 한편, 탄소 포집·저장·활용(CCUS)은 산업 활동 등으로 발생한 이산화탄소를 별도로 모은 뒤 저장하는 것으로, 온실가스 감축의 주요 수단으로 인정받는다. 우리나라의 경우 2024년 4월 「제1차 국가 탄소중립·녹색성장 기본계획」에서 이를 통한 온실가스 국가감축목표(NDC)를 2030년까지 연간 480만t으로 상향한 바 있다.

노르웨이 에퀴노르, 영국 셸, 프랑스 토탈에너지스 등 유럽 3대 석유회사가 설립한 합작회사 「노던 라이츠」가 탄소 포집·저장(CCS) 상업화에 첫발을 내디뎠다. 3개 회사는 지난해 노르웨이 베르겐에 150만t 규모의 이산화탄소 저장 시설을 준공한 데 이어 올해부터는 이 규모를 최대 500만t까지 늘려나간다는 계획이다. 이 시설을 거쳐 이산화탄소를 영구 저장하게 될 노르웨이 북해 해저 2600m 깊이 염수층에는 총 1억 2500만t 규모의 이산화탄소를 보관할 수 있을 것으로 전망된다.

인구활력펀드 ▼

인구감소지역 내 기업 성장과 유치를 지원하는 벤처펀드로, 인구 및 일자리 감소로 경제적 활력이 저하된 지역에 있는 중소기업과 벤처기업의 성장을 돕고 지역 내 기업 유치를 촉진해 지역 경제를 재도약시키는 것을 목표로 한다.

인구감소지역은 인구감소로 인한 지역소멸이 우려되는 시(특별시는 제외)·군·구를 대상으로 ▷출생률 ▷65세 이상 고령인구 ▷14세 이하 유소년인구 또는 생산가능인구의 수 등을 고려해 대통령령으로 정하는 지역으로 「국가균형발전특별법」을 근거로 한다. 인구활력펀드는 중소벤처기업부의 모태펀드와 행정안전부의 지방소멸대응기금이 공동으로 인구감소(관심)지역 내 기업 성장 및 유치를 지원한다.

자네의 법칙(Janet's Rule) ▼

19세기 프랑스의 철학자 폴 자네(Paul Janet)가 주장한 것으로, 심리적 시간이 연령에 반비례한다는 것이다. 이는 살아온 순간이 길어질수록 1년의 비중은 낮아지고 짧게 느껴진다는 것으로, 나이와 시간의 속도가 정비례한다는 것이다. 이에 따르면 1세 아이가 체감하는 1년을 365일이라고 했을 때, 같은 1년이 20세는 18.3일, 40세는 9.1일로 줄어든다. 또 이 법칙에 따르면 50세의 1년은 체감상 일주일(7.3일)이며, 80대를 넘어가면 4.6일에 불과하다.

주거안정장학금 ▼

원거리 대학 진학으로 주거 관련 비용 부담이 큰 기초·차상위 대학생의 경제적 부담을 완화하기 위해 올해 처음 도입된 장학금 제도이다. 이는 본 주거지와 진학한 대학 간의 거리가 멀어 통학이 어려운 기초·차상위계층 대학생에게 월 최대 20만 원의 주거안정비용을 지원한다. 주거안전비용에는 전·월세 임차료뿐 아니라 ▷주거유지·관리비(수선유지비, 공동주택관리비 등) ▷수도·난방비 ▷주택임차·저당차입금 이자상환액 등 주거 관련 비용이 포괄적으로 해당한다. 특히 임차료는 주택, 기숙사, 고시원 등의 유형을 불문하고 거주를 목적으로 지급하는 사용료 모두 해당한다. 원거리 진학 여부는 대학이 위치한 소재지와 부모의 주민등록상 주소가 서로 다른 「교통권」에 있는지를 기준으로 판단한다. 교육부는 교통권을 ▷대도시권역 ▷시지역 ▷군지역으로 구분하고, 다시 대도시권역은 ▷수도권 ▷부산·울산권 ▷대구권 ▷광주권 ▷대구권 등으로 나눴다. 같은 권역에서 진학할 경우에는 주거안정비용을 지원받을 수 없는데,

예컨대 대학 소재지는 부산인데 부모님 주소는 경남 진주시인 경우 두 곳 모두 대도시권역(부산·울산권)에 해당하므로 지원이 이뤄지지 않는다. 주거장학금 지급은 대상 학생이 주거비를 지출한 이후 대학이 지급하는 사후정산 방식으로 이뤄지며, 기초·차상위 학생의 경제 상황을 고려해 반기나 연 단위가 아닌 월 단위로 지원한다. 다만 부정수급이 밝혀질 경우 장학금 관련 법률에 따라 환수 절차가 진행된다.

중대재해처벌법(重大災害處罰法) ▼

"충북 청주 오송 지하차도 참사와 관련해 이범석 청주시장, 이상래 전 행정중심복합도시건설청장, 서재환 전 금호건설 대표 등이 1월 9일 「중대재해처벌 등에 관한 법률」 위반 혐의(시민재해치사)로 불구속 기소됐다. 2022년 1월 27일 중대재해법 시행 이후 산업재해와 관련해 업체 대표 등이 기소된 사례는 종종 있었지만, 공중이용시설이나 대중교통수단 등 시민이 이용하는 곳에서 일어난 참사와 관련해 단체장 등이 기소된 것은 이번이 처음이다."

기업에서 사망사고 등 중대재해가 발생했을 때 사업주에 대한 형사처벌을 강화하는 내용의 법률로, 2022년 1월 27일부터 시행됐다. 중대재해처벌법은 사업주·경영책임자의 위험방지의무를 부과하고, 사업주·경영책임자가 의무를 위반해 사망·중대재해에 이르게 한 때 사업주 및 경영책임자를 형사처벌하고 해당 법인에 벌금을 부과하는 등 처벌수위를 명시하고 있다. 현행 산업안전보건법이 법인을 법규 의무 준수 대상자로 하고 사업주의 경우 안전보건 규정을 위반할 경우에 한해서만 처벌을 하는 데 반해, 중대재해처벌법은 법인과 별도로 사업주에게도 법적 책임을 묻는다는 데서 우선 차이가 있다. 이 법에 따르면 중대재해는 「중대산업재해」와 「중대시민재해」로 구분되는데, 중대산업재해는 ▷사망자가 1명 이상 발생 ▷동일한 사고로 6개월 이상 치료가 필요한 부상자가 2명 이상 발생 ▷동일한 유해요인으로 급성중독 등 직업성 질병자가 1년 이내에 3명 이상 발생 중 어느 하나에 해당하는 결과를 야기한 재해를 말한다. 중대시민재해는 특정 원료 또는 제조물, 공중이용시설 또는 공중교통수단의 설계, 제조, 설치, 관리상의 결함을 원인으로 해 발생한 재해로서 ▷사망자가 1명 이상 발생 ▷동일한 사고로 2개월 이상 치료가 필요한 부상자가 10명 이상 발생 ▷동일한 원인으로 3개월 이상 치료가 필요한 질병자가 10명 이상 발생 중 어느 하나에 해당하는 결과를 야기한 재해를 가리킨다.

지역 필수의사제 ▼

"보건복지부가 2월 11일부터 3월 7일까지 지역 필수의사제 시범사업에 참여할 광역 지방자치단체 4곳을 공모한다고 10일 밝혔다. 복지부는 이번 시범사업을 통해 지역별로 24명씩, 총 96명의 전문의가 지역 필수의사로 근무할 수 있도록 할 계획이다."

필수의료와 지방 등 의료 사각지대를 최대한 줄이기 위해 장기간 지역에 근무할 의향이 있는 의대생에게 장학금과 수련비용 등을 지원하고 교수 채용과 주거 지원을 보장하는 제도를 말한다. 즉, 종합병원급 이상인 의료기관에서 필수의료 분야(내과, 외과, 산부인과, 소아청소년과, 응급의학과, 심장혈관흉부외과, 신경과, 신경외과) 전문의를 확보하기 위해 정부가 월 400만 원의 근무 수당을, 지방자치단체가 주거 및 교통비 등을 지원하는 것이다. 이는 지역 의료 붕괴를 막기 위한 대책으로, 의사가 충분한 수입과 거주 지원을 보장받고 지역 필수의료기관과 장기근속 계약을 맺는 방식으로 이뤄진다. 그간 정부가 전공의(인턴, 레지던트)에게 수련 수당을 지원하거나 특정 진료 분야 전문의의 인건비 일부를 지원하는 제도는 있었지만, 해당 제도처럼 근무 수당과 정주 여건을 지원하는 것은 처음이다.

티베트 강진 ▼

1월 7일 오전 9시 5분께 중국 시짱(티베트) 자치구 제2의 도시인 르카쩌시(티베트어 지명은 시가체) 딩르현(북위 28.50도·동경 87.45도)에서 발생한 규모 6.8(중국지진대망 측정)의 강진을 말한다. 미국 지질조사국(USGS)도 이날 같은 시간 네팔 히말라야 산악지대 로부체에서 북동쪽으로 93km 떨어진 중국 지역에서 규모 7.1의 지진이 발생했다고 발표했으며, 유럽지중해지진센터(EMSC)도 같은 시각 로부체에서 북북동쪽으로 99km, 인도 다르질링에서 북서쪽으로 202km 거리에서 규모 7.0의 지진이 일어났다고 밝혔다. 이번 지진의 진원은 중국과 네팔 접경 지역으로, 진원지 주변은 평균 해발고도가 4200m가 넘는 고원지대다. 티베트 자치구는 해발고도가 높고 인구 밀도가 낮은 지역으로, 전통 가옥이 많아 지진에 취약한 구조를 가지고 있다는 점에서 향후 재건 및 복구 작업에 상당한 시간이 소요될 것으로 예상되고 있다. 이번 티베트 강진으로 인한 사망자는 1월 7일 오후 7시 기준으로 126명으로 파악됐는데, 특히 영하 13도를 웃도는 강추위까지 닥치면서 신속한 구조가 이뤄지지 않을 경우 사망자 수가 더욱 늘어날 것이라는 우려가 높아졌다.

필리핀 가사관리사 시범사업 ▼

"고용노동부와 서울시가 함께 추진하는 필리핀 가사관리사 시범사업이 1년 연장된 가운데, 가사관리사 이용 가격이 퇴직금과 업체 운영비 등을 반영해 기존보다 시간당 2860원 오른 1만 6800원으로 결정됐다. 이들의 취업활동기간은 다른 E-9 근로자와 마찬가지로 총 36개월로 연장했으며, 최소 근로시간(주 30시간) 보장과 임금수준(최저임금) 등의 근무 조건은 현행 수준을 유지한다."

정부 인증기관이 고용허가제(E-9)를 통해 만 24~38세 필리핀 가사관리사를 고용하고 해당 가사관리사가 이용계약을 체결한 가정에 출퇴근하며 서비스를 제공하는 사업으로, 2024년 9월 서울에서부터 본격 시행됐다. 필리핀 가사관리사는 필리핀 정부에서 인증한 자격증(Caregiving NCⅡ) 소지자로, 해당 사업의 우선 이용 대상은 20~40대 맞벌이 부부, 한부모 가정, 다자녀가정 등이다. 노동부와 서울시는 고령화 등으로 내국인 가사근로자가 줄어들고 비용도 비싸 육아 부담이 커지자 시범사업을 추진

해 지난해 9월부터 100명의 필리핀 인력을 서울시 가정에 투입했다. 해당 시범사업은 당초 올 2월까지였고, 이에 노동부는 상반기에 1200명 규모로 전국에서 본 사업을 진행할 계획이었다. 하지만 관계부처 협의가 끝나지 않고 다른 지자체 수요가 저조해 본 사업을 당장 추진하는 것이 어렵게 되자, 노동부와 서울시는 현재 이용 중인 가정 및 필리핀 가사관리사가 불편을 겪지 않도록 가사관리사들의 근로계약기간을 1년 연장했다. 연장 기간에는 시범사업에 참여 중인 필리핀 인력 98명 중 귀국 의사를 밝힌 5명 정도를 제외한 나머지가 기존처럼 2개 업체를 통해 가사관리서비스를 제공한다.

하늘이법 ▼

2월 10일 대전의 한 초등학교에서 40대 교사가 1학년 학생을 살해한 사건과 관련해 여야가 제정 추진을 밝힌 법률로, 사건의 피해자인 김하늘 양의 이름을 딴 것이다. 해당 사건 피의자인 교사는 2021년 이후 3차례 우울증 등을 이유로 병가를 낸 것으로 알려졌는데, 지난해 12월 9일에는 6개월짜리 질병휴직을 냈다가 20일 만에 조기 복직한 바 있다. 특히 피의자인 이 교사는 살인 사건이 발생하기 나흘 전에도 이유 없이 동료 교사를 폭행했지만, 즉각적인 분리 조치가 이뤄지지 않은 것으로 알려져 논란이 됐다. 이에 여야는 ▷교원 임용 전후로 정신질환 검사를 의무화하고 ▷정신질환 등으로 교직 수행이 곤란한 교사에게 직권 휴직 조치 등을 할 수 있도록 하며 ▷복귀 시에는 정상 근무 가능성 확인 절차를 필수화하는 법안을 제정한다는 방침이다.

호흡기세포융합바이러스 감염증 (RSV·Respiratory Syncytial Virus) ▼

호흡기세포융합바이러스(RSV) 감염에 의한 급성 호흡기감염증으로, RSV는 영유아에서 하기도감염증을 포함한 호흡기 감염을 일으키는 가장 흔

한 바이러스 중 하나이다. RSV 감염증은 모든 연령대에서 발생할 수 있으나 특히 1세 미만 영아에게서 발병률이 높다. RSV 감염증은 ▷RSV에 감염된 사람의 기침이나 재채기 등을 통한 비말감염 ▷감염된 사람과의 직접적인 접촉 ▷해당 바이러스에 오염된 손이나 물품을 만진 다음 눈·코·입 주위 등을 만졌을 경우 등에 감염된다. 일반적인 잠복기는 2~8일이며, 감염 후 4~6일 이내 증상이 나타나는데 성인의 경우 기침, 콧물, 코막힘 등 가벼운 감기증상이 나타난다. 그러나 신생아나 영유아의 경우 호흡기 증상 없이 보챔, 처짐, 수유량 감소, 빠르고 쌕쌕거리는 숨소리(천명음), 무호흡(10초 이상) 등의 증상이 나타날 수 있으며, 특히 세기관지염이나 폐렴 등으로 진행될 수 있어 주의가 필요하다. RSV 감염증은 특이적인 항바이러스제는 없으며, 대증적 요법(수액 공급, 해열제 등)으로 치료가 이뤄진다. 다만 폐렴이나 모세기관지염 등 중증 하기도 감염인 경우에는 입원치료가 필요할 때도 있다.

홈프로텍터(Homeprotector) ▼

집을 뜻하는 영어 「홈(Home)」과 수호자·지킴이를 의미하는 「프로텍터(Protector)」를 합친 말로 직업·직장이 없어 집에만 있는 무직자, 이른바 백수를 가리키는 신조어다. 본래 「홈프로텍터」는 가정 안전·보안 시스템을 뜻하는 말이지만, 젊은층 사이에서 백수라는 단어를 유쾌하기 표현하기 위해 사용되기 시작했다.

한편, 홈프로텍터와 비슷한 의미의 신조어로 2023년 중국에서 등장한 「전업자녀(全職兒女)」를 들 수 있는데, 이는 직장이 없는 자녀가 집안 내 청소와 식사 등을 전담하고 부모에게서 월급을 받는 것을 이르는 말이다.

④ 문화·스포츠

고려시대 금동관음보살좌상 ▼

높이 50.5cm·무게 38.6kg의 고려 불상으로, 충혜왕이 즉위한 1330년에 제작됐으나 고려 말 왜구가 약탈해 간 것으로 추정된다. 그러다 우리나라 절도단이 2012년 10월 일본 나가사키현 쓰시마섬 관음사에 봉안돼 있던 불상을 훔치면서 우리나라에 반입됐다. 이후 일본 정부와 관음사는 유네스코 협약에 따라 불법 반출된 고려 불상을 돌려 달라고 한국 정부에 요구했다. 이에 충남 서산 부석사는 「1330년경 서주(서산의 고려시내 명칭)에 있는 사찰에 봉안하려고 이 불상을 제작했다」는 불상 결연문을 토대로 왜구에게 약탈당한 불상인 만큼 원소유자인 부석사로 돌려 달라는 소송을 냈다. 이후 2017년 1심 재판부는 여러 증거를 토대로 왜구가 비정상적 방법으로 불상을 가져갔다고 보는 것이 옳다는 취지로 부석사 측 승소 판결을 내렸다. 하지만 2023년 2월 2심 재판부와 10월 대법원 모두 당시 부석사가 현재의 부석사와 동일한 종교단체라는 입증이 되지 않아 소유권을 인정하기 어렵고, 일본 관음사가 1953년부터 도난당하기 전인 2012년까지 60년간 불상을 점유했기 때문에 취득시효(20년)가 인정된다는 판결을 내리며 원고의 청구를 기각했다. 이에 불상은 양측 사찰의 합의 끝에 반환 전 서산 부석사로 옮겨진 뒤 1월 25일부터 100일간 일반에 공개되며, 석가탄신일(5월 5일) 이후 일본에 반환될 예정이다.

공주 마곡사 오층석탑(公州 麻谷寺 五層石塔) ▼

"국가유산청이 1월 9일 공주 마곡사 오층석탑을 국보로 지정했다고 밝혔다. 이는 1984년 보물로 지정된 후 약 41년 만의 국보 승격이다."

국내에서 유일하게 「탑 위의 탑」 형식을 갖춘 고려 후기 석탑으로, 탑 전체의 무게를 받쳐주는 기단(基壇)을 2단으로 쌓고 그 위로 5층의 탑신(塔身)을 올린 후 머리장식을 올린 모습이다. 5층짜리 석탑 최상단에 올려진 1.8m 길이의 금동보탑은 중국 원나라 등에서 유행했던 라마식 불탑 양식을 재현한 것으로, 국가유산청에 따르면 당시 불교 문화가 국제적으로 교류되고 있음을 보여주는 대표적인 문화유산이다. 여기에 석탑의 맨 아래 지대석(址臺石)에는 게의 눈 같은 형상의 곡선 모양을 일컫는 「해목형 안상(蟹目形 眼象)」이 새겨져 있는데, 이는 우리나라에서 현존하는 석탑 중에는 처음 발견된 사례다. 탑의 조성시기에 대한 정확한 기록은 전해지지 않으나, 머리장식의 독특한 모습으로 미뤄 원나라의 영향을 받았던 고려 후기 즈음으로 여겨지고 있다.

한편, 탑이 소재한 마곡사는 통일신라시대에 창건된 사찰로, 유네스코 세계유산 「산사, 한국의 산지승원」에 등재된 사찰 중 하나이자 대한불교

조계종 제6교구 본사이기도 하다. 특히 구한말 독립운동가 김구와도 인연이 깊었던 사찰로, 당시 김구는 명성황후 시해에 가담했던 일본인 장교를 죽인 후 인천형무소에서 옥살이를 하다가 탈옥해 이 절에 숨어 승려로 지냈다.

듀프(Dupe)   ▼

복제품을 가리키는 영어 단어 「Duplication」에서 유래된 말로, 명품 등 고가 브랜드 상품을 대체하는 가성비 높은 제품을 뜻한다. 이는 고물가 상황이 지속되면서 값비싼 명품 대신 유사한 기능을 갖춘 합리적 가격대의 대체품을 찾는 소비자들이 늘어나면서 대두되고 있는 개념이다. 실제로 SNS를 중심으로 명품과 유사한 기

능을 지닌 저가 제품을 찾고 이를 공유하는 문화가 확산되면서 듀프 상품 역시 짝퉁이라는 부정적 인식에서 벗어나 주체적인 소비문화로 자리잡으며 합리적 소비의 영역이 됐다. 이때 듀프 소비는 단순히 가성비만을 중시하는 것이 아닌 「품질」이 기본 전제조건이 된다는 특징이 있다. 또 원제품과 디자인이 완벽히 똑같지 않아도 된다는 점에서 단순히 디자인과 명품 로고 등을 모방하는 위조품과는 차이가 있다.

모카 무스(Mocha Mousse)   ▼

미국의 색체 연구소 팬톤(Pantone)이 2024년 12월 발표한 「2025년 올해의 컬러」로, 브라운 계열(팬톤 색상번호 17-1230)의 색이다. 따뜻함을 풍기는 브라운 톤의 모카 무스는 초콜릿과 커피가 주는 풍부한 매력을 상기시키고 위로와 편안함을 선사한다. 팬톤은 모카 무스를 선정한 이유로 사려 깊은 여유로움을 표현하며 세련되고 풍성하면서도 클래식함을 잃지 않아, 소박하고 안정적인 브라운의 이미지와 고급스러움과 세련미를 동시에 품은 새로운 차원을 보여준다고 설명했다.

한편, 팬톤은 미국의 세계적인 색체 연구소이자 전문기업으로, 2000년부터 매년 「올해의 컬러(The color of the year)」를 발표하고 있다. 다양한 영역의 디자인 전문가들에 의해 선정되는 올해의 컬러는 패션, 뷰티, 인테리어 등 디자인 업계 전반에 큰 영향력을 행사한다. 대표적으로 ▷피치 퍼즈(2024년 올해의 컬러) ▷비바 마젠타(2023년 올해의 컬러) ▷베리 페리(2022년 올해의 컬러) ▷얼티미트 그레이(2021년 올해의 컬러) 등이 그간 선정돼 왔다.

배뱅이굿   ▼

평안도와 황해도 지역에서 전승되어 온 굿놀이로, 소리꾼 한 명이 몸짓을 섞어가며 여러 배역

을 도맡아 배뱅이 이야기를 풀어 놓는 형식이다. 판소리와 형식은 비슷하지만 북이 아니라 장구를 사용하고 서도소리 선율에 실어 나른다는 점이 다르다. 조선시대 영조와 정조 이래 구전돼 오던 것을 구한말 평양 출신 서도 명창 김관준이 개작 및 정리했으며, 이후 그의 아들 김종조와 김종조의 동료인 이인수에 전승되다가 이은관에게 전해지면서 널리 전파됐다. 이야기의 구성은 창자 개인의 역량과 연구관행, 이야기 구성에 관한 정보 유무 등에 따라 평안도와 황해도 지방의 것으로 나뉘지만 두 지역 소리의 서사적 구조에는 차이가 없다. 또한 소리대목에 따라 소리풀이, 산천기도, 배뱅이의 출생과 성장, 사랑과 연애, 배뱅이의 죽음과 장례, 팔도무당의 굿, 박수무당의 굿, 귀로 등의 순서로 진행된다.

한편, 배뱅이굿은 1969년 9월 27일 수심가 등과 함께 국가무형유산 「서도소리」 종목으로 지정됐으며, 배뱅이굿의 대가로 잘 알려진 고(故) 이은관(1917~2014) 명창은 1984년 10월 15일 배뱅이굿의 예능보유자로 인정받은 바 있다.

브루탈리즘(Brutalism)　　　　▼

"제2차 세계대전 이후 미국으로 이민온 유대인 건축가 라즐로 토스의 삶을 담아낸 영화 〈브루탈리스트〉가 오는 3월 열릴 아카데미 시상식에서 10개 부문 후보에 올랐다. 영화의 제목 브루탈리스트는 1950~70년대 유행했던 건축 양식인 브루탈리즘에서 따온 것으로, 이 영화는 베네치아영화제 감독상을 비롯해 골든글로브 작품상·감독상·남우주연상 등 주요 영화제에서 상을 휩쓰는 등 화제를 모으고 있다."

1950~1970년대까지 유행한 건축 양식으로, 노출 콘크리트나 벽돌과 같은 소재의 본질을 드러내는 건축 스타일을 말한다. 「브루탈리즘」이라는 용어는 프랑스어인 「béton brut(노출 콘크리트)」에서 유래한 것으로, 1950년대 영국에서 전후 복구 프로젝트의 일환으로 본격적으로 등장했다. 브루탈리즘의 대표적인 특징인 노출 콘크리트는 건축 재료 자체의 질감을 강조하며 별도의

마감이 없으며 장식적인 요소를 최소화한 것이 특징이다. 또 브루탈리즘은 일반적인 곡선보다는 각진 형태, 비대칭적 배치, 돌출된 구조물을 강조해 육중하고 무거운 느낌을 준다. 브루탈리즘은 제2차 세계대전 이후 유럽과 미국 등에서 전후 복구를 위해 그 필요성이 대두되면서 공공건축과 사회적 주택 건설에 활발히 활용됐다. 여기에 산업화와 도시화가 급격히 진행되면서 기능성과 미니멀함을 갖춘 디자인이 주목을 받은 것도 브루탈리즘이 활성화되는 요인이 됐다. 1970년까지 각광을 받던 브루탈리즘은 1980년대에 들어서면서 점차 쇠퇴하기 시작하는데, 이는 브루탈리즘이 지닌 차가운 분위기가 점차 대중의 외면을 받기 시작한 데다 시간이 지나면서 건물의 외관이 쉽게 노후화됐기 때문이다. 그러나 2000년대에 들어서는 브루탈리즘 건축물이 지닌 역사적 가치가 인정되면서 복원 프로젝트가 진행되고 있는데, 특히 현대의 미니멀리즘 요소와 결합되면서 새로운 디자인 트렌드로까지 재부상하고 있다.

수운교 삼천대천세계도
(水雲敎 三千大天世界圖)　　▼

"국가유산청이 2월 13일 근대기 화풍 종교화 「수운교 삼천대천세계도」를 국가등록문화유산으로 등록 예고했다. 국가유산청에 따르면 수운교 삼천대천세계도의 제작 기법과 표현 양식이 근대기 화풍을 잘 반영했다는 점에서 가치가 있다."

불교 수미세계도의 형식을 빌려 민족종교인 수운교의 세계관을 상·중·하 3단으로 표현한 종교화로, 수운교의 교리로 평가된다. 여기서 「수미세계도(須彌世界圖)」는 불교의 수미산을 중심으로 한 우주관을 표현한 종교화를 말하며, 「수운교(水雲敎)」는 1923년에 창시된 민족종교로 동학의 창시자인 최제우(崔濟愚, 1824~1864)의 호인 수운(水雲)에서 따온 명칭이다.

「수운교 삼천대천세계도」는 가로 239.5cm·세로 162cm의 화면을 크게 3단으로 구분해 각각 부처, 하늘, 인간을 뜻하는 무량천계(상단), 도솔

▲ 수운교 삼천대천세계도
(출처: 국가유산청)

천계(중단), 인간계(하단)를 배치했다. 이를 통해 불계(佛界)·천계(天界)·인계(人界)의 삼계 하늘이 하나이고, 부처·하늘(하날님)·인간의 마음도 하나라는 「불천심일원(佛天心一圓)」의 교리를 표현하였다. 이는 1929년 제작돼 제작 기법과 표현 양식이 근대기의 화풍을 잘 반영하고 있다.

아세안 미쓰비시 일렉트릭컵 (ASEAN Mitsubishi Electric Cup) ▼

"김상식 감독이 이끄는 베트남 축구대표팀이 1월 5일 태국 방콕 라자망갈라스타디움에서 열린 태국과의 「2024 아세안 미쓰비시 일렉트릭컵」 2차 결승전에서 3-2로 승리하며 1·2차전 합계 5-3으로 우승을 차지했다. 베트남이 미쓰비시컵에서 우승한 것은 박항서 전 감독이 이끌었던 2018년 대회 이후 6년 만이자 통산 세 번째. 특히 김 감독은 앞선 1월 3일 열린 결승 1차전에서 최다 우승국인 태국을 상대로 승리, 1998년 이후 27년 만에 베트남의 승리를 이끌기도 했다."

AFF(ASEAN Football Federation·아세안축구연맹) 가맹국이 참가해 기량을 겨루는 대회로, 「동남아시아의 월드컵」으로 불린다. 1996년 창설돼 2년마다 개최되고 있다. 1996년부터 2004년까지는 싱가포르의 맥주 제조사인 타이거 맥주가 대회 스폰서를 맡아 「타이거컵(Tiger Cup)」으로 불리기도 했으나, 2007년부터는 대회 명칭이 「아세안 축구선수권대회(AFF Championship)」로 변경됐다. 이후 2008년부터는 일본의 자동차회사인 스즈키가 네이밍 스폰서십을 체결하면서 「AFF 스즈키컵(AFF Suzuki Cup)」으로 불렸고, 2022년 대회부터는 일본 미쓰비시전기의 후원을 받아 「미쓰비시컵」으로 불리고 있다.

미쓰비시컵은 10개 출전국이 2개 조로 나눠 조별리그를 치른 후 각 조 상위 2팀이 4강에 진출하게 된다. 이때 4강전과 결승전은 조별리그와 달리 「홈 앤 어웨이 방식」으로 치러지며 1·2차전 경기 결과를 합산해 승부를 가린다. 한편, 미쓰비시컵은 2018년부터 별도의 개최국 선정 없이 대회에 참가하는 모든 회원국에서 경기를 개최하고 있다.

윤봉길 의사 추모 안내관 ▼

일제강점기 독립운동가인 매헌 윤봉길 의사(1908~1932)를 기리기 위해 건립된 추모관으로, 윤봉길 의사가 순국한 곳인 일본 이시카와현 가나자와시에 위치하고 있다. 추모 안내관은 윤 의사가 중국 상하이 홍커우 공원에서 일본군에 폭탄을 투척한 의거일(1932년 4월 29일)에 맞춰 올해 4월 29일 개관을 목표로 하고 있다. 추모 안내관에는 윤봉길 의사와 관련이 있는 가나자와시 곳곳을 소개하고 현지를 둘러보는 데 도움이 되는 소개자료도 비치할 예정으로, 특히 윤 의사가 가나지와에서 보낸 생애 마지막 순간에 대한 자료가 전시된다.

한편, 윤봉길 의사는 1932년 4월 29일 상하이 홍커우 공원에서 일본 수뇌부를 겨냥한 폭탄 의거를 일으킨 뒤 현장에서 즉시 체포됐으며, 그해 5월 25일 일본 군법회의에서 사형을 선고받았다. 이후 같은 해 11월 일본 오사카로 호송된 그는 그해 12월 18일 가나자와 제9사단 사령부 구금소로 끌려온 이튿날 총살형으로 24세의 나이로 순국했다.

이상문학상(李箱文學賞) ▼

"이상문학상을 주관하는 다산콘텐츠그룹 산하 출판브랜드 다산북스가 2월 17일 제48회 이상문학상 대상에 소설가 예소연의 〈그 개와 혁명〉을 선정했다고 밝혔다. 〈그 개와 혁명〉은 1980년대 학생운동 세대인 아버지 태수와 2020년대 페미니스트 청년 세대인 딸 수민이 독특한 방법으로 의기투합하는 과정을 담아낸 작품이다."

요절한 천재 작가 이상(李箱, 1910~1937)의 문학적 업적을 기리고 그의 작가정신을 계승하여 한국 소설계의 발전에 기여하기 위해 1977년 문학사상사가 제정한 문학상이다. 시상은 중·단편소설을 대상으로 하며, 수상작과 후보작을 매년 《이상문학상 작품집》을 통해 발표한다. 상금은 대상 5000만 원, 우수상 각 500만 원으로, 지난해까지는 출판사 문학사상이 주관했으나 올해부터 다산콘텐츠그룹으로 주관사가 변경됐다. 한편, 2월 18일 출간된 수상작 작품집은 표지 디자인을 바꾸고 수상자 6명과 심사위원 6명이 심층 대담한 인터뷰 여섯 편이 수록됐다.

텍스트힙(Text-hip) ▼

글자를 뜻하는 「텍스트」와 개성 있고 멋있다는 뜻의 은어 「힙하다」를 합성한 신조어로, 「독서를 하는 것이 멋지다」는 의미에서 등장한 말이다. 이는 스마트폰의 대중화로 디지털 기기가 범람하는 환경에서 성장하며 이미지와 영상에 익숙해진 Z세대들이 어느 순간 비주류 문화가 된 텍스트 기반의 콘텐츠(독서, 기록)를 멋지다고 여기면서 생겨난 현상이다. 이에 페이스북이나 인스타그램 등의 소셜미디어(SNS)에 자신의 독서 경험을 기록하거나 인상적인 구절을 공유하는 이들이 늘어나고 있다. 다만 SNS 유행을 따라 실제로 책을 읽기보다는 책 표지를 찍어 올리거나 책을 쌓아둔 이미지를 올리는 경우도 있다. 또 SNS 과시를 위해 모형책이나 책 모양의 인테리어 소품들을 찾는 경우가 늘면서, 해당 제품들의 판매도 급증하는 것으로 알려졌다.

퐁피두센터(Centre Pompidou) ▼

"프랑스 정부에 따르면 퐁피두센터가 오는 9월부터 새 단장을 위해 5년 동안 문을 닫고 2030년 재개관한다. 앞서 프랑스 정부는 2021년 퐁피두센터를 1997년 개관한 이래 한 번도 보수 공사를 하지 않아 안전 문제가 제기된다며 ▷건물 외벽의 석면 제거 ▷화재 안전 조치 강화 ▷이동 접근성 확보 ▷에너지 효율 최적화 등을 위해 2억 8000만 달러(약 4100억 원) 투입 계획을 발표한 바 있다."

루브르·오르세와 함께 파리의 3대 미술관으로 꼽히는 곳으로, 정식 명칭은 「국립 조르주 퐁피두 예술문화센터」이다. 프랑스 파리의 포럼 데 알과 마레 지구 사이에 위치하고 있는 퐁피두센터는 예술·문화 활동의 여러 기능을 집결해 놓은 현대미술을 상징하는 형태로 건립돼 1977년 개관했다. 퐁피두센터는 이 건물의 건립에 노력한 당시 대통령 조르주 퐁피두의 이름을 붙여 지어진 것으로, 건물 철골이 그대로 드러나는 파격적인 외관을 특징으로 한다. 퐁피두센터 내부는 파리국립근대미술관, 공업창작센터, 도서관, 영화관 등으로 구성돼 있으며 미술품과 사진 등 작품 6만여 점이 전시돼 있다. 특히 루브르박물관이 기원전부터 19세기 초반까지, 오르세미술관이 그 이후부터 20세기 초반까지 작품을 주로 보유하고 있다면, 퐁피두센터는 20세기 초부터 최근까지의 작품을 집중적으로 소장하고 있어 프랑스의 근·현대미술 중심지로 인정받고 있다. 한편, 퐁피두센터는 파리 외에 프랑스 메스, 스페인 말라가, 벨기에 브뤼셀, 중국 상하이 등에 분원을 운영하고 있다.

필립 K 딕상(Philip K. Dick Award) ▼

"1월 13일 출판사 인플루엔셜의 문학 브랜드 래빗홀에 따르면 정보라(49)의 〈너의 유토피아(Your Utopia)〉 영어 번역본이 필립 K 딕상 최종 후보(6편)에 이름을 올렸다. 한국 작품이 이 상의 후보로 오른 것은 이번이 처음이다. 〈너의 유토피아〉는 정보라의 2021년작(作)인 〈그녀를 만나다〉의 제목과 수록작 순서를 바꾼 개정판으로, 총 8편이 수록된 소설집이다. 표제작 〈너의 유토피아〉는 전염병으로 인류가 떠난 황량한 행성에서 고장난 휴머노이드(인간형 로봇)를 태우고 배회하는 스마트 자동차의 이야기를 담고 있다. 한편, 2025년 필립 K 딕상 최우수상 및 특별 언급 수상작은 4월 18일 발표된다."

미국 SF 소설의 거장인 필립 K 딕(1928~1982)을 기리기 위해 제정된 상으로, 필립 K 딕이 세상을 떠난 이듬해인 1983년에 제정돼 현재에 이르고 있다. 휴고상·네뷸러상과 함께 「세계 3대 공상과학(SF) 문학상」으로 꼽히는 필립 K 딕상은 전년도 미국에서 페이퍼백으로 출간된 뛰어난 SF 작품에 수여한다. 그동안 윌리엄 깁슨의 〈뉴로맨서〉, 칼리 윌리스의 〈데드 스페이스〉, 앤 차녹의 〈계산된 삶〉 등이 이 상을 수상한 바 있다. 한편, 필립 K 딕은 SF소설의 거장으로, 특히 그의 작품 중 여러 편이 유명 감독들에 의해 영화화되면서 더욱 화제를 모은 바 있다. 영화화된 대표적 작품에는 오우삼 감독의 〈페이첵〉(2003), 스티븐 스필버그 감독의 〈마이너리티 리포트〉(2002), 리들리 스콧 감독의 〈블레이드 러너〉(1982) 등이 있다.

할렘 르네상스(Harlem Renaissance) ▼

20세기 초 아프리카계 미국인들이 미국 남부에서 벗어나 뉴욕 할렘으로 대거 이주를 시작했을 당시 그 지역을 중심으로 퍼진 문화예술 운동을 말한다. 본래 19세기 말까지 맨해튼 북부의 할렘은 상류층 백인이 거주하는 지역이었으나 「흑인 대이동(Great Migration)」이라는 역사로 인해 미국 최대의 흑인 거주지역으로 바뀌게 되었다. 이후 흑인 커뮤니티가 조성된 할렘에서는 경제적으로 안정된 흑인 중산층과 교육받은 인텔리를 중심으로 흑인들의 독립과 자치권을 주장하는 「뉴니그로(New Negro)」를 가치 삼아 문화부흥 운동이 일어났는데, 이를 후대에 할렘 르네상스라 칭하게 된 것이다. 대략 1920~1940년대 중반까지 지속된 할렘 르네상스는 문학·음악·공연·패션 등 예술 분야에서 나타난 아프리카계 미국인 문화의 황금기로 불린다. 이때 활동한 대표적인 예술가로는 ▷랭스턴 휴스(시인) ▷애런 더글러스(화가) ▷루이 암스트롱(음악가) 등을 꼽을 수 있는데, 이들은 자신들의 정체성을 지키기 위해 인종차별에 저항하고 흑인문화에 대한 긍지를 드러내는 작품들을 창작·발표하는 등 당시 미국과 유럽 등에서 큰 영향력을 발휘했다.

⑤ 일반과학·첨단과학

과학기술전문사관 ▼

우수한 과학기술인재가 군복무 기간에 경력단절 없이 국방과학기술 분야에서 근무하도록 하는 제도를 말한다. 이는 이스라엘의 엘리트 과학기술전문장교 프로그램인 「탈피오트(Talpiot)」 제도를 벤치마킹한 것으로, 군 복무기간 동안 과학기술 분야에서 연구를 이어나갈 수 있게 함으로써 우수한 인재를 양성하기 위함이다. 과학기술전문사관은 학사 재학생 대상으로만 후보생을 모집하다가 지난해 과기정통부와 국방부가 모집 범위를 기존 학사급에서 석사급으로 확대하기로 협의하면서, 올해 처음으로 과학기술전문사관 석사 후보생 모집이 이뤄지게 된다. 과학기술전문사관 석사 후보생으로 선발되면 학위과정 재학 중 국방과학연구소(ADD) 현장 실습교육 등의 양성과정을 거치고, 학위 취득 후에는 8주간의 군사훈련을 거쳐 연구개발 장교(과학기술전문사관)로 임관해 ADD 등 국방 연구개발 기관에서 3년간 복무하게 된다.

국가바이오위원회 ▼

"글로벌 바이오 5대 강국 도약을 목표로 국가 바이오산업 전략을 총괄하는 국가바이오위원회가 1월 23일 공식 출범했다. 정부는 국가바이오위원회를 중심으로 2032년까지 국내 위탁개발생산(CDMO) 능력을 현재의 2.5배로 확대하고, 2027년까지 바이오 기업의 성장을 지원하기 위해 1조 원 이상의 펀드를 조성할 계획이다."

글로벌 바이오 5대 강국 도약을 목표로 국가 바이오산업 전략을 총괄하는 핵심 기관으로, 지난해 10월 국무회의에서 대통령령인 「국가바이오위원회의 설치 및 운영에 관한 규정」이 의결됨에 따라 출범했다. 위원회는 전문가 위주 민간위원 24명과 관계부처 장관 등 정부위원 12명으로 구성됐는데, 정부위원으로는 ▷과학기술정보통신부 ▷농림축산식품부 ▷산업통상자원부 ▷보건복지부 등 12명이 당연직으로 참여하고 있다.

위원회는 국내 바이오 산업과 연관된 민·관 역량을 결집하는 것을 목표로, ▷중장기 전략 수립 ▷글로벌 경쟁력 강화 ▷규제 혁신 ▷인재 양성 등의 다양한 역할을 수행하고 있다. 특히 위원회는 관련 법 제정과 정책 실행을 통해 바이오 산업의 경쟁력을 강화하고 글로벌 바이오 시장에서의 입지를 확대하게 된다.

국가 AI컴퓨팅센터 ▼

"과학기술정보통신부가 1월 22일 열린 국정현안관계장관회의 겸 경제관계장관회의에서 올해 11월 서비스 조기 개시 등 구체적인 사업 추진계획을 담은 「국가 AI컴퓨팅센터 구축 계획안」을 발표했다. 이에 따르면 정부는 민관 합작투자를 통해 **특수목적법인(SPC)**을 설립하고, 정책금융 대출 **등**을 활용해 최대 2조 원 규모의 국가 AI컴퓨팅센터를 구축할 계획이다."

정부가 우리나라와 글로벌 간 인공지능(AI) 기술 격차를 좁히고 국산 AI 반도체 확대를 위해 구축하려는 센터를 말한다. 첨단 반도체를 집적해 설치하는 고성능 AI컴퓨팅센터는 복잡한 AI 머신러닝 모델과 알고리즘을 훈련하는 데 필수적인 기반 시설임에도 국내에는 AI 모델·서비스 개발에 필수적인 그래픽처리장치(GPU) 등 컴퓨팅 자원이 부족한 상태다. 이에 센터는 AI 생태계 지원을 위해 첨단 GPU, 국산 신경망처리장치(NPU)를 이용한 AI 서비스 등을 제공한다. 센터 입지는 수도권 전력난과 지역 균형발전을 고려해 비수도권으로 하고, 입지·전력 확보 방안 등은 민간에서 제안받는다. 센터는 공공과 민간이 각각 51%와 49%의 비율로 총 4000억 원을 출자한 민관합동 특수목적법인(SPC)이 구축을 맡는다.

> **GPU(Graphic Processing Unit)** 데이터를 한 번에 대량으로 처리하는 병렬 처리 방식 반도체로, 인공지능(AI)의 핵심 부품으로 사용된다. GPU가 AI의 핵심 부품으로 부상하게 된 것은 계산 정확도가 CPU만큼 높진 않지만 그 속도가 매우 빠르기 때문이다. GPU는 1999년 엔비디아가 게임 속 3D 이미지 데이터를 효과적으로 처리하기 위해 개발했으며, 현재 엔비디아가 전 세계 GPU 시장 점유율 90% 이상을 차지하며 독주 체제를 지키고 있다.

그록3(Grok3) ▼

"일론 머스크가 이끄는 인공지능(AI) 기업 xAI가 2월 18일 새 AI 모델인 「그록(Grok)3」를 공개했다. 머스크는 해당 모델이 오픈AI의 GPT-4o, 앤트로픽의 클로드 3.5 소네트, 딥시크의 V3 등 경쟁사 거대언어모델(LLM)보다 수학·과학·코딩 등에서 수행 성능이 우수한 지구상에서 가장 똑똑한 AI라고 강조했다."

일론 머스크가 이끄는 인공지능(AI) 기업 xAI가 2월 18일 공개한 새 AI 모델로, 기본모델과 더 작은 모델, 추론 특화모델 등으로 구성돼 있다. 이는 엔비디아 그래픽처리장치(GPU) H100 10만 개를 탑재한 콜로서스(Colossus) 슈퍼컴퓨터에서 2억 시간 동안 훈련됐는데, xAI 측은 그록3 기본모델이 수학·과학 및 코딩 벤치마크(성능 평가 지표) 전반에서 구글 제미나이 2.0 프로, 딥시크 V3, 앤스로픽의 클로드 3.5 소네트, 오픈AI의 GTP-4o를 능가했다고 밝혔다. 또 머스크는 그록3가 딥시크 R1과 오픈AI o3 미니와 유사한 추론 기능을 갖췄으며, 자세한 사고 사슬(CoT, AI가 문제를 풀 때 단계별 중간사고 과정을 거쳐 해결·추론해 내는 기법) 과정을 사용자에게 공개한다고 밝혔다. xAI는 그록3를 엑스 유료 멤버십 프리미엄 플러스(월 2만 9000원, 연 30만 원) 구독자에게 우선 제공한다고 전했다. 아울러 xAI는 그록3 기반 새 에이전트 「딥서치(DeepSearch)」도 공개했는데, 이는 오픈AI의 딥리서치와 비슷한 도구로 웹 페이지·엑스 등에서 오랜 시간 검색해 필요한 정보를 제공하는 것이다.

주요 생성형 AI 모델

구분	개발사	출시 시기	특징
그록3	xAI	2025년 2월	윤리적 쟁점이나 민감한 주제에도 솔직한 답변 제시, 실시간 정보 접근
GPT-4o	오픈AI	2024년 5월	텍스트·이미지·음성 등 멀티모달 기능
제미나이 2.0	구글	2024년 12월	과학적 이해와 추론에 특화, 대규모 문서 처리
클로드 3.5	앤스로픽	2024년 10월	코드 생성과 문제 해결에 우수
딥시크 V3	딥시크	2024년 12월	비용 대비 높은 학습력, 개인정보 보호 문제로 국내 사용 중단

나노셀룰로스(Nanocellulose) ▼

식물성 섬유소(셀룰로스)를 나노미터 크기로 분해한 친환경 나노 소재로, ▷높은 강도 ▷가벼운 무게 ▷생분해성 등의 특징을 지니고 있어 「꿈의 신소재」라 불리기도 한다. 나노셀룰로스는 강철보다 강도가 높고 탄성이 우수하며, 밀도가 낮아 가볍다는 특징이 있다. 또 나노 크기의 섬유 구조로 표면적이 크며, 식물 기반 소재라는 점에서 자연에서 분해가 가능하다는 친환경적 특징도 갖고 있다. 나노셀룰로스는 제조 방식과 구조에 따라 크게 ▷셀룰로스 나노섬유(CNF·Cellulose Nanofiber) ▷셀룰로스 나노결정(CNC·Cellulose Nanocrystal) ▷박테리아 나노셀룰로스(BNC·Bacterial Nanocellulose)로 나뉜다. CNF는 식물 섬유를 기계적·화학적·효소적 방법으로 나노 크기의 섬유로 만든 것으로 평균 직경은 5~100nm이며, CNC는 셀룰로스를 산가수분해해 결정 부분만 남긴 것이다. 그리고 BNC는 특정 박테리아 발효 과정에서 생성된 것으로, 평균 직경은 20~100nm다. 나노셀룰로스는 강도 및 탄성, 경량성 등의 특징으로 기존 플라스틱이나 금속을 대체할 수 있는 차세대 소재로 주목받고 있는데, 특히 ▷종이 및 포장재 ▷의료용 드레싱 ▷플렉서블 디스플레이 ▷수처리 필터와 이산화탄소 흡착재 등 제조 분야를 비롯해 의료·전자·환경 분야에서 활용될 수 있다.

뇌-컴퓨터 인터페이스
(BCI·Brain-Computer Interface) ▼

인간의 두뇌와 컴퓨터를 연결해 뇌파로 외부 기기를 제어하거나, 외부 신호로 신체의 신경 세포를 자극하는 기술이다. 인간이 특정 동작을 수행하려고 할 때 뇌에서 생성되는 전기 신호를 컴퓨터에 전달하면, 컴퓨터가 이 신호를 통해 외부 기기를 작동시키는 원리다. 뇌의 신호로 휠체어나 로봇 등의 기계를 조작할 수 있다는 점에서 「뇌-기계 인터페이스(BMI·Brain-Machine Interface)」라고도 불린다. BCI 기술은 언어나 신체 동작을 거치지 않고도 사용자의 생각을 실현할 수 있다는 점에서 특히 장애를 가진 사람들의 신체적 제약 극복에 활용될 수 있다. 또한 장기적으로는 게임이나 가상현실과 같은 엔터테인먼트 분야와의 접목도 검토되고 있다. 그러나 현재 기술로는 정확한 뇌파를 측정하기에 한계가 있으며, 센서를 부착하는 과정에서 뇌에 손상을 가할 위험이 있어 이를 해결하기 위한 연구가 진행 중이다. 이러한 BCI를 구현하는 방식으로는 ▷뇌에 직접 센서를 부착하는 삽입형 ▷헤드셋 등 외부 장비로 뇌파를 간접 측정하는 부착형이 있는데, 최근에는 센서를 혈관에 넣는 등 간단한 시술로 뇌파를 측정하는 하이브리드형 기술이 개발되고 있다. 특히 뇌에 전극을 심어 컴퓨터와의 통신을 실현하는 「뇌 임플란트」는 BCI를 구현하기 위한 대표적인 기술 중 하나로 꼽힌다.

시장조사 업체 그랜드뷰리서치에 따르면, 글로벌 BCI 시장 규모는 2025년 28억 3000만 달러(약 4조 1000억 원)에서 2030년 65억 2000만 달러로 급성장할 전망이다.

디지털 노마드(Digital Nomad) ▼

"홍콩 사우스차이나모닝포스트(SCMP)가 1월 2일 대만 정부가 이달부터 이른바 「디지털 노마드」라 불리는 외국인들에게 6개월의 체류 자격을 부여하는 비자 제도(디지털 노마드 비자)를 도입했다고 보도했다."

첨단기술(Digital)과 유목민(Nomad)의 합성어로, 첨단 디지털 장비를 구비하고 있어 장소에 구애받지 않고 일하는 사람들을 가리키는 용어이다. 스마트폰과 노트북 등을 소지하고 다니면서 한 공간에 머물지 않고 옮겨 다니며 일하는 젊은층의 방식이 여기저기 떠돌았던 유목민의 모습을 연상시킨다고 하여 생겨난 명칭이다. 디지털 노마드는 정보기술의 발달로 등장한 21세기형 신인류인 셈으로, 이들은 최첨단 정보통신기기를 가지고 자신이 필요한 정보를 찾고 쌍방향 커뮤니케이션을 기반으로 개인·사회 생활을 해 나간다.

디지털 유산 ▼

고인이 생전에 온라인이나 스마트폰 같은 디지털 공간에 남긴 흔적으로, ▷스마트폰 속 연락처와 사진 ▷주고받은 이메일 ▷소셜미디어 댓글 등이 이에 해당된다. 국내에는 이와 관련된 규정이 아직 없지만, 18대 국회에서부터 디지털 유산 상속법 논의가 시작된 바 있다. 2010년 천안함 사건의 희생자 유족이 고인의 미니홈피에 접근하게 해달라고 요청하면서 디지털 유산에 대한 개념이 부상했고, 이후 세월호와 이태원 참사를 거치며 꾸준히 관련 법안이 발의돼 왔다. 그러나 개인정보 보호 문제, 상속인의 권리와 고인의 프라이버시권 사이의 권리 충돌 문제 등으로 인해 법제화는 이뤄지지 않았다. 반면 해외에서는 이미 다수 국가가 디지털 자산에 관한 별도의 법을 제정·시행 중에 있다. 대표적으로 미국의 경우 대부분의 주가 디지털 자산에 접근하고 관리 권한을 신탁할 수 있는 「디지털 자산 접근법(RUFADAA)」을 시행 중에 있다. 또 프랑스는 2016년 발효된 「프랑스 디지털법」을 통해 개인의 사망 전 디지털 유산의 승계 또는 폐기할 권리를 규정했다.

디지털의료제품법 ▼

디지털의료제품의 제조·수입 등 취급과 관리 및 지원에 필요한 사항을 규정한 법률로, 1월 24일부터 시행됐다. 이 법에서 「디지털의료제품」이란 디지털의료기기, 디지털융합의약품 및 디지털의료·건강지원기기를 말한다. 디지털의료제품법은 전통적 의료기기와 달리 무형(無形)의 소프트웨어 중심으로 기술 발전속도에 맞춰 변경 주기가 짧은 디지털 기술의 특성을 반영했다. 식품의약품안전처장은 디지털의료제품의 사용목적, 기능 및 사용 시 인체에 미치는 잠재적 위해성 등의 차이에 따라 체계적·합리적 안전관리를 할 수 있도록 디지털의료제품을 분류하고 등급을 지정할 수 있으며, 필요한 경우에는 한시적으로 분류 및 등급을 지정할 수 있다. 디지털의료

기기 규제체계의 경우 우선 해킹이나 전자메일 폭탄 등 전자적 침해행위와 같은 새로운 위협에 대처하기 위해 전자적 침해행위에 대한 보안지침을 준수하도록 해 디지털의료기기의 안전성을 확보하고자 했다. 디지털의료기기 제조업자 및 디지털의료기기 수입업자는 ▷디지털의료기기의 오작동, 기능의 미비 등 제품의 결함이나 오류로 인하여 발생하는 문제를 지속적으로 수집·관리 또는 개선 ▷전자적 침해행위(해킹, 컴퓨터 바이러스, 논리·메일폭탄, 서비스 거부 또는 고출력 전자기파 등의 방법으로 디지털의료기기의 안전성과 유효성, 성능 등에 영향을 미치는 행위)로부터의 취약점에 대한 지속적인 보완 등의 사항을 준수하도록 했다. 이 밖에 디지털 의료기기의 제조 및 품질관리 적합 판정과 우수관리체계 인증 등을 위한 인증업무 등 대행기관, 업계 대상 맞춤형 컨설팅을 제공하는 규제지원센터와 디지털의료제품 규제전문가 양성을 위한 전문인력 양성기관 지정·운영 등 다양한 규제지원 인프라에 대한 사항도 해당 법률에 명시됐다.

디지털 콕핏(Digital Cockpit) ▼

첨단 기술이 집약된 운전 공간으로, 차량의 내부에 디지털 기술을 활용한 다양한 기능을 배치하여 운전 경험과 편의성을 극대화하는 시스템을 말한다. 여기서 「콕핏」이란 비행기 조종석에서 유래한 단어로, 승용차 1열에 위치한 운전석과 조수석 전방 영역을 통칭하는 말이다. 「디지털 콕핏」이라는 개념은 기존 아날로그 방식의 계기판이나 오디오 중심의 콕핏이 대형 디스플레이 등 디지털 제품으로 교체되는 변화가 나타나면서 등장하게 되었다. 디지털 콕핏에는 우선 디지털 디스플레이를 들 수 있는데, 이는 기존의 물리적인 계기판 대신 LCD·OLED 디스플레이를 사용해 속도, 연료 상태, 주행 정보 등을 표시하는 것을 들 수 있다. 또 차량에 5G 연결을 통해 실시간 교통 정보와 소프트웨어 업데

최신시사상식

이트 등을 제공하며, 집의 스마트기기와 연동해 차량 내에서 가전제품을 제어할 수 있다는 특징도 있다. 아울러 음성 명령으로 내비게이션, 음악 재생, 전화 통화 등을 조정하는 기능도 제공한다. 디지털 콕핏은 이를 통해 운전 중 불편함을 줄여주고, 소프트웨어 업데이트를 통해 차량의 지속적인 기능 향상을 가능하게 한다는 장점이 있다.

디지털 트윈(Digital Twin) ▼

현실세계의 기계나 장비, 사물 등을 컴퓨터 속 가상세계에 구현한 것으로, 가상공간에 실물과 똑같은 물체(쌍둥이)를 만들어 다양한 모의시험(시뮬레이션)을 통해 검증해 보는 기술을 말한다. 이는 실제 제품을 만들기 전 모의시험을 통해 발생할 수 있는 문제점을 파악하고 해결하기 위해 활용되고 있다. 미국 가전업체인 제너럴 일렉트릭(GE)이 주창한 개념으로 2000년대 들어 제조업에 도입되기 시작했으며 항공·건설·헬스케어·에너지·국방·도시설계 등 다양한 분야에서도 활용되고 있다. 여기에 3차원 설계 프로그램을 사용하고 사물인터넷(IoT)을 통해 방대한 양의 정보를 수집할 수 있게 되면서 디지털 트윈의 정확도가 높아지고 있다. 디지털 트윈 기술을 활용하면 가상세계에서 장비, 시스템 등의 상태를 모니터링하고 유지·보수 시점을 파악해 개선할 수 있다. 또 가동 중 발생할 수 있는 다양한 상황을 예측해 안전을 검증하거나 돌발 사고를 예방해 사고 위험을 줄일 수도 있다. 아울러 생산성 향상, 장비 최적화 등의 결과를 가져올 수 있고 시제품 제작에 들어가는 비용과 시간도 대폭 절감할 수 있다.

리튬배터리(Lithium Battery) ▼

"1월 28일 오후 10시 15분쯤 부산 김해국제공항 계류장에서 홍콩으로 이륙하던 에어부산 BX391편 여객기에서 화재가 발생했다. 이후 기내 선반에 보관한 휴대용 보조 배터리가 화재의 원인이라는 추측이 제기되면서 기내 반입 물품 규정을 강화해야 한다는 지적이 일었다."

양극(리튬코발트산화물)과 음극(탄소) 사이에 유기 전해질을 넣어 충전과 방전을 반복하게 하는 원리로 이뤄진 2차 전지이다. 이는 양극의 리튬 이온이 중간의 전해액을 지나 음극으로 이동하면서 전기를 발생시킨다. 리튬배터리는 무게가 가볍고 고용량의 전지를 만드는 데 유리해 휴대폰, 노트북, 디지털 카메라 등에 많이 사용되고 있다. 그러나 리튬은 본래 불안정한 원소여서 공기 중의 수분과 급격히 반응해 폭발하기 쉬우며 전해액은 과열에 따른 화재 위험성이 있다. 이 때문에 리튬배터리에는 안전보호회로(PCM)가 들어가며, 내부는 단단한 플라스틱으로 둘러싸게 된다.

국토교통부가 2월 13일 리튬이온 보조배터리와 전자담배의 기내 안전관리 체계를 강화하는 표준안을 마련해 3월부터 시행한다고 밝혔다. 이는 앞서 1월 28일 김해공항에서 발생한 에어부산 화재사고에 따른 후속 대책으로, 3월 1일부터 국내에서 출발하는 우리나라 국적의 항공기 안에서는 보조배터리와 전자담배를 직접 충전해서는 안 된다. 또 보조배터리를 기내에 갖고 타는 경우에는 단자가 금속과 닿지 않도록 절연테이프를 붙이거나, 보호형 파우치 또는 지퍼백 같은 비닐봉지 등에 넣어 보관해야 한다. 아울러 기내의 선반에 이를 넣어서는 안 되고, 승객이 직접 소지하거나 좌석 앞주머니에 넣어야 한다.

북극진동(北極振動, Arctic Oscillation) ▼

"기상청이 2월 5일 한파와 이상고온, 대설이 번갈아 찾아오는 등 심한 변동을 보인 1월 날씨에 대해 북극진동의 영향이 컸다고 밝혔다."

약 10년 주기로 북극을 둘러싼 제트기류의 세력이 변동하면서 북반구의 찬 공기 세력이 변하는 것이 원인이 돼 발생하는 현상이다. 제트기류(Jet Stream)는 북반구의 고위도 지역과 저위도 지역의 중간에 위치해 북극의 차가운 공기가 저위도로 내려오지 못하도록 막아 주는 역할을 한다. 하지만 찬 공기를 둘러싸던 제트기류가 약해지면 북극의 냉기가 흘러나오기 때문에 북극의 온도는 올라가는 대신 저위도 지역에서는 혹한 등의 이상저온 현상이 발생한다. 이처럼 제트기류가 약화되는 것은 지구 온난화 때문으로, 지구 온난화로 북극의 열균형을 유지하는 해빙이 녹게 되면 바다 면적이 점차 넓어지고 반사율이 떨어지면서 더 많은 열을 흡수하게 된다. 이렇게 북극의 기온이 올라가면서 북극과 중위도의 기온 차가 줄어들면 북극의 찬 공기를 감싸고 있는 제트기류가 약해지게 된다. 그리고 이 제트기류가 약해지면 북극의 찬 공기가 중위도 아래로 내려가면서 우리나라의 겨울철 한파에 영향을 미치게 된다.

불쾌한 골짜기(Uncanny Valley) ▼

인간이 로봇 등 인간이 아닌 존재를 볼 때 해당 존재와 인간의 유사성이 높을수록 호감도가 높아지지만, 일정 수준에 다다르면 오히려 불쾌감을 느낀다는 이론이다. 이는 1970년 일본 로봇공학자 모리 마사히로가 소개한 이론으로, 여기서 「불쾌함(Uncanny)」이란 개념은 1906년 독일의 정신의 의사 에른스트 옌치가 먼저 사용한 것이다. 모리에 의하면 인간은 로봇이 인간과 비슷한 모양을 하고 있을수록 호감을 느끼는데, 이는 인간이 아닌 존재로부터 인간성을 발견하기 때문이다. 하지만 그 정도가 특정 수준에 다다를 경우 갑자기 거부감을 느끼게 되는데, 이는 오히려 인간과 다른 불완전성이 부각되어 이상하다고 느끼기 때문이다. 그러나 그 수준을 넘어서 구별하기 어려울 만큼 인간과 많이 닮았다면 호감도는 다시 상승하게 된다. 이렇게 급하강했다가 급상승한 호감도 구간을 그래프로 그렸을 때 깊은 골짜기 모양을 하고 있다고 해서 「불쾌한 골짜기」라는 명칭이 붙게 됐다.

스푸트니크 충격(Sputnik Shock) ▼

"중국 인공지능(AI) 업체 딥시크가 개발한 챗봇이 미국 업체가 개발한 것보다 우수한 것은 물론, 저비용으로 완성된 것으로 알려짐에 따라 미국을 비롯한 전 세계 AI 업계에 큰 충격을 안겼다. 특히 세계 최초의 웹 브라우저 중 하나인 「모자익」을 개발한 실리콘밸리의 유명 투자자 마크 앤드리슨은 딥시크에 대해 「AI의 스푸트니크 순간」이라는 평가를 내놓기도 했다."

1957년 10월 옛 소련이 세계 최초로 인공위성 스푸트니크 1호를 쏘아 올리면서 미국 등 서방이 큰 충격을 받은 데서 나온 말이다. 스푸트니크 1호는 라디오 송신 장치를 단 지름 58cm·무게 83.6kg의 공 모양으로, 1957년 10월 4일 발사됐다. 스푸트니크는 발사 이후 최초의 메시지를 지구로 보냈고, 이는 우주 시대의 서막을 알리는 첫 신호가 됐다. 당시까지 과학기술과 핵을 포함한 군사력 면에서 절대 우위임을 믿고 있던 미국은 스푸트니크호의 성공적 발사 이후 큰 충격과 위기의식을 갖게 됐다. 이에 미국은 항공우주에 대한 투자를 대대적으로 늘렸고, 미 항공우주국(NASA)도 이 시기(1958년 10월 1일)에 설립되는 등 본격적으로 우주 경쟁에 뛰어들게 됐다.

CES(Consumer Electronics Show, 세계가전전시회) ▼

"미국 네바다주 라스베이거스에서 열린 세계 최대 정보기술(IT)·가전전시회 CES 2025가 1월 10일 폐막했다. 올해 CES에는 미국이 1509곳이 참가해 가장 많았고, 중국이 전년보다 20% 늘어난 1339곳이 참가하면서 두 번째로 많았다. 한국은 삼성·LG·SK·현대차 등 대기업과 스타트업 모두 1000여 개가 참가해 세 번째로 많은 것으로 나타났다."

미국소비자기술협회(CTA·Consumer Technology)가 주관해 매년 열리는 세계 최대 규모의 가전제품 박람회이다. 1967년 미국 뉴욕에서 제1회 대회가 열린 이후 지금까지 이어지면서 세계 가전업계의 흐름을 한눈에 볼 수 있는 권위있는 행사로 자리매김했으며, 1995년부터는 매년 1월 미국 라스베이거스에서 개최되고 있다. CES는 2000년대 초반까지만 해도 IT(정보통신) 전반을 다루는 컴덱스와는 달리 가전제품 위주의 전시회로 진행됐으나, 가전제품과 정보통신의 결합으로 컴덱스(COMDEX)와 CES의 영역이 사실상 많이 허물어졌다. 그러다 IT 위주의 컴덱스가 쇠퇴하면서 CES는 첨단 IT제품의 소개장으로도 성장, 매년 초 마이크로소프트(MS)·인텔·

소니 등 세계 IT업계를 대표하는 기업들이 총출동해 그 해의 주력 제품을 선보이게 됐다. 특히 2003년 컴덱스가 폐지되면서 CES는 세계 최대 가전제품전시회로 거듭나게 됐다. CES에서는 TV나 오디오 등 일상생활과 밀접한 전자제품은 물론 첨단 가전제품도 선보이므로, 미래의 가전제품과 기술 동향도 미리 파악할 수 있다. 특히 2010년대에 들어서는 IoT(사물인터넷)·HDTV·드론(2015년), 디지털 헬스케어(2016년), 자율주행차·증강현실·5G LTE 등 4차 산업혁명 기술 등이 전시되며 화제를 모았다.

소프트웨어 중심 공장
(SDF·Software-Defined Factory) ▼

전통적인 제조업 공장과 달리 소프트웨어와 정보기술(IT)을 활용해 기존 공장 운영의 효율성과 생산성을 크게 개선한 새로운 개념을 공장을 말한다. 기존의 제조공장이 하드웨어와 기계 중심으로 운영된 반면, SDF는 소프트웨어를 통해 공장의 모든 자원과 프로세스를 연결하고 있다는 특징이 있다. SDF는 공장 내 다양한 센서와 사물인터넷(IoT) 기기에서 데이터를 수집·분석해, 실시간으로 생산 과정을 모니터링하면서 생산 효율을 극대화하고 일관된 품질의 제품을 생산할 수 있다는 이점이 있다. 또 로봇과 AI 기술을 결합해 제조 공정의 자동화 수준을 높이는 것은 물론 자율적으로 문제 진단·해결 시스템까지 구축해 비용 절감 효과도 가져올 수 있다. 다만 SDF로 전환하기 위한 IoT 센서·클라우드 컴퓨팅·인공지능(AI)·자동화 설비 등의 초기 설치 비용이 많이 들고, 데이터 유출 등의 보안 문제에 취약하다는 단점도 존재한다.

한편, SDF는 제품 생산의 전 과정이 무선통신으로 연결되어 자동으로 이뤄지는 공장을 뜻하는 「스마트팩토리(Smart Factory)」의 하위 개념이자 보다 고도화된 개념이라 할 수 있다. 스마트팩토리는 IoT·AI·클라우드 등 첨단 기술을 활용하여 생산성을 극대화하고 유연한 생산 체계를 구현하는 것으로, 전반적인 공장 운영과 생산 공정의 디지털화에 중점을 두는 것이다.

소프트웨어 중심차
(SDV·Software-Defined Vehicle) ▼

하드웨어 중심으로 설계되고 작동하는 전통적 자동차와는 달리 소프트웨어가 자동차의 핵심 역할을 하는 자동차를 말한다. 즉, 소프트웨어가 하드웨어인 차량을 제어하고 관리하는 차로, 기존의 자동차 패러다임을 바꾸는 자동차라 할 수 있다. SDV는 차량의 주요 기능(운전보조, 내비게이션 등)을 소프트웨어로 구현하는 소프트웨어 중심 설계를 특징으로 한다. 특히 이러한 차량 소프트웨어는 무선으로 업데이트하며 지속적인 성능 개선이나 신기능 추가가 이뤄진다. 따라서 사용자 요구나 시장 변화에 맞는 지속적인 차량 개선이 이뤄질 수 있다는 장점이 있다. 또한 하드웨어의 업그레이드 없이 소프트웨어로 기능을 확장할 수 있어 비용 절감 측면에서도 유리하다. SDV를 선도적으로 구현한 대표적 기업으로는 테슬라를 들 수 있는데, 테슬라는 자동차 부품을 소프트웨어로 통합·제어하는 시스템을 구현하고 자동차의 기능을 무선 업데이트로 지속적으로 개선할 수 있는 기술을 선보이면서 소프트웨어 중심의 자동차 산업으로의 변화를 이끌고 있다.

슈퍼챗(Super Chat) ▼

유튜브(Youtube)가 2017년 도입한 콘텐츠 구매 플랫폼으로, 우리나라의 인터넷방송 플랫폼인 아프리카TV의 별풍선과 유사한 기능을 갖고 있다. 즉, 유튜브 생방송 중 채팅창을 통해 시청자가 유튜버에게 일정 금액을 송금할 수 있도록 한 기능을 말한다. 구글은 2017년부터 재능 있는 크리에이터와 팬들의 친밀한 소통을 돕겠다며 슈퍼챗을 도입했는데, 시청자가 슈퍼챗을 보내면 금액과 해당 시청자의 아이디가 실시간으로 채팅창에 표시된다. 슈퍼챗은 금액에 따라 파란색·노란색·주황색·빨간색 등의 색상으로 표시되는데, 금액이 많을수록 빨간색에 가까워진다. 그리고 그 금액에 따라 보낼 수 있는 문자의 길이, 채팅창 최상단에 노출되는 시간 등에서 차이가 있다. 다만 슈퍼챗은 구독자를 1000명 이상 보유한 18세 이상의 유튜버만 이용할 수 있으며, 시청자당 1회 1000원에서 50만 원까지 후원이 가능하다. 시청자가 결제한 슈퍼챗 수익은 달러로 환전돼 미국 구글 본사로 모이게 되며, 이후 구글은 수수료를 차감한 뒤 나머지 금액을 유튜버에게 정산하게 된다. 수수료는 슈퍼챗 수익의 30%로 모든 유튜버에게 동일하게 적용되며, 나머지 70%는 유튜버가 가져가게 된다.

12·3 비상계엄과 대통령 탄핵·체포·구속 사태가 이어지면서 정치 유튜브 채널의 구독자가 급증한 가운데, 이들 채널의 슈퍼챗 역시 급증한 것으로 나타났다.

스케일링 법칙(Scaling Law) ▼

"오픈AI의 최고경영자(CEO) 샘 올트먼이 2월 10일 자신의 블로그에 올린 「세 가지 관찰」이라는 제목의 글에서 최근 AI 산업의 트렌드를 세 가지 관점으로 요약했다. 그는 첫째로 AI 학습에 필요한 데이터와 연산이 늘어날수록 AI 모델 성능이 좋아진다는 스케일링의 법칙을 내세웠다. 올트먼은 AI를 훈련하고 서비스를 제공할 때 비용을 투자한 만큼 예측 가능한 이익을 얻을 수 있다며, 「스케일링 법칙은 여러 측면에서 정확하다」고 밝혔다."

인공지능(AI) 모델의 성능은 모델의 크기(파라미터의 수), 데이터 크기(데이터량), 계산량(GPU 등 투입)에 비례해 증가한다는 법칙으로, 「규모의 법칙」이라고도 한다. 이는 곧 AI 모델 크기를 키우고, 더 많은 데이터를 학습시키며, 더 강력한 컴퓨팅 자원을 투입할 경우 AI의 성능이 지속적으로 향상된다는 것이다. 이러한 스케일링 법칙은 오픈AI나 구글 딥마인드 등 AI 개발을 선도하는 기업들이 대규모 언어모델

(LLM)을 연구하면서 발견한 패턴에서 비롯됐다. 특히 오픈AI는 2020년 발표한 논문에서 「손실 함수(Loss)가 모델 크기, 데이터량, 계산량에 따라 예측 가능하게 줄어든다」는 사실을 밝힌 바 있다. 다만 스케일링 법칙은 한계도 존재하는데, 아무리 데이터가 많아도 잘못되거나 중복된 데이터 등 저품질 데이터가 많을 경우에는 성능이 개선되지 않는다는 점이다. 또한 모델 크기와 연산량이 너무 커질 경우 훈련 비용도 같이 급등한다는 점에서 이를 지원할 수 있는 자본에 제한이 있다는 문제도 있다.

스타게이트(Stargate) ▼

"도널드 트럼프 미국 대통령이 1월 21일 백악관에서 기자회견을 열고 오라클, 오픈AI, 소프트뱅크가 참여하는 「스타게이트」 프로젝트를 공개했다. 발표는 이날 백악관에서 샘 올트먼 오픈AI 창립자, 래리 앨리슨 오라클 회장, 마사요시 손 소프트뱅크 회장이 참석한 가운데 이뤄졌다. 이는 인공지능(AI) 시설에 5000억 달러(720조 원)를 투자하는 것으로, 텍사스를 시작으로 미국 전역에 대규모 데이터센터를 짓는 것이 핵심이다."

도널드 트럼프 미국 대통령이 오픈AI와 일본 소프트뱅크, 미국 소프트웨어 기업 오라클과 함께 설립을 발표한 인공지능(AI) 합작회사를 말한다. 이들 3개 기업은 합작회사를 통해 미국의 AI 산업에 최소 5000억 달러(약 718조 원)를 투자할 계획인데, 이는 미국이 AI 시대의 주도권을 가져가겠다는 선언으로 분석된다. 사업은 소프트뱅크가 자금을 조달하고, 오라클이 AI데이터센터를 구축·운영하며, 오픈AI가 전반적인 운영과 AI 모델 개발을 책임진다. 여기에 엔비디아와 반도체 설계회사 ARM, 마이크로소프트(MS) 등이 파트너로 참여해 반도체 공급과 클라우드(가상서버) 서비스 제공을 담당할 것으로 전망된다. 이들 3개 기업은 초기 자금으로 1000억 달러를 투자하는데, 이는 텍사스주에 9만 3000km² 규모로 짓고 있는 데이터센터 건설에 투입된다. 그리고 향후 수년간 미국 각지의 데이터센터 건설 등을 위해 최대 4000억 달러를 추가로 투자하게 된다.

이재용 삼성전자 회장과 손정의 일본 소프트뱅크그룹 회장, 샘 올트먼 오픈AI 최고경영자가 2월 4일 삼성전자 서초 사옥에서 만나 인공지능(AI) 협력 방안에 대해 논의했다. 이 자리에서 손 회장과 올트먼은 이 회장에게 약 730조 원을 투입해 미국에 초거대 AI 인프라를 구축하는 「스타게이트 프로젝트」 참여를 제안한 것으로 알려졌다.

스파크캣(Spark Cat) ▼

"글로벌 보안 기업 카스퍼스키가 2월 10일 애플과 구글의 앱 장터에서 활동 중인 악성 코드 「스파크캣」을 발견했다고 밝혔다. 스파크캣은 광학문자 인식(OCR) 기능을 이용한 악성 코드가 앱스토어에서 발견된 첫 사례로, 이를 예방하기 위해서는 가상자산 지갑을 복구하기 위한 문구를 스크린샷 형태로 저장하지 말 것이 권고된다."

사용자 기기에 침투해 앱을 감염시킨 뒤 스마트폰에 스크린샷 형태로 저장된 가상자산 지갑의 복구 문구(Recovery Phrase)를 탈취, 가상자산을 빼돌리는 악성 코드다. 이는 그리스 신화의 트로이 목마처럼 앱에 숨어 사용자들이 다운로드하기를 기다린 뒤, 스마트폰에 앱이 설치되면 특정 정보를 빼낸다는 특징이 있다. 카스퍼스키에 따르면 스파크캣은 모바일에 설치된 뒤 특정 조건에서 갤러리의 사진 접근 권한을 요청한다. 이후 광학문자 인식(OCR·Optical Character Recognition) 모듈을 이용해 저장된 이미지의 텍스트를 분석하고 특정 키워드를 감지한 뒤 해당 이미지를 공격자에게 전송한다. 이를 통해 가상자산 지갑의 복구 문구를 확보해 피해자의 자금을 탈취하는 것이다.

스피어엑스(SPHEREx) ▼

"우주항공청이 미국 항공우주국(NASA)이 한국천문연구원과 공동 개발한 우주망원경 스피어엑스가 2월 28일 낮 12시(한국시간) 미국 캘리포니아주 반덴버그 우주군기지에서 발사될 예정이라고 밝혔다. 스피어엑스는 고도 650km의 태양동기궤도를 돌며 2년 6개월간 6개월에 한 번씩 총 4번에 걸쳐 약 10억 개의 천체를 관측하게 된다."

미국 NASA 제트추진연구소(JPL)와 미국 캘리포니아 공과대학(Caltech) 등이 공동 개발하는 전 세계 최초의 전천(全天) 적외선 영상분광 탐사 우주망원경이다. 2016년 한국천문연구원(KASI)이 캘리포니아 공대와의 국제공동연구 기획을 바탕으로 국제 연구팀 공동으로 NASA에 개발을 제안하면서 시작된 것으로, 2019년 NASA의 중형 우주 탐사 프로그램으로 채택됐다. 기존 우주망원경은 특정 구역이나 외계행성, 개별 은하 등을 대상으로 관측하는 형태인데 반해 스피어엑스는 넓은 관측 시야와 파장 범위, 높은 해상도, 파장 분해능을 통해 하늘 전역 99% 이상을 관측할 수 있다. 또 스피어엑스는 지구 대기로 인한 손실 때문에 관측이 어려운 적외선 천체 관측이 가능하며, 전 우주를 102가지 색깔로 관측할 수 있다. 이러한 관측기술을 통해 약 20억 개 천체에 대한 전천 분광 목록을 작성할 수 있으며, 이를 재구성하면 우주 입체지도 제작이 가능하다. 여기에 우주 기원 파악, 외계생명체 존재 여부 등을 찾는 임무를 수행할 수도 있다.

양자컴퓨터(Quantum Computer) ▼

미시세계의 물리 법칙인 양자역학의 원리를 활용해 정보를 처리하는 미래형 컴퓨터로, 0이나 1 둘 중 하나로 데이터를 연산하는 기존 디지털컴퓨터와는 달리 양자역학의 중첩 상태를 활용해 0과 1 두 상태를 동시에 처리할 수 있다. 즉 0 또는 1의 값만 갖는 「비트(Bit)」 대신 0과 1이 양자물리학적으로 중첩된 상태인 「큐비트(Quantum bit)」를 기본 단위로 한다. 이 같은 특성 때문에 양자컴퓨터는 기존 컴퓨터보다 월등한 계산 속도와 연산처리능력을 갖는데, 이는 기존 컴퓨터 중 가장 뛰어난 성능을 보이는 슈퍼컴퓨터보다 1000배 이상 빠른 연산이 가능해 인공지능(AI), 의료·제약, 암호통신 등 다양한 분야에 활용될 수 있다. 양자역학에 따르면 원자보다 작은 물질은 파동과 입자의 두 가지 성질을 가질 수 있고 동시에 여러 곳에 존재할 수 있는데, 이를 「중첩(Superposition)」이라 한다. 이 같은 특성 때문에 큐비트에는 여러 상태가 존재하는데, 예컨대 2개의 큐비트라면 4개의 상태(00, 01, 10, 11)가 가능하고, 더 여러 개가 얽히면 병렬처리 가능한 정보량이 2의 제곱수로 늘어나게 되는 것이다. 따라서 수백·수천 큐비트의 양자컴퓨터가 만들어지면 디지털컴퓨터로는 도저히 불가능한 계산이 순식간에 가능해 진다.

유엔은 양자과학과 기술의 중요성을 기념하고 널리 알리기 위해 2025년을 「국제 양자과학 및 기술의 해」로 지정했다. 이는 양자역학 탄생 100주년을 기념하며, 양자과학이 산업·에너지·환경·의료기술 등에 미친 혁신을 대중과 공유하고자 하는 목표다. 독일 물리학자 베르너 하이젠베르크는 1925년 양자역학의 기초를 정립했으며, 이에 올해가 양자역학 탄생 100년이 됐다. 특히 유엔이 올해 양자역학의 해를 정한 것 외에도 세계 최대 가전·IT(정보기술) 박람회인 CES 2025에는 양자컴퓨팅 분야가 신설됐다.

에너지저장장치
(ESS·Energy Storage System) ▼

화력, 풍력, 태양광발전 등으로 만들어진 잉여 전력을 모아 보관했다가 적시에 가정이나 공장, 빌딩 등 필요한 곳에 공급할 수 있도록 한 저장장치를 말한다. ESS는 크게 화학에너지(리튬이온, 니켈, 납축전지 등)로 저장하는 배터리 방식과 물리적 에너지(양수발전, 압축 공기 저장 등)로 저장하는 비배터리 방식이 있다. 국내에서는 대부분의 ESS가 리튬이온전지 방식을 활용하고 있는데, 이는 높은 에너지 밀도와 긴 수명이 장점으로 꼽는다. ESS는 전력이 부족할 때 저장된 에너지를 공급하면서 전력망의 안전성을 유지하도록 해 효율적인 전력 관리가 가능하며, 태양광·풍력 등 간헐적 재생에너지의 출력을 조정해 안정적인 전력 공급이 가능하도록 한다. 또 화석연료 의존도를 낮추고 재생에너지 사용을 높인다는 점에서 탄소 배출 감소에도 장점이 있다. 반면 배터리와 설비 설치에 많은 비용이 들고, 배터리의 수명 저하 및 배터리의 발열·화재 위험은 해결 과제로 꼽는다.

AI 에이전트(AI Agent) ▼

사용자의 요구에 맞는 다양한 작업을 자동으로 수행·지원하는 인공지능(AI) 시스템으로, ▷개인의 일정 관리 ▷정보 검색과 제공 ▷통신 및 스마트홈 관리 ▷언어 번역과 대화 등의 다양한 기능을 수행한다. 예컨대 AI 에이전트는 스스로 마우스 커서를 움직여 텍스트를 입력하고, 이메일을 보내거나 쇼핑하는 등 사람을 대신해 복잡한 컴퓨터 작업을 수행한다. 이는 특정 목표를 달성하기 위해 스스로 계획을 수립하고 실행하는 추론과 행동이 가능하다는 점에서 단순한 AI 챗봇 수준을 넘어선 것이다. AI 에이전트는 크게 3단계로 작동하는데, 우선 센서를 통해 환경의 상태를 감지하거나 데이터를 수집하는 것이 첫 번째이다. 이후 입력 데이터를 분석하고 이를 바탕으로 목표 달성을 위한 최적의 행동을 계획하는 생각(Think)을 거쳐, 계획된 행동(Act)을 실행해 환경에 영향을 미치게 된다. 이처럼 AI 에이전트는 반복적이고 시간이 많이 드는 작업을 효율적으로 처리할 수 있고, 환경 변화에 빠르게 대응할 수 있으며, 데이터를 분석해 사람보다 정확한 의사 결정을 내릴 수 있다는 장점이 있다. 반면 품질 높은 데이터가 없으면 성능이 저하되고 편향된 학습의 위험이 있으며, 예측 불가능한 환경에서는 성능이 제한될 수 있다는 단점이 있다.

인공지능(AI) 발전 단계와 특징

구분	정의	등장 시기
인식 AI	텍스트, 이미지, 음성 등 데이터를 이해하고 처리	2012년
생성형 AI	데이터에서 패턴을 파악해 새로운 콘텐츠 생성	2018년
AI 에이전트	사용자의 요구에 맞게 다양한 작업을 자동으로 수행하고 지원	2023년
물리적 AI	물리법칙을 이해하고 물리적 환경에서 작업 수행	2024년

AI 안전 정상회의(AI Safety Summit) ▼

"프랑스 파리에서 2월 10~11일 열린 제3회 인공지능(AI) 정상회의 결과 「파리 선언문」이 채택됐다. 다만 AI 혁신을 주도하고 있는 미국과 AI 정상회의 첫 개최국인 영국이 서명을 거부하면서 그 의미가 퇴색됐다는 평가가 나온다. 이날 채택된 공동 선언문의 공식 명칭은 「인류와 지구를 위한 포용적이고 지속가능한 인공지능에 대한 선언문」으로, 노동시장 충격 및 노동환경 악화 등 AI 도입에 따른 우려 사항에 대한 대응 방안과 함께 기후변화를 완화하는 데 있어 AI를 활용하기 위한 방안 등이 담겼다."

인공지능(AI)의 안전성과 윤리적인 활용을 논의하기 위해 세계 주요 국가들이 모여 협력하는 국제 정상회의다. 이는 AI 기술이 일으킬 수 있는 위험을 줄이는 것은 물론, 책임감 있는 개발과 사용을 촉진하기 위한 목적으로 2023년 처음 시작됐다. 구체적으로 AI 안전 정상회의는 ▷고급 AI 모델 및 시스템의 위험 평가 및 대응 방안 마련 ▷AI의 윤리적 사용과 국제적 협력 ▷AI 기술이 초래할 변화 예측 및 대응책 수립 등을 주요 목표로 한다. 이를 위해 미국·영국·유럽연합(EU)·중국·일본·한국 등 주요 AI 기술 보유국을 비롯해 오픈AI·구글 딥마인드·메타 등 AI 선도 기업 등이 참여한다.
한편, 2023년 11월 1일 영국 블레츨리 파크에서 처음 열린 「제1회 AI 안전 정상회의」에는 미국·중국·한국·영국 등 28개국과 유럽연합(EU)이 참석했으며, 당시 참여한 국가들은 「블레츨리 선언」을 통해 AI가 심각한 피해를 초래할 수 있다며 협력을 다짐한 바 있다.

오픈랜(Open-RAN·
Open Radio Access Network) ▼

특정 장비에 의존하지 않도록 소프트웨어로 무선 접속망 기술을 구현해 인터페이스 표준을 도입하는 개방형 무선 접속망 기술이다. PC의 운영체계(OS)처럼 하드웨어와 소프트웨어를 분리해 기지국의 경우 전파를 송수신하는 하드웨어로 구현하고, 네트워크 장비 운용에 필요한 다양한 소프트웨어를 자유롭게 탑재할 수 있도록 한 것이다. 이러한 방식은 보안을 강화할 수 있는 데다 네트워크 장비의 하드웨어 의존에서 벗어날 수 있다는 장점이 있다. 또 이동통신사가 수요에 맞게 기지국을 업그레이드하는 것이 용이해 운용 효율이 높고 비용을 절감할 수 있다.

우븐 시티(Woven City) ▼

"도요다 아키오 토요타 회장이 1월 6일 미국 라스베이거스에서 열린 세계 최대 IT·가전 전시회 「CES 2025」의 미디어 컨퍼런스에 참석, 우븐 시티 프로젝트 1단계를 지난해 완료했다고 밝혔다."

토요타가 일본 시즈오카현 후지산 기슭에 짓고 있는 스마트 도시로, 첨단 기술과 지속 가능성을 기반으로 한 실험적 도시 프로젝트이다. 이곳은 자율주행, 인공지능(AI), 로봇공학, 사물인터넷(IoT) 등 혁신 기술을 실험하고 실생활에 적용하는 것을 목표로 한다. 이는 토요타가 자동차 기업에서 모빌리티 기업으로 나아가겠다며 제시한 것으로, 직물을 짠다는 의미의 「우븐(Woven)」처럼 도로와 기술, 생활공간이 유기적으로 얽힌 네트워크 구조로 설계된다. 토요타는 2020년 CES에서 일본 후지산 인근에 70만 8000km²(축구장 약 100개 면적) 규모의 스마트 시티를 착공한다는 우븐 시티 구상을 처음 발표했는데, 이후 5년 만인 올 1월 6일 열린 CES 2025에서 1단계 준공 소식을 발표했다. 100억 달러(약 14조 원) 프로젝트의 우븐 시티는 AI와 모빌리티 기술이 집약되는 첨단 미래도시로 구축되는데, 도시 전체가 수소 연료 및 태양광 등 친환경 에너지로만 작동하는 것이 특징이다. 특히 우븐 시티는 현재 토요타가 주력하고 있는 여러 신기술들이 일상생활을 통해 실험되는데, 대표적으로 ▷자율주행(도시 내에서 자율주행차가 모든 이동수단을 담당) ▷로봇공학(로봇이 모든 작업을 지원) ▷AI와 IoT(도시 전반에서 데이터가 수집 및 분석) 등이 이에 해당한다. 토요타는 이를 통해 미래 기술을 시험하고,

탄소 배출 제로를 통해 지속 가능한 환경을 구축하며, 나아가서는 고령화·에너지 부족·도시화 심화 등의 다양한 사회적 문제 해결 방안도 모색한다는 방침이다.

UFO(Unidentified Flying Object) ▼

「미확인 비행물체」라는 뜻으로, 상공에서 관찰되었으나 그 정체가 확인되지 않은 비행체를 가리킨다. 다만 미국 정부의 경우 UFO가 아닌 「UAP(Unidentified Aerial Phenomenon·미확인 공중현상)」라는 용어를 공식적으로 사용하고 있다. 현대에 들어서 UFO는 1947년 6월 24일 미국 워싱턴주에서 조종사 케네스 아놀드(Kenneth Arnold)가 비행 중 9개의 원반 모양 비행물체를 보았다고 보고한 것이 최초의 사례로 알려져 있다. 이후에도 여러 목격 사례가 이어지면서 그 실체 여부를 둘러싼 논란이 분분한데, 우선 UFO의 외형은 접시 모양과 구형을 비롯해 삼각형·시가형 등 다양한 형태가 보고되고 있다. 그리고 비행 형태는 빠르게 움직이거나 갑작스럽게 사라지는 등의 특이한 양상을 보인다. 하지만 UFO 목격사례 대부분은 기상현상·인공위성·항공기·새떼·유성 등 기존의 물체나 현상을 오인한 사례가 많으며, 실제로 미 공군은 1952~1969년 UFO에 대한 조사를 진행해 외계인 존재 증거는 발견되지 않았다는 결론을 내리기도 했다. 한편, UFO를 둘러싼 대표적 사건으로는 「로스웰 사건」을 들 수 있는데, 이는 1947년 7월 2일 미국 뉴멕시코주의 시골 마을인 로즈웰에 UFO가 추락했으며 미국 정부가 이 비행접시에서 외계인의 시신을 수습해 비밀에 부쳤다는 사건을 말한다. 이 사건은 미 정부가 공식적으로 「기상관측기구의 추락」이라는 입장을 밝혔음에도 불구하고, 아직까지도 가장 신빙성 높은 UFO 사건으로 인식되고 있다.

2나노 반도체(2nm Semiconductor) ▼

반도체 제조 기술에서 트랜지스터의 크기가 2나노미터(1nm=10억 분의 1미터) 수준으로 작아진 차세대 첨단 반도체를 말한다. 초미세 공정 기술로, 이전 세대인 3나노·5나노에 비해 처리 속도가 훨씬 빠른 것이 특징이다. 이는 반도체 칩에서 전류를 제어하는 핵심 소자인 트랜지스터의 크기가 작아질수록 성능이 향상되고 에너지 효율이 개선되기 때문이며, 2나노 반도체는 스마트폰·태블릿·노트북 등에 적용될 경우 더 강력한 성능과 낮은 전력 소모를 제공할 수 있다. 또 AI 칩의 데이터 처리 속도와 병렬 처리능력을 크게 향상시켜 AI 응용 분야를 더욱 발전시키는 것은 물론, 전력 소모를 줄이면서도 대규모 데이터 처리를 가능하게 해 데이터 센터 및 클라우드 컴퓨팅에서도 큰 발전을 이뤄낼 수 있다. 현재 세계 1·2위 파운드리 기업인 대만 TSMC와 삼성전자가 올 상반기 2나노 반도체 시험 생산에 들어갈 것으로 알려져 있는데, 특히 삼성전자의 경우 올해까지 2나노 공정의 상용화를 목표로 하고 있다.

> **나노미터(nm)** 반도체에서의 나노미터는 트랜지스터의 크기나 공정의 미세함을 나타내는 단위로, 1미터의 10억분의 1(10^{-9}) 크기다. 이는 반도체 칩에 집적된 트랜지스터의 크기를 측정하거나 공정 기술의 정밀도를 표현하는 데 사용된다. 최근에는 단순히 트랜지스터 크기뿐 아니라 공정 기술의 세대를 지칭하는 마케팅 용어로도 사용되고 있다.

인공색소 적색 3호(Red No. 3) ▼

"미 식품의약국(FDA)이 1월 15일 실험 결과 인공색소 적색 3호에 암을 유발할 수 있는 성분이 포함됐다는 판단에 따라 식품에서의 사용도 금지한다고 밝혔다. 이와 같은 FDA의 사용 금지 명령에 따라 각 식품회사들은 2027년 1월 15일까지 식품에서 적색 3호를 모두 제거해야 하며, 약의 경우 2028년 1월 18일이 되기 전 제품에서 적색 3호를 빼야 한다."

석유로 만든 합성색소 첨가제이자 화학적으로 「에리트로신(Erythrosine)」으로 알려진 인공 식용색소로, 붉은 색상을 내는 데 사용된다. 이는 트라이페닐메탄 계열에 속하는 염료로, 주로 식품을 비롯해 의약품·화장품 등에 사용된다. 대표적으로 껌이나 젤리 등 어린이 식품에 많이 포함돼 있는데, 우리나라에서도 과자·캔디류·빙과·빵류·초콜릿류·소시지류 등의 20여 개 품목에 제한적으로 사용이 허가돼 있다. 다만 국내에서도 적색 3호가 식품첨가물로 분류돼 있으나 일일섭취허용량(ADI)을 설정하고 있는데, 국내 소비자들은 제품 성분표에서 「적색 3호」 또는 「E127」로 표기된 성분을 확인할 필요가 있다. 인공색소 적색 3호는 그 안전성에 대한 논란이 지속적으로 제기돼 왔는데, 대표적으로 갑상선 종양을 유발하는 원인 물질일 수 있다는 점에서 미국과 우리나라 등에서는 화장품에서의 사용을 금지하고 있다. 미 FDA의 경우 1990년 화장품의 적색 3호 사용을 금지했는데, 식품 등에 대해서는 인체에 대한 직접적인 위험 가능성에 대한 연구가 제시되지 않았다는 이유로 이를 허용해 왔다.

GDDR(Graphics Double Data Rate) ▼

그래픽카드(GPU)에서 사용되는 고속 메모리 유형으로, 일반적인 시스템 메모리(DRAM)보다 더 넓은 버스 폭과 더 빠른 전송 속도를 갖고 있다. GDDR은 1998년 마이크론이 처음 만든 것으로, 그래픽을 빠르게 처리하는 데 특화한 그래픽 D램의 표준 규격이다. 그러다 최근에는 PC, 게임 콘솔 등 기존 그래픽 D램을 넘어 AI 칩셋과 고성능 컴퓨팅(HPC), 자율주행차 등 고성능 제품을 필요로 하는 분야까지 확대되고 있다. 무엇보다 현재 AI 반도체의 주류 메모리인 HBM은 비싼 가격과 공급 부족 문제를 안고 있으나, GDDR은 HBM보다 성능은 떨어지지만 전력 소모가 적고 가성비가 좋다는 평가를 받고 있다. 또 GDDR은 한 번에 많은 데이터를 처리하기 위해 회로 구성이 병렬화돼 있는데,

HBM보다는 적은 수치지만 핀 1개당 데이터 전송 속도는 HBM을 능가해 활용 잠재력이 크다. GDDR은 현재 7세대까지 개발된 상태로, SK하이닉스의 경우 지난해 7월 2GB 용량 GDDR7을, 삼성전자는 지난해 10월 3GB 용량 GDDR7을 각각 출시한 바 있다. 시장조사업체 데이터인텔로에 따르면 세계 GDDR 메모리 시장 규모는 2023년 약 58억 달러(8조 3700억 원)에서 2032년에는 약 126억 달러(18조 1800억 원)로 성장할 전망이다.

커넥톰(Connectome) ▼

유전자 지도처럼 생명체의 신경망이 어떻게 연결돼 있는지 규명해 이를 도식화하는 것을 말한다. 이는 「인간 게놈 프로젝트(Human Genome Project)」의 용어에서 유래한 것으로, 이 프로젝트는 인체의 유전정보를 가지고 있는 게놈을 해독해 유전자 지도를 작성하고 유전자 배열을 분석하는 연구 작업으로 2001년 완성된 바 있다. 커넥톰을 통해 기억·인성·재능 등이 뇌에 어떻게 저장되고 활용되는지를 알 수 있으며, 뇌의 혈류를 통해 간접적으로 뇌 활동을 파악하는 현재의 방식보다 더 상세하게 뇌 활동을 들여다볼 수 있을 것으로 기대되고 있다.

케슬러 증후군(Kessler Syndrome) ▼

지구궤도상의 우주 쓰레기 규모가 일정 수준에 이르게 되면 인공위성에 서로 연쇄적으로 부딪히면서 파편이 기하급수적으로 늘고, 이로 인해 위성이 연달아 파괴되는 연쇄작용을 말한다. 이는 1978년 미 항공우주국(NASA)의 과학자 도널드 케슬러가 주장한 데서 붙은 명칭이다. 우주 쓰레기가 발생하는 가장 큰 원인은 수명이 다하거나 고장난 인공위성이 궤도에 그대로 머물러 있기 때문이다. 이 우주 쓰레기들은 초속 7~11km의 매우 빠른 속도로 움직이므로 또다

른 위성이나 우주선 등과 충돌할 경우 큰 피해를 일으킬 수 있다. 예컨대 지름 10cm 정도의 파편 하나는 하나의 위성을 박살낼 정도의 파괴력을 가지는데, 실제로 1996년 프랑스 인공위성이 우주 쓰레기에 부딪혀 가동이 중지되면서 우주 쓰레기에 의해 인공위성 사용이 정지된 첫 사례가 된 바 있다.

유럽우주국(ESA)에 따르면 현재 지구 궤도에는 크기 10cm 이상의 우주 쓰레기가 약 2만 9000개에 달한다. 우주 쓰레기는 속도가 총알보다 10배 빠른 초속 약 7.5km에 달해 부딪히면 치명적이다. 실제 연쇄 충돌로 인공위성이 모두 파괴되는 상황이 벌어지면, GPS(위성항법시스템)나 통신, 인터넷 등 위성에 기반을 둔 인프라를 사용할 수 없게 된다.

크리덴셜 스터핑(Credential Stuffing) ▼

다른 곳에서 유출된 로그인 정보를 다른 계정에 무작위 대입해 타인의 개인정보를 빼내는 수법을 말한다. 즉, 기존에 다른 곳에서 유출된 아이디(ID)와 패스워드(Password)를 여러 웹사이트나 앱에 대입해 로그인이 될 경우 타인의 개인정보 등을 유출시키는 것이다. 이는 이용자들이 아이디와 비밀번호를 다르게 설정하는 복잡함을 피해 대다수 서비스에서 동일한 아이디와 비밀번호를 쓴다는 사실을 악용한 것이다. 크리덴셜 스터핑에 노출되지 않기 위해서는 현재 사용하고 있는 웹사이트나 앱에 서로 다른 아이디와 패스워드를 적용해야 한다. 또 외부로 아이디와 패스워드가 유출됐을 경우에는 기존의 정보를 바로 삭제한 뒤 바꾸는 것이 좋다. 아울러 관련 업체에서는 2단계 인증(계정 정보 외 SMS로 전송되는 인증코드 등 또 다른 정보를 입력해야만 본인을 인증할 수 있는 방식)을 설치해 이용자들의 크리덴셜 스터핑 피해를 줄이도록 해야 한다.

파마 프로테오믹스(Pharma Proteomics) ▼

세계에서 가장 유명한 인체자원 은행인 영국 바이오뱅크(UK Biobank)가 1월 10일 착수를 발표한 세계 최대 규모의 인간 단백질 연구 프로젝트의 명칭이다. 이는 아직 인류가 파악하지 못한 발병 원인과 치료법을 찾기 위함으로, 50만 명에 달하는 사람들의 혈액에서 수천 가지 종류의 단백질 수치를 측정하는 연구이다. 단백질은 우리 몸을 구성하는 주요 물질일 뿐 아니라 모든 생명 현상에 관여하는 물질로, 특히 산소를 운반하는 헤모글로빈이나 면역 반응에 중요한 항체 등도 모두 단백질이다. 연구진은 여러 유형의 질병에서 단백질의 잠재적 역할을 조사한다는 방침으로, 50만 명의 혈액 속 5400개 종의 단백질 수치를 측정하고 이 가운데 10만 명가량은 최대 15년까지 추적조사도 병행한다. 해당 연구에는 아스트라제네카, 존슨앤드존슨, 화이자, GSK 등 글로벌 제약사 12곳도 참여한다.

피지컬 AI(Physical AI) ▼

"젠슨 황 엔비디아 최고경영자(CEO)가 1월 6일 세계 최대 가전·정보기술(IT) 전시회인 CES 2025 기조연설에서 미래 먹거리로 피지컬 AI를 지목했다. 황 CEO는 이번에 피지컬 AI 개발 플랫폼 「코스모스」를 공개하며 현실을 복제한 가상 공간 「디지털 트윈」에서 로봇을 학습시켜 AI 로봇 개발이 부딪힌 한계를 극복하겠다고 설명했다. 이에 AI 기업 수주를 늘리기 위한 삼성·SK·마이크론 등 메모리 빅3의 고대역폭메모리(HBM) 고도화 경쟁이 올 연말 본격화될 전망으로, 빅3는 올 연말에서 내년 초까지 현행 5세대(HBM3E)에서 6세대(HBM4) 양산 체제로 전환한다고 밝혔다."

휴머노이드 로봇이나 자율주행차 같은 실물 하드웨어에 탑재하는 인공지능(AI)으로, 인공지능 기술을 실제 물리적 환경에서 구현하고 적용하는 것을 가리킨다. 여기에는 물리적 환경과 상호작용할 수 있는 하드웨어와 통합된 형태의 AI 기술까지도 포함된다. 피지컬 AI는 실물 하드웨어에 탑재한다는 점에서 산업용 로봇이나 자율주행차 등 로봇공학과도 밀접하게 연관돼 있다. 예컨대 이는 ▷공장 자동화나 물류창고 관리 등의 제조 분야 ▷정밀한 수술 지원 로봇 등의 의료 분야 ▷스마트 가전 등의 가정용 제품 등에 다양하게 활용될 수 있다.

할루시네이션(Hallucination) ▼

「환각」이나 「환영, 환청」을 뜻하는 영어 단어로, 생성형 인공지능(AI)이 거짓 정보를 마치 사실인 것처럼 생성·전달하는 현상을 뜻한다. 즉, AI가 주어진 데이터에 근거하지 않은 잘못된 정보나 아예 존재하지 않는 허위 정보를 전달하거나, 처리하는 정보의 맥락이나 의미를 오해해 잘못 표현하는 것이 이에 해당한다. 할루시네이션은 생성형 AI의 특성상 필연적인 오류로 여겨지는데, 이는 생성형 AI가 광범위한 데이터를 학습할 때 각 데이터의 진위를 정확히 확인하지 못하기 때문이다. 그러나 할루시네이션은 가짜뉴스를 생성하고 유포하는 데 악용될 수 있으며, AI 시스템에 대한 사용자의 신뢰를 약화시키는 원인이 되기도 한다는 점에서 매우 주의가 요구된다.

화이트 바이오(White Bio) ▼

바이오에너지와 석유기반 화학제품을 대체할 수 있는 친환경 제품을 생산하는 바이오 기술 분야를 뜻한다. 즉 기존 화학산업 소재 대신 식물 등 재생가능한 자원이나 미생물·효소 등을 활용해 제품이나 연료 등을 생산하는 기술로, 바이오플라스틱·바이오에탄올 등이 이에 속한다. 화이트 바이오 제품은 생산 과정에서 탄소 배출량이 비교적 적고, 원료인 식물 등이 이산화탄소를 흡수한다는 장점이 있다. 화이트 바이오는 ▷의약품·치료와 관련된 레드 바이오 ▷농수산업·환경제어와 관련된 그린 바이오와 함께 3대 바이오 산업 분야를 구성한다. 이 가운데 화이트바이오는 지구온난화로 인한 기후변화와 미세먼지 등 환경에 대한 중요성이 더욱 강조됨에 따라 빠른 성장을 보일 것이라는 전망이 높다. 실제로 최근 미국·유럽연합(EU) 등 선진국들은 플라스틱 쓰레기 문제 해결과 탄소 저감 등을 위해 화이트바이오 산업에 주목하고 있다.

바이오에탄올 사탕수수나 옥수수 등 곡물을 발효시켜 만든 연료로, 휘발유·경유와 섞거나 단독으로 자동차 연료로 사용할 수 있는 재생자원 에너지다. 이는 기존의 화석연료와 달리 연소 시 대기 중에 이산화탄소를 배출하지 않고 재생이 가능해 친환경 재생에너지로 각광받고 있다. 그러나 바이오에탄올 생산을 위해서는 옥수수나 사탕수수와 같은 식량계 작물을 원료로 써야 하기 때문에 국제 곡물가격 폭등의 원인이 되기도 한다. 이에 목재나 비식량계 작물을 바이오에탄올로 활용하기 위한 연구가 활발히 진행되고 있다.

휴머노이드 로봇(Humanoid Robot) ▼

인간과 닮은 모습을 한 로봇을 가리키는 용어로, 인간형 로봇이라는 뜻에서 「안드로이드(Android)」로도 불린다. 머리·팔·손·다리 등 인간의 신체와 비슷한 골격 구조나 인간과 비슷한 지능을 갖춰, 인간을 대신하거나 인간과 협력할 수 있다. 인공지능(AI) 기술이 발달하면서 휴머노이드 로봇에 거대언어모델(LLM) 등을 탑재하기 시작했고, 이에 인간과 소통하거나 로봇 스스로 상황을 판단해 작업을 수행하는 것이 가능해졌다. 특히 생성형 AI가 등장한 이후 많은 기업이 휴머노이드 로봇 개발에 진출하고 있는데, 이는 AI로 사람과의 상호작용이 가능해지면서 로봇의 용도가 확장됨에 따른 것이다.

시사인물

1985. 중국 광둥성 출생
2015. 헤지펀드 「하이 플라이어」 설립
2023. AI 스타트업 「딥시크」 설립
2024. 딥시크-V2 출시
2025. 딥시크-R1 출시

> "미국이 기술 혁신에서 앞서가고
> 중국이 영원히 AI 분야에서
> 추종자로 남을 수는 없다."

▲ 2024년 중국 매체와의 인터뷰에서

⬤ 량원펑(梁文锋)

중국의 인공지능(AI) 스타트업 딥시크의 설립자(40). 중국 딥시크가 1월 20일 저성능 칩만으로 오픈AI의 o1에 필적하는 추론 모델인 R1을 출시하면서 전 세계 AI 시장에 큰 충격을 일으켰다.

1985년 중국 광둥성에서 태어났으며, 공학 분야 명문대인 저장대에서 전자정보공학과 정보통신공학으로 각각 학·석사 학위를 받았다. 대학을 졸업한 뒤인 2015년에는 대학 친구 2명과 함께 「하이-플라이어(High-Flyer)」라는 헤지펀드를 설립하고 컴퓨터 트레이딩에 딥러닝 기법을 선구적으로 적용해 자금을 모았다. 그의 헤지펀드는 2021년 최대 1000억 위안(약 20조 원) 규모의 자산을 관리하며 중국 양적 사모펀드 분야의 「4대 천왕」 반열에 오르기도 한 것으로 알려졌다. 하이 플라이어는 2019년부터 AI 개발을 위한 칩을 비축하기 시작, 거대언어모델(LLM)을 훈련할 수 있는 엔비디아의 그래픽처리장치(GPU) 약 1만 개를 확보하며 AI 칩 클러스터를 구축했다. 그리고 량원펑은 이를 바탕으로 2023년 5월 AI 스타트업 「딥시크」를 창업했으며, 그해 11월 첫 번째 오픈소스 AI 모델인 「딥시크 코더」를 공개했다. 이후 2024년 5월에는 한층 더 진전된 「딥시크-V2」를 출시했는데 이 모델은 강력한 성능과 저렴한 비용으로 크게 주목받았고, 이어 차례로 내놓은 딥시크-V3와 딥시크-R1은 딥시크의 이름을 전 세계에 알리는 계기가 됐다. 딥시크는 자사의 V3 모델과 R1 모델이 오픈AI의 최신 GPT-4o나 앤스로픽의 클로드 3.5 모델, 메타의 라마 3.1 모델 등과 비교해도 성능이 뒤지지 않는다는 입장이다.

> **주링허우(九零後)** 중국이 개혁·개방으로 경제적 부를 이룬 1990년 이후 태어난 세대를 이르는 말로, 2000년대 출생한 「링링허우」와 함께 온라인·디지털 환경에 익숙하고 시진핑(習近平) 체제에서 강화된 애국주의 교육을 받은 세대이다. 또 중국 정부의 한 자녀 정책으로 대다수가 외아들·외동딸로 태어나 개인주의적 성향이 심하다는 특징도 있다.

샘 올트먼(Sam Altman)

인공지능(AI) 챗봇인 챗GPT를 개발한 오픈AI의 최고경영자(CEO). 워크숍 참석을 위해 3번째 방한한 샘 올트먼 오픈AI CEO가 2월 4일 이재용 삼성전자 회장·손정의 일본 소프트뱅크 그룹 회장과 만나 AI 협력 방안에 대해 논의했다. 이 자리에서 올트먼과 손 회장은 이 회장에게 미국에 초거대 인공지능(AI) 인프라를 구축하는 「스타게이트 프로젝트」 참여를 제안한 것으로 알려졌다.

1985년 4월 22일 미국 시카고에서 태어났으며, 스탠퍼드대에서 컴퓨터과학을 공부하다가 중퇴했다. 그러다 2005년 위치 기반 소셜 네트워킹서비스 회사인 「루프트(Loopt)」를 공동 설립해 경영하다 회사가 인수되자 2011년 실리콘밸리 벤처 육성기관인 「와이콤비네이터(Y Combinator)」에 입사했다. 입사 후 에어비앤비·핀터레스트 등 여러 스타트업에 투자를 이어나가던 그는 능력을 인정받아 2014년 28세의 나이로 와이콤비네이터의 최연소 사장으로 임명됐다. 2015년에는 일론 머스크(테슬라 CEO), 리드 호프먼(링크드인 공동창업자) 등과 함께 인공지능 연구재단 「오픈AI」를 설립했으며, 2019년에는 오픈AI의 CEO로 발탁됐다. 이후 AI 사업을 본격화한 그는 2022년 11월 대화형 AI 챗봇 「챗GPT」로 AI 돌풍을 일으키면서 전 세계에서 가장 주목받는 경영자가 됐다.

쥐스탱 트뤼도(Justin Trudeau)

캐나다 총리(53). 쥐스탱 트뤼도 캐나다 총리가 1월 6일 기자회견을 갖고 자유당이 후임자를 선출하는 즉시 당대표직과 총리직에서 사임하겠다고 밝혔다.

1971년 12월 25일 당시 캐나다 총리였던 피에르 트뤼도(1919~2000)의 장남으로 태어났다. 그의 부친 피에르는 미국의 존 F. 케네디 전 대통령에 비견되는 인물로, 1968~1979년, 1980~1984년까지 무려 15년 5개월간 캐나다 총리를 지냈다. 트뤼도는 맥길대학에서 문학 학사 학위, 브리티시컬럼비아대학에서 교육학 학사 학위를 받고 밴쿠버 소재 중등학교에서 프랑스어와 수학 교사로 일했다. 그러다 2008년 총선에 처음으로 출마해 퀘벡주 몬트리올 하원의원으로 당선된 데 이어 2011년 재선에도 성공했다. 이후 2013년 자유당 대표로 선출된 그는 2015년 총선에서 자유당의 과반 의석을 이끌며 그해 11월 총리에 취임하면서 10년 만의 정권교체에 성공했다. 이로써 그는 44세의 나이로 캐나다 총리가 됐는데, 이는 캐나다 역사상 두 번째로 젊은 총리의 탄생이었다. 그는 취임 이후 이민 지지, 다양성과 성평등 옹호 정책 등을 전개하며 캐나다는 물론 전 세계 진보 정치계의 스타로 부상하는 등 높은 인기를 구가했다. 하지만 2020년 코로나19 팬데믹 이후 야기된 고물가와 주택가격 상승, 이민자 문제로 지지율이 점차 하락하기 시작했고, 결국 2019년 치러진 총선에서 자유당이 다수당 지위를 잃으면서 신민주당(NDP) 등과 동맹을 맺기도 했다.

장-마리 르펜(Jean-Marie Le Pen)

1928~2025. 프랑스의 극우정당인 「국민전선(FN, 현 국민집결 RN)」의 설립자로, 1월 7일 별세했다. 향년 96세.

1928년 프랑스에서 태어났으며, 파리 법과대학에 입학해 3년간 극우학생단체인 「라 코르포」의 회장을 맡았다. 1954년에는 외인부대에 입대해 인도차이나·알제리 전쟁에 참전했으며, 1956년 반세금주의를 표방한 푸자드운동 진영의 의원이 되면서 정계의 주목을 받기 시작했다. 그는 1972년 우파들을 규합해 「국민전선(FN)」을 창설했으며, 이후 불법 이민자 추방과 주 35시간 노동제 폐지 등을 주장하는 극우 인종차별주의자로 맹활약했다. 특히 2차 세계대전 때 독일 나치정권이 저지른 유대인 대학살(홀로코스트)을 「역사에서 사소한 일」이라고 말하는 등 나치의 유대인 학살을 두둔하는 발언을 일삼아 논란을 일으켰다. 이후 1998년에는 후계자로 거론되던 브뤼노 메그레가 FN을 이탈해 공화국운동연합(MNR)을 창당하면서 큰 타격을 받아 지지율이 급락하기도 했다. 1974년부터 5차례 대선에 출마한 그는 2002년 프랑스 대통령 선거 1차 투표에서 좌파의 리오넬 조스팽 총리를 물리치고 2위를 차지하며 이변을 일으키기도 했다. 하지만 당시 극우세력의 집권을 우려하던 프랑스 국민들이 결집하면서 당시 상대 후보였던 자크 시라크가 82%라는 기록적인 득표율로 대통령에 당선됐다. 이후 그는 유럽 통합에 반대하는 유럽 회의론자로서 이민제한 정책을 주장했으며, 2011년에는 자신의 정치 후계자였던 딸 마린 르펜에게 FN 대표직을 물려줬다. 하지만 마린은 나치 옹호 등 아버지의 극우적 발언이 계속되자 2015년 당에서 그를 퇴출시켰으며, 2018년에는 당 이미지 쇄신을 위해 당명도 FN에서 RN으로 바꿨다.

데이비드 린치(David Lynch)

1946~2025. 「컬트의 제왕」으로 불린 미국의 영화감독으로, 1월 16일 별세했다. 향년 78세.
1946년 1월 20일 미국 몬태나주에서 태어났으며, 1966년 단편영화 〈6명의 아픈 사람들〉을 연출하며 데뷔했다. 이후 1977년 첫 장편영화인 〈이레이저 헤드〉를 만들었으나, 난해한 내용으로 평단의 좋은 평가를 받지 못했다. 그러다 1980년 개봉한 두 번째 장편영화 〈엘리펀트 맨〉이 미국 아카데미 작품상을 포함해 8개 부문 후보에 오르고, 1986년에는 〈블루벨벳〉을 흥행에 성공시키며 전성기를 누렸다. 그는 작품들 속에서 일반적인 영화 문법이 아닌 자신만의 색깔을 담아내는 시도를 거듭하며 「컬트의 제왕」으로 불리게 됐다. 1990년 〈광란의 사랑〉으로 칸영화제 황금종려상을 수상하며 명성을 이어

간 그는 TV드라마 〈트윈 픽스〉로 골든글로브 TV드라마 부문 작품상도 차지했다. 이후 2006년 〈인랜드 엠파이어〉를 끝으로 장편영화 감독이 아닌 뮤직비디오나 화가 작업에 몰두하다가 2017년 〈트윈 픽스〉 25년 후 이야기를 그린 새 시즌 〈트윈 픽스: 더 리턴〉을 복귀작으로 내놓기도 했다. 그는 생전 영화계에 기여한 공로 등으로 2006년 프랑스 정부가 주는 최고 영예인 레지옹 도뇌르 훈장을 수훈했고, 같은 해 베니스영화제 평생공로상을 받았다. 또 2021년에는 〈멀홀랜드 드라이브〉로 칸영화제 감독상을 받았으며, 2020년에는 아카데미 평생공로상을 수상하기도 했다.

송대관(宋大琯)

1946~2025. 〈해뜰날〉, 〈네박자〉 등 수많은 히트곡을 남긴 트로트 가수로, 2월 7일 별세했다. 향년 79세.
1946년 6월 2일 전북 정읍에서 태어났으며, 1967년 〈인정 많은 아저씨〉를 발표하며 가수로 데뷔했다. 하지만 10년 가까이 긴 무명 생활을 보내다 1975년 발표한 〈해뜰날〉이 큰 인기를 끌며 인기 가수로 부상했다. 그는 1977년 결혼 후 돌연 미국으로 이민을 떠나 10년간 지내다가 귀국했으며, 1990년 발표한 〈정 때문에〉가 20만 장이 넘는 판매고를 기록하며 재기에 성공했다. 그는 1990~2000년대에 이르기까지 〈차표 한 장〉(1992), 〈네박자〉(1998), 〈유행가〉(2003년) 등의 수많은 히트곡을 남겼고, 특히 현철·태진아·설운도와 함께 「트로트 4대 천왕」으로 불리며 전성기를 구가했다. 고인은 생전 MBC 최고가수대상(1976), 제26회 한국방송대상 가수상(1996), KBS 가요대상 최고가수상(2003) 등을 수상했으며, 2001년에는 대중문화 발전에 기여한 공로를 인정받아 옥관문화훈장을 수훈했다. 여기에 가수 남진에 이어 제2대 대한가수협회장(2008~2010년)을 역임하면서

가수들의 권익 신장에도 앞장섰다. 고인은 지난 1월 방송된 KBS 〈전국노래자랑〉 무대에 오르는 등 최근까지도 활발히 활동했으나, 2월 7일 심장마비로 세상을 떠나면서 해당 방송이 고인의 마지막 방송활동 모습으로 남게 됐다.

◯ 한명숙(韓明淑)

1935~2025. 〈노오란 샤쓰의 사나이〉 등의 히트곡을 남긴 한국의 가수이자 영화배우로, 1월 22일 별세했다. 향년 90세.

1935년 12월 1일 평안남도 진남포시에서 태어났으며 6·25전쟁 중에 월남해 인천에 정착했다. 이후 17세 때인 1952년 태양악극단 단원으로 데뷔했고, 1953년 미8군 럭키쇼단에서 가수 생활을 시작했다. 그러다 1961년 가수 최희준의 소개로 작곡가 손석우를 만나게 됐고, 손 작곡가의 〈노오란 샤쓰의 사나이〉로 공식적으로 가요계에 데뷔하며 공전의 히트를 기록했다. 이 곡의 인기는 1962년 동명의 영화 제작으로도 이어졌는데, 고인은 이 영화에 가수로 출연했고 영화는 10만 명의 관객을 동원하며 흥행에도 성공했다. 이 노래는 우리나라는 물론 일본과 동남아시아에서도 인기를 끌면서 고인은 홍콩·싱가포르 등지에서 순회 공연을 갖기도 했다. 고인은 이후에도 손 작곡가와 함께 〈우리 마을〉, 〈눈이 내리는데〉, 〈센티멘탈 기타〉 등 수많은 히트곡을 내는 등 생전 300여 곡이 넘는 노래를 발표했다. 두 차례의 성대 수술을 받으면서도 1980년대 중반까지 꾸준히 활동한 그는 2013년에는 가수 안다성·명국환과 함께 앨범 〈청춘! 그 아름다웠던 날들…〉을 발표하며 복귀하기도 했다. 고인은 생전 이러한 공로들로 2000년 국민문화훈장을 수훈했고, 2003년에는 KBS 가요대상 공로상을 수상했다. 또 2010년에는 50년간 대중가요 발전에 기여한 공로로 문화체육관광부 감사패를 받았으며, 2012년에는 대한민국 전통가요대상 원로가수상을 수상했다.

◯ 유승민(柳承敏)

전 국가대표 탁구선수이자 대한체육회장 당선인(43). 유승민 전 국제올림픽위원회(IOC) 위원이 1월 14일 열린 제42대 대한체육회장 선거에서 총투표수 1209표 중 417표(34.5%)를 획득하며 올림픽 메달리스트 최초로 대한체육회장에 당선됐다.

1982년 8월 5일 태어났으며, 중학교 3학년 때 최연소 대한민국 탁구 국가대표로 발탁됐다. 2000년 시드니올림픽에 처음 출전한 그는 당시 초반에서 탈락했으나, 4년 후 열린 2004년 아테네올림픽에서는 중국의 왕하오를 꺾고 금메달을 차지했다. 특히 이는 1988년 서울올림픽에서 금메달을 딴 유남규(남자 단식), 양영자·현정화(여자 복식) 이후 16년 만에 이룬 쾌거이자 아직까지도 한국 탁구의 마지막 올림픽 금메달로 남아 있다. 그는 이후 2008년 베이징올림픽 단체전에서 동메달을, 2012년 런던올림픽 단체전에서는 은메달을 획득했다. 그리고 2014년 6월 현역 은퇴를 선언한 뒤 삼성생명 탁구단, 탁구 국가대표팀 코치로 활동했다. 그러다 2016년 리우데자네이루 올림픽에서 IOC 선수위원으로 선출됐는데, IOC 선수위원은 전 세계 올림픽 선수들의 직접 투표로 단 4명만이 뽑히는 자리이다. 그는 8년의 임기 동안 IOC 선수위원회 부위원장을 역임하며 11개의 IOC 위원회에서 활동했고, 2018년 평창동계올림픽과 2024년 강원동계청소년올림픽 유치·운영에 기여했다. 또 2019년에는 대한체육회 산하 가맹단체 회장 중 최연소(당시 37세)로 대한탁구협회장에 당선돼 지난해 9월까지 활동하면서, 2024 파리올림픽에서 한국 탁구의 12년 만의 메달 획득이라는 성과를 내기도 했다. 유 당선인은 2029년 2월까지 4년간 회장 임기를 수행하게 되는데, 그의 임기 중 2026 밀라노·코르티나담페초 동계올림픽, 2028 로스앤젤레스 올림픽 등이 열리게 된다.

◯ 이춘식

1924~2025. 일제 강제동원 피해자로, 1월 27일 노환으로 별세했다. 향년 101세.

1924년 전남 나주에서 태어난 고인은 17세이던 1940년 일본 이와테현 가마이시제철소로 끌려갔다. 그는 현지에서 일본군에 징집돼 고베의 연합군 포로수용소에 배치됐고, 그곳에서 열악한 노동환경과 공습 위험 속에서 지냈다. 이후 고인은 일제가 패망하면서 고국으로 돌아왔으나 노역에 대한 임금을 한 푼도 받지 못했다. 그러다 2005년 서울중앙지법에 일본제철을 상대로 한 손해배상소송의 원고로 참여해 전범기업의 사죄·배상을 요구하는 투쟁에 앞장섰다. 그리고 2018년 10월 30일 대법원이 일본제철·미쓰비시중공업 등 강제노역 일본 기업의 손해배상 책임을 인정하는 판결을 내리면서 승소했다. 하지만 피고 기업은 이를 받아들이지 않았고, 이후 윤석열 정부는 일본 기업이 내야 할 배상금을 일제강제동원피해자지원재단이 모금한 돈으로 대신 지급하는 「제3자 변제 방식」의 해법을 발표했다. 고인은 수령을 거부하다가 지난해 10월 배상금과 지연이자를 수령하며 이 해법을 수용한 바 있다.

◯ 길원옥

1928~2025. 일본군 「위안부」 피해자이자 여성인권운동가로, 2월 16일 별세했다. 향년 97세.

1928년 9월 10일 평안북도 회천에서 태어났으며, 13살이던 1940년 공장에 취직시켜 주겠다는 말에 속아 중국 만주의 일본군 위안소에 끌려가 고초를 겪었다. 해방 이후 고향으로 돌아온 고인은 가족을 비롯해 그 누구에게도 끔찍한 경험을 털어놓지 않고 살다가, 1998년 용기를 내 정부에 일본군 「위안부」 피해자 신고를 하며 그 피해 사실을 처음 알렸다. 고인은 이후 매주 빠짐 없이 수요시위에 참석하는 것은 물론, 세계 각지를 돌며 일본군 「위안부」 문제를 알리고 전시성폭력 피해자들의 인권 회복을 위한 활동을 펼쳤다. 2012년에는 같은 위안부 피해자인 김복동 할머니 등과 함께 세계 전쟁 피해 여성을 돕기 위한 「나비기금」을 제정했으며, 2014년에는 스위스 제네바 유엔인권이사회 의장실을 찾아 위안부 문제 해결을 촉구하는 전 세계 150만 명의 서명을 전달하기도 했다. 이후 2017년 5월 17일에는 정의기억재단이 평화와 통일을 위해 헌신하는 국내 여성운동가를 발굴·지원하기 위한 「길원옥여성평화상」을 제정했는데, 이는 고인이 제1회 이화기독여성평화상 초대 수상자로 받은 상금을 씨앗기금으로 해 만들어진 것이다. 고인은 2017년에는 〈길원옥의 평화〉라는 음반을 발표해 어릴 적 꾸었던 가수의 꿈을 이루기도 했으며, 고인의 증언은 2018년 김숨 작가에 의해 《군인이 천사가 되기를 바란 적 있는가》라는 제목의 증언집 소설로 출간되기도 했다.

한편, 길 할머니가 세상을 떠나면서 일본군 「위안부」 피해자 생존자는 7명만이 남게 됐는데, 정부에 등록된 일본군 「위안부」 피해자는 모두 240명으로 이 가운데 233명이 세상을 떠났다.

◯ 윤동주(尹東柱)

1917~1945. 일제강점기 때의 시인으로, 주요 작품으로 〈서시〉, 〈별 헤는 밤〉, 〈자화상〉 등이 있다. 윤동주 시인의 서거 80주기를 맞이한 2월 16일 그의 모교인 일본 교토 도시샤(同志社)대에서 명예박사 학위를 증정하는 수여식이 열렸다. 올해로 창립 150년을 맞이하는 도시샤대에서 고인에게 명예박사를 수여한 것은 이번이 처음이다.

1917년 12월 30일 만주 북간도의 명동촌에서 태어났으며, 1925년 명동소학교에 입학해 송몽규 등과 문예지 《새 명동》을 발간했다. 1938년 연희전문학교 문과에 입학했으며, 1939년 산문 〈달을 쏘다〉를 《조선일보》에, 동요 〈산울림〉을

《소년》지에 각각 발표했다. 1942년에는 일본으로 건너가 도쿄 릿교대학 영문과에 입학했다가 그해 가을 도시샤 대학 영문과로 편입했다. 그러나 태평양전쟁이 끝나가던 1943년 송몽규와 함께 독립운동 혐의로 일본 경찰에 체포됐다. 그는 2년형을 선고받고 후쿠오카형무소에서 복역했는데, 복역 중이던 1945년 2월에 생을 마감했다. 윤동주는 복역 중에 알 수 없는 주사를 정기적으로 맞은 것으로 알려졌는데, 이것이 사인(死因)이라는 주장이 제기되고 있다. 이후 그의 유해는 고향인 연길 용정에 묻혔으며, 그와 함께 복역 중이었던 송몽규 역시 얼마 지나지 않아 세상을 떠났다. 한편, 윤동주의 첫 시집인 《하늘과 바람과 별과 시》는 1948년 유고 시집으로 발간됐다. 그의 시는 인간과 세상에 대한 치열한 고민 끝에 나온 깨달음의 정수를 아름다운 언어로 곱고도 수줍게 표현했다는 평가를 받는다. 또 그의 시는 매우 서정적인 것은 물론, 식민지 지식인의 고뇌와 진실한 자기성찰의 의식이 담겨 있다는 평가를 받고 있다.

> **윤동주문학관** 윤동주(1917~1945) 시인의 문학작품과 자료를 전시한 문학관으로, 2012년 7월 25일 개관했다. 서울 종로구 청운동에 위치하고 있는 문학관 내부는 3개의 전시실에 참회록·육필원고 등 133점의 자료들이 전시돼 있으며, 문화관광해설사를 배치해 관람을 돕고 있다.

문국진(文國鎭)

국내 1호 법의학자이자 고려대 의대 법의학교실 명예교수로, 2월 4일 별세했다. 향년 99세. 1925년 3월 평양에서 태어난 고인은 서울대 의대를 졸업하고 같은 학교 대학원에서 석·박사 학위를 받았다. 우리나라 법의학의 기초를 세운 선구자로 평가받는 고인은 국립과학수사연구소 의무관·법의학과장 등을 지냈고 1970년에는 고려대 의대로 자리를 옮겨 후학을 양성했다. 이후 1976년 대한법의학회를 창립했으며, 고려대 의대에 국내 처음으로 법의학교실을 열어 법의학 기초를 확립하는 데 기여했다. 그는 특히 법의 병리학을 주로 연구하며 「사후 경과 시간을 근육의 pH 곡선으로 측정하는 법」, 「수중 시체의 입수 장소 판정」 등 법의학 감정에 도움이 되는 성과를 이뤄냈다. 또 1985년 이후에는 《새튼이》, 《일본의 사체, 한국의 시체》 등 10여 권의 법의 교양서를 출간하며 법의학이 일반에 알려지는 데 큰 역할을 담당했다. 고인은 이러한 공로를 인정받아 1987년 대한민국학술원 회원이 됐으며 함춘대상(2003), 대한민국과학문화상(2008), 서재필의학상(2018) 등을 수상했다.

TEST ZONE ....

최신시사상식 232집

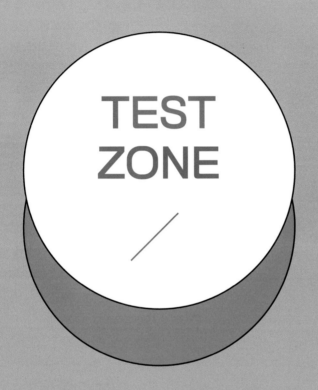

TEST ZONE

최신 기출문제(뉴시스) / 실전테스트 100

한국사능력테스트 / 국어능력테스트

뉴시스

2024. 10. 19

● 다음 물음에 알맞은 답을 고르시오. [1~22]

01 다음 중 오커스와 쿼드에 모두 참여하고 있는 국가는?

① 영국
② 호주
③ 일본
④ 인도

02 당3역(黨三役)에 해당하지 않는 직책은?

① 원내대표
② 당대표
③ 사무총장
④ 정책위원회 의장

03 다음 중 국회의원 출신의 지자체장이 아닌 사람은?

① 오세훈 서울시장
② 김영록 전남도지사
③ 이장우 대전시장
④ 김동연 경기도지사

04 일론 머스크가 이끄는 우주기업 스페이스X가 달·화성 탐사를 위해 개발한 대형 우주선으로, 인류 역사상 가장 크고 강력한 로켓으로 평가받는다. 무엇인가?

① 유로파 클리퍼
② 메카질라
③ 스타십
④ 아르테미스

05 2024년 8월 28일 국회를 통과한 법률로, 진료지원(PA) 간호사의 법적 근거를 마련하는 내용을 담고 있다. 이 법은?

① 간호법
② 의료법
③ 의료지원법
④ 보건의료인력지원법

06 2024년 9월 〈겨울은 항상 마지막에 웃는다〉라는 제목의 보고서에서 「반도체 겨울론」을 주장했던 글로벌 투자은행(IB)은?

① 모건스탠리
② 골드만삭스
③ 메릴린치
④ 스탠다드차타드

07 2024년 6월 열린 서울국제도서전의 주제로, 아일랜드 작가 조너선 스위프트의 〈걸리버 여행기〉에서 완벽한 세상으로 묘사되는 이상향이기도 하다. 무엇인가?

① 샹그릴라
② 후이늠
③ 유토피아
④ 아틀란티스

08 정부가 2024년 9월 4일 현재 소득의 9%인 국민연금 보험료율을 연령대에 따라 매년 0.25%~1%포인트씩 단계적으로 올려 최종 (　　)%까지 인상하는 내용의 「연금개혁 추진계획」을 심의·확정했다. (　　) 안에 들어갈 숫자는?

① 11
② 12
③ 13
④ 14

01 **오커스(AUKUS):** 미국, 영국, 호주 등 3개국이 2021년 9월 15일 공식 출범시킨 외교안보 3자 협의체
　　쿼드(Quad): 미국·인도·일본·호주 등 4개국이 참여하고 있는 안보협의체

02 당3역은 각 정당의 원내대표, 사무총장, 정책위 의장을 일컫는다. 원내대표는 국회 교섭단체를 대표하는 의원으로서 소속의원들을 통솔하고, 사무총장은 당의 조직 관리와 일상 업무 집행을 총괄하며, 정책위 의장은 각 당의 이념과 기본 정책 연구 등의 업무를 수행하는 정책위원회의 의장이다.

03 ④ 2017~2018년 기획재정부 장관 및 경제부총리를 역임했다.

04 ① 미 항공우주국(NASA)의 무인 탐사선
　　② 2024년 10월 13일 이뤄진 미국 스페이스X의 화성 탐사선 스타십 5차 시험비행에서 화제가 된 발사대의 명칭이다.
　　④ NASA가 추진 중인 달 유인 탐사 프로젝트로, 인류 역사상 최초의 여성 우주인을 포함한 4명의 인류를 달에 보내는 것을 최종 목표로 한다.

05 의사의 수술 집도 등을 보조하면서 의사 업무를 일부 담당하는 진료지원(PA·Physician Assistant) 간호사의 의료 행위를 명문화하고 그 의료 행위에 대한 법적 근거를 규정한 법률 제정안으로, 2024년 8월 28일 국회를 통과했다.

06 ① 모건스탠리는 D램 메모리 수요가 줄어들고, 고대역폭메모리(HBM)는 공급 과잉 우려가 높다는 점을 근거로 「반도체 겨울론」을 주장한 바 있다.

07 〈걸리버 여행기〉에서 걸리버가 4번째 도착한 여행지 「후이늠」은 지혜로운 말(馬)이 지배하는 나라로 그려진다. 말은 인간과 달리 거짓말을 하지 않고 완벽한 이성으로 판단하는데, 이에 후이늠은 무지와 오만, 욕망, 비참, 전쟁, 갈등 등이 없는 일종의 유토피아로 그려지고 있다.

08 2024년 9월 4일 정부가 21년 만에 제시한 연금개혁 단일안에는 「보험료율 13%(현행 9%)−소득대체율 42%」 등이 담겼다. 여기서 보험료율은 국민연금 가입자가 소득 대비 납부하는 보험료의 비율로, 현재 근로자 1인 이상 고용 사업장에서는 근로자 월급에서 4.5%가 공제되고 회사 측이 4.5%를 더해 총 9%를 납부한다. 1인 자영업자와 프리랜서 등 지역 가입자의 경우는 월소득의 9%를 개인이 모두 부담한다.

1. ② 2. ② 3. ④ 4. ③ 5. ① 6. ① 7. ② 8. ③

09 GRDP란 무엇인가?

① 구매력평가지수
② 국민총생산
③ 지역총소득
④ 지역내총생산

10 다음 중 1000만 관객을 기록한 「천만 영화」에 해당하지 않는 작품은?

① 노량
② 극한직업
③ 괴물
④ 7번방의 선물

11 다음 중 올림픽 정식종목으로 치러지고 있는 경기는?

① 가라테
② 소프트볼
③ 근대5종
④ 크리켓

12 2024년 5월 부커상 최종 후보에 오른 황석영의 장편소설은?

① 고래
② 대도시의 사랑법
③ 저주토끼
④ 철도원 삼대

13 검찰이 10월 티몬·위메프(티메프)의 판매대금 미정산 사태와 관련, 티몬과 위메프 대표들에 이 혐의로 구속영장을 청구했다. 무엇인가?

① 횡령·사기
② 뇌물수수
③ 알선수재
④ 독직

14 다음 중 코스피에 등재된 종목에 해당하지 않는 것은?

① 현대차
② 알테오젠
③ 하이브
④ 네이버

15 5월 27일 개청한 우주항공청의 소재지는?

① 대전광역시
② 경북 포항
③ 경남 사천
④ 충북 청주

16 현대자동차가 9월 미국의 이 기업과 글로벌 자동차시장 환경에 공동 대응하기 위해 「포괄적 협력을 위한 업무협약(MOU)」을 체결했다. 2023년 말 기준으로 글로벌 판매량 순위에서 5위를 기록한 이 업체는?

① 제네럴모터스
② 포드
③ 크라이슬러
④ 테슬라

17 다음 중 유럽연합(EU) 회원국이 아닌 나라는?

① 리투아니아
② 몰타
③ 튀르키예
④ 키프로스

18 기후변화로 인한 자연재해나 극한 날씨로 농작물 생산이 감소해 식료품 물가가 오르는 현상을 이르는 말은?

① 스태그플레이션
② E플레이션
③ 그린플레이션
④ 기후플레이션

09 지역내총생산(GRDP·Gross Regional Domestic Product)은 어떤 기간 동안 어떠한 지역에서 생산된 상품과 서비스의 가치를 시장가격으로 평가한 수치를 말한다.

10 ① 2023년 12월 20일 개봉된 김한민 감독의 작품으로, 457만 명의 관객을 기록했다.
② 2019년 개봉된 이병헌 감독의 작품으로, 1626만 명의 관객을 기록했다.
③ 2006년 개봉된 봉준호 감독의 작품으로, 1301만 명의 관객을 기록했다.
④ 2013년 개봉된 이환경 감독의 작품으로, 1281만 명의 관객을 기록했다.

11 ③ 근대5종은 한때 올림픽 퇴출 종목으로 거론되기도 했으나, 경기방식 변경 등으로 변화를 꾀하면서 올림픽 정식종목을 유지하고 있다. 특히 2028 로스엔젤레스(LA) 올림픽부터는 근대5종에서 승마가 제외되는데, 이는 2020 도쿄올림픽 여자부 경기에서 아니카 슐로이(독일) 선수가 승마에서 말(馬) 문제 때문에 0점을 받으며 논란이 된 데 따른 것이다. 이에 LA올림픽부터 승마를 대체할 세부 종목으로 「장애물 경기(Obstacle discipline)」가 치러지는데, 이는 대형 구름사다리나 로프, 링, 허들 등 다양한 형태의 장애물을 빠르게 통과하는 방식의 경기다.

12 부커상은 영국 최고 권위를 자랑하는 문학상으로, 노벨문학상·공쿠르문학상과 함께 세계 3대 문학상 중 하나로 꼽힌다. 특히 2005년에는 비영어권 작가들을 대상으로 하는 인터내셔널 부문(국제상)이 신설, 우리나라의 소설가 한강이 2016년 아시아인 최초로 이 상을 수상한 바 있다.
① 2023년 부커상 인터내셔널 부문 최종 후보에 오른 천명관의 장편소설
② 2022년 부커상 인터내셔널 부문 1차 후보에 오른 박상영의 장편소설
③ 2022년 부커상 인터내셔널 부문 최종 후보에 오른 정보라의 SF·호러 소설집

13 검찰은 특정경제범죄 가중처벌 등에 관한 법률 위반(사기·횡령·배임) 혐의로 구영배 큐텐그룹 대표와 류광진 티몬 대표, 류화현 위메프 대표에 대한 수사에 착수하는 한편 두 차례 구속영장을 청구했지만 모두 기각됐다.

14 ② 알테오젠은 바이오시밀러 등을 연구개발하고 있는 바이오기업으로, 2008년 설립돼 2014년 기술특례로 코스닥 시장에 상장했다.

15 우주항공청은 우주항공 분야 범부처 정책 수립, 산업육성, 국제협력 등을 담당하는 기관으로 1월 9일 「우주항공청의 설치 및 운영에 관한 특별법」이 국회를 통과함에 따라 5월 27일 경남 사천에 개청했다.

16 ① 제너럴모터스와 현대자동차는 2024년 9월 13일 체결한 MOU를 통해 향후 주요 전략 분야에서 상호 협력하며 생산비용 절감, 효율성 증대 및 다양한 제품군을 고객에게 신속히 제공하기 위한 방안 등을 모색하게 된다.

17 유럽연합(EU) 회원국: 벨기에, 프랑스, 독일, 이탈리아, 룩셈부르크, 네덜란드, 덴마크, 아일랜드, 그리스, 포르투갈, 스페인, 오스트리아, 핀란드, 스웨덴, 키프로스, 체코, 에스토니아, 헝가리, 라트비아, 리투아니아, 몰타, 폴란드, 슬로바키아, 슬로베니아, 루마니아, 불가리아, 크로아티아(총 27개국)

18 ① 경기 침체에도 불구하고 물가가 오히려 오르는 현상
② 에너지 자원 수급 문제로 인해 물가가 지속적으로 상승하는 현상
③ 탄소 규제 등의 친환경 정책으로 화석연료의 공급은 줄어드는 반면 수요는 증가해 가격이 상승하는 현상

9. ④ 10. ① 11. ③ 12. ④ 13. ① 14. ② 15. ③ 16. ① 17. ③ 18. ④

19 정부가 10월 10일 국무회의에서 딥페이크 성착취물에 대한 처벌을 강화하는 내용 등을 담은 「성폭력 범죄의 처벌 등에 관한 특례법」 일부 개정 공포안을 의결했다. 그 내용으로 바르지 못한 것은?

① 성적 허위 영상물을 소지·구입·저장하거나 시청한 자에 대한 처벌 규정을 신설, 3년 이하의 징역이나 3000만 원 이하의 벌금에 처할 수 있도록 했다.

② 딥페이크 성착취물에 대한 편집·반포 등의 법정형을 기존 5년 이하에서 7년 이하로 강화했다.

③ 딥페이크 성작취물을 이용한 협박에 대한 처벌 규정을 신설해 1년 이상의 유기징역에 처하도록 했다.

④ 영리 목적의 딥페이크 성착취물에 대한 법정형을 7년 이하의 징역에서 5년 이상의 유기징역으로 강화했다.

20 기획재정부가 9월 26일 발표한 「2024년 세수 재추계 결과 및 대응 방향」에 따르면 2024년 세수 펑크가 30조 원으로 전망됐다. 이처럼 대규모 세수 결손이 발생한 가장 큰 이유로는 「이 세금」이 꼽혔는데, 전체 세수 부족분의 49%가 이 세금에서 발생했다. 이 세금은?

① 법인세
② 종합소득세
③ 부가가치세
④ 교통·에너지·환경세

21 미국과 이스라엘이 공동으로 개발해 2017년 도입한 미사일 방어체계로, 중장거리 미사일과 드론 공격을 막는 데 사용된다. 무엇인가?

① 애로 2·3 시스템
② 다윗의 돌팔매
③ 스파이더
④ 아이언돔

22 밑줄 친 부분의 맞춤법이 틀린 것은?

① 물의를 일으켜 매우 죄송합니다.
② 비행기를 타면 귀가 먹먹해진다.
③ 익숙치 않은 상황에 몹시 어색했다.
④ 밥을 넙죽넙죽 잘 받아먹는구나.

● 다음 물음에 알맞은 답을 쓰시오. [23~27]

23 2024년 최저시급과 2025년 최저시급을 각각 쓰면?

24 개인이 받은 모든 대출의 연간 원리금을 연소득으로 나눈 비율로, 전체 금융부채의 연간 원리금 상환액을 대출자의 연소득으로 나눠 산출한다. 무엇인가?

25 글로벌 커피체인 「스타벅스」의 창업주는 누구인가?

26 유한양행이 개발한 국산신약 31호인 폐암 치료제로, 비소세포폐암 환자를 대상으로 하는 표적항암제이다. 국산 항암제로는 최초로 미국 식품의약국(FDA)의 허가를 받은 이 치료제는?

27 2024년 5월 17일부터 문화재청의 명칭이 (   )으로 바뀌었다. (   ) 안에 들어갈 명칭은?

※ 위 문제는 수험생들의 기억에 의해 재생된 것이므로, 실제 문제와 다소 다를 수 있습니다. 실제 시험에서는 총 30문항이 출제된 것으로 추정됩니다.

19 ④ 영리 목적의 딥페이크 성착취물에 대한 법정형은 7년 이하의 징역에서 3년 이상의 유기징역으로 강화됐다.

20 대규모 세수 결손이 발생한 가장 큰 이유는 법인세 때문으로, 2024년 법인세수는 당초 정부 예상치(77조 7000억 원)보다 14조 5000억 원 적은 63조 2000억 원에 그칠 것으로 전망됐다.

21 ② 이스라엘의 중장거리 로켓·순항미사일 방공 시스템
이스라엘의 미사일 방어체계는 이스라엘판 고고도미사일방어체계(THAAD·사드)로 불리는 「애로 2·3 시스템」이 고고도에서 미사일을 방어하고, 중고도에서는 2017년 실전 배치된 「다윗의 돌팔매」가, 저고도에서는 「스파이더」가 분담해 막는 구조다. 여기에 2011년 3월 도입된 아이언돔은 요격 고도가 4~70km로, 특히 단거리 로켓과 드론을 요격하는 데 있어 세계 최고 수준으로 평가받는다.

22 ③ 「익숙하지 않다」의 준말은 「익숙지 않다」다.

◎ 19. ④ 20. ① 21. ② 22. ③ 23. 2024년 최저시급: 9860원, 2025년 최저시급: 1만 30원 24. 총부채원리금상환비율(DSR·Debt Service Ratio) 25. 하워드 슐츠(Howard Schultz) 26. 렉라자(Leclaza) 27. 국가유산청(國家遺産廳)

실전테스트 100

🔘 다음 물음에 알맞은 답을 고르시오. [1~70]

01 다음 (   ) 안에 들어갈 역사적 사건에 대한 설명으로 바른 것은?

> 도널드 트럼프 미국 대통령이 2월 4일 팔레스타인 가자지구를 점령해 소유할 것이라는 발언으로 논란을 일으킨 가운데, 해당 발언은 「두 국가 해법」을 근간으로 한 중동 질서를 뒤흔들었다는 거센 비판을 받았다. 두 국가 해법은 1967년 (   ) 이전의 국경선을 기준으로 각각 이스라엘과 팔레스타인 국가를 건설하여, 두 국가가 더 이상 분쟁을 일으키지 않도록 하자는 것이다.

① 1948년 이스라엘의 독립 선포가 계기가 된 것으로, 이집트·요르단·이라크·레바논·시리아 등이 참전하며 대규모 전쟁으로 확대됐다.
② 이집트의 나세르가 대통령으로 취임하면서 수에즈운하의 국유화를 선언한 것이 계기가 됐다.
③ 이집트와 시리아가 수에즈 전선과 골란고원의 양 전선에서 이스라엘을 기습 공격하면서 시작됐다.
④ 시리아와 이스라엘 간의 빈번한 충돌이 계기가 돼 발발한 것으로, 이집트가 아카바만의 입구인 티란해협을 봉쇄하면서 시작됐다.

⑤ 이스라엘의 이츠하크 라빈 총리와 팔레스타인해방기구(PLO)의 야세르 아라파트 의장이 만나 양측의 평화적 공존 방법을 모색한 합의를 말한다.

02 빈칸에 들어갈 용어로 바른 것은?

> 이스라엘과 팔레스타인 무장단체 하마스가 1월 15일 미국·카타르·이집트의 중재하에 2023년 10월부터 15개월간 이어져온 가자전쟁 휴전에 합의했다. 양측은 협상 막바지까지 가자지구와 이집트의 완충지대인 _____에서의 이스라엘군 주둔 문제를 놓고 갈등을 겪었는데, 이스라엘 측은 _____을/를 통해 이집트에서 가자지구로 각종 무기가 밀반입되는 만큼 이를 감시할 군을 주둔시켜야 한다는 입장인 반면, 하마스는 이곳에서의 이스라엘 완전 철군을 내걸었다.

① 라파 검문소
② 넷자림 회랑
③ 케렘 샬롬 검문소
④ 필라델피 회랑
⑤ 가자 메트로

03 북아메리카 북동부 대서양과 북극해 사이에 위치한 세계에서 가장 큰 섬이자 덴마크 자치령으로, 특히 도널드 트럼프 미국 대통령이 당선인 시절부터 미국령 편입 의도를 드러내며 거센 논란을 일으킨 곳이다. 어디인가?

① 스발바르 제도
② 그린란드
③ 킹조지섬
④ 페로제도
⑤ 고틀란드섬

04 미국 수정헌법은 (　　)에 입각해 미국에서 출생한 아이에게 자동으로 출생시민권을 부여하고 있다. 그러나 트럼프 대통령은 취임 첫날인 1월 20일 출생시민권 제도를 중단하는 행정명령에 서명하며 위헌 논란을 일으켰는데, (　　) 안에 들어갈 용어는?

① 속인주의
② 속지주의
③ 기국주의
④ 보호주의
⑤ 세계주의

01　(　　) 안에 들어갈 역사적 사건은 제3차 중동전쟁이다.
　　① 1차 중동전쟁　② 2차 중동전쟁　③ 4차 중동전쟁　⑤ 오슬로 협정

02　④ 필라델피 회랑은 팔레스타인 가자지구 남부와 이집트 사이에 있는 길이 14km·너비 100m의 좁은 완충지대로, 가자지구의 남부 국경 중 유일하게 이스라엘과 직접 맞닿지 않은 지역이다.
　　⑤ 팔레스타인 무장정파 하마스가 공습 방어와 무기 수송, 물품 밀수 등을 목적으로 가자지구 지하에 조성한 방대한 지하 땅굴을 이르는 말로, 총 길이가 약 500km에 달하는 것으로 추정되고 있다.

03　도널드 트럼프 미국 대통령은 당선인 시절인 지난해 12월부터 그린란드와 파나마운하에 대한 미국령 편입을 주장하며 논란을 일으켰다. 특히 올 1월 7일 대통령 당선 이후 가진 두 번째 기자회견에서도 그린란드·파나마운하를 되찾거나 획득하기 위해 군사력 사용을 배제하지 않는다고 밝히면서 논란을 더욱 확산시켰다.
　　① 북극해에 위치한 노르웨이령 군도
　　③ 한국 최초의 남극과학기지인 세종기지가 위치한 남극의 섬
　　④ 대서양 북부의 아이슬란드와 셰틀랜드 제도 중간에 있는 덴마크령 제도

04　② 어떤 나라의 영토 안에서 태어난 사람은 그 출생지의 국적을 얻게 된다는 원칙으로, 한 국가의 영역 안에 있어서는 자기 나라 사람이나 외국 사람을 불문하고 다 같이 그 나라 법의 적용을 받는다는 것이다.
　　① 자국 영역의 내외를 불문하고 국적을 기준으로 하여 모든 자국민에 대해 법을 적용하는 원칙
　　③ 국외에 운항 중인 자국의 선박 또는 항공기 내에서 행한 범죄에 대해서는 자국의 형법을 적용한다는 속지주의의 특별한 경우에 해당한다.
　　④ 자국 또는 자국민의 법익을 침해하는 범죄에 대해서는 범인의 국적과 범죄 장소를 불문하고 자국 형법을 적용하는 것

실전테스트 100

도널드 트럼프 미국 대통령이 1월 20일 국제 기구인 (㉠)에서 탈퇴하는 행정명령에 서명했다. 트럼프는 집권 1기 때인 2020년 7월에도 이 기구가 중국에 편향적이라는 이유로 탈퇴를 통보한 바 있다. 그러나 당시 절차상으로 탈퇴까지 1년을 기다려야 했는데, 이듬해인 2021년 조 바이든 대통령이 취임하면서 무산됐었다. 또 트럼프 대통령은 이날 (㉡) 정책의 전면 폐지를 지시하는 행정명령에도 서명했는데, 이는 인종·성·성 정체성 등에서 소수자에게 더 많은 혜택을 부여해 포용적인 환경을 갖춰가자는 정책을 말한다. 드럼프 행정부는 해당 행정명령 서명 뒤 이 정책 담당 공무원들에 대한 대규모 감원 절차를 시작하며 본격적인 폐기에 돌입했다.

05 다음 중 ㉠에 대한 설명으로 옳은 것은?

① 1949년 발족된 집단방위기구로, 벨기에 브뤼셀에 본부를 두고 있다.

② 1946년 설립된 유엔전문기구로, 프랑스 파리에 본부를 두고 있다.

③ 보건·위생 분야의 국제적인 협력을 위해 1948년 설립된 유엔 전문기구다.

④ 무역 자유화를 통한 전 세계적인 경제 발전을 목적으로 하는 국제기구로, 1995년 출범했다.

⑤ 미국·멕시코·캐나다 등 3개국이 1994년 발효된 북미자유무역협정(NAFTA)을 개정해 새롭게 합의한 다자 간 협정이다.

06 ㉡에 들어갈 용어로 바른 것은?

① DEI　　　　② 정치적 올바름(PC)

③ 워크(Woke)　④ 어퍼머티브 액션

⑤ 다카(DACA)

07 12·3 내란 우두머리 혐의를 받고 있는 윤석열 대통령이 1월 15일 체포된 데 이어 19일 구속되면서 헌정 사상 처음으로 체포·구속된 현직 대통령이 됐다. 이와 관련, 체포·구속영장에 대한 설명으로 바르지 못한 것은?

① 체포영장은 피의자가 수사기관의 출석 요구에 불응하거나 불응할 우려가 있을 때 판사가 발부한다.

② 체포영장 집행 후에는 48시간 이내에 구속영장을 청구 또는 석방해야 한다.

③ 체포영장에 의해 체포된 피의자를 구속영장에 의해 구속한 때에는 구속기간을 체포된 때로부터 기산한다.

④ 구속영장의 효력기간은 최대 20일이다.

⑤ 구속영장이 발부된 피의자는 기소 후 구속적부심을 신청할 수 있다.

08 다음 제시된 내용과 관련이 있는 국가는?

마로나이트 기독교와 이슬람교 수니파 및 시아파의 권력 안배를 국가 조직의 기본으로 하는 나라다. 이에 따라 대통령은 기독교 마론파, 총리는 이슬람 수니파, 국회의장은 이슬람 시아파에서 선출하고 있다. 이 국가 의회가 1월 9일 13번째 시도 만에 2022년 10월 임기가 종료된 미셸 아운 전 대통령의 후임자로 조셉 아운(60) 육군 참모총장을 대통령으로 선출했다.

① 요르단

② 오만

③ 레바논

④ 카타르

⑤ 쿠웨이트

09 최상목 대통령 권한대행이 지난해 12월 31일 국회가 선출한 헌법재판관 후보자 3인 중 2명만을 임명한 가운데, 우원식 국회의장이 1월 3일 헌법재판소에 「이 심판」을 청구했다고 밝혔다. 일반 국민이 아닌 국가기관 또는 지방자치단체가 헌재에 청구하는 이 심판을 무엇이라 하는가?

① 헌법소원심판
② 권한쟁의심판
③ 위헌법률심판
④ 정당해산심판
⑤ 탄핵심판

10 ㉠, ㉡의 설명에 공통으로 해당하는 나라는?

> ㉠ 외교부가 1월 17일 이 나라에 한국 대사관이 공식 개관했다고 밝혔다. 이는 지난해 2월 이 나라와 수교한 지 약 11개월 만으로, 이로써 한국은 총 173개의 재외공관을 설치하게 됐다.
> ㉡ 1월 20일 취임한 도널드 트럼프 미국 대통령이 이 국가를 테러지원국에서 해제하도록 한 전임 조 바이든 정부의 방침을 취소하면서, 이 나라가 다시 미국의 테러지원국 명단에 오르게 됐다.

① 이라크   ② 수단
③ 이란   ④ 쿠바
⑤ 아프가니스탄

05 트럼프 대통령이 1월 20일 세계보건기구(WHO)와 파리기후변화협약에서 각각 재탈퇴하는 내용의 행정명령에 서명했다. 트럼프는 집권 1기 때인 2020년에도 WHO가 코로나19의 기원에 대해 거짓말을 한다며 탈퇴를 선언했는데, 이 조치는 조 바이든이 이듬해 집권하고 1년이 지나기 전에 탈퇴 절차를 취소하면서 무효화된 바 있다.
① 나토(NATO) ② 유네스코(UNESCO) ④ 세계무역기구(WTO) ⑤ 미국·멕시코·캐나다 협정(USMCA)

06 ① Diversity(다양성)·Equity(형평성)·Inclusion(포용성)의 약자로, 인종·성·성 정체성 등에서 소수자에게 더 많은 혜택을 부여해 포용적인 환경을 갖춰가자는 정책을 말한다.
② 인종과 성별, 종교, 성적지향, 장애, 직업 등과 관련해 소수 약자에 대한 편견이 섞인 표현을 쓰지 말자는 정치·사회적 운동
③ 미국 인종차별 반대운동에서 사회적 불의를 인식하고 있다는 의미로 사용되는 용어
④ 미국 대학의 소수인종 우대 입학정책
⑤ 미국의 불법체류청년 추방유예 프로그램

07 ⑤ 구속적부심은 영장이 발부된 피의자가 기소되기 전에 신청하는 것으로, 기소 후 신청하는 보석과 다르다.

09 ② 국가기관 상호 간, 국가기관과 지방자치단체 상호 간, 지방자치단체 상호 간에 권한의 존부나 범위에 관한 다툼이 생긴 경우 헌법재판소가 헌법해석을 통해 그 분쟁을 해결하는 제도를 말한다.
① 공권력에 의해 헌법상 보장된 국민의 기본권이 침해된 경우 헌법재판소에 제소해 그 침해된 기본권의 구제를 청구하는 제도
③ 법률이 헌법에 합치하는가의 여부를 심판해 위반된다고 판단되는 경우 그 효력을 상실하게 하는 제도
④ 헌법에 위반되는 정당을 해산할 수 있는 헌법재판소의 심판
⑤ 국회의 탄핵소추에 따라 헌법재판소가 해당 공무원을 탄핵할 것인지 아닌지를 재판하는 것

10 ㉠ 외교부가 1월 17일 쿠바 아바나 미라마르 지역에 주쿠바 한국 대사관이 공식 개관했다고 밝혔다. 이는 지난해 2월 쿠바와 수교한 지 약 11개월 만으로, 우리나라는 쿠바와의 수교로 시리아 외에 모든 유엔 회원국과 수교를 맺게 됐다.
㉡ 테러지원국은 미국이 자국의 안보를 위협할 만한 국가들을 분류하여 지칭하는 용어다. 미 국무부는 지난해 12월 북한을 비롯해 쿠바·이란·시리아 등 4개국을 테러지원국으로 명시한 「2023년도 국가별 테러 보고서」를 공개한 바 있다.

5. ③   6. ①   7. ⑤   8. ③   9. ②   10. ④

11 다음 ( ) 안에 공통으로 들어갈 이슬람 수니파 무장단체의 명칭은?

> 1월 1일 오전 3시 15분 새해맞이로 유명한 미국의 관광명소 뉴올리언스 최대 번화가인 프렌치쿼터의 버번 스트리트에서 픽업트럭 한 대가 인파를 향해 돌진하면서 15명이 사망했다. 특히 용의자의 차량 뒤에는 극단주의 무장단체 ( )의 깃발이 꽂혀 있었다는 점에서 한동안 잠잠했던 이슬람 극단주의 자생 테러가 재발하는 것이 아니냐는 우려가 높아졌다. ( )은/는 2003년 국제 대리조직 알가에다의 이라크 하부조직으로 출발한 급진 이슬람 수니파 무장단체로, 2019년 본거지인 시리아와 이라크에서 사실상 와해되며 그 세력을 상실한 바 있다.

① 이슬람국가(IS)
② 탈레반
③ 무자헤딘
④ 무슬림형제단
⑤ 보코하람

12 국제분쟁 전문 싱크탱크 국제위기그룹(ICG)이 1월 1일 발표한 「2025년 10대 분쟁 지역」에 한반도가 2020년 이후 처음으로 해당 명단에 포함됐다. 또 이번 명단에는 53년 만의 아사드 독재정권 종식 및 13년 내전에 따른 혼란을 이유로 이 나라도 포함됐는데, 어디인가?

① 수단 ② 시리아
③ 리비아 ④ 아이티
⑤ 예멘

13 윤석열 대통령이 1월 19일 내란 수괴 혐의로 구속되면서 「머그샷」을 찍은 것으로 전해졌다. 이와 관련, 중대범죄신상공개법(일명 머그샷 공개법)에 대한 내용으로 바르지 못한 것은?

① 머그샷은 피의자의 정면과 좌·우측 측면을 컬러 사진으로 찍는다.
② 수사당국은 모자나 마스크를 착용하지 않은 중대범죄자의 얼굴을 검찰청·경찰청 홈페이지에 30일간 공개할 수 있다.
③ 원칙적으로 30일 이내의 모습을 공개해야 하며, 필요 시 피의자 얼굴은 동의 없이 강제로 촬영된다.
④ 피의자에 대해서만 신상공개가 가능하며, 재판 단계에서 특정중대범죄로 공소사실이 변경된 경우는 신상공개가 불가능하다.
⑤ 특정강력범죄, 성폭력범죄, 내란·외환, 폭발물 사용, 현주건조물방화치사상, 중상해·특수상해, 아동·청소년대상 성범죄, 조직·마약범죄 등이 신상정보 공개 대상 범죄에 해당한다.

14 미국 알래스카주에 위치한 북미에서 가장 높은 산으로, 2015년 8월 당시 오바마 대통령 때 이 명칭이 공식화됐다. 하지만 1월 20일 취임한 트럼프 대통령이 이 산의 명칭을 「매킨리」로 개명하는 행정명령에 서명하면서 명칭이 또다시 바뀌게 됐는데, 이 산은?

① 디날리산 ② 엘버트산
③ 휘트니산 ④ 미첼산
⑤ 레이니어산

15 다음 ( ) 안에 들어갈 숫자는?

2017년 5월 대통령비서실과 경호실은 박근혜 전 대통령 관련 대통령기록물을 이관하면서 세월호 참사 당일(2014년 4월 16일)에 청와대에서 생산된 기록들을 비롯한 다수의 기록물을 대통령지정기록물로 지정했다. 대통령기록물법 제17조 제4항에 따라 대통령지정기록물로 지정되면 국회 재적의원 3분의 2 이상의 동의, 고등법원의 영장 발부, 대통령기록관장 사전 승인 등이 있지 않는 한 최장 (   )년간 문서 열람이 금지된다.

① 5   ② 7
③ 10   ④ 15
⑤ 20

16 다음 중 올해부터 달라지는 제도에 대한 설명으로 바르지 못한 것은?

① 1월 1일부터 고향사랑기부금 연간 상한액이 기존 500만 원에서 2000만 원까지 확대됐다.
② 10월 25일부터 실손 청구 전산화가 의원·약국까지 확대 시행된다.
③ 40세를 대상으로 한 국가건강검진 검사에 C형간염 검사가 신규 도입된다.
④ 올해부터 5월 15일은 「스승의 날」과 더불어 「세종대왕 나신 날」이 된다.
⑤ 2월 23일부터 부모가 각각 육아휴직을 3개월 이상 사용하는 경우 육아휴직 기간을 6개월 추가로 신청할 수 있다.

11   ② 아프가니스탄의 이슬람 수니파 무장 정치조직으로, 1996년부터 2001년까지 아프가니스탄을 지배했으며 2021년 8월 15일 수도 카불을 장악하면서 20년 만에 정권을 재장악했다.
③ 아프가니스탄의 무장 게릴라 조직
④ 1928년 이집트에서 설립된 이슬람 근본주의 조직으로, 세계 최대·최고의 이슬람주의 단체
⑤ 2002년 결성된 나이지리아의 이슬람 극단주의 테러조직

12   이슬람 무장세력 「하야트 타흐리르 알샴(HTS)」을 주축으로 한 시리아 반군은 지난해 11월 30일 시리아 제2의 도시 알레포를 8년 만에 탈환한 데 이어 이들리브·하마·홈스 등 주요 거점을 잇따라 장악했고, 대공세 11일 만인 12월 8일 수도 다마스쿠스까지 점령하며 내전 승리를 선언했다. 이에 2011년 아랍의 봄을 계기로 촉발된 시리아 내전은 발발 13년 9개월 만에 막을 내리게 됐으며, 53년간 이어졌던 알아사드 일가의 철권통치도 종식된 바 있다.

13   ④ 재판 단계에서 피고인의 죄명이 신상정보 공개 대상 범죄로 변경된 경우 피고인에 대한 신상 공개도 가능하다.

14   ① 본래 디날리였지만 1896년 이후로 미국의 제25대 대통령인 윌리엄 매킨리의 이름을 따 매킨리산이라고 불렸다. 하지만 매킨리산 근방에 살던 알래스카 원주민들은 본래 사용해 왔던 이름인 디날리를 되찾고자 오랜 기간 정부에 청원 활동을 전개했고, 이에 2015년 당시 버락 오바마 정부는 디날리로 공식 개칭한 바 있다.

16   질병청은 올해부터 국가건강검진에 C형간염 항체 검사를 실시한다. 대상 연령은 56세로 올해 1969년생이 해당된다.

11. ① 12. ② 13. ④ 14. ① 15. ④ 16. ③

17 핵확산금지조약(NPT)에서 공식적으로 인정하지는 않았으나 사실상 핵보유 국가로 인정받고 있는 「비공식 핵보유국(Nuclear Power)」에 해당하는 나라를 〈보기〉에서 모두 고르면?

> 보기
> ㉠ 인도　　　　㉡ 이란
> ㉢ 파키스탄　　㉣ 쿠바
> ㉣ 이스라엘　　㉥ 독일

① ㉠, ㉡
② ㉡, ㉣, ㉤
③ ㉠, ㉢, ㉤
④ ㉠, ㉡, ㉣, ㉥
⑤ ㉡, ㉢, ㉣, ㉤, ㉥

18 「스스로 적절하게 처리하고 조심해서 행동하라」는 뜻의 한자성어로, 중국 고전인 《회남자(淮南子)》에서 유래된 말이다. 특히 왕이 중국 외교부 장관이 1월 24일 마코 루비오 미국 국무부 장관과 통화하며 이 한자성어를 사용한 것으로 알려졌는데, 무엇인가?

① 호자위지(好自爲之)
② 부화수행(附和隨行)
③ 양봉음위(陽奉陰違)
④ 동가홍상(同價紅裳)
⑤ 호질기의(護疾忌醫)

19 다음의 내용과 관련이 있는 용어는?

> 리처드 닉슨 전 미국 대통령이 냉전 시기 베트남전에서 사용하면서 유명해진 개념으로, 현재 도널드 트럼프 미국 대통령이 적극 활용하는 외교 전략이다.

① 원윈　　　　② 출구
③ 전방위　　　④ 매드맨
⑤ 스마트

20 트럼프 미국 대통령이 추진하는 경제 정책, 이른바 「마가노믹스(Maganomics)」의 내용으로 바르지 못한 것은?

① 기업 규제 완화
② 대규모 감세
③ 무역 상대국에 대한 관세 부과
④ 전기차 보조금 정책 확대
⑤ 화석연료 산업 활성화

21 트럼프 미국 대통령이 2월 1일, 미국의 3대 교역국에 관세를 부과하는 행정명령에 서명했다. 이는 2개국에는 25% 관세를, 1개국에는 기존 관세에 10%의 추가 관세를 부과한다는 내용인데, 여기에 포함된 3개국을 〈보기〉에서 고르면?

> 보기
> ㉠ 멕시코　　㉡ 이란
> ㉢ 호주　　　㉣ 캐나다
> ㉤ 일본　　　㉥ 중국

① ㉠, ㉣, ㉥　　　② ㉠, ㉢, ㉤
③ ㉡, ㉣, ㉥　　　④ ㉡, ㉢, ㉥
⑤ ㉢, ㉣, ㉥

22 트럼프 미국 대통령이 2024년 대선 기간 중 제안한 관세 정책 중 하나로, 모든 수입품에 일괄적인 관세를 부과해 기존의 복잡한 관세 체계를 단순화시키는 것이다. 이 관세는?

① 보편관세   ② 호혜관세
③ 상호관세   ④ 특혜관세
⑤ 차별관세

23 오는 3월 재개되는 「이 제도」는 특정 종목의 주가가 하락할 것으로 예상되면 해당 주식을 보유하고 있지 않은 상태에서 주식을 빌려 매도 주문을 내는 투자를 말한다. 무엇인가?

① 블록딜   ② 오버행
③ 스캘핑   ④ 공매도
⑤ 손절매

18 ② 줏대 없이 다른 사람의 주장만 따라 그가 하는 짓을 따라 행동한다는 뜻
③ 겉으로는 복종하는 척하면서 속으로는 딴마음을 품는다는 뜻
④ 값이 같거나 같은 노력을 한다면 품질이 좋은 것을 택한다는 뜻
⑤ 병을 숨기면서 의사에게 보이지 않는다는 뜻으로, 문제가 있는데도 다른 사람의 충고를 듣지 않음을 이르는 말

19 매드맨 전략(Madman Theory)은 상대방이 지도자의 행동을 예측할 수 없도록 만들어 두려움을 조성하고, 이를 협상에서 유리하게 활용하는 전략을 말한다. 현재는 도널드 트럼프 미국 대통령이 이 전략을 적극 활용하고 있는데, 트럼프는 예측 불가능한 발언과 갑작스러운 정책 변화를 통해 상대방을 혼란에 빠뜨리고 협상에서 우위를 점하는 전략을 취하고 있다.

20 마가노믹스는 ▷자국 기업에 대한 감세와 규제 개혁 ▷무역 상대국에 대한 관세 부과와 보호무역주의 ▷인플레이션감축법(IRA) 폐기 등을 핵심으로 하는 트럼프 행정부의 경제정책을 가리킨다.
④ 트럼프 대통령은 2024년 대선 과정에서부터 조 바이든 행정부의 「그린뉴딜」 정책에 따른 배출가스 규제 및 전기차 보조금 정책을 폐지하겠다고 공약했다.

21 도널드 트럼프 미국 대통령이 2월 1일 캐나다와 멕시코에 25% 관세를, 중국에는 기존 관세에 10%의 추가 관세를 부과하겠다는 내용의 행정명령에 서명했다. 다만 트럼프 대통령은 멕시코·캐나다에 대해서는 2월 3일 「불법 이민, 마약 유입 차단을 위한 인력 1만 명 투입」 등의 합의안을 근거로 관세 부과를 한 달간 유예했다. 그러나 중국산 제품에 대한 10% 추가 관세는 2월 4일 0시를 기해 예정대로 발효됐다.

22 ③ 상대국이 부과하는 관세율 수준에 맞춰 동등한 관세를 매기는 것
④ 특정한 나라의 생산물이나 선박에 대해 비교적 낮은 세율로 부과하는 관세
⑤ 어느 특정국의 상품과 특정국 선박으로 수입되는 상품에 대해 일반적인 세율보다 차별되게 적용하는 관세

23 ④ 금감원이 오는 3월 공매도 재개를 앞두고 불법 무차입공매도 방지를 위한 세부 규정 등을 담은 「공매도 통합 가이드라인」 최종안을 마련했다고 1월 19일 밝혔다.
① 거래소 시장 시작 전후에 대량의 주식을 보유한 매도자와 이를 매수할 수 있는 매수자 간에 거래를 체결시켜 주는 제도
② 주식 시장에서 언제든지 매물로 쏟아질 수 있는 잠재적인 과잉 물량 주식을 의미하는 용어
③ 주식이나 선물시장에서 하루에도 수십 번, 수백 번 이상 분·초 단위로 거래를 하며 단기 차익을 얻는 박리다매형 초단타 매매 기법
⑤ 주가가 떨어질 때 손해를 보더라도 팔아서 추가 하락에 따른 손실을 피하는 기법

🎯 17. ③   18. ①   19. ④   20. ④   21. ①   22. ①   23. ④

실전테스트 100

24 정부가 1월 2일 발표한 「2025년 경제정책 방향」의 내용으로 바르지 못한 것은?

① 1월 3일부터 6월 30일까지 출고되는 자동차를 구매하면 최대 100만 원까지 개별소비세를 30% 감경받는다.
② 장애인, 독립유공자, 기초생활수급자 등이 고효율 가전을 구매할 때의 환급률을 현행 20%에서 30%로 높인다.
③ 연매출 1억 400만 원 이하 소상공인 점포에 사용하는 신용카드 사용액의 소득공제율을 현행 15%에서 20%로 높인다.
④ 부부 각각의 월세 세액공제를 가구당 1000만 원 한도 내에서 허용한다.
⑤ 국내 관광 부흥을 위해 최대 3만 원어치의 비수도권 숙박 쿠폰을 100만 장 신규 배포한다.

25 올해 미국 증시를 주도할 것으로 꼽히는 8개의 대형 기술주를 이르는 용어인 「배트맨(BATMMAAN)」은 미국의 7대 기술 기업을 이르는 「M7」에 이 기업이 추가돼 붙여진 명칭이다. 인공지능(AI) 가속기인 XPU를 선보이며 엔비디아의 그래픽처리장치(GPU) 대항마로 급부상한 이 기업은?

① AMD
② 아마존
③ 브로드컴
④ 넷플릭스
⑤ 마이크로소프트

26 해양수산부가 1월 16일 지난해 수산식품 수출 총액이 전년(2023년)보다 1.2% 늘어난 30억 3000만 달러를 기록했다고 밝혔다. 품목별로는 이 수산식품이 수출 1위를 기록했는데, 무엇인가?

① 김   ② 굴
③ 삼치   ④ 참치
⑤ 고등어

27 한경협이 경제협력개발기구(OECD) 회원국의 15~64세 여성 고용지표를 분석한 결과, 2021년 기준 한국에서 15세 미만 자녀를 둔 여성의 고용률은 56.2%로 30-50클럽 7개국 중 가장 낮다고 밝혔다. 이와 관련, 30-50 클럽에 해당되지 않는 나라는?

① 영국   ② 독일
③ 프랑스   ④ 호주
⑤ 이탈리아

28 금융당국이 1월 21일 발표한 「IPO 및 상장폐지 제도개선 방안」에 따르면 일정 기간 보호예수를 조건으로 증권신고서 제출 전 기관투자자에 대한 사전 배정을 허용해 중·장기 투자자 확대에 도움이 되는 (   ) 투자자 제도 도입을 추진한다. (   ) 안에 들어갈 용어는?

① 엔젤   ② 역행
③ 전략적   ④ 린치핀
⑤ 코너스톤

29 다음 중 용어에 대한 설명이 바르지 못한 것은?

① 가산금리: 기준금리에 신용도 등의 조건에 따라 덧붙이는 금리

② 디딤씨앗통장: 취약계층 아동이 사회에 진출할 때 필요한 초기비용 마련을 지원하기 위해 정부에서 운영하는 아동자산형성 지원사업

③ 무순위 청약: 1·2순위 청약 이후 미계약 물량에 대해 무작위 추첨을 통해 청약 당첨자를 선정하는 것

④ 지급여력(K-ICS) 비율: 보험사의 순익·잉여금 등 가용자본을 미래 보험금 지급을 위해 필요한 요구자본으로 나눈 값

⑤ 상장지수펀드(ETF): 소수의 투자자로부터 자금을 모집·운영하는 일종의 사모펀드로, 단기이익을 목적으로 함

30 고용부가 2월 6일 지난해 말 대법원 판결로 변경된 통상임금 판례를 현장에 적용하는 새 「통상임금 노사지도 지침」을 내놓았다. 이와 관련, 다음 중 통상임금에 해당하지 않는 것은?

① 근속기간에 따라 지급여부나 지급액이 달라지는 임금

② 근무실적 평가에 따른 성과급

③ 최소한도가 보장되는 성과급

④ 특정 시점에 재직 중인 근로자에게만 주는 명절귀향비

⑤ 기술이나 자격 보유자에게 지급되는 수당

24 ③ 현행 15%에서 30%로 높인다.

25 배트맨은 ▷브로드컴(Broadcom) ▷애플(Apple) ▷테슬라(Tesla) ▷마이크로소프트(Microsoft) ▷메타(Meta) ▷아마존(Amazon) ▷알파벳(Alphabet) ▷엔비디아(Nvidia)의 두 문자를 조합한 것이다. 이는 미국의 7대 기술 기업을 이르는 「매그니피센트 7(Magnificent 7)」에 브로드컴이 추가된 것이어서 M8이라고도 불린다.

26 품목별 수출 1위는 10억 달러에 육박한 김으로 나타났는데, 김은 지난해 9억 9700만 달러를 기록하며 전년 대비 25.8% 급증했다. 이어 참치가 전년 대비 4.7% 증가한 5억 8900만 달러로 2위였으며, 고등어·삼치·굴 등이 주요 수출 품목에 올랐다.

27 30-50 클럽은 1인당 국민소득 3만 달러 이상, 인구 5000만 명 이상의 조건을 만족하는 국가를 가리키는 용어다. 현재 30-50 클럽에 가입된 국가는 일본(1992), 미국(1996), 영국(2004), 독일(2004), 프랑스(2004), 이탈리아(2005), 한국(2019) 등 7개국에 불과하다.

28 ① 엔젤 투자자는 기술력은 있으나 자금이 부족한 창업 초기 벤처기업에 자금 지원과 경영 지도를 해주는 개인 투자자를 말한다.
② 역행 투자자는 대중과는 반대되는 방향으로 투자하는 투자자를 말한다.
③ 전략적 투자자는 기업이 M&A나 대형 개발사업 등을 할 때 경영권 확보를 목적으로 자금을 조달해주는 투자자를 말한다.

29 ⑤ 상장지수펀드(ETF·Exchange Traded Fund)는 주식처럼 거래가 가능하고, 특정 주가지수의 움직임에 따라 수익률이 결정되는 펀드를 말한다. 제시된 내용은 헤지펀드에 대한 설명이다.

30 통상임금은 근로의 대가로 정기적이고 일률적으로 지급하는 임금으로, 시간 외·야간·휴일근로 시의 가산수당, 연차유급휴가수당, 퇴직금의 산출기초가 된다.
② 근무실적을 평가해 지급여부나 지급액이 결정되는 성과급은 통상임금에 포함되지 않는데, 이는 소정근로의 대가성을 갖췄다고 보기 어렵기 때문이다.

🎯 24. ③ 25. ③ 26. ① 27. ④ 28. ⑤ 29. ⑤ 30. ②

31 광주지법 해남지원 제1형사부가 1월 6일 존속살해 및 사체유기 혐의로 무기징역형이 확정돼 25년째 복역 중이던 김신혜 씨의 재심 선고 공판에서 무죄를 선고해 화제가 됐다. 이와 관련하여 재심에 대한 설명으로 바르지 못한 것은?

① 재심 청구는 형의 집행을 마쳤거나 면제된 경우에는 할 수 없다.
② 재심에서도 불이익변경금지의 원칙을 적용, 원판결의 형벌보다 무거운 형벌을 선고하지 못한다.
③ 확정판결에 대한 구제수단이라는 점에서 항소·상고와 구별된다.
④ 재심에서 무죄를 선고한 때에는 관보와 해당 법원 소재지의 신문에 그 사실을 공고해야 한다.
⑤ 재심 청구를 취하한 자는 같은 이유로는 다시 재심을 청구하지 못한다.

32 교육부가 1월 20일 「2028학년도 수능시험 및 점수체제」를 발표했는데, 2028학년도 수능은 「이 제도」가 전면 적용되는 올해 고교 1학년이 치르게 되는 시험이다. 이 제도는?

① 자유학기제
② 교과교실제
③ 집중이수제
④ 고교학점제
⑤ 혁신학교제

33 교육부가 발표한 「2028학년도 수능시험 및 점수체제」에 따르면 문항수와 응시시간 모두 늘어나고, 성적 제공방식도 현행과 달라지는 영역은?

① 국어
② 수학
③ 탐구
④ 영어
⑤ 제2외국어·한문

34 보건복지부가 1월 10일 현재 65세인 노인 기준 연령을 높이는 사회적 논의를 본격화하는 내용 등을 담은 「2025년 주요업무 추진계획」을 발표했다. 우리나라는 지난해 12월 23일 기준 65세 이상 주민등록인구가 전체 인구의 (   )%를 기록하며 초고령사회에 진입한 바 있는데, (   ) 안에 들어갈 숫자는?

① 7
② 10
③ 14
④ 16
⑤ 20

35 다음에 제시된 세대 분류 변천이 가장 오래된 순서부터 차례대로 나열된 것은?

| ㉠ Y세대 | ㉡ Z세대 |
| ㉢ X세대 | ㉣ 알파세대 |

① ㉠-㉢-㉡-㉣
② ㉡-㉠-㉢-㉣
③ ㉢-㉠-㉡-㉣
④ ㉣-㉢-㉠-㉡
⑤ ㉢-㉣-㉡-㉠

36 1월 2일부터 기존 5가지 감염병을 예방하던 5가 혼합백신에 이 감염병을 추가한 「6가 혼합백신」의 영아 무료 접종이 시작됐다. 새롭게 추가된 이 감염병은?

① B형간염
② 디프테리아
③ 파상풍
④ 백일해
⑤ 소아마비

37 오는 9월 추석 연휴 전후에 내국인 관광객을 대상으로 대체불가토큰(NFT) 멤버십과 연계해 디지털 관광도민증 발급 개시 방침을 밝힌 지역은?

① 경상북도
② 제주도
③ 부산광역시
④ 전라북도
⑤ 강원도

31 ① 재심 청구는 형의 집행을 마쳤거나 면제된 경우에도 할 수 있는데, 그 청구가 형의 집행을 정지하는 효력은 없다.

32 ④ 학생들이 진로에 따라 다양한 과목을 선택·이수하고, 누적학점이 기준에 도달할 경우 졸업을 인정받는 제도를 말한다. 고교학점제로 고등학교 수업과 학사운영 기준이 기존의 「단위」에서 「학점」으로 바뀌며, 졸업기준은 현행 204단위(3년 기준)에서 192학점으로 바뀐다. 이러한 고교학점제는 2020년 마이스터고에 우선 도입된 뒤 2022년에는 특성화고·일반고 등에 부분 도입됐으며, 올해부터 전체 고교에 전면 시행된다.

33 사회·과학 총 17개 과목(사회 9개·과학 8개) 중 최대 2과목을 선택해 과목당 20문항씩 30분 동안 치르던 탐구 영역은 통합사회·통합과학으로 변경되면서 문항 수와 시험 시간이 모두 늘어난다. 과목별로 문항 수는 20문항에서 25문항으로 5문항 늘고 시험 시간도 30분에서 40분으로 늘어나며, 2점·3점 체제였던 문항별 배점은 1.5점·2점·2.5점으로 삼원화된다. 또 성적 제공 방식은 표준점수, 백분위, 등급이 분리돼 산출된다.

34 총인구 중 65세 이상 인구가 차지하는 비율이 7% 이상일 때 고령화사회, 14% 이상일 때 고령사회, 20% 이상일 때 초고령사회로 분류한다.

35 호주의 사회학자이자 미래학자인 마크 맥크린들은 ▷1946~1964년생을 베이비붐 세대 ▷1965~1979년생을 X세대 ▷1980~1994년생을 Y세대(밀레니얼 세대) ▷1995~2009년생을 Z세대 ▷2010~2024년생을 알파세대 ▷2025~2039년생을 베타세대로 분류하고 있다.

36 기존 5가지 감염병을 예방하던 5가 혼합백신에 B형간염까지 예방하는 「6가 혼합백신」의 영아 무료 접종이 1월 2일부터 시작됐다. 백신은 디프테리아, 파상풍, 백일해, 소아마비, b형 헤모필루스 인플루엔자(Hib), B형간염을 예방한다.

37 제주도가 오는 9월 추석 연휴 전후에 내국인 관광객을 대상으로 디지털 관광도민증 발급을 개시할 계획이라고 1월 3일 밝혔다. 이는 제주도가 침체에 빠진 내국인 관광객 유치와 관광산업의 디지털 전환을 위해 내놓은 방안으로, 올해 디지털 관광도민증 발급 목표는 10만 명이다.

31. ① 32. ④ 33. ③ 34. ⑤ 35. ③ 36. ① 37. ②

38 지난해 에미상 18관왕에 이어 1월 5일 열린 제82회 골든글로브 시상식에서 작품상 등 4관왕을 기록하며 화제가 된 디즈니 플러스의 드라마 제목은?

① 〈브루탈리스트〉
② 〈콘클라베〉
③ 〈쇼군〉
④ 〈아임 스틸 히어〉
⑤ 〈어 디퍼런트 맨〉

39 2월 2일 열린 제67회 그래미 어워즈에서 최고상인 올해의 앨범상을 처음으로 수상함과 동시에 흑인 여성가수 최초로 컨트리 앨범상과 컨트리듀오·그룹 퍼포먼스상을 수상한 이 가수는?

① 머라이어 캐리
② 리한나
③ 다이애나 로스
④ 비욘세
⑤ 자넷 잭슨

40 최근 조선시대 궁궐인 이곳 선원전의 편액(이름표)이 108년 만에 일본으로부터 국내에 환수됐다. 조선이 도읍을 한양으로 옮기면서 1395년 태조(4년) 때 창건된 이 궁궐은?

① 창경궁
② 경복궁
③ 덕수궁
④ 창덕궁
⑤ 경희궁

41 다음이 설명하는 역사적 인물은 누구인가?

일제강점기 독립운동가로서 그가 순국한 곳인 일본 가나자와시에 4월 29일 추모관이 개관될 예정이다. 그는 1931년 한인애국단에 가입한 뒤 1932년 4월 29일 상하이 훙커우 공원에서 열린 일본군의 상하이 점령 전승 경축식에서 일본 수뇌부를 향해 폭탄을 던졌다. 이에 사건 현장에서 일본군에게 체포된 그는 일본 군법회의에서 사형을 선고받았고, 1932년 12월 19일 24세의 나이로 순국했다. 이후 그의 시신은 1945년 5월 한국으로 봉환돼 서울 효창공원에 안장됐고, 1962년 건국훈장 대한민국장이 추서됐다.

① 안중근
② 안창호
③ 여운형
④ 김원봉
⑤ 윤봉길

42 국가유산청이 1월 23일 「한글서예」를 국가무형유산으로 지정 예고했다. 다만 한글서예의 특정 보유자나 보유단체는 인정하지 않기로 하면서 공동체 종목으로 지정된다. 이와 관련, 공동체 종목 지정 국가무형유산에 해당하지 않는 것을 고르면?

① 김치 담그기
② 활쏘기
③ 씨름
④ 택견
⑤ 윷놀이

43 1월 22일 발표된 미국야구기자협회(BBWAA) 투표 결과 아시아 출신 선수 최초로 MLB 명예의 전당에 입성하게 된 선수는?

① 다르빗슈 유
② 스즈키 이치로
③ 다나카 마사히로
④ 오타니 쇼헤이
⑤ 구로다 히로키

44 김아림이 2월 3일 2025시즌 LPGA 투어 개막전에서 1라운드부터 4라운드까지 선두를 내주지 않는 ( ) 우승을 달성해 화제를 모았다. ( ) 안에 들어갈 용어는?

① 와이어 투 와이어
② 스트로크 플레이
③ 사이클링 히트
④ 백 투 백
⑤ 노히트 노런

---

38 드라마 〈쇼군〉은 17세기 일본 최고 권력인 정이대장군 자리를 두고 막부 지도부 사이에 벌어지는 정치·무력 갈등을 담은 작품이다. 이 작품은 제82회 골든글로브 시상식에서 작품상과 남우주연상(사나다 히로유키), 여우주연상(안나 사웨이), 남우조연상(아사노 타다노부) 등을 수상하며 4관왕을 기록했다.

39 비욘세(44)가 2월 2일 열린 제67회 그래미 어워즈에서 앨범 〈카우보이 카터(COWBOY CARTER)〉로 생애 처음으로 최고상인 「올해의 앨범상」을 수상했다. 여기에 그는 흑인 여성가수 최초로 컨트리앨범상과 컨트리듀오·그룹 퍼포먼스상까지 3관왕을 차지하며 최다 수상 기록을 35회로 늘렸다.

40 국가유산청과 국외소재문화유산재단은 2월 3일 일제강점기 일본으로 반출된 것으로 추정되는 「경복궁 선원전 편액」이 2012년부터 문화유산보호 지원사업을 이어 온 게임업체 〈라이엇게임즈〉가 환수 비용을 지불해 지난해 환수했다고 밝혔다.

41 ① 1879~1910. 삼흥학교를 세우는 등 인재 양성에 힘썼으며, 만주 하얼빈에서 침략의 원흉 이토 히로부미를 사살하고 순국했다.
② 1878~1993. 1907년 신민회를 조직하고 대성학교를 설립해 민족교육운동을 펼친 독립운동가이자 교육가로, 1919년에는 대한민국 임시정부 수립을 주도했다.
③ 1886~1947. 해방 이후 통일정부 수립을 위해 좌우합작운동을 주도했다.
④ 1898~1958. 1919년 의열단을 조직하고 1938년에는 조선의용대를 창설하는 등 일제에 대한 무장투쟁을 전개하는 데 앞장섰다.

42 김치 담그기, 활쏘기, 씨름, 윷놀이 등은 오랜 역사와 전통 속에서 전승·향유된 문화라는 점에서 특정 보유자나 보유단체는 인정하지 않는 공동체 종목 지정 국가무형유산에 해당한다.

43 스즈키 이치로(52)가 1월 22일 발표된 미국야구기자협회(BBWAA) 투표 결과 394표 중 만장일치에 1표 부족한 393표를 얻어 득표율 99.7%로 2025년 MLB 명예의 전당에 이름을 올렸다. 이로써 이치로는 후보 자격을 얻은 첫해에 아시아 출신 선수 최초로 MLB 명예의 전당에 입성하게 됐다.

44 ① 1700년대 영국의 경마 경기에서 우승자를 판별하기 위해 말의 시작점과 결승점에 얇은 「철사(Wire)」를 설치한 데서 유래한 것으로, 말이 경기에서 끝까지 선두 자리를 내주지 않고 가장 먼저 결승점을 통과해 철사를 끊는 것에서 그 의미가 파생됐다.
② 골프 경기에서 총 타수를 합산해 가장 적은 타수를 기록한 선수가 승리하는 경기 방식
③ 야구 경기에서 한 명의 타자가 한 경기에서 단타, 2루타, 3루타, 홈런을 모두 쳐내는 것
④ 연달아 우승하거나 야구에서 앞 타자에 이어 바로 홈런을 칠 경우
⑤ 야구 경기에서 무안타·무실점으로 상대팀에 승리하는 경기 방식

---

38. ③ 39. ④ 40. ② 41. ⑤ 42. ④ 43. ② 44. ①

실전테스트 100

45 다음 ( ) 안에 공통으로 들어갈 기업은?

> 중국의 인공지능(AI) 스타트업 딥시크
> 가 1월 20일 저성능 칩만으로 오픈AI
> 의 o1에 필적하는 추론 모델인 R1을 출
> 시하면서 전 세계 AI 시장에 큰 충격
> 을 안겼다. 딥시크의 AI 모델 훈련에는
> ( )이/가 중국 수출용으로 성능을 낮
> 춰 출시한 H800 칩 2000여 개가 사용
> 된 것으로 알려졌다. 이처럼 딥시크가
> 출시한 내놓은 저비용 AI 모델은 미국
> 증시에까지 큰 충격을 안겼는데, ( )
> 은/는 1월 28일 무려 16.95% 폭락하며
> 코로나19 초기였던 2020년 3월 이후
> 최대 낙폭을 기록하기도 했다.

① 마이크론테크놀로지
② 엔비디아
③ 앤스로픽
④ 구글 딥마인드
⑤ TSMC

46 최근 오픈AI와 마이크로소프트(MS)는 중국의 딥시크가 「이 기술」을 통해 자사 데이터를 무단으로 도용했는지 여부에 대한 조사에 나섰다. 성능이 뛰어난 대형 AI 모델이 학습한 지식을 소형 AI 모델로 전이하는 이 기술은?

① 환각(Hallucination)
② 증류(Distillation)
③ 공동작업(Collaboration)
④ 추론(Inference)
⑤ 혼합(Mixture)

47 현재 AI 기술은 폐쇄형 모델이 주도하고 있는데, 오픈소스 모델을 채택한 딥시크가 이러한 흐름을 바꿀 수 있다는 전망이 나오고 있다. 이와 관련, 오픈소스에 대한 설명으로 바르지 못한 것을 고르면?

① 많은 개발자가 참여할 수 있다.
② 수익성 확보가 쉽지 않으며, 범죄집단 등에 의해 악용될 위험이 있다.
③ 성능에서 확실한 우위를 확보하면 시장을 사실상 독점하며 막대한 수익을 낼 수 있다.
④ 오픈소스의 대표적 기업으로는 메타, 엔비디아 등이 있다.
⑤ 검증과 협업 유도로 AI 생태계 확장을 이끌 수 있다.

48 1957년 10월 구소련이 세계 최초로 인공위성을 쏘아 올리면서 미국 등 서방이 큰 충격을 받은 데서 나온 말로, 최근 중국 딥시크가 개발한 챗봇을 두고 일각에서 제기된 용어이기도 하다. 당시 소련이 세계 최초로 발사한 인공위성의 명칭은?

① 보스토크 1호
② 익스플로러 1호
③ 소유스 1호
④ 스푸트니크 1호
⑤ 루나 1호

49 아마존 창업자 제프 베이조스의 우주기업 블루오리진이 1월 16일 미국 플로리다주 케이프커내버럴 우주군 기지에서 재사용 발사체를 처음으로 발사했다. 미국에서 처음으로 궤도비행을 한 우주비행사의 이름을 딴 이 발사체의 명칭은?

① 메카질라
② 크루드래건
③ 퍼서비어런스
④ 뉴글렌
⑤ 뉴셰퍼드

50 지난 1월 발사된 미국의 블루고스트와 일본의 리질리언스가 탐사하게 될 행성에 대한 설명으로 바른 것은?

① 지구에서 가장 가까운 항성이자 태양계의 중심이다.
② 행성인 지구를 도는 천체이며 지구의 유일한 영구적인 자연 위성이다.
③ 태양계 행성 중에서 가장 두꺼운 대기를 가지고 있다.
④ 태양계 최대의 협곡인 마리네리스 협곡이 이곳에 존재한다.
⑤ 태양계에서 가장 작은 행성으로, 행성 중에서 가장 빠른 속도로 공전한다.

45 딥시크가 개발한 AI 모델에 투입된 비용은 557만 6000달러(약 78억 8000만 원)에 불과한데, 이는 그간 미국 빅테크들의 비용에 비해 훨씬 낮은 수준이다. 이에 엔비디아의 고가 AI 칩에 대한 무용론이 일어나면서 1월 28일 엔비디아의 주가 폭락이 일어난 바 있다.

46 ② 오픈AI는 중국에 기반을 둔 기관들이 자사의 AI 도구에서 대량의 데이터를 빼내려고 하는 여러 시도를 목격했다며 이는 「증류(Distillation)」라고 불리는 기술적 과정을 통해 자체 모델을 훈련하기 위한 것으로 보인다고 설명했다.

47 ③ 폐쇄형 AI 모델의 장점으로 꼽는다.

48 스푸트니크 충격은 1957년 10월 옛 소련이 세계 최초로 인공위성 스푸트니크 1호를 쏘아 올리면서 미국 등 서방이 큰 충격을 받은 데서 나온 말이다. 스푸트니크는 발사 이후 최초의 메시지를 지구로 보내오면서, 우주 시대의 서막을 알리는 첫 신호가 됐다.
① 1961년 4월 12일 구소련이 발사한 세계 최초의 유인 우주선
② 1958년 1월 31일에 발사된 미국 최초의 인공위성
③ 1967년 4월 23일 발사된 구소련의 우주선
⑤ 1959년 1월 2일 구소련에서 발사한 최초의 달 탐사선

49 ④ 베이조스가 회사 설립 25년 만에 내놓은 첫 궤도 발사체로, 지구 상공 2000km 이하 저궤도(LEO)에 부피가 큰 탑재체를 운반하기 위해 설계됐다.
① 거대한 젓가락 팔을 지닌 스페이스X 스타십의 발사대 명칭
② 미국 민간 우주탐사기업인 스페이스X가 개발한 유인 캡슐
③ 미국 항공우주국(NASA)이 2020년 7월 30일 발사한 화성 탐사 로버
⑤ 블루오리진이 개발한 재사용이 가능한 로켓

50 ② 미국과 일본 민간 우주기업의 무인 달 탐사선 2대를 실은 스페이스X 로켓이 1월 15일 발사에 성공했다.
① 태양 ③ 금성 ④ 화성 ⑤ 수성

45. ② 46. ② 47. ③ 48. ④ 49. ④ 50. ②

51 최신 한국형 원전 APR1400을 두고 한국수력원자력과 지식재산권 분쟁을 겪어오다 1월 16일 서로 협력하기로 합의한 미국의 기업은?

① 제너럴일렉트릭
② 테슬라
③ 록히드마틴
④ 웨스팅하우스
⑤ 컨스틸레이션 에너지

52 ㉠~㉢에 들어갈 용어가 차례대로 바르게 배열된 것은?

> • 첨단기술과 유목민의 합성어로, 첨단 디지털 장비를 구비하고 있어 장소에 구애받지 않고 일하는 사람들 → 디지털 (㉠)
> • 첨단 기술이 집약된 운전 공간으로, 차량의 내부에 디지털 기술을 활용한 다양한 기능을 배치하여 운전 경험과 편의성을 극대화하는 시스템 → 디지털 (㉡)
> • 현실세계의 기계나 장비, 사물 등을 컴퓨터 속 가상세계에 구현한 것으로, 가상공간에 실물과 똑같은 물체를 만들어 다양한 모의시험을 통해 검증해 보는 기술 → 디지털 (㉢)

① 노마드, 튜터, 콕핏
② 집시, 홈, 튜터
③ 노마드, 콕핏, 트윈
④ 집시, 콕핏, 트윈
⑤ 노마드, 홈, 튜터

53 큐비트(Quantum bit)를 기본 단위로 하는 컴퓨터로, 기존 컴퓨터보다 월등한 계산 속도와 연산처리능력을 갖고 있다. 특히 올해 1월 열린 세계 최대 가전·IT 박람회인 CES 2025에 이 분야가 신설되며 주목을 받았는데, 무엇인가?

① 슈퍼컴퓨터
② 양자컴퓨터
③ 뉴로컴퓨터
④ 퍼지컴퓨터
⑤ 웨어러블 컴퓨터

54 다음 ( ) 안에 공통적으로 들어갈 물질은?

> 우리 몸을 구성하는 주요 물질일 뿐 아니라 모든 생명 현상에 관여하는 물질로, 특히 산소를 운반하는 헤모글로빈이나 면역 반응에 중요한 항체 등도 모두 ( )이다. 세계에서 가장 유명한 인체자원 은행인 영국 바이오뱅크(UK Biobank)가 1월 10일 세계 최대 규모의 인간 ( ) 연구 프로젝트인 「파마프롬테오믹스」에 착수한다고 발표했다. 이는 아직 인류가 파악하지 못한 발병 원인과 치료법을 찾기 위함으로, 50만 명에 달하는 사람들의 혈액에서 수천 가지 종류의 ( ) 수치를 측정하는 연구이다.

① 나트륨
② 비타민
③ 마그네슘
④ 단백질
⑤ 탄수화물

55 틱톡 금지법 시행을 몇 시간 앞둔 1월 18일 밤부터 미국 내 서비스를 종료한 중국의 SNS 틱톡이 19일 서비스를 재개했다. 틱톡 금지법은 틱톡 모기업인 ( )가 270일 내에 미국 내 사업권을 미국 기업에 매각하지 않으면 미국 내 서비스를 금지한다는 내용이다. ( ) 안에 들어갈 기업은?

① 텐센트   ② 알리바바
③ 샤오미   ④ 화웨이
⑤ 바이트댄스

56 조선 세조 때 김시습이 지은 최초의 한문소설 《금오신화》는 현재 5편의 단편소설이 전해지고 있다. 다음 중 이 5편에 속하지 않는 것은?

① 용궁부연록   ② 취유부벽정기
③ 이생규장전   ④ 남염부주지
⑤ 청강사자현부전

57 청소년 보호 차원에서 도입된 인스타그램의 10대 계정이 1월 22일 우리나라에서도 적용됐다. 이 인스타그램 10대 계정에 대한 설명으로 바르지 못한 것은?

① 국내 만 14세 이상 18세 이하 청소년의 인스타그램 계정은 비공개로 전환된다.
② 부모의 관리 감독 기능이 강화돼 자녀들의 대화 상대를 부모가 볼 수 있다.
③ 만 16세 이상은 본인이 원하는 경우 공개로 다시 바꿀 수 있다.
④ 메시지 설정의 경우 청소년이 팔로우하는 사람과 이미 연결된 사람들에게서만 메시지를 받을 수 있다.
⑤ 오후 10시부터 오전 7시까지는 사용 제한 모드가 설정돼 알림이 해제된다.

51 한국수력원자력과 한전이 1월 16일 미국 웨스팅하우스와 지식재산권 분쟁을 종결하고 향후 글로벌 원전 시장에서 협력하기로 합의했다고 17일 밝혔다. 웨스팅하우스는 그동안 한수원이 체코에 공급하려는 최신 한국형 원전 APR1400이 자사의 원천 기술에 기반한 것이라며 한수원의 독자적인 수출에 제동을 걸어왔다.

53 ② 미시세계의 물리 법칙인 양자역학의 원리를 활용해 정보를 처리하는 미래형 컴퓨터로, 0이나 1 둘 중 하나로 데이터를 연산하는 기존 디지털컴퓨터와는 달리 양자역학의 중첩 상태를 활용해 0과 1 두 상태를 동시에 처리할 수 있다. 이는 기존 컴퓨터 중 가장 뛰어난 성능을 보이는 슈퍼컴퓨터보다 1000배 이상 빠른 연산이 가능해 인공지능(AI), 의료·제약, 암호통신 등 다양한 분야에 활용될 수 있다.

55 틱톡(TikTok)은 중국의 바이트댄스사가 서비스하는 글로벌 숏폼 모바일 비디오 플랫폼으로, 15초~3분짜리 짧은 동영상을 제작하고 공유하는 기능을 제공한다.

56 《금오신화》의 완본은 전해지지 않으며, 현재 전해지는 것으로는 〈만복사저포기〉, 〈이생규장전〉, 〈취유부벽정기〉, 〈용궁부연록〉, 〈남염부주지〉가 있다.
⑤ 〈청강사자현부전〉은 고려 후기 때의 문인 이규보가 지은 가전체 설화로, 《동문선》에 수록돼 있다.

57 ③ 만 17세 이상은 본인이 원하는 경우 공개로 다시 바꿀 수 있지만 만 14~16세 청소년은 보호자의 동의가 있어야 공개로 전환할 수 있다.

51. ④ 52. ③ 53. ② 54. ④ 55. ⑤ 56. ⑤ 57. ③

58 현행 식품위생법상 「제로(0) 칼로리」는 식품 100㎖당 열량이 ( )kcal 미만일 때 사용할 수 있다. ( ) 안에 들어갈 숫자는?

① 0
② 1
③ 2
④ 3
⑤ 4

59 다음이 설명하는 현대 조소는?

> • 작품 그 자체가 움직이거나 움직이는 부분을 넣은 예술작품으로, 동력에 의해 움직이는 작품과 관객이 작품을 움직일 수 있는 것으로 나뉜다.
> • 1913년 자전거 바퀴를 사용한 마르셀 뒤샹의 〈모빌〉이 최초의 작품이다.

① 아상블라주
② 레디 메이드
③ 키네틱 아트
④ 스테빌
⑤ 그로테스크

60 구석기·신석기의 선사시대와 청동기 이후의 역사시대를 구분하는 가장 큰 기준은 무엇인가?

① 문자의 사용
② 청동기의 사용
③ 도시의 출현
④ 관개농업의 발달
⑤ 지도자의 등장

61 사찰 음식에 쓰이지 않는 「오신채(五辛菜)」에 해당하지 않는 것은?

① 파
② 마늘
③ 부추
④ 고추
⑤ 양파

62 위법하게 수집된 1차적 증거에 의해 발견된 2차적 증거의 증거능력까지 부정하는 것을 뜻하는 용어는?

① 불고불리의 원칙
② 미란다 원칙
③ 독수독과 이론
④ 일사부재리
⑤ 무죄추정의 원칙

63 다음 한국의 세계유산 중 나머지와 성격이 다른 하나는?

① 석굴암과 불국사
② 백제역사유적지구
③ 산사, 한국의 산지승원
④ 제주 화산섬과 용암동굴
⑤ 고창, 화순, 강화의 고인돌 유적

64 나라를 대표해 다른 나라에 파견돼 외교를 맡아보는 최고 직급 또는 그런 사람을 뜻하는 「대사」의 한자 표기로 바른 것은?

① 大使
② 大事
③ 代射
④ 代使
⑤ 大射

65 다음 괄호 안에 들어갈 숫자를 모두 더하면?

> • 대통령 임기: ( )년
> • 국회의원 임기: ( )년
> • 대법원장 임기: ( )년
> • 헌법재판소 재판관 임기: ( )년

① 20 ② 21
③ 22 ④ 23
⑤ 24

66 술래가 눈을 감고 있는 사이에 조금씩 술래 가까이 다가가서 술래를 손바닥으로 치고 도망가는 놀이로, 넷플릭스에서 기록적인 흥행을 기록한 〈오징어 게임〉 시즌 1·2에 모두 등장하는 게임이기도 하다. 이 놀이는?

① 무궁화꽃이 피었습니다
② 대문놀이
③ 공기놀이
④ 꽃찾기놀이
⑤ 꼬리따기

58 「제로(0) 칼로리」는 식품 100㎖당 열량이 4kcal 미만일 때 사용할 수 있다. 「제로 당(糖)」은 식품 100㎖ 혹은 100g당 당이 0.5g 미만일 때 강조할 수 있는 표현이다.

59 ① 보편적인 재료가 아닌 폐품이나 물건을 사용하는 조형 방법
② 뒤샹에 의해 창조된 미적 개념으로, 예술가의 선택에 의해 예술 작품의 지위에 오른 기성품을 이른다.
④ 정지된 조각으로, 움직이는 조각인 모빌에 반대되는 개념
⑤ 서양 장식모양의 일종으로, 동식물·가면·건축의 일부 등 각종 모티브를 곡선 모양으로 연결해 복잡하게 구성한 것이다.

60 선사시대와 역사시대를 나누는 가장 큰 기준은 문자의 사용 여부이다. 우리나라의 경우 경남 창원에서 발견된 다호리붓을 통해 철기시대부터 문자를 사용했을 것으로 추정하고 있다.

61 오신채는 파, 마늘, 부추, 달래, 양파를 가리키는데, 이들은 향이 강하고 자극적인 맛이 특징이다. 이에 불교에서는 이들 오신채가 정신을 자극시켜 수행을 방해하고, 이런 음식을 공양하면 입 주위로 귀신이 달라붙는다고 하여 섭취를 금지하고 있다.

62 ① 소송법상 법원은 원고가 심판을 청구해야만 심리를 계속할 수 있고, 심판을 청구한 사실에 대해서만 심리·판결한다는 원칙
② 경찰이나 검찰이 범죄용의자를 연행할 때 그 이유와 변호인의 도움을 받을 수 있는 권리, 진술을 거부할 수 있는 권리 등이 있음을 미리 알려 주어야 한다는 원칙
④ 동일한 범죄에 대해서는 거듭 처벌하지 않는다는 것
⑤ 피고인 또는 피의자는 유죄판결이 확정될 때까지는 무죄로 추정한다는 원칙

63 유네스코 세계유산은 ▷기념물이나 유적지 등 문화유산 ▷자연적인 생성물로 이루어진 기념물인 자연유산 ▷두 가지 특징을 동시에 충족하는 복합유산의 3가지로 나뉜다. ①, ②, ③, ⑤는 문화유산, ④는 자연유산에 속한다.

65 • 대통령의 임기는 5년으로 하며, 중임할 수 없다.(헌법 70조)
• 국회의원의 임기는 4년으로 한다.(헌법 42조)
• 대법원장의 임기는 6년으로 하며, 중임할 수 없다.(헌법 105조)
• 헌법재판소 재판관의 임기는 6년으로 하며, 법률이 정하는 바에 의하여 연임할 수 있다.(헌법 11조)

58. ⑤ 59. ③ 60. ① 61. ④ 62. ③ 63. ④ 64. ① 65. ② 66. ①

실전테스트 100

67 다음 중 헌법 조문이 바르지 못한 것은?

① 대한민국은 민주공화국이다.
② 정당의 설립은 자유이며, 복수정당제는 보장된다.
③ 대한민국은 통일을 지향한다.
④ 대한민국은 모든 종류를 불문하고 전쟁을 부인한다.
⑤ 대한민국의 영토는 한반도와 그 부속도서로 한다.

68 대통령 탄핵소추 의결에 필요한 국회 정족수는?

① 국회 재적의원 과반수 출석과 출석의원 과반수 찬성
② 국회 재적의원 과반수 발의와 재적의원 2/3 찬성
③ 국회 재적의원 과반수 출석과 출석의원 2/3 찬성
④ 국회 재적의원 2/3 이상 발의와 재적의원 과반수 찬성
⑤ 국회 재적의원 과반수 발의와 재적의원 과반수 찬성

69 「독립유공자 예우에 관한 법률」에 따르면 독립유공자는 이 시점에서 생존했느냐에 따라 순국선열과 애국지사로 구분된다. 이 시점은?

① 을사늑약
② 3·1운동
③ 해방
④ 대한민국 정부 수립
⑤ 6·25전쟁

70 다음이 설명하는 클래식 음악 장르는?

> • 「도망가다」, 「쫓아가다」는 뜻의 라틴어에서 유래
> • 각 성부가 일정한 규칙에 따라서 주제를 모방하는 주제 전개부와 비교적 자유로운 간주부가 서로 되풀이된다.
> • 이 형식을 집대성한 작곡가는 바로크 시대의 바흐다.

① 칸타타
② 오라토리오
③ 푸가
④ 소나타
⑤ 교향곡

 다음 물음에 알맞은 답을 쓰시오. [71~100]

71 도널드 트럼프 미국 대통령이 1월 20일 행정명령을 통해 설치를 공식화한 부서로, 일론 머스크 테슬라 최고경영자(CEO)가 수장을 맡고 있다. 이 부서는?

✎ _____

72 정부의 의사결정에 깊숙이 영향을 미치면서도 실체를 드러내지 않는 세력을 이르는 말로, 트럼프 대통령은 그간 연방정부 내 기득권 관료집단을 「이것」으로 칭하며 청산을 주장해 왔다. 그리고 1월 20일 연방정부 조직을 개편하는 행정명령에 대거 서명하며 청산 움직임을 본격화했는데, 이것은?

✎ _____

73 군사독재 시절인 1980년부터 1990년대 대학가를 중심으로 발생한 학생시위와 노동운동 등의 사회적 저항을 진압하기 위해 조직했던 비공식적인 사복경찰 부대로, 명칭은 이들이 착용한 하얀 헬멧과 사복 차림에서 비롯된 것으로 알려져 있다. 무엇인가?

✎ _____

74 능력이 없는 사람이 잘못된 결정을 내려 부정적인 결과가 나타나도 능력이 없기 때문에 스스로의 오류를 알지 못하는 현상으로, 심리학 이론의 인지편향(認知偏向) 중 하나인 이것은?

✎ _____

75 광역지방자치단체와 기초지방자치단체 중간 형태의 지자체 유형으로, 수원·고양·용인·창원 등 인구 100만 명 이상 대도시가 2022년 1월 13일부터 이 지자체로 출범한 바 있다. 무엇인가?

✎ _____

76 사람이 정주하는 섬으로서 ▷육지에서 50km 이상 떨어진 섬 ▷영해 및 접속수역법 제2조제2항에 따른 직선 기선을 정하는 기점이 되는 섬 ▷그 밖에 항로거리 등 섬 접근성을 고려해 대통령령으로 정하는 섬을 무엇이라 하는가?

✎ _____

67 ④ 대한민국은 국제평화의 유지에 노력하고 침략적 전쟁을 부인한다(헌법 제5조).
① 헌법 제1조 ② 헌법 제8조 ③ 헌법 제4조 ⑤ 헌법 제3조

69 순국선열은 일제의 국권 침탈 전후에서 해방 때까지 국내외에서 독립운동을 하다 숨진 사람들로, ▷안중근 의사 ▷윤봉길 의사 ▷유관순 열사 ▷이준 열사 등이 해당된다. 애국지사는 독립운동가 중 해방 후까지 생존한 사람들로, ▷김구 선생 ▷안창호 선생 ▷서재필 박사 등이 이에 속한다.

70 ① 합창, 중창, 독창 등으로 구성된 대규모 성악곡
② 성서나 기타 종교적, 도덕적 내용의 가사를 바탕으로 만든 서사적인 대곡
④ 16세기 중엽 바로크 초기 이후에 유행하던 곡으로, 원칙적으로 표제가 없는 절대음악적인 기악을 위한 독주곡 또는 실내악곡
⑤ 관현악으로 연주되는 다악장 형식의 악곡

🎯 67. ④ 68. ② 69. ③ 70. ③ 71. 정부효율부(DOGE·Department of Government Efficiency) 72. 딥스테이트(Deep State)
73. 백골단(白骨團) 74. 더닝 크루거 효과(Dunning-Kruger effect) 75. 특례시(特例市) 76. 국토외곽 먼섬

77 도널드 트럼프의 47대 미국 대통령 공식 취임을 앞두고 발행된 트럼프 밈코인으로, 「솔라나 블록체인 네트워크」를 기반으로 한다. 2024년 7월 트럼프 피격사건 당시의 모습을 딴 이 밈코인은?

_____

78 취약계층 아동이 사회에 진출할 때 필요한 초기비용 마련을 지원하기 위해 정부에서 운영하는 아동자산형성 지원사업으로, 아동(보호자, 후원자)이 매월 일정금액 적립 시 국가(지자체)가 월 10만 원 내에서 1:2 매칭 지원 형태로 이뤄지는 이것은?

_____

79 가상자산 테라·루나 폭락사태의 핵심 인물인 권도형(34) 테라폼랩스 대표가 지난해 12월 31일 이 국가에서 미국 연방수사국(FBI)에 넘겨지며 미국으로 송환됐다. 이는 권 씨가 2023년 3월 위조여권을 소지한 혐의로 이 나라에서 체포된 지 약 1년 9개월 만인데, 이 나라는?

_____

80 보험사의 순익·잉여금 등 가용자본을 미래 보험금 지급을 위해 필요한 요구자본으로 나눈 값으로, 보험사의 건전성을 평가하는 지표로 활용된다. 무엇인가?

_____

81 매년 이자·배당이 발생해도 분배하지 않고 전액 재투자하다가 나중에 팔 때 총수익누계액에 대해 세금을 내는 펀드 상품이다. 배당금을 자동으로 재투자하여 지수에 반영하는 것이 특징인 이 상품은?

_____

82 동해 포항 앞바다 수심 2km 심해에 140억 배럴이 매장돼 있을 것으로 추정되는 석유·가스전을 찾는 탐사 프로젝트명이다. 산자부가 2월 6일 발표한 첫 탐사시추 결과 사실상 실패로 판명되면서 거센 논란에 부딪힌 이 프로젝트는?

_____

83 시신을 화장한 뒤 나온 뼛가루(골분)를 산이나 강 등에 뿌리는 장사 방법으로, 자연장(自然葬)의 일종이다. 1월 24일부터 시행된 장사법 개정안에 따라 합법화된 이 장사 방법은?

_____

84 미국 캘리포니아와 네바다 내륙사막에서 태평양으로 부는 강력한 바람으로, ▷강한 풍속 ▷높은 온도 ▷낮은 습도 등의 특성으로 인해 「악마의 바람」으로도 불린다. 매년 가을과 겨울철 캘리포니아에서 발생하는 대형 산불과 밀접한 관련이 있는 이 바람의 명칭은?

_____

85 공항 활주로 주변에 설치하는 안테나 모양의 시설로, 전파를 쏴 항공기가 활주로 가운데 정확히 착륙할 수 있도록 유도하는 역할을 한다. 이번 무안공항 제주항공 여객기 참사에서 피해를 키운 원인 중 하나로 거론되기도 한 이 시설물은?

✎ _____

86 재난·사고로 인한 시·도민의 생명·신체 피해를 보상하고자 지자체가 자율적으로 보험사·공제회와 가입 계약한 보장제도다. 지자체가 보험에 가입할 때 해당 지자체에 주소를 둔 시·도민은 별도 절차 없이 일괄 가입이 이뤄지는데, 무엇인가?

✎ _____

87 석회암 지형에서 형성되는 원형 또는 타원형의 함몰 지형으로, 석회암이 빗물이나 지하수에 의해 용해되면서 지표면이 꺼져 형성된다. 무엇인가?

✎ _____

88 독서하는 것이 멋지다는 의미에서 등장한 신조어로, 스마트폰의 대중화로 이미지와 영상에 익숙해진 Z세대들이 텍스트 기반의 콘텐츠(독서, 기록)를 멋지다고 여기면서 생겨난 현상이다. 무엇인가?

✎ _____

89 야구 경기에서 시간을 단축하기 위해 투수와 타자의 준비 시간에 제한을 두는 것을 무엇이라 하는가?

✎ _____

90 대학(University)과 올림피아드(Olympiade)의 합성어로, 대학 스포츠의 발전과 전 세계 학생들 간의 국제적인 협력 등을 목표로 1959년 이탈리아 토리노 하계대회를 시작으로 현재까지 이어지고 있다. 무엇인가?

✎ _____

 77. 오피셜 트럼프(Official Trump) 78. 디딤씨앗통장 79. 몬테네그로 80. 지급여력(K-ICS) 비율 81. 토털리턴 상장지수펀드(TR ETF) 82. 대왕고래 프로젝트 83. 산분장(散粉葬) 84. 산타아나 바람(Santa Ana Winds) 85. 로컬라이저(Localizer) 86. 시민안전보험(市民安全保險) 87. 돌리네(Doline) 88. 텍스트힙(Text-hip) 89. 피치클락(Pitch Clock) 90. 유니버시아드(Universiade)

91 1월 17일 한국인 최초로 남극대륙 단독 횡단에 성공한 산악인은 누구인가?

✎ _____

92 지난 1월 세계 3대 SF 문학상 중 하나인 필립 K. 딕상의 후보작으로 선정되며 화제를 일으킨 정보라의 두 번째 소설집은?

✎ _____

93 2월 28일 전 세계 최초로 한국 개봉을 확정한 봉준호 감독의 작품으로, 미국 작가 에드워드 애슈턴의 소설을 원작으로 한 SF 영화이다. 로버트 패틴슨이 주연을 맡은 이 영화의 제목은?

✎ _____

94 인공지능(AI) 모델의 성능은 모델의 크기(파라미터의 수), 데이터 크기(데이터량), 계산량(GPU 등 투입)에 비례해서 증가한다는 법칙을 무엇이라 하는가?

✎ _____

95 휴머노이드 로봇이나 자율주행차 같은 실물 하드웨어에 탑재하는 인공지능(AI)으로, 젠슨 황 엔비디아 CEO가 1월 6일 CES 2025 기조연설에서 미래 먹거리로 지목하면서 주요 이슈로 부상했다. 무엇인가?

✎ _____

96 지구궤도상의 우주 쓰레기 규모가 일정 수준에 이르게 되면 인공위성에 서로 연쇄적으로 부딪히면서 파편이 기하급수적으로 늘고, 이로 인해 위성이 연달아 파괴되는 연쇄작용을 무엇이라 하는가?

✎ _____

97 토요타가 일본 시즈오카현 후지산 기슭에 짓고 있는 스마트 도시로, 첨단 기술과 지속 가능성을 기반으로 한 실험적 도시 프로젝트이다. 토요타가 1월 6일 열린 CES 2025에서 이 도시의 1단계 준공 소식을 발표했는데, 이 도시는?

✎ _____

98 도널드 트럼프 미국 대통령이 1월 21일 오픈AI와 일본 소프트뱅크, 미국 오라클과 함께 설립을 발표한 인공지능(AI) 합작회사의 명칭은?

✎ _____

99 연구 과정에서 생산되는 대규모 바이오 데이터 학습을 통해 새로운 원리를 예측하고 추론하는 혁신 플랫폼을 이르는 용어로, 과기부가 1월 20일 발표한 「2025년 10대 바이오 미래유망기술」 중 하나로 포함된 이것은?

✎ _____

100 다음 인터뷰와 관련된 중국의 인공지능(AI) 스타트업 딥시크(DeepSeek)의 창업자는 누구인가?

> "미국이 기술 혁신에서 앞서가고 중국이 영원히 AI 분야에서 추종자로 남을 수는 없다."

✎ _____

🎯 91. 김영미 92. 너의 유토피아 93. 미키 17 94. 스케일링 법칙(Scaling Law) 95. 피지컬 AI(Physical AI) 96. 케슬러 증후군(Kessler Syndrome) 97. 우븐 시티(Woven City) 98. 스타게이트(Stargate) 99. 바이오 파운데이션(Bio Foundation) 100. 량원펑(梁文锋)

한국사능력테스트

01   우리나라의 선사시대에 대한 다음 설명 중 옳은 것을 고르면?

> ㉠ 신석기 시대부터 물고기잡이에 그물을 사용하기 시작하였다.
> ㉡ 청동기 시대에 애니미즘, 토테미즘, 샤머니즘 등이 등장하였다.
> ㉢ 울주 반구대의 바위그림은 사냥이 잘 되기를 기원하는 구석기인들의 소망이 담겨 있다.
> ㉣ 충북 청원에서는 장례에 꽃을 뿌린 구석기 시대 어린아이 유골이 발견되었다.

① ㉠, ㉡   ② ㉠, ㉣

③ ㉡, ㉢   ④ ㉡, ㉣

⑤ ㉢, ㉣

💡 ㉡ 애니미즘, 토테미즘, 샤머니즘의 신앙은 신석기 시대에 등장하였다.
    ㉢ 울주 반구대의 바위그림은 청동기 시대에 그려진 것이다.

02   (가)와 (나) 사이 시기의 역사적 사실로 옳은 것은?

> (가) 왕 15년, 신주 군주 김무력이 주의 군사를 이끌고 나아가 교전함에, 비장 삼년산군의 고간 도도가 백제 왕을 공격하여 죽였다.
> (나) 왕 11년, 백제 장군 윤충이 대야성을 공격하여 점령하였다. 도독인 이찬 품석과 사지 죽죽, 용석 등이 전사하였다. 이찬 김춘추를 고구려에 보내 군사를 보내줄 것을 요청하였다. 고구려 왕이 말했다. "죽령은 본래 우리 땅이다. 만약 죽령 서북땅을 돌려준다면 군사를 보내겠다."
>   ‒ 『삼국사기』

① 고구려에서 연개소문이 영류왕을 죽이고 보장왕을 옹립하였다.

② 백제의 노리사치계가 일본에 불경과 불상을 전래해주었다.

③ 신라에서는 건원이라는 독자적인 연호를 사용하였다.

④ 대가야는 신라와 결혼 동맹을 맺어 국제적 고립에서 벗어나려 하였다.

⑤ 신라에서 최초로 진골 출신의 국왕이 즉위하였다.

💡 (가) 6세기 백제 성왕과 신라 진흥왕 간의 관산성 전투, (나) 7세기 백제 의자왕의 공격을 받은 신라 선덕여왕이 고구려에 김춘추를 보내 구원을 요청하는 내용이다. 당시 고구려의 국왕은 보장왕이었고, 실권자는 연개소문이었다.
    ② 6세기 성왕 때이고, 성왕이 사망한 시점이 (가) 관산성 전투이므로 (가) 이전에 해당한다.
    ③, ④ 6세기 신라 법흥왕 때이고 법흥왕은 진흥왕보다 앞서므로 (가) 이전에 해당한다.
    ⑤ 최초의 진골 출신 국왕은 태종 무열왕이므로 (나) 이후이다.

03 다음 질문에 대한 학생의 답변으로 가장 적절한 것은?

삼국시대에는 지방에 대한 중앙정부의 지배력이 강력하지 못했습니다. 무엇을 보고 알 수 있을까요?

삼국의 지방 통치
- 고구려
- 백제
- 신라

① 철민: 촌에는 지방관을 파견하지 않고 토착 세력을 촌주로 삼았습니다.
② 동찬: 향, 부곡, 소 등의 특수 행정구역을 일반 군현으로 승격시켰습니다.
③ 병희: 지방 관리의 자제를 서울에 인질로 붙잡아 두는 제도를 실시하였습니다.
④ 은수: 새로 정복한 지역은 세력의 크기에 따라 성이나 촌 단위로 개편하였습니다.
⑤ 민주: 지방의 행정권과 군사권을 엄격하게 구분하여 각각 관리를 파견하였습니다.

💡 삼국시대 때 지방에 대한 중앙정부의 지배력은 강력하지 못했고, 원래 성이나 촌을 지배하던 지방 세력가의 자치가 오랫동안 유지되었다. 주요 지방의 경우 지방관을 파견하였으나, 말단 행정 단위인 촌에는 지방관을 파견하지 않고 토착 세력을 촌주로 삼았다. 촌주는 지방관을 보좌하면서 촌락 내의 행정과 군사실무의 처리에 중요한 역할을 담당하였다.

04 신라 민정문서와 관련된 내용으로 옳은 것을 모두 고르면?

> ㉠ 신라 지증왕 때 작성된 것으로 추정되고 있다.
> ㉡ 중원경 부근의 4개 촌락에 대해 조사한 문서이다.
> ㉢ 4개의 자연촌을 묶어 하나의 행정촌을 형성하였음을 알 수 있다.
> ㉣ 농민들은 호별로 연수유전답을 소유하고 경제적으로 독립되어 있었다.
> ㉤ 가구는 사람의 많고 적음에 따라 상상호에서 하하호까지 9등급으로 나누었다.

① ㉠, ㉡, ㉢   ② ㉠, ㉢, ㉤
③ ㉡, ㉢, ㉣   ④ ㉡, ㉣, ㉤
⑤ ㉢, ㉣, ㉤

💡 ㉠ 민정문서가 작성된 구체적 시기에 대해서는 학자들 간에 이견이 있지만, 통일신라 때에 작성되었다는 것만큼은 이견이 없다.
㉡ 중원경(충주)이 아니라 서원경(청주)이라고 해야 맞다.

🎯 1. ② 2. ① 3. ① 4. ⑤

05 다음 밑줄 친 「이 무덤」에 대한 설명으로 가장 적절한 것은?

> 이 무덤은 동방의 피라미드라고도 불린다. 무덤 바닥 한 변의 길이는 31.58m, 밑면적은 960m², 높이는 12.40m로 매우 큰 규모이다. 화강암 표면을 정성껏 가공한 후 일정한 크기로 잘라 7단의 피라미드형으로 쌓았는데, 기단의 둘레에는 너비 4m의 돌을 깔았으며, 그 바깥 둘레에 너비 30m의 돌을 깔아 능역임을 표시하였다.

① 금관 등의 껴묻거리가 발견되었다.
② 봉토 주위의 둘레에 12지신상이 조각되어 있다.
③ 초기 한성 시기의 백제 무덤과 유사한 구조를 보인다.
④ 무덤의 벽면에는 사신도가 그려져 있어 도교의 영향을 받았음을 알 수 있다.
⑤ 시신을 지하에 안치하고 그 위에 돌을 쌓아 올린 무덤이다.

💡 밑줄 친 「이 무덤」은 고구려의 계단식 돌무지무덤인 「장군총」을 가리킨다.
　① 장군총은 도굴이 쉬운 구조였기 때문에 껴묻거리가 존재하지 않는다. 특히 금관은 신라와 가야에서만 발견되었다.
　② 통일신라의 굴식 돌방무덤에 대한 설명이다.
　④ 계단식 돌무지무덤에는 벽화가 존재하지 않는다.
　⑤ 장군총은 7층으로 이루어져 있으며 시신은 4층의 널방에 위치하였다.

06 다음 유물과 관련된 설명으로 바르지 못한 것은?

① 보물로 지정된 국가유산으로, 현재 국립중앙박물관에 소장돼 있다.
② 백제의 돌무지덧널무덤인 호우총에서 발굴되었다.
③ 고구려 장수왕 3년인 을묘년(415)에 만들어졌다.
④ 「乙卯年國岡上廣開土地好太王壺杅十」라는 4행 16자가 새겨져 있다.
⑤ 유물에 새겨진 글자는 광개토대왕릉의 비문과 같은 웅건한 한예체(漢隸體)이다.

💡 호우명 그릇은 신라 경주 호우총에서 발굴된 유물로, 당시 신라와 고구려의 관계를 보여주는 것이다. 광개토대왕을 장사 지낸 1년 뒤에 왕릉에서 다시 크게 장사를 지내고 그것을 기념하기 위해 청동 호우를 제조하였으며, 그 제사 의식에 조공국의 사절로 참석하였던 신라 사신을 통해 신라로 유입된 것으로 추정된다.

07 밑줄 친 (가), (나)와 관련된 학생들의 발표 가운데 옳은 것을 〈보기〉에서 고른 것은?

> • 구리, 철, 자기, 종이 등을 만드는   (가)   에서는 공물을 지나치게 많이 거두어 주민들이 어려움을 이기지 못해 유망하고 있다.
> • 유청신은 몽골어를 익혀 여러 차례 중국에 사신으로 가서 잘 대처하였다. 왕이 명령을 내리기를, "유청신은   (나)   출신이므로 규정상 5품 이상으로 승진할 수 없으나 국가에 공이 있으니 3품까지 허용하고 그의 출신지를 현으로 승격시키도록 하라."라고 하였다.

보기
• 갑: (가) 주민은 중앙 관청에 소속되어 수공업 제품을 만들었어요.
• 을: (나) 주민은 일반 군현의 주민보다 세금 부담이 컸어요.
• 병: (나) 출신 유청신은 천민이었지만 외국어에 능통하여 출세하였어요.
• 정: (가), (나) 주민은 모두 다른 지역으로 이사갈 수 있는 자유가 없었어요.

① 갑, 을　　　　　　　　② 갑, 병
③ 을, 병　　　　　　　　④ 을, 정
⑤ 병, 정

💡 (가)는 소이고, (나)는 부곡이다. 유청신은 고이부곡(高伊部曲) 출신으로 고려의 고관까지 승진하였는데, 「그의 출신지를 현으로 승격시키도록 하라」는 대목에서 향·부곡·소에 관한 내용임을 알 수 있다. 갑의 설명은 소에 대한 설명이 아니라 관영수공업에 대한 설명이고, 병은 향·부곡·소를 천민이라 지칭했기 때문에 틀린 것이다.

08 다음과 같은 절차로 운영되었던 고려시대 관청에 대한 설명으로 옳은 것은?

> 합좌(合坐)의 예식(禮式)은 먼저 온 사람이 자리를 떠나 북쪽을 향하여 서고, 뒤에 온 사람이 그 지위에 따라 한 줄로 서서 읍(揖)한 다음 함께 자리 앞에 이르러 남쪽을 향하여 두 번 절하고, 자리를 떠나 북쪽을 향하여 엎드려서 서로 인사말을 주고받는다. … 녹사(綠事)가 논의할 일을 앞에 가서 알리면, 각기 자신의 의사대로 그 가부(可否)를 말한다. 녹사는 그 사이를 왔다 갔다 하면서 논의가 한 가지로 결정되도록 하며, 그렇게 한 뒤에 시행한다.　　－「역옹패설」

① 군사 기밀과 왕명의 출납을 담당하였다.
② 법의 제정이나 각종 시행 규정을 다루었다.
③ 화폐와 곡식의 출납에 대한 회계를 맡았다.
④ 국정 전반에 걸친 중요 사항을 담당하였다.
⑤ 정치의 잘잘못을 논하고 관리들의 비리를 감찰하였다.

💡 제시문에 언급된 「녹사(綠事)」는 도평의사사 등에 속한 하급 관리를 말한다. 도평의사사는 도병마사의 후신으로 「도당(都堂)」이라고도 하는데, 도병마사는 국방에 관한 업무만을 관장했지만 도평의사사로 확대 개편된 이후에는 국정 전반에 걸친 사항을 담당하였다.

🎯 5. ③　6. ②　7. ④　8. ④

09 다음 유훈을 남긴 국왕의 업적으로 옳은 것은?

> 짐은 삼한 산천의 음덕을 받아 왕업을 이루었다. 서경은 수덕이 순조로워 우리나라 지맥의 근본이 되며, 대업을 만대에 전할 땅이므로 마땅히 봄, 여름, 가을, 겨울의 중간 달에 순행하여 1백 일 이상 머물러 왕실의 안녕을 도모하게 하라.

① 12목을 설치하고 목사를 파견하였다.
② 빈민을 구제하기 위해 흑창을 처음 설치하였다.
③ 교육 조서를 반포하고 국립 교육기관인 국자감을 설치하였다.
④ 시정전시과를 실시하여 관품과 인품에 따라 전지와 시지를 지급하였다.
⑤ 공복을 제정하여 왕과 신하의 관계를 분명히 하고 관리의 상하 구분을 쉽게 하였다.

💡 제시된 자료는 태조 왕건이 남긴 훈요 10조의 일부로, 훈요 10조에는 특히 불교와 풍수지리사상을 중시하는 내용이 많이 담겨져 있다. 태조는 고구려를 계승하여 서경(西京)을 중시하였는데, 이는 풍수지리상으로도 명당에 해당하므로 후대 국왕들이 일정 기간 동안 서경에 머물 것을 당부하였다.
　①, ③ 성종 ④ 경종 ⑤ 광종에 대한 설명이다.

10 다음은 어느 역사책 서문의 일부이다. 이 책에 대한 설명으로 옳은 것은?

> 듣건대, 새 도낏자루를 다듬을 땐 헌 도낏자루를 표준으로 삼고, 뒤 수레는 앞 수레가 넘어지는 것을 보고 교훈을 삼는다고 합니다. 대개 지난 시기 흥망이 앞날의 교훈이 되기에 이 역사책을 편찬하여 올리는 바입니다. …… 이 책을 편찬하면서 범례는 사마천의 사기에 따랐고, 기본 방향은 직접 왕에게 물어서 결정했습니다. 「본기」라고 하지 않고 「세가」라고 한 것은 대의명분의 중요함을 보인 것입니다. 신우, 신창을 세가에 넣지 않고 열전으로 내려놓은 것은 왕위를 도적질한 사실을 엄히 밝히려 한 것입니다. 충신과 간신, 부정한 자와 공정한 자를 다 열전을 달리해 서술했습니다. 제도 문물은 종류에 따라 나눠 놓았습니다.

① 고려 왕조의 역사를 기전체의 형식으로 편찬하였다.
② 우리나라에서 현재 존재하는 가장 오래된 역사책이다.
③ 고조선부터 고려 말까지의 역사를 통사 형식으로 간행하였다.
④ 기자 조선을 중시하고 유교 문화에 어긋나는 것을 이단시하였다.
⑤ 통일신라와 발해를 최초로 「남북국 시대」라 칭하였다.

💡 제시된 자료는 15세기 문종 때 편찬된 《고려사》의 서문이다. 《고려사》는 고려의 역사를 기전체로 서술하였는데, 고려의 왕을 「본기」에 넣지 않고 「세가」에 수록하였기 때문에 본기는 존재하지 않으며, 우왕과 창왕은 신돈의 자식이라 하여 왕으로 인정하지 않아 「열전」에 수록하였다.
　② 《삼국사기》에 대한 설명이다.
　③ 15세기 성종 때 편찬된 《동국통감》에 대한 설명이다.
　④ 16세기 사림파의 역사 인식이다.
　⑤ 조선 후기 유득공의 《발해고》에 대한 설명이다.

11 다음은 고려 무신정권기 일어난 농민·천민의 난에 대한 설명이다. 이를 발생순으로 배열하면?

> ㉠ 경북 운문(청도)에서 김사미가, 초전(울산)에서 효심 등이 신라 부흥을 표방하고 유민을 모아 봉기하였다.
> ㉡ 특수집단인 공주 명학소의 망이, 망소이가 주동이 되어 약 1년 반 동안 난을 일으켰다.
> ㉢ 백제 부흥을 표방한 이연년이 전라도 담양에서 궐기하였다.
> ㉣ 개경에서 최충헌의 사노인 만적이 일으킨 천민 최대의 난으로, 신분 해방과 정권 탈취를 내세웠다.

① ㉠ - ㉡ - ㉢ - ㉣
② ㉡ - ㉠ - ㉣ - ㉢
③ ㉠ - ㉢ - ㉡ - ㉣
④ ㉡ - ㉢ - ㉣ - ㉠
⑤ ㉠ - ㉣ - ㉡ - ㉢

💡 ㉡ 망이·망소이의 난(1176, 명종 6년) → ㉠ 김사미·효심의 난(1193, 명종 23년) → ㉣ 만적의 난(1198, 신종 원년) → ㉢ 이연년의 난(1237, 고종 24년)

12 조선의 지방 제도에 대해 옳게 서술한 것을 〈보기〉에서 고르면?

> 보기
> ㉠ 향리는 직역의 대가로 외역전을 받았다.
> ㉡ 수령은 1800일의 임기와 상피제가 적용되었다.
> ㉢ 관찰사는 병권을 제외한 지방의 행정권을 담당하였다.
> ㉣ 영저리는 경재소와 지방 사이의 연락 사무를 담당하였다.
> ㉤ 특수 행정구역이었던 향, 부곡, 소가 일반 군현으로 승격되었다.

① ㉠, ㉡
② ㉢, ㉤
③ ㉠, ㉢
④ ㉡, ㉣
⑤ ㉡, ㉤

💡 ㉠ 고려 시대에는 외역전을 받았지만 조선 시대에는 무보수 세습직이었다.
㉢ 병권을 포함했다. 관찰사는 담당 구역의 행정, 군사, 사법, 감찰권을 가지고 있었다.
㉣ 영저리가 아니라 경저리라고 해야 맞다. 영저리는 감영과 지방 사이의 연락 사무를 담당하였다.

13 다음 제도를 도입한 왕의 업적으로 옳은 것을 〈보기〉에서 모두 고르면?

> • 도내의 모든 전토에서 1결당 쌀 16말씩을 부과 징수하되, 봄·가을로 나누어 8말씩을 징수한다.
> • 봄·가을로 7말씩은 선혜청에서 수납하여 경기도에서 상납하던 모든 경납물의 구매에 사용하고, 1말씩은 각 군현에 유치하여 수령의 공사(公私) 공비(供費)로 사용하게 한다.

보기

㉠ 사간원을 독립시켜 대신들을 견제하였다.
㉡ 적상산에 실록 보관을 위한 사고를 지었다.
㉢ 기유약조를 맺어 일본과 교섭을 재개하였다.
㉣ 명의 요청으로 심하(深河)에 군대를 파견하였다.

① ㉠, ㉡   ② ㉢, ㉣
③ ㉠, ㉡, ㉢   ④ ㉠, ㉢, ㉣
⑤ ㉡, ㉢, ㉣

💡 대동법을 실시하였던 광해군에 관한 문제이다. 대동법은 선혜청에서 담당하였으며, 수령은 자기 구역의 대동미를 징수하여 대부분은 중앙에 상납하고(상납미), 상납하고 남은 일부를 「유치미」라 하여 지방 관청의 재정으로 사용할 수 있었다.
㉠ 태종에 관한 설명이다.

14 다음은 조선시대 농민들의 가상 대화이다. 이를 통해 파악할 수 있는 당시의 시대상으로 적절한 것은?

> 농민 1: 우리 집은 할아버지 때까지만 하더라도 넓지는 않아도 땅이 있어서 먹고살 만했다고 하더군.
> 농민 2: 최근에 수조권 지급이 폐지되면서 양반들은 땅 늘리기에 혈안이 되었어. 도처에 땅을 양반에게 헐값에 넘기고 유랑하는 농민이 한둘이 아니야.
> 농민 1: 우리 집도 가뭄에다 관에서 빌린 곡식의 이자를 갚느라 도저히 버틸 수가 없었네. 아, 이제 김참판 댁에 소작료도 내야 하고, 관청에 약재도 내야지, 성도 수리하러 가야지⋯⋯. 그저 이웃 마을의 돌쇠가 부러울 따름이네.
> 농민 2: 그래, 맞아. 자기 땅이 있어야지. 게다가 돌쇠는 새롭게 보급되기 시작한 모내기로 바꿔서 수확도 많이 늘었다지.

① 모내기가 국가적인 차원에서 권장되었다.
② 과전법이 실시되면서 지주제가 확대되었다.
③ 소작농은 공납과 요역 대상에서 제외되었다.
④ 소작료는 일정 액수를 곡물이나 화폐로 납부하였다.
⑤ 자영농이 감소하고 병작반수제가 널리 확산되었다.

💡 제시된 자료는 조선 전기 직전법이 폐지되면서 지주제가 강화되는 상황을 보여준다. 이러한 상황에서 양반 지주 중심으로 토지가 집중되었고, 병작반수에 입각한 지주제의 확대로 자영농이 감소하였다.

15 조선 후기 효종 재위기의 정치 상황에 대한 설명으로 옳은 것을 〈보기〉에서 고르면?

> 보기
> ㉠ 기사환국이 발생하여 남인이 집권하게 되었다.
> ㉡ 송시열, 송준길, 이완 등에 의해 북벌이 추진되었다.
> ㉢ 조대비의 상복 문제를 두고 남인과 서인 간에 예송논쟁이 발생하였다.
> ㉣ 청에 두 차례 조총 부대를 파병하여 러시아군 격퇴에 큰 성과를 거두었다.

① ㉠, ㉡
② ㉠, ㉢
③ ㉡, ㉢
④ ㉡, ㉣
⑤ ㉢, ㉣

💡 효종 때 서인의 송시열, 송준길, 이완 등을 중심으로 북벌론이 추진되어 군대가 증강되었다. 그러나 북벌론은 실현되지 못하였고, 증강된 군대는 오히려 청을 도와 러시아군을 격퇴하는 나선정벌에 이용되었다. ㉠ 숙종, ㉢ 현종 때에 해당한다.

16 (가)에 대한 설명으로 옳지 않은 것은?

> 영조 45년 이수득이 상소를 올려 ____(가)____ 의 허통을 청하기를, "옛날에는 융숭한 예와 폐백으로 이웃나라 선비를 대우하였습니다. 그리고도 그들이 오지 않을까 걱정하였습니다. 지금은 법으로 나라 안 인재를 묶었습니다. 그런데도 이들이 등용되면 어떻게 할까 염려합니다. … 시골 천인의 자식은 때때로 훌륭한 벼슬을 하는데 세족, 명가의 이들은 자자손손 영원히 묶여 있습니다. 인재를 버리고 등용하는 것이 너무나 앞뒤가 맞지 않습니다."라고 하였다.

① 중서라고 불리기도 하였다.
② 조례나 나장 등이 포함되었다.
③ 원칙적으로 진사과 응시가 금지되었다.
④ 임진왜란 이후 차별이 완화되기 시작하였다.
⑤ 정조 때 규장각 검서관으로 등용되기도 하였다.

💡 서얼에 대한 문제이다. 조선시대 서얼은 「중서」라고 불리기도 하여 중인 신분임이 강조되었고, 《경국대전》에서 아예 문과와 생원·진사과에 응시하지 못하도록 명문화되었다. 그러다 임진왜란 이후 차별이 완화되기 시작하면서 정조 때에는 박제가·유득공·이덕무 등이 규장각 검서관으로 등용되기도 하였다.
② 양인이었지만 천시되었던 신량역천에 관한 설명이다. 수군, 조례, 나장, 일수, 봉수군, 역졸, 조졸 등 힘든 일에 종사했던 일곱 가지 부류를 「7반 천역」이라 하였는데 이들이 바로 신량역천이었다.

🎯 13. ⑤ 14. ⑤ 15. ④ 16. ②

17 다음은 가상의 편지글이다. 밑줄 친 (가), (나)의 활동과 관련된 설명으로 옳은 것은?

> 오래간만에 자네에게 편지를 쓰네. 오늘따라 혼자 밤하늘을 쳐다보니 활기차 있었던 젊은 시절이 떠오르네. 내가 뜻있는 젊은이들과 함께 1881년에 전하의 비밀 지령을 받고 국정 전반에 걸친 자료를 수집할 목적으로 일본에 ___(가)___ (으)로 파견되었을 때가 엊그제 같은데……. 약 3개월 동안 일본에 파견되어 근대화된 문물제도에 대해 시찰 보고서를 전하께 올렸을 때 이제 우리도 부강한 나라가 될 거라 믿었다네. 그 해에 자네는 김윤식이 인솔한 ___(나)___ 일행으로 텐진에 가서 근대적 무기 제조법을 배웠었지. 화약과 기계 제조법을 더 배울 수도 있었는데 1년 만에 귀국을 하고 얼마나 서운해 하였는가.

① (가): 김홍집이 《조선책략》을 가지고 왔다.
② (가): 재정 부족으로 중도에 귀국하였다.
③ (나): 기기창을 설치하는 계기가 되었다.
④ (나): 미국 공사가 부임하사 답례로 파견되었다.
⑤ (가), (나): 텐진조약의 체결에 기여하였다.

💡 (가)는 조사 시찰단, (나)는 영선사이다.
　　③ 영선사가 귀국한 이후 청나라에서 배운 기술을 기반으로 하여 근대식 기기 제조 기구를 설립하였다.
　　① 2차 수신사 ② 영선사 ④ 보빙사 ⑤ 텐진조약은 갑신정변 후 청나라와 일본 간에 맺어진 조약이다.

18 근대의 화폐 변천을 정리한 다음 글에서 밑줄 친 ㉠~㉢에 대한 설명으로 옳지 않은 것은?

> ㉠ 당백전은 왕실의 위엄을 회복하려는 목적으로 시행된 각종 사업을 위하여 발행되었다. 주전소에서 발행한 당오전은 일본에 대한 배상금 등을 충당하기 위해 임시방편으로 사용되기도 하였으나 곧 발행이 중단되었다. ㉡ 전환국에서 발행한 백동화는 정부가 재정난 해소를 위해 남발하여 악전(惡錢)*으로 전락하였다. 이후 ㉢ 화폐정리사업을 통해 백동화는 사라졌고 조선인 상인들이 피해를 입었다.
>
> * 악전: 가치가 현저히 떨어져 문제를 일으킨 화폐를 뜻함

① ㉠의 남발로 물가가 급등하였다.
② ㉠은 경복궁 중건 비용으로 충당되었다.
③ ㉡은 갑오개혁의 일환으로 설치되었다.
④ ㉢은 일본인 재정 고문이 주도하였다.
⑤ ㉢으로 제일은행권이 본위 화폐가 되었다.

💡 ③ 전환국은 1883년에 설치된 우리나라 최초의 근대적 조폐기관이다.
　　갑오개혁은 조선 고종 31년(1894) 7월과 12월, 그리고 이듬해인 1895년 8월부터 1896년 2월(을미개혁)까지 3년간 3차에 걸쳐 추진되었던 개혁 운동을 말한다. 특히 1895년 추진된 개혁을 갑오개혁과 구분하여 을미개혁이라고도 한다.

19 다음은 어느 친일파 인사가 신문에 쓴 기사이다. 이 기사가 나올 무렵 전개된 우리 민족의 독립 운동으로 적절한 것은?

> 내선일체는 단순한 정책적 슬로건이 아니라 이것은 우리들 조선 민중에게는 생활 전체를 의미한다. …… 대체 내선일체란 무엇이냐 하면 내가 재래의 조선적인 것을 버리고 일본적인 것을 배우는 것이다. 그리하여 조선 2천 3백만이 모두 호적을 들추어 보기 전에는 일본인인지 조선인인지 구별할 수 없게 되는 것이 그 최후의 이상이다.

① 임시정부의 김구는 강력한 항일 무력단체인 한인애국단을 조직하였다.
② 순종의 인산일을 기하여 학생들을 중심으로 6·10 만세운동이 일어났다.
③ 이상설과 이동휘를 정·부통령으로 하는 대한광복군 정부가 블라디보스토크에서 수립되었다.
④ 북로 군정서군을 비롯한 여러 독립군의 연합 부대가 청산리에서 일본군을 대파하였다.
⑤ 임시정부는 한국광복군을 창설하고 조선의용대를 흡수·통합하여 군사력을 증강하였다.

💡 제시된 자료는 작가 이광수가 1940년 9월 《매일신보》에 게재한 「심적 신체제와 조선문화의 진로」라는 글이다.
　⑤ 한국광복군은 1940년 김구 등의 주도하에 중국 충칭에서 창설된 대한민국 임시정부의 무장 독립군이다. 이는 대한민국의 독립을 회복하기 위해 일본제국주의를 타도하고 연합군의 일원으로 항전할 것을 목적으로 창설됐다. 한국광복군은 국내 진공작전을 계획했으나 일본의 항복으로 무산됐고 1946년 6월 해체됐다.
　①② 1926년 ③ 1914년 ④ 1920년이다.

20 다음의 사건을 발생순으로 바르게 나열한 것은?

> ㉠ 국모가 섬 오랑캐의 해를 입었으니 하늘과 땅이 바뀌었고, 임금이 단발의 모욕을 받았으니 해와 달이 빛을 잃었다.
> ㉡ 아 저 개돼지만도 못한 소위 정부대신이라는 자가 자기네의 영리만을 생각하고 위협에 눌려서 스스로 머뭇거리고 벌벌 떨면서 나라를 팔아먹는 도적이 되었다.
> ㉢ 그가 동양의 평화를 어지럽게 하고 한·일 양국을 격리시키므로 주살한 것이다. …… 이번 거사는 나 개인을 위한 것이 아니고 한국의 독립과 동양 평화를 위한 것이다.
> ㉣ 비록 우리가 초야의 유민이지만 임금의 땅에서 먹고 임금의 옷을 입는 자로서 국가의 위망을 좌시할 수는 없다. 나라의 위태로움을 어찌 앉아서 보겠는가!

① ㉣ - ㉠ - ㉡ - ㉢　　　　　② ㉣ - ㉡ - ㉠ - ㉢
③ ㉡ - ㉢ - ㉠ - ㉣　　　　　④ ㉡ - ㉣ - ㉠ - ㉢
⑤ ㉠ - ㉣ - ㉡ - ㉢

💡 ① 1895년 을미사변 ② 1905년 장지연의 「시일야방성대곡」 ③ 1909년 안중근의 의거 ④ 1894년 동학농민운동의 포고문이다.

국어능력테스트

어휘·어법·어문규정

01 〈보기〉와 같은 방식으로 필요한 성분이 생략되어 어색한 문장을 고르면?

> 보기
>
> 나는 어제 사람들이 커다란 나무 밑에서 맛있게 먹고 있는 것을 보았다.

① 그 수영장은 수강생이 많은데, 수강생들이 오면 건강 상태에 따라 조정해 준다.
② 대통령은 선수촌에 가서 금메달을 딴 선수들을 치하했다.
③ 대회는 관중의 수도 기대에 못 미친 데다 관중들의 이탈이 잦아 어수선한 분위기였다.
④ 본격적인 촬영이 언제 시작되고 언제 개봉될지 아무도 모른다.
⑤ 지민이가 길거리에서 친구를 만나 한참 이야기를 하는데, 그 친구가 인사도 없이 가 버렸다.

💡 〈보기〉의 문장은 목적어(도시락을, 빵을, 사과를 등)가 생략돼 있다.
　① '조정해'의 목적어가 생략된 문장으로, '운동량을, 운동계획을' 등의 목적어를 보충해야 뜻이 명확해진다.

02 다음 ㉠~㉤에 대한 설명이 바르지 않은 것은?

> • 자네도 기억하지? 우리 동창, ㉠ 거시기 말이야. 키가 제일 크고 늘 웃던 친구.
> • 물건 좀 담게 ㉡ 봉다리 하나만 주세요.
> • 하얀 쌀밥 위에 ㉢ 정구지 무침을 얹어 먹으면 맛있다.
> • 귤을 열 개 샀더니 가게 주인이 ㉣ 개평으로 두 개를 더 주었다.
> • 남편이 ㉤ 정지에 식사를 준비하러 들어갔다.

① ㉠: '이름이 얼른 생각나지 않거나 바로 말하기 곤란한 사람 또는 사물을 가리키는 대명사'로 표준어이다.
② ㉡: '종이나 비닐 따위로 물건을 넣을 수 있게 만든 주머니'를 이르는 말로 방언이다.
③ ㉢: '백합과의 여러해살이풀'인 부추를 이르는 말로 방언이다.
④ ㉣: '제 값어치 외에 거저로 조금 더 얹어 주는 일 또는 그런 물건'을 이르는 말로 표준어이다.
⑤ ㉤: '일정한 시설을 갖추어 놓고 음식을 만들고 설거지를 하는 등 식사에 관련된 일을 하는 곳'을 이르는 말로 부엌의 방언이다.

💡 ㉣의 뜻을 가진 표준어는 '덤'이고 '개평'은 '덤'의 방언이다. 다만 '개평'이 '노름이나 내기 따위에서 남이 가지게 된 몫에서 조금 얻어 가지는 공것'을 의미할 때는 방언인 '개평'과 다른 단어이므로 표준어이다.

03 **밑줄 친 부분이 어법에 어긋난 것은?**

① 그는 정밀 검사를 위해 아이를 병원에 <u>입원시키기</u>로 마음먹었다.

② 영희는 모임에 나가고 싶지 않아서 <u>거짓말시킬</u> 핑계를 찾고 있었다.

③ 어머니는 언니와 나를 <u>화해시키기</u> 위해 여러 가지 방법을 동원하였다.

④ 나는 합격 통지를 받고 흥분해 소리 지르는 그녀를 <u>진정시킬</u> 수가 없었다.

⑤ 설명을 여러 번 했지만, 동생에게 그 문제를 완전히 <u>이해시키지</u>는 못했다.

💡 ② 굳이 '시키다'를 쓰지 않아도 되는 경우에 '시키다'를 쓰는 것은 어법에 맞지 않는 표현이다. 영희가 다른 사람에게 거짓말을 하도록 시키는 것이 아니라 자신이 거짓말을 하는 경우이므로 '거짓말할'이 바른 표현이다.

04 **㉠~㉣ 중 밑줄 친 '사람의 신체'와 관련된 단어가 바르게 쓰인 문장을 모두 고른 것은?**

㉠ 몇 년간 회사 자금을 몰래 빼돌리고 있던 직원은 마침내 <u>덜미</u>가 잡혔다.
㉡ 공부를 하다가 밖에서 놀고 있는 친구를 보자니 아이는 친구들과 함께 놀고 싶어 <u>오금이</u> 저려 왔다.
㉢ 아들이 시도 때도 없이 학교에서 사고를 치는 바람에 어머니는 선생님을 뵐 <u>면목</u>이 없었다.
㉣ 아버지의 사업이 망해 이사를 가는 친구에게 집 자랑을 하고 있는 그 애를 보니 <u>부아</u>가 뒤집혔다.

① ㉠, ㉡

② ㉠, ㉡, ㉢

③ ㉠, ㉢, ㉣

④ ㉡, ㉢, ㉣

⑤ ㉠, ㉡, ㉢, ㉣

💡 ㉡ **오금이 저리다**: 저지른 잘못이 들통이 나거나 그 때문에 나쁜 결과가 있지 않을까 마음을 졸이다. → 해당 예문은 잘못이 들통난 경우가 아니므로 문맥상 적절하지 않다. (※ 오금은 무릎의 구부러지는 오목한 안쪽 부분을 말한다.)

05 **〈보기〉의 (   ) 안에 공통으로 들어갈 말로 적절한 것은?**

보기

- 아기는 혼자 잘 놀다가 (   ) 울기 시작했다.
- 그녀는 우리가 잊을 만하면 (   ) 찾아오곤 했다.
- 그 집 앞에 다가선 순간 그는 (   ) 가슴이 콱 멤을 느꼈다.

① 예제없이

② 맥없이

③ 느닷없이

④ 시나브로

⑤ 바야흐로

💡 '느닷없이'는 '아주 뜻밖이고 갑작스럽게'라는 뜻이다.
① '여기나 저기나 구별이 없이'라는 뜻의 부사다.

06 다음에서 언급된 의문문에 해당하지 않는 것은?

> 의문문 중에는 화자가 이미 알고 있거나 믿고 있으면서 그것을 청자의 동의를 구하여 확인하기 위한 의문문이나 형태상으로는 의문문이지만 의미상으로는 긍정이나 부정을 단언(斷言)하는 의문문도 있다.

① 윤지가 나쁜 짓을 보고 가만히 있을 것 같아?
② 아까 음식점에서 짬뽕하고 군만두 시키셨어요?
③ 우리 여름에 유럽 여행 가서 정말로 재미있었지?
④ 아무리 그래도 그렇지, 아저씨가 널 안 도와주겠니?
⑤ 너 지금 몇 시인지 아니?

💡 제시문은 화자가 이미 알고 있거나 믿고 있으면서 그것을 청자의 동의를 구하여 확인하기 위한 의문문, 즉 수사의문문에 대한 설명이다. ①, ③, ④, ⑤가 이미 답이 나와 있는 수사의문문의 예라면, ②는 '예' 또는 '아니오'의 답을 요구하는 판정의문문이다.

07 다음 사자성어에 포함돼 있는 동물이 잘못 연결된 것은?

① 용두사미(龍頭蛇尾) – 뱀
② 망양보뢰(亡羊補牢) – 양
③ 교각살우(矯角殺牛) – 소
④ 연목구어(緣木求魚) – 물고기
⑤ 계명구도(鷄鳴狗盜) – 토끼

💡 ⑤ 닭 울음소리로 사람을 속이고 개처럼 잠입해 남의 물건을 훔치는 것처럼 남을 속이는 하찮은 일밖에 못하는 사람을 가리킴
① 용의 머리와 뱀의 꼬리 → 처음은 거창하나 끝이 미약할 때 쓰는 말
② 양을 잃고 우리를 고친다. → 사태가 벌어진 후에 수습을 해도 소용이 없음을 이르는 말
③ 소의 뿔을 바로잡으려다가 소를 죽인다. → 잘못된 점을 고치려다가 그 방법이나 정도가 지나쳐 오히려 일을 그르침을 이르는 말
④ 나무에 올라가서 물고기를 구한다. → 불가능한 일을 무모하게 하려고 할 때 쓰는 말

08 ( ) 안에 들어갈 말로 가장 적절한 것은?

> 인간은 누구나 이타적 충동보다 이기적 충동을 더 많이 느끼는 것 같다. ( ) 학교를 졸업하고 본격적인 사회 생활을 하게 되면서부터는 이기적 충동을 극복하려 노력하기보다 어떻게 하면 교묘하게 자기 이익을 챙길 수 있을지를 배우려고 더 많은 노력을 하게 되는 듯하다. 이러니 도덕 교과서 속이 아니라 실생활에서 과연 윤리는 무슨 의미를 가지는 것인지 묻지 않을 수 없다.

① 하물며   ② 하지만
③ 그나마   ④ 더구나
⑤ 오히려

💡 핵심 주제문이 나온 후 그것을 보충 강화해 주는 내용이 이어지고 있으므로, '더구나'가 적절하다.

09 다음 글에서 내용의 통일성을 해쳐 삭제해도 무방한 문장은?

> 과연 시를 바르게 감상하고 해석할 수 있는 방법은 무엇일까? 많은 사람들이 시 감상에 대해 질문하는 내용이다. ㉠ 시를 읽을 때에는 먼저 시의 표면에 드러나는 내용을 파악해야 한다. 예를 들어 ㉡ 시·공간적 배경은 언제, 어디이며 시의 화자는 어디에 있는지 또한 핵심적인 시어는 무엇인지 파악해야 한다. 그래야 시를 이해할 수 있게 하는 정보를 확인할 수 있다. ㉢ 그 다음으로는 시어의 함축적 의미를 파악하기 위해 시의 내용을 추리하고 상상하는 것이다. ㉣ 시의 언어는 매우 함축적이고 상징적이기 때문에 시어의 지시적 의미만으로는 시를 온전히 이해할 수 없으므로 시어의 함축적 의미를 파악하려고 노력하며 시를 들여다 보아야 한다. ㉤ 함축성은 시를 다른 문학 갈래와 구분 짓게 하는 시의 가장 큰 특징이므로 이러한 함축성에 유의해야 한다. 마지막으로 시를 감상하는 능력을 기르기 위해서는 지금까지의 과정, 즉 '사실적으로 읽기'와 '추리, 상상하며 읽기'를 반복하여 훈련해야 한다.

① ㉠   ② ㉡
③ ㉢   ④ ㉣
⑤ ㉤

💡 제시문은 '시를 해석하는 올바른 방법'에 대한 글로, 다른 문학 갈래와 구분되는 시의 함축성에 대한 ㉤의 내용은 앞의 내용과 긴밀히 연결되지 않으므로 삭제하는 것이 좋다.

10 다음은 어떤 글의 서론 부분이다. 이를 토대로 본론의 내용을 구성하려고 할 때, 그 내용으로 적절하지 않은 것은?

> 지식 기반 사회가 강조되는 상황에서 인터넷은 간편하고 신속하게 정보와 지식을 획득할 수 있는 중요한 수단으로 여겨지고 있다. 그러나 단지 편리하고 신속하다는 이유로 인터넷에 지나치게 의존하여 지식과 정보를 구할 경우에 생길 수 있는 문제들을 간과해서는 안 될 것이다.

① 지식의 원천으로서 인터넷의 비중이 높아지면서, 지식은 점차 계산에 의해 산출된 결과로 인식되고 있다. 그러나 지식을 추구하는 과정의 중요성이 간과된다면 지식에 대한 깊이 있는 성찰을 기대하기는 어려울 것이다.

② 한 사이트에서 불과 몇 초를 머물지 못하는 인터넷 서핑 방식의 지식 찾기는 본질적으로 깊이 있는 사유와는 거리가 멀다. 인터넷이 지식의 성격과 사유 양식에 큰 영향을 미치고 있는 것은 사실이지만, 인터넷 역시 단순한 수단에 지나지 않는다는 사실을 잊지 말아야 한다.

③ 인터넷은 우리에게 유익하지 않은 정보를 제공하기도 한다. 실제로 인터넷이 성인 오락의 도구로서 비윤리적인 만남의 다리 역할을 한 지는 오래되었다. 익명의 제보자가 제공한 정확하지 않은 정보들이 여과 없이 사이버 공간을 오감으로써 이로 인해 피해를 입는 사람들도 많이 생겨났다.

④ 인터넷에 올려진 정보는 패스트푸드처럼 손쉽게 취할 수 있지만, 그 정보는 지식적 배경이나 사회·문화적 토대에서 분리된 단편적인 정보에 불과하다. 정보가 그것이 위치해 있던 풍부한 맥락으로부터 분리돼 정형화된 토막 정보가 된다는 점에서 이는 정보의 소외에 해당한다고 할 수 있다.

⑤ 성찰은 해당 분야의 지식뿐 아니라 연관 주제들에 대한 폭넓은 고려와 깊이 있는 사유를 전제로 한다. 학생들이 이러한 성찰적 사고방식을 멀리하고 인터넷의 단편적 지식만을 섭취한다면 교육의 궁극적 목표인 전인적 인격 형성은 달성되기 어려울 것이다. 또 인간관계는 편협해질 것이며 사회는 비인간적인 방향으로 흐를 가능성이 높다.

💡 본론에서는 '지식 기반 사회'와 관련하여 인터넷에서 지식과 정보를 찾을 때 나타날 수 있는 단점을 다루어야 한다. ③은 단편적인 인터넷의 폐해를 다룬 것으로, 서론의 내용과 자연스럽게 연결되지 않는다.

11 〈보기〉의 빈칸에 들어갈 속담으로 가장 적절한 것은?

보기

　사회복지 찬성론자들은 사회적 병리 현상을 해결하기 위해서는 국가의 역할이 더 강화되어야 한다고 주장한다. 예컨대 구조 조정으로 인해 대량의 실업 사태가 생겨나는 경우를 생각해 볼 수 있다. "(　　　　　　　　　　　)"라고, 이 과정에서 생겨난 희생자들을 방치하게 되면 사회 통합은 물론 지속적 경제 성장에 막대한 지장을 초래할 것이다. 따라서 사회가 공동의 노력으로 이들을 구제할 수 있는 안전망을 만들어야 하며, 여기서 국가의 주도적 역할은 필수적이라 할 것이다.

① 선무당이 사람 잡는다.
② 모로 가도 서울만 가면 된다.
③ 호미로 막을 것을 가래로 막는다.
④ 남의 잔치에 감 놓아라 배 놓아라 한다.
⑤ 염불에는 관심 없고 잿밥에만 관심이 있다.

💡 빈칸 바로 뒤에 대량으로 발생한 실업자들이 사회 복지를 받지 못하고 방치되면 더 큰 일이 발생한다는 내용이 이어지고 있으므로, '호미로 막을 것을 가래로 막는다.'는 속담이 적절하다. 이 속담은 적은 힘으로 충분히 처리할 수 있는 일에 쓸데없이 많은 힘을 들이는 경우 또는 커지기 전에 처리했다면 쉽게 해결되었을 일을 방치해 두었다가 나중에 큰 힘을 들이게 된 경우를 비유적으로 가리킨다.
　① 서투르고 미숙한 사람이 잘하는 체하다가 일을 그르치게 된다는 뜻
　② 무슨 수단이나 방법으로라도 목적만 이루면 된다는 말
　④ 자기와 상관없는 일에 간섭하고 참견하는 것
　⑤ 맡은 일에는 정성을 쏟지 않고 잇속에만 마음을 쓸 때를 이르는 말

12 다음은 어느 시청 홈페이지 자유 발언대의 공지 사항이다. 이 공지 사항에 주어진 조건을 모두 충족해 쓴 글로 바른 것은?

〈공지 사항〉

시정에 도움이 될 만한 건의나 제안 등을 올려 주시기 바랍니다. 단, 다음의 '조건'을 지켜 주십시오.

• 무엇이 어떻게 처리되었으면 좋겠다는 내용을 첫머리에 넣어서 강조해 주십시오.
• 다음으로 그 이유를 꼭 밝혀 주시기 바랍니다.
• 제안이 이루어졌을 때 예상되는 결과도 밝혀 주십시오.

---

① 우리 시에도 문화 행사가 필요합니다. ○○시는 봄꽃 축제를 열어 많은 관광객을 유치했습니다. 이런 문화 행사를 할 때 지역 특산품도 함께 홍보했으면 좋겠습니다.

② ○○ 초등학교 안은 불법 주차가 많아 교통사고의 위험성이 매우 높아요. 차들이 없어야 등굣길이 안전해집니다. 그러니까 통학로 옆의 불법 주차를 단속해 주세요.

③ 우리 시에도 체육공원을 마련해 주십시오. 시청 옆의 공터나 강변을 체육공원으로 만들 수도 있는 것 아닙니까? 그렇게 되면 시민들은 질 높은 생활을 할 수 있을 것입니다.

④ 거리에 쓰레기통이 필요합니다. 버스 정류장이 쓰레기로 넘쳐 납니다. 보기에 안 좋다고 쓰레기통은 없애고, 쓰레기를 버리는 시민들에게만 과태료를 물리는 시정은 문제가 있습니다.

⑤ 홈페이지에 익명으로도 글을 쓸 수 있게 해 주십시오. 혹 무슨 불이익이라도 있을까 해서 하고 싶은 말을 제대로 못합니다. 익명의 글도 허용해야 시민들의 다양한 의견을 들을 수 있을 것입니다.

💡 ① 문화 행사가 필요하다는 의견을 제시하고 다른 시의 성공 사례를 제안의 이유로 제시하는 과정까지는 조건에 부합된다. 그러나 지역 특산품 홍보에 대한 것은 예상되는 결과라기보다 세부적 방안을 건의하는 것이라고 볼 수 있다.
② 교통사고의 위험성을 지적한 첫 문장과 등굣길의 안전이 중요하다는 둘째 문장이 불법 주차 단속을 강화하는 요구로 제시되고 있다.
③ 체육공원을 마련해 달라는 의견이 먼저 제시되고 있기는 하지만 둘째 문장에서 그 이유를 밝히는 것이 아니라 시청 옆의 공터에 만들어 달라는 구체적 내용으로 넘어가고 있다.
④ 거리에 쓰레기통이 필요하다는 의견 뒤에 문제 상황의 심각성을 이유로 제시했다. 그러나 마지막 문장은 현재의 시정에 대한 불만을 제시하였다.

다음 글을 읽고 물음에 답하시오. [13~14]

(가) 학문을 한다면서 논리를 불신하거나 논리에 대해서 의심을 가지는 것은 ⊙ 용납할 수 없다. 논리를 불신하면 학문을 하지 않는 것이 적절한 선택이다. 학문이란 그리 대단한 것이 아닐 수 있다. 학문보다 더 좋은 활동이 얼마든지 있어 학문을 낮추어 보겠다고 하면 반대할 이유가 없다.

(나) 학문에서 진실을 탐구하는 행위는 논리로 이루어진다. 진실을 탐구하는 행위라 하더라도 논리화되지 않은 체험에 의지하거나, 논리적 타당성이 입증되지 않은 사사로운 확신을 근거로 한다면 학문이 아니다. 예술도 진실을 탐구하는 행위의 하나라고 할 수 있으나 논리를 필수적인 방법으로 사용하지는 않으므로 학문이 아니다.

(다) 교수이기는 해도 학자가 아닌 사람들이 학문을 와해시키기 위해 애쓰는 것을 흔히 볼 수 있다. 편하게 지내기 좋은 직업인 것 같아 교수가 되었는데 교수는 누구나 논문을 써야 한다는 ⓒ 악법에 걸려 본의 아니게 학문을 하는 흉내는 내야 하니 논리를 무시하고 논문을 쓰는 ⓒ 편법을 마련하고, 논리 자체에 대한 악담으로 자기 행위를 정당화하게 된다. 그래서 생기는 혼란을 방지하려면 교수라는 직업이 아무 매력도 없게 하거나 아니면 학문을 하지 않으려는 사람이 교수가 되는 길을 원천 봉쇄해야 한다.

(라) 논리를 어느 정도 신뢰할 수 있는가 의심스러울 수 있다. 논리에 대한 불신을 아예 없애는 것은 불가능하고 무익하다. 논리를 신뢰할 것인가는 개개인이 자율적으로 선택할 수 있는 ② 기본권의 하나라고 해도 무방하다. 그러나 학문에서 진실을 탐구하는 행위는 논리로 이루어진다. 학문은 논리에 대한 신뢰를 자기 인생관으로 삼은 사람들이 ⑩ 독점해서 하는 행위이다.

---

13 이 글을 논리적인 순서대로 올바르게 배열한 것은?

① (가)-(나)-(다)-(라)   ② (가)-(다)-(나)-(라)
③ (나)-(라)-(가)-(다)   ④ (다)-(가)-(라)-(나)
⑤ (라)-(가)-(나)-(다)

💡 학문과 논리의 관계에 대해 필자의 주장을 제시하고 있는 글로, 문맥상 다음과 같이 전개되어야 글의 흐름이 자연스럽다.
(나) 학문에서 진실을 탐구하는 행위는 논리로 이루어진다. → (라) 학문은 논리에 대한 신뢰를 바탕으로 하는 행위이다.
→ (가) 학문을 한다면서 논리를 불신할 수는 없다. → (다) 논리를 신뢰하고 학문을 하는 사람이 교수가 되어야 한다.

---

14 밑줄 친 ⊙~⑩ 중 반어적 표현에 해당하는 것은?

① ⊙   ② ⓒ   ③ ⓒ   ④ ②   ⑤ ⑩

💡 '교수는 누구나 논문을 써야 한다는 ⓒ 악법에 걸려'에서 '악법'은 말 그대로 잘못 적용된 나쁜 법이라는 의미가 아니라, 교수로서 학문을 연구하는 것을 소홀히 하거나 편법을 쓴다는 의미에서 반어적으로 사용한 말이다.

15 다음 글의 문맥을 고려할 때 ㉠에 들어갈 말로 가장 적절한 것은?

이탈리아의 경제학자 파레토는 한쪽의 이익이 다른 쪽의 피해로 이어지지 않는다는 전제하에, 모두의 상황이 더 이상 나빠지지 않고 적어도 한 사람의 상황이 나아져 만족도가 커진 상황을 자원의 배분이 효율적으로 이루어진 상황이라고 보았다. 이처럼 파레토는 경제적 효용을 따져 최선의 상황을 모색하는 이론을 만들었고, 그 중심에는 '파레토 개선', '파레토 최적'이라는 개념이 있다.

갑은 시간당 500원, 을은 1000원을 받는 상황 A와, 갑은 시간당 750원, 을은 1000원을 받는 상황 B가 있다고 가정해 보자. 파레토에 의하면 상황 B가 을에게는 손해가 되지 않으면서 갑이 250원을 더 받을 수 있기에 상황 A보다 우월하다. 즉 상황 A에서 상황 B로 바뀌었을 때 아무도 나빠지지 않고 적어도 한 사람 이상은 좋아지게 되는 것이다. 이때 상황 A에서 상황 B로의 전환을 '파레토 개선'이라고 하고, 더 이상 파레토 개선의 여지가 없는 상황을 '파레토 최적'이라고 한다.

이와 같이 파레토 최적은 서로에게 유리한 결과를 가져오는 선택의 기회를 보장한다는 점에서 의미가 있지만 한계 또한 있다. 예를 들어 갑이 시간당 500원을 받고 을이 시간당 1000원을 받는 상황에서 갑과 을 모두의 임금이 인상되면 이는 파레토 개선이다. 그러나 만약 갑은 100원이 인상되고 을은 10원이 인상되는 상황과, 갑은 10원 인상되고 을이 100원 인상되는 상황 가운데 어느 것을 선택해야 하는지에 대해서 파레토 이론은 답을 제시하지 못한다.

그러나 이러한 한계에도 불구하고 파레토 최적은 자유시장에서 유용한 경제학 개념으로 평가받고 있는데, 그 이유는 무엇일까? 특정한 한쪽의 이득이 다른 쪽의 손해로 이어지지 않는다는 전제하에, 위와 같이 갑은 시간당 500원, 을은 1000원을 받는 상황 A에서 갑은 시간당 750원, 을은 1000원을 받는 상황 B로의 전환에 대해 협의한다고 가정하자. 을은 자신에게는 아무런 이익도 없고 만족도도 별로 나아지지 않는 상황 전환에 대해 별로 마음 내켜 하지 않을 것이나 갑은 250원이나 더 받을 수 있으므로 상황의 전환이 절실하다. 이에 따라 갑이 을에게 자신이 더 받는 250원 중에서 100원을 주기로 제안한다면 을은 이러한 제안을 받아들여 상황 B로 전환하는 데 동의할 것이다. 이와 같이 파레토 최적은 (㉠)을/를 설명했다는 점에서 가치 있게 평가받고 있다.

① 모두에게 손해가 되지 않으면서 효용을 증가시키는 상황
② 경제 주체 간의 타협보다는 경쟁이 중요한 이유
③ 소비자의 기호에 따라 상품 가격이 결정되는 상황
④ 합리적인 투자를 위해 이기적인 태도가 필요한 이유
⑤ 선택의 기회가 많을수록 이익은 줄어드는 경우

💡 더 이상은 좋아질 수 없는 양측에게 가장 이익이 되는 상황이 '파레토 최적'이며, 이해 당사자는 협상을 통해 이러한 파레토 최적의 상황에 도달할 수 있다. 따라서 파레토 최적 이론은 ① '모두에게 손해가 없으면서 효용을 증가시키는 상황'을 설명한 이론이라 할 수 있다.

16 다음 글의 내용과 일치하지 않는 것은?

> 인간의 정신을 장악하고 있는 우상에는 네 가지 종류가 있다. 구별하기 좋게 각각 이름을 붙인다면 첫째는 종족의 우상이고, 둘째는 동굴의 우상이고, 셋째는 시장의 우상이며, 넷째는 극장의 우상이다. 참다운 귀납법의 기초 위에 개념과 공리를 세우는 일이 이 우상들을 피하고 물리치는 최상의 방책임이 분명하다. 그러나 이 우상들을 깨닫는 것만으로도 커다란 도움이 된다. 왜냐하면 우상이 과학에 대하여 가지는 관계는 궤변이 일반 논리학에 대하여 가지는 관계와 똑같기 때문이다.
>
> 종족의 우상은 인간적 본성에, 인류 종족 또는 인종에 근거하고 있다. 왜냐하면 인간의 감관 (感官)이 사물의 척도라는 주장은 거짓이기 때문이다. 그와 반대로 감관과 정신이 느끼는 것은 인간의 주관에 따른 것일 뿐이다. 인간 정신은 고르지 못한 거울과 같아서 사물로부터 나오는 광선을 일그러지게 반사하고, 거울 자신의 본성을 대상의 본성에 삽입시켜서 대상의 본성을 뒤틀리게 하고 왜곡시킨다.
>
> 동굴의 우상은 각 개인의 우상이다. 즉, 모든 개별 인간은 인류에게 공통된 잘못 외에도 자기 자신의 굴, 동굴을 가진다. 이 자신의 동굴이 자연의 빛을 굴절시키고 파괴한다. 이 동굴은 한편으로 개인적 성향으로부터, 다른 한편으로 교육과 교제로부터 비롯된다. 또 한편으로 그가 읽는 책들과 그가 존경하고 경애하는 사람들의 견해로부터, 그리고 그의 정신에 자리 잡은 선입견으로부터 비롯된다. 종종 각기 서로 다르게 받아들여지는 다양한 인상들로부터도 비롯된다.
>
> 또한 사람과 사람 사이의 상호 결합에서부터 생기는 우상들이 있다. 나는 이 우상들을 인간들의 교제와 공동생활에 기초한 것이라 보고, 시장의 우상이라고 부른다. 인간은 언어를 통해 결합된다. 그런데 말들은 보통 사람들의 능력에 따라서 선택된다. 따라서 나쁘고 적절하지 못한 말의 선택은 정신을 놀라울 정도로 방해한다. 경우에 따라 학자들이 사용하는 정의들과 설명들은 전혀 도움이 되지 못한다. 오히려 말은 정신에 강제력을 행사하고 모든 것을 혼란에 빠뜨린다. 말은 인간들을 수많은 무의미한 논쟁과 허구에 빠뜨린다.
>
> 마지막으로 다양한 철학 이론들 때문에, 그리고 뒤바뀐 증명방식들 때문에 인간의 정신 안에 파고든 오류들이 있다. 이 우상들을 나는 극장의 우상이라고 부른다. 왜냐하면 많은 철학들이 전수되거나 새로이 창안되는 만큼, 그만큼 많은 거짓 이야기들이 제시되고 상연되기 때문이다.

① 인간의 감관(感官)은 사물의 척도이다.
② 종족의 우상은 인간적 본성에 근거하고 있다.
③ 동굴의 우상은 개인의 선입견으로부터 비롯된다.
④ 언어로 인해 발생하는 혼란을 '시장의 우상'이라 한다.
⑤ 극장의 우상은 거짓된 이론이 미치는 폐해를 가리킨다.

💡 ① 2문단에서 '인간의 감관(感官)이 사물의 척도라는 주장은 거짓'이라고 하였다.

17 다음 인터뷰의 감독의 말에서 '부싯돌'의 의미는?

> 기자: 감독님, 앞으로 사극과 같은 것을 문화 콘텐츠로 활성화하기 위해서는 어떠한 노력이 필요할까요?
>
> 감독: 좋은 질문입니다. 저는 고문서의 번역이 문화 콘텐츠 개발 열기에 부싯돌 역할을 한다고 봅니다. 만약 《증수무원록(增修無冤錄)》이 국역되지 않았다면 모 방송사에서 방영한 〈별순검〉이나 영화 〈혈의 누〉가 탄생하기 힘들었을 것입니다. 《증수무원록》이 조선 시대의 정조로부터 순조에 이르기까지 검안 기록이 담긴 문헌이라는 점을 고려할 때, 조선 시대의 과학수사를 재구성한 드라마인 〈별순검〉이나 조선 시대의 형벌을 재현하는 장면이 매우 정밀하게 드러나는 영화 〈혈의 누〉가 《증수무원록》의 국역에 의존했을 것이라는 점은 쉽게 짐작할 수 있으니까요. 이처럼 고문서의 번역 없이는 문화 콘텐츠의 활성화를 기대하기 어렵습니다.

① 사행심 조장   ② 인기 상품
③ 발전 방안   ④ 생성 기반
⑤ 지도 행위

💡 《증수무원록》의 국역 없이는 〈별순검〉이나 〈혈의 누〉가 탄생하기 힘들었을 것이라고 문맥상 파악이 가능하므로, 부싯돌은 '생성 기반'을 의미한다.

국어문화

18 〈보기〉의 밑줄 친 부분과 관련이 없는 것은?

> 보기
>
> 고려의 건국부터 16세기 말까지의 국어를 중세 국어라고 부른다. 중세 국어는 앞뒤로 전기 중세 국어, 후기 중세 국어로 나누기도 한다. 훈민정음이 창제되어 한글로 적은 문헌 자료가 많이 나온 시기는 주로 후기 중세 국어에 속한다.

① 봉황음(鳳凰吟)   ② 상대별곡(霜臺別曲)
③ 죽계별곡(竹溪別曲)   ④ 독락팔곡(獨樂八曲)
⑤ 화산별곡(華山別曲)

💡 ③ 안축이 고려 충숙왕 때 지은 경기체가이므로 전기 중세 국어 시기에 해당하는 작품이다.
    ①, ②, ⑤ 조선 전기의 악장이므로 후기 중세 국어와 시기가 일치한다.
    ④ 권호문이 조선 전기에 지은 최후의 경기체가이므로, 후기 중세 국어 시기에 해당한다.

19 다음의 소설을 시대순으로 바르게 배열한 것은?

> ㉠ 주몽신화   ㉡ 구운몽   ㉢ 금오신화   ㉣ 죽부인전   ㉤ 홍길동전

① ㉠−㉡−㉢−㉣−㉤   ② ㉠−㉣−㉢−㉤−㉡
③ ㉢−㉠−㉡−㉣−㉤   ④ ㉡−㉠−㉢−㉤−㉣
⑤ ㉣−㉡−㉢−㉠−㉤

 ㉠ 주몽신화(고구려, 동명왕 난생 설화) − ㉣ 죽부인전(고려, 이곡의 가전체) − ㉢ 금오신화(조선 세조, 김시습) − ㉤ 홍길동전(조선 광해군, 허균) − ㉡ 구운몽(조선 숙종, 김만중)

20 밑줄 친 내용에 해당하는 문학의 갈래로 적절한 것은?

> 국문학은 주로 외적 형식에 따라 장르가 2분법, 3분법, 4분법으로 분류되고 있다. 2분법은 흔히 형식과 내용 면에서 시가와 산문으로 크게 둘로 나뉘지만, 시가의 형식에 산문의 내용을 가진 작품으로 인해 문제점이 제기된다. 3분법은 서정, 서사, 희곡으로 분류하는 방법이다. 지금까지의 분류체계 중 가장 타당하게 여겨지는 것은 4분법인데 서정, 서사, 희곡, 교술로 나눈 것이다. 교술 장르의 설정으로 수필을 비롯한 산문적 작품의 귀속 문제가 해결되었다. 그러나 너무 도식적인 결함이 있으며, 교술 장르 분류기준에 내용만 제시되고 형식이 제시되지 못한 한계가 제기된다. 따라서 교술 장르에 속하지만 시가의 형식에 산문의 내용을 가진 작품의 경우 서정으로 넣어야 하는지 서사로 넣어야 하는지 문제점이 제기된다.

① 향가   ② 시조
③ 가사   ④ 설화
⑤ 고려속요

 ③ 가사는 형식상 운문이지만 내용상 산문이어서 운문문학에서 산문문학으로 가는 과도기적 문학이라고 본다. 조동일의 4분법 체계에서는 가사를 교술 장르로 분류한다.

Answer

어휘·어법·어문규정	▶ 1.① 2.④ 3.② 4.③ 5.③ 6.② 7.⑤
쓰기	▶ 8.④ 9.⑤ 10.③
창안	▶ 11.③ 12.⑤
읽기	▶ 13.③ 14.② 15.① 16.① 17.④
국어문화	▶ 18.③ 19.② 20.③

상식 요모조모 ....

상식 요모조모

뉴스 속 와글와글 / Books & Movies

상식 파파라치

1센트 동전 생산비용이 2센트 이상?
트럼프 대통령, 「1센트 신규 발행 중단」 지시

도널드 트럼프 미국 대통령이 2월 10일 자신의 소셜미디어에 「미국은 너무 오랫동안 2센트가 넘는 비용을 들여 페니(Penny, 1센트 동전)를 주조해 왔다」며, 재무장관에게 페니 신규 발행을 중단하라고 지시했다고 밝혔다. 페니는 미국 조폐국 설립 이듬해인 1793년부터 발행된 미국에서 가장 유서 깊은 동전으로, 특히 1909년에는 에이브러햄 링컨 탄생 100주년을 기념해 링컨의 초상화가 새겨지기도 했다. 페니는 아연·구리 등으로 주조되는데, 미국 조폐국에 따르면 지난해 기준 1센트 동전 주조 비용은 3.69센트다. 미 조폐국은 지난해 9월에 마감된 2024 회계연도에 약 32억 개의 1센트 동전을 주조했는데, 이 과정에서 8530만 달러(약 1238억 원)의 손실을 본 것으로 추정된다.

부자 노인, 최대 9년은 더 건강하게 산다
건강수명도 소득 따라 양극화?

1월 5일 윤석준 고려대 의대 예방의학교실 교수 연구팀이 대한의학회지에 게재한 논문에 따르면 한국인의 건강수명은 2008년 68.89세에서 2020년 71.82세로 12년 동안 2.93년 증가한 것으로 나타났다. 건강수명은 평균수명에서 병이나 부상 등의 평균 장애기간을 차감한 수명으로, 사망 시까지 순수하게 건강한 삶을 살았던 기간을 가리킨다. 특히 건강보험료 납부액을 기준으로 소득계층을 1분위(최저)~5분위

(최고)로 구분했을 때, 2020년 5분위의 건강수명은 74.88세로 1분위의 66.22세보다 8.66년 긴 것으로 나타났다. 이 격차는 2008년 7.94년에서 2012년 6.72년으로 줄었지만 이후 지속적으로 늘어나는 추세로, 건강수명도 양극화가 심화되고 있음을 반영하는 것이다.

제주도, 오는 9월 추석 연휴 전후로
「디지털 관광도민증」 발급한다!

제주도가 오는 9월 추석 연휴 전후에 내국인 관광객을 대상으로 디지털 관광도민증 발급을 개시할 계획이라고 1월 3일 밝혔다. 이는 제주도가 침체에 빠진 내국인 관광객 유치와 관광산업의 디지털 전환을 위해 내놓은 방안으로, 올해 디지털 관광도민증 발급 목표는 10만 명이다. 제주도는 대체불가토큰(NFT) 멤버십과 연계해 제주 여행객 등에게 디지털 관광도민증을 발급하는데, NFT는 블록체인을 기반으로 하고 있어 소유권과 판매 이력 등의 관련 정보가 모두 블록체인에 저장된다는 특징이 있다. 이 관광도민증을 발급받고 제주를 여행하면 방문지와 시간·사진·영상 등을 관련 플랫폼에 기록할 수 있으며, 관광 행적에 따라 관광지 할인 및 여행지원금을 제공받을 수 있게 된다.

제 주

091008-4850802 장꽃분
고래의 주민번호라고?

울산 장생포 행정복지센터(민원출장소)에는 세계 유일의 특별한 등본이 있는데, 그것은 바로 장생포 고래생태체험관에 사는 돌고래 가족의 주민등록등본이다. 이 고래의 주민등록등본은 사람의 주민등록등본과 같은 형태를 갖추고 있는데, 해당 등본은 민원출장소가 문을 여는 평일 오전 9시~오후 6시에 찾아가 직접 신청하면 가질 수 있다. 고래의 등본상 세대주는 암컷 돌고래 「장꽃분」(추정 나이 26살)이며, 장꽃분의 동생 장두리(16살, 암컷)와 장도담(12살, 암컷), 아들 고장수(8살)가 세대원으로 등록돼 있다. 장꽃분 가족의 등본 발급이 행정기관에서 가능한 이유는 이들 돌고래가 울산 남구 주민이기 때문으로, 장꽃분의 주민등록번호 앞자리인 091008은 일본 와카야마현에서 울산 장생포로 이주한 날인 2009년 10월 8일을 의미한다. 한편, 등본에 올려진 고장수는 장꽃분의 세 번째 새끼로, ▷2014년에 태어난 첫째는 태어난 지 3일 만에 ▷2015년에 태어난 둘째는 5일 만에 사망한 바 있다.

이제는 기프티콘도 거래한다!
기프티콘 사고파는 「기프테크」 인기?

최근 사회관계망서비스(SNS) 등에서 생일이나 기념일 등에 선물 받은 「기트티콘」(모바일 상품권)을 거래하면서 재테크하는 방법이 인기를 끌면서 「기프테크」라는 신조어가 등장했다. 기프테크는 고물가 상황에서 한 푼이라도 절약하기 위해 기프티콘을 거래하며 부수입을 얻는 것으로, 판매자는 쓸 일이 없는 기프티콘을 정가보다 조금 싸게 팔아 현금화하고, 구매자는 원가보다 10~30% 저렴한 가격에 구매할 수 있다는 장점이 있다. 이처럼 기프테크가 활성화되자 사용하지 않는 기프티콘을 등록하고 판매할 수 있도록 한 스마트폰 애플리케이션(앱)도 다수 출시됐다. 이러한 앱에서는 판매하고자 하는 기프티콘의 이미지를 올리면 해당 기프티콘의 유효기간 등 관련 정보가 자동으로 입력되는 기능 등이 제공된다.

트럼프의 「백 투 플라스틱」
美, 종이빨대에서 플라스틱 빨대로?

도널드 트럼프 미국 대통령이 2월 10일 연방정부의 종이빨대 조달 및 사용 강제를 금지하는 내용의 행정명령에 서명하면서, 플라스틱 빨대로 돌아갈 것이라는 입장을 밝혔다. 이번 행정명령은 전임 조 바이든 행정부가 추진한 정책 뒤집기의 일환으로 풀이되는데, 바이든 정부는 2027년까지 연방정부 운영 및 행사에서 플라스틱 빨대 등 일회용 플라스틱 사용을 단계적으로 중단하고 2035년까지 완전히 폐지할 계획이었다. 트럼프는 과거부터 종이빨대 사용 규제에 강하게 반대해 왔는데, 특히 2019년 대선 캠페인 때에는 트럼프 로고가 새겨진 플라스틱 빨대 10개들이 세트를 15달러(약 2만 원)에 판매하기도 했다.

한편, 트럼프의 이번 행정명령에 환경단체들은 「매분 쓰레기 트럭 2대 분량의 플라스틱이 바다로 흘러 들어간다」며 환경보호 노력에 역행하는 정책이라며 거세게 비판했다.

화제의 책과 영화

BOOKS & MOVIES

작은 땅의 야수들 김주혜 著

2024년 톨스토이 문학상을 수상한 한국계 미국인 작가 김주혜의 데뷔작으로, 일제강점기인 1917년부터 해방 이후 1965년까지 약 50년간 한반도를 배경으로 펼쳐지는 대서사시다. 소설은 1917년 겨울, 평안도 깊은 산속에서 한 조선인 사냥꾼이 일본인 장교를 호랑이의 공격에서 구해주는 장면으로 시작된다. 이 만남으로 그들의 삶은 운명처럼 연결되고, 이후 주인공 「옥희」를 중심으로 반세기에 걸친 이야기가 펼쳐진다.

옥희는 기생집에서 글을 배우고 예술 교육을 받으면서 두각을 나타내고, 그의 실력을 알아본 극제작자의 눈에 띄어 무성영화 배우이자 연극인으로 이름을 알리기 시작한다. 그리고 이러한 옥희를 중심으로 ▷그녀를 사랑하는 깡패 정호와 고학생 한철 ▷옥희의 동료 기생들인 연화와 월향 ▷독립군을 이끄는 명보 ▷기방을 운영하며 독립운동자금을 대는 단이 ▷일본군 소령 야마다와 이토 등 다양한 인물들의 삶이 함께 펼쳐진다. 무엇보다 일제강점기라는 격변의 상황 속에서 옥희는 스스로에게 「무엇을 위해 살아가야 하는가」라고 묻는다. 여기에 작가는 뛰어난 예술인이면서 독립운동에 동참하는 기생의 모습을 통해 일제에 의해 왜곡된 한국 기생의 역사도 재조명한다.

너의 유토피아 정보라 著

부커상과 전미도서상 최종 후보로 선정됐던 정보라의 두 번째 소설집으로, 올해 1월 다시 출간됐다. 2021년 출간된 《그녀를 만나다》의 개정판인 이 책은 〈너의 유토피아〉를 표제작으로 삼아 새롭게 개정됐는데, 특히 지난 1월 세계 3대 SF 문학상 중 하나인 필립 K. 딕상의 후보작으로 선정돼 화제를 일으켰다.

총 여덟 편의 소설을 담고 있는 소설집의 표제작인 〈너의 유토피아〉는 전염병으로 인류가 떠난 황량한 행성에서 고장난 휴머노이드(인간형 로봇)를 태우고 배회하는 스마트 자동차의 이야기를 담고 있다. 인간을 꼭 닮은 의료용 휴머노이드 314는 이따금 「너의 유토피아는?」라는 물음을 건네는데, 이는 망가진 세계를 헤매면서도 더 나은 곳을 희구하는 간절함을 담고 있다. 〈영생불사연구소〉는 1912년 「일제가 망해도 우리만은 영생불사」라는 유치찬란한 캐치프레이즈와 함께 설립된 연구소의 98주년 행사를 준비하며 벌어지는 에피소드를 다룬다.

이 밖에 이식인병이 창궐한 지구를 떠나 「노아의 방주」를 타고 우주를 헤매는 여정을 보여주는 〈여행의 끝〉, 귀엽고 사랑스럽게만 생각했던 아내가 언제부터인가 알 수 없는 언어로 하루 종일 누군가와 통화하고 있음을 깨닫는 〈아주 보통의 결혼〉 등의 작품은 작가 특유의 익살과 풍자로 가득차 있다.

영화 MOVIES

서브스턴스

감독 _ 코랄리 파르자
출연 _ 데미 무어, 마거릿 퀄리

코랄리 파르자 감독의 두 번째 장편영화로, 보디 호러(미지의 어떤 것이 신체·인격을 빼앗는 내용의 호러) 장르다. 제77회 칸영화제에서 각본상을 수상한 작품으로, 특히 주인공 데미 무어는 이 영화로 1월 6일 열린 제82회 골든글로브 시상식에서 생애 최초로 여우주연상을 수상한 바 있다. 주인공 엘리자베스(데미 무어)는 한때 오스카상까지 수상한 스타였으나, 지금은 TV 에어로빅 쇼 진행이 유일한 일거리다. 그런데 그마저 50세가 되던 생일날, 더 이상 어리고 섹시하지 않다는 이유로 해고된다. 여기에 교통사고까지 당한 그녀는 병원의 한 남자 간호사에게 「서브스턴스」라는 약물을 권유받게 된다. 이 약물을 주입하면 젊고 아름다운 나로 일주일, 원래의 나로 일주일을 살 수 있다는 것이다. 그러다 좌절감이 극에 달한 어느날 엘리자베스는 결국 서브스턴스를 주입하게 되는데, 그 결과 젊고 아름다운 여성 인 수(마거릿 퀄리)가 엘리자베스의 등을 찢고 나온다. 수로 존재하는 동안 엘리자베스는 껍질로만 존재하게 되는데, 수는 하루에 한 번씩 엘리자베스에게서 추출한 골수를 안정제로 맞아야 하고 일주일이 지나면 교대해야 한다는

규칙이 있다. 이후 수는 엘리자베스가 방출된 TV 쇼의 새 진행자가 되며 순식간에 스타가 되지만, 엘리자베스로 돌아온 뒤에는 할 수 있는 것이 아무 것도 없다. 이에 수는 젊은 상태를 더 오래 유지하기 위해 규칙을 조금씩 깨기 시작하고, 이후 상황은 걷잡을 수 없는 방향으로 흘러간다.

영화 속 톡!톡!톡! 🎞️

> Remember. You are one.(기억해. 당신들은 하나야.)

미키 17

감독 _ 봉준호
출연 _ 로버트 패틴슨, 스티븐 연, 마크 러팔로

2월 28일 전 세계 최초로 한국 개봉을 확정한 봉준호 감독의 작품으로, 봉 감독이 아카데미 4관왕을 기록한 〈기생충〉(2019) 이후 6년 만에 내놓은 신작이다. 영화는 미국 작가 에드워드 애슈턴의 소설 〈미키 7〉이 원작으로, 오는 3월 13일 개막하는 제75회 베를린영화제 스페셜 갈라 부문에도 초청됐다.

주인공 미키(로버트 패틴슨)는 마카롱 가게를 열었다가 감당하기 어려운 빚을 지게 되고, 채급자의 고문이 두려워 우주비행선에 오르기로 결심한다. 별다른 재주가 없는 그는 「익스펜더블(Expendable)」에 자원하는데, 이는 임무 수행 중 사망하면 폐기 처분됐다가 되살아나는 복제 인간이다. 이에 미키는 얼음으로 뒤덮인 우주행성 개척에 투입돼 끊임없이

폐기됐다 되살아나는 과정을 반복한다. 하지만 우주선 안의 상층 계급들은 미키의 비극에 아무런 신경을 쓰지 않으며, 오히려 죽어가는 미키를 보고 히죽거리며 농담까지 건넨다. 그러다 미키는 17번째 죽음의 위기를 겪게 되는데, 그가 죽은 줄 알고 미키 18이 프린트되면서 예측불허의 상황이 펼쳐지게 된다. 여기에 영화는 보험 적용도 받지 못하는 노동자 미키와 사람들을 선동하는 정치인 마셜(마크 러팔로)의 대비를 통해 빈부와 정치에 대한 풍자도 담고 있다. 마셜은 17번째 미키가 죽지 않은 상태에서 18번째 미키가 깨어나자 거세게 분노하며 두 사람 모두를 제거하려고 한다.

영화 속 톡!톡!톡! 🎞️

> 미키, 잘 죽고 내일 봐!

상식 파파라치가 떴다!

궁금한 건 절대 못 참는 상식 파파라치가 우리의 일상 곳곳에 숨어있는 흥미로운 이야깃거리들을 캐내어 시원하게 알려드립니다.

👍 블랙박스, 검정색이 아니라 주황색?

블랙박스는 보통 항공기에 장착돼 사고 시 원인을 밝혀내는 장비로, 항공기 사고 당시 조종석에서의 목소리와 교신 기록들이 담겨져 있다. 대개 사고 후 분석되는 만큼 사고 상황을 견딜 수 있도록 특수하게 제작돼 있는데, 이름은 「블랙박스(Black Box)」지만 눈에 잘 띄는 주황색 야광 페인트로 칠해져 있다. 그렇다면 왜 블랙박스는 검은색이 아닌 주황색일까?

블랙박스의 구성 블랙박스는 1956년 당시 호주의 항공학자였던 데이비드 워런(1925~2010)에 의해 처음으로 개발된 것이다. 워런은 세계 최초의 상용 제트 여객기인 「코멧 여객기 추락사고」(1953) 조사에 참여하면서 현재 사용하는 블랙박스의 원형이라고 할 수 있는 「플라이트 데이터 레코더(FDR)」를 발명했다. 그리고 이렇게 탄생된 블랙박스가 민간 항공기에 의무적으로 설치된 것은 1962년부터다. 블랙박스는 길이 50cm·너비 20cm·높이 15cm가량의 크기로 ▷자기 무게(대략 11kg)의 3400배까지의 충격을 견디며 ▷1100℃의 온도에서 30분, 260℃에서는 10시간까지 ▷깊이 6096m까지의 물속에서는 30일간 견뎌내 내부 기록을 보존하도록 제작된다. 특히 사고 후 물속에서는 「ULB(Under Water Located Beacon)」라는 장치를 통해 특수한 전자파(주파수 37.6kHz)를 발송하도록 돼 있어 전파 탐지기로 손쉽게 위치 파악이 가능하다. 블랙박스는 비행고도·대기속도·기수방위·엔진 상황 등이 25시간까지 수록된 「비행자료기록장치(FDR·Flight Data Recorder)」와 「조종실 음성정보장치(CVR·Cockpit Voice Recorder)」가 한 세트로 구성돼 있다. 이 가운데 FDR은 미국과 러시아, 일본 등 일부 선진국에서만 해독 능력을 갖고 있으며, 분석하는 데 통상 1개월 이상 걸린다. 반면 CVR은 기장·부기장·항공기관사·조종실 내부의 무선마이크 등을 통한 대화내용이 누구의 음성이 녹음된 것인지 분별하기 위해 4개 채널로 나눠 기록한 것으로, 국내에서도 1~2일이면 분석이 가능하다. 특히 블랙박스의 자료를 전부 잃어버리는 불상사를 방지하기 위해 FDR과 CVR은 분산해 설치하는데, FDR의 경우 가장 충격을 적게 받는 비행기 꼬리 부분 아래쪽에 탑재된다.

블랙박스는 왜 주황색? 블랙박스는 그 이름과 달리 주황색 또는 밝은 오렌지색을 띠고 있는데, 이는 사고 후 쉽게 발견할 수 있도록 하기 위해서다. 실제로 국제민간항공기구(ICAO)의 「국제민간항공협약 부속서」에 따르면 블랙박스는 「눈에 띄는 주황색」으로 제작하도록 돼 있으며, 우리나라의 관련 고시인 운항기술기준에서도 블랙박스의 색을 「밝은 오렌지 또는 밝은 황색」으로 규정하고 있다. 그런데 검은 상자(블랙박스)라는 이름이 붙게 된 데에는 여러 설이 전해지는데, 우선 항공기에서 사용하는 블랙박스가 내부 구조와 작동 원리가 복잡해 알 수 없다는 점에서 붙여진 명칭이라는 것이다. 또 공학 분야 용어인 「블랙박스」가 주는 신비스러운 느낌 때문에 사고 원인 규명의 핵심 장치를 일컫는 말로 채택됐다는 설도 전해진다. 아울러 블랙박스라는 명칭이 당초 20세기 중반 항공기에 탑재했던 검은색 박스 형태의 항법보조장치를 지칭하는 데 처음 사용됐다가 이후 의미가 변했다는 설도 전해진다.

👍 매월 14일에 있는 ○○데이의 유래는?

매월 14일에는 밸런타인데이나 화이트데이 외에도 「○○데이」라고 해서 연인들끼리 관련된 선물을 주고 받는 날이 있다. 다만 대다수 기념일이 그 유래가 불분명한 데다 일부 기업에 의해 상업적 목적으로 이용되면서 「데이 마케팅」 상술에 불과하다는 비판의 목소리도 높다. 그럼에도 연인들만의 특별함을 즐기려는 사람들의 관심은 끊이지 않고 있는데, 그렇다면 매월 14일의 「○○데이」에는 어떤 날들이 있을까?

1월 14일(다이어리데이)
연인들이 서로 다이어리를 선물하는 날로, 1년치 데이트 계획과 서로의 기념일을 미리 적은 새 다이어리를 교환한다.

2월 14일(밸런타인데이)
여성이 남성에게 초콜릿을 주며 사랑을 고백하는 날이다. 밸런타인데이는 고대 로마에서 유래됐다는 설이 가장 유력한데, 당시 로마 군인들은 결혼이 금지돼 있었다. 그런데 한 로마 군인이 어느 여인과 사랑에 빠졌고 이를 안타까워 한 발렌티누스 신부가 이들 사이의 혼약을 위해 주례를 섰다가 사형을 당하게 됐다. 이후 발렌티누스 신부를 기리기 위해 그가 죽음을 맞은 2월 14일을 「밸런타인데이」로 부르기 시작했다는 것이다. 무엇보다 「밸런타인데이=초콜릿」이 된 것은 1960년대 일본의 한 제과업체에서 초콜릿으로 사랑을 고백하는 광고를 진행하면서 현재와 같은 기념일이 된 것으로 전해진다.

3월 14일(화이트데이·파이(π)데이)
화이트데이는 남성이 여성에게 사탕을 주며 사랑을 고백하는 날로, 1970년대 말 일본 제과업체가 매출 증진과 재고 처리를 위해 만든 날로 알려져 있다. 이후 인접국가인 한국, 중국, 대만 등으로 확산되면서 현재 동아시아 일부 국가에서만 화이트데이가 기념되고 있다. 또 3월 14일은 파이데이(π-Day)로도 알려져 있는데, 이는 수학자들이 원주율 π(파이)를 기념하기 위해 π의 근사값인 3.14를 반영해 3월 14일로 정한 것이다. π는 임의의 원의 지름에 대한 원주(원의 둘레의 길이)의 비를 뜻하는 「원주율」을 말하는데, 그 값은 3.141592653…로 딱 떨어지지 않고 무한히 계속된다.

4월 14일(블랙데이)
밸런타인데이와 화이트데이에 선물을 주고받지 못한 남녀가 모여 자장면을 먹는 날이라고 해서 붙여진 명칭이다.

5월 14일(로즈데이)
연인끼리 장미꽃을 선물하는 날로, 미국의 한 꽃집 청년이 상점에 있는 모든 장미로 사랑을 고백한 것에서 유래했다는 이야기가 전해진다. 또 5월 14일은 「옐로데이」라고도 하는데, 이는 블랙데이까지도 연인이 생기지 않았다면 한달 뒤에는 카레를 먹어야 한다고 해서 붙은 명칭으로 알려져 있다.

10월 14일(와인데이)
연인이 함께 포도주를 마시는 날이다. 와인데이는 그리스 신화에 나오는 술의 신 디오니소스가 신의 제례를 올린 것이 10월 14일이라는 데에서 유래됐다는 이야기가 전해진다. 또 유럽에서 포도 수확 시기인 10~11월에 다양한 와인축제를 즐기는 것에서 유래됐다는 설도 있다.

11월 14일(무비데이)
연인이 함께 영화를 보는 날이자, 좋아하는 사람에게 쿠키를 선물하는 날이라고 해 「쿠키데이」라고도 한다.

12월 14일(허그데이)
연인은 물론 주변의 지치거나 아픈 사람 등 소중한 사람과 포옹하는 날로, 실제로 포옹을 하면 친밀감과 유대감 상승을 일으킨다는 연구 결과도 있다.

2025
공공기관
채용정보

기획재정부가 1월 14~16일 열린 「2025 공공기관 채용정보박람회」에서 올해 공공기관에서 2만 4000명을 신규 채용하며, 공공기관 청년인턴은 2만 1000명가량 뽑는다는 계획을 밝혔다. 올해로 15회차를 맞이한 공공기관 채용정보박람회는 공기관 취업을 준비하는 구직자들에게 채용정보와 취업비결 등을 제공하는 자리로, 올해 채용박람회에는 한국전력공사·인천국제공항공사·한국철도공사 등 143개 기관이 참여했다.

한편, 1월 13일 HR테크기업 인크루트가 「2025 공공기관 채용정보박람회」에서 제공하는 디렉토리북을 활용해 공공기관의 채용 규모를 취합·분석한 결과 올해 신입·경력을 포함해 채용 규모가 가장 큰 곳은 7년 연속 한국철도공사로 나타났다. 한국철도공사는 올해 1800명(신입·경력 포함)을 채용할 계획으로 알려졌으며, 이어 ▷국민건강보험공단(832명) ▷한국보훈복지의료공단(762명) ▷한국전력공사(485명) ▷근로복지공단(446명) ▷한국토지주택공사(315명) ▷한국수자원공사(300명) ▷주택관리공단(260명) ▷한전KPS(207명) ▷한국도로공사(196명) 순으로 채용 규모가 큰 것으로 나타났다. 여기에 채용 규모 상위 10개 공공기관의 분야를 확인한 결과 한국철도공사, 한국토지주택공사, 한국수자원공사, 주택관리공단㈜, 한국도로공사 등 사회간접자본(SOC) 분야가 5곳으로 가장 많은 것으로 나타났다.

🔲 공공기관이란?

공공기관은 정부의 출연·출자 또는 정부의 재정지원 등으로 설립·운영되는 기관으로서 「공공기관의 운영에 관한 법률」 제4조 1항 각호의 요건에 해당하여 기획재정부 장관이 지정한 기관을 의미한다. 해당 법률 제5조에 따르면 공공기관은 공기업과 준정부기관, 기타공공기관으로 분류된다.

공공기관의 유형

공기업	시장형 공기업, 준시장형 공기업
준정부기관	기금관리형 준정부기관, 위탁집행형 준정부기관
기타공공기관	공기업·준정부기관을 제외한 공공기관

◆ 2025년 공공기관 채용정보 (※ 전일제 기준으로, 채용 규모나 접수 일정 등은 추후 변동 있을 수 있음)

SOC

기관명	모집 부문	채용 규모	원서접수
인천국제공항공사	• 일반정규직: 신입(5급) • 무기계약직: 방재직(방재 다급)	• 일반: 신입 38명 • 무기계약직: 신입 11명	일반(4분기 예정)/ 무기계약직(2분기 예정)
한국공항공사	일반정규직: 행정(경영, 항공교통 등), 전산, 시설(토목, 건축, 기계 등), 기술(전기, 통신전자), 안전직(공항보안, 보안검색감독, EOD, 구조소방)	신입 150~180명(※ 채용 절차가 진행 중인 약 100명을 포함한 수치)	1분기 예정
한국도로공사	• 일반정규직: 5급(행정직, 기술직) • 무기계약직	• 일반: 신입 196명 • 무기계약직: 신입 62명	일반(2·3분기 예정)/ 무기계약직(수시)
한국도로교통공단	• 일반정규직: 교통안전, 교통교육, 교통방송, 일반행정, 교통연구 등 • 무기계약직: 교통안전, 교통방송, 일반행정 등	• 일반: 90명 • 무기계약직: 20명	일반(2분기 예정)/ 무기계약직(3분기 예정)
한국부동산원	일반정규직: 경영, 경제, 부동산, 도시, 통계 등	신입 55명	1분기 예정
한국철도공사	일반정규직: 사무 및 기술	신입 및 경력 1800명	상반기(1분기 예정), 하반기(3분기 예정)
한국토지주택공사	• 일반정규직: 사무(일반행정, 법률, 회계 등)/ 기술(건축, 토목 등) • 무기계약직: 사무(주거복지, 고객관리 등)/ 기술(시설, 승강기 관리 등)	• 일반: 약 315명 • 무기계약직: 약 75명	상반기 예정
주택관리공단(주)	일반정규직: 채용형인턴(행정직, 기술직)	신입 260명	수시채용
한국국토정보공사	일반정규직: 기획경영직, 국토정보직	약 30명 내외(잠정)	하반기 예정
국토안전관리원	• 일반정규직: 행정, 토목, 건축, 공업 • 무기계약직: 특정기능, 환경시설	• 일반: 신입 50명 • 무기계약직: 신입 5~10명	일반(2분기 예정)/ 무기계약직(수시)
주식회사 에스알	일반정규직: 사무영업(일반, 차량)	신입 약 30명	3분기 예정
한국해양교통안전공단	6급(사무직, 검사)	신입 약 37명	2·4분기 예정

금융

기관명	모집 부문	채용 규모	원서접수
한국무역보험공사	일반정규직: 조사, 인수 등	신입 약 32명	상·하반기 예정
한국산업은행	• 일반정규직: 신입행원(5급) • 무기계약직: 사무관리	• 일반: 100~140명 • 무기계약직: 5~15명	미정
중소기업은행	일반정규직: 금융일반, 디지털, IT, 고졸인재	신입 170명	8월
한국수출입은행	일반정규직: 전문직(일반, 지역전문가 등)	신입 약 70명	상·하반기 예정
신용보증기금	일반정규직: 금융사무 등	약 160~200명	2·4분기 예정
기술보증기금	일반정규직: 기술보증 및 기술평가(금융일반, 이공계, 박사 등), 전산, 법무·채권관리	신입 96명	2분기 예정
한국주택금융공사	• 일반정규직: 일반행정, IT • 무기계약직: 사무관리직	• 일반: 신입 24명 내외 • 무기계약직: 신입 6명	일반(3분기예정)/ 무기계약직(수시)
예금보험공사	일반정규직: 금융일반, 회수조사, 해외인재, IT 등	신입 24~28명	상·하반기 예정
한국조폐공사	일반정규직: 행정사무, 행정기술, 기계기술, ICT 등	신입(채용형 인턴) 49명	1분기 예정
한국자산관리공사	일반정규직: 5급(금융일반, 건축, IT)	신입 70~100명, 경력 1~4명	2·3분기 예정
우체국금융개발원	• 일반정규직: 행정직, 기술직, 연구직 • 무기계약직: 금융상담직(예금, 보험)	• 일반: 신입 35명 • 무기계약직: 신입 30명	일반(2분기예정)/ 무기계약직(수시)
(재)한국장학재단	일반행정, IT 개발운영	신입 30명	3분기 예정
한국재정정보원	일반직, 연구직	신입 약 24명	상·하반기 예정

에너지

기관명	모집 부문	채용 규모	원서접수
한국남부발전(주)	일반정규직: 사무, 기계, 전기, 화학 등	신입 82명	2분기 예정
한국중부발전(주)	일반정규직: 4직급(나) 대졸수준(IT, 기계, 전기, 화학, 토목, 건축)	(1차) 신입 78명, (2차) 신입 15~20명	(2차) 하반기 예정
한국남동발전(주)	일반정규직: 4직급 나(사무, 기계, 전기, 화학, 토목, 건축, ICT 등)	신입 90명	1분기 예정
한전KPS	일반정규직: 사무, 기술(기계, 전기 등)	207명	2분기 예정

한국가스공사	일반정규직: 일반직(경력직, 6급), 별정직, 연구직	114명	상·하반기 예정
한국가스안전공사	• 일반정규직: 5급(행정직, 기술직, 연구직) • 무기계약직; 시설관리직, 운전직 등	• 일반: 신입 100~200명 • 무기계약직: 신입 약 10명	1·3분기 예정
㈜한국가스기술공사	• 일반정규직: 행정사무, 기술 • 무기계약직; 정비보조, 경비, 시설관리 등	• 일반: 신입 89명 • 무기계약직: 신입 11명	2·4분기 예정
한국석유공사	일반정규직: 사무(상경, 법학 등)/ 기술(기계, 전기 등)	약 46명	상반기 예정
한국석유관리원	일반정규직: 5급(사무직, 기술직)	신입 16명	1분기 예정
한전KDN	일반정규직: 4직급(사무, 전산, 통신일반, 전기 등)	신입 약 100명	2·4분기 예정
한국전력공사	일반정규직: 4직급(사무, 기술)	신입 485명	상·하반기 예정
한국전력거래소	일반정규직: 4직급 을(사무직, 기술직 등)	20~25명	1분기 예정
한국전기안전공사	일반정규직: 경영관리, 기술, 연구 등	120명	2분기 예정

산업진흥정보화

기관명	모집 부문	채용 규모	원서접수
한국지능정보사회진흥원	일반정규직: 경영일반, ICT사업 기획·관리	약 10명	2분기 예정
한국언론진흥재단	일반정규직: 5급A	신입 약 10명	1·3분기 예정
소상공인시장진흥공단	일반정규직: 행정사무, 금융전문직	신입 20명, 경력 4명	2·4분기 예정
한국소방산업기술원	일반정규직: 시험검사, 장비검사, 연구직 등	신입 10명 이내	3분기 예정
중소벤처기업진흥공단	일반직	신입 약 40명	1분기·하반기 예정
대한무역투자진흥공사	• 일반정규직: 통상직 • 무기계약직: 공무직(사무)	• 일반: 신입 40명 • 무기계약직: 신입 5명	일반(3분기예정)/ 무기계약직(하반기 예정)
한국인터넷진흥원	경영, 정책, 법제, 기술	채용형 인턴(일반정규직 전환) 35명, 일반정규직 5명	1분기 예정
한국소비자원	일반정규직: 일반직, 연구직, 시험연구직	신입 25명, 경력 5명	2분기 예정
한국산업기술진흥원	• 일반정규직: 사업관리 • 무기계약직: 사무보조	• 일반: 신입 약 18명 • 무기계약직: 신입 3명	1분기 예정

고용·보건·복지

기관명	모집 부문	채용 규모	원서접수
국민연금공단	•일반정규직: 6급갑(사무직, 기술직) •무기계약직: 상담직렬 공무직	•일반: 신입 83명, 경력 4명 •무기계약직: 신입 약 40명	일반(2·4분기 예정)/ 무기계약직(1·3분기 예정)
공무원연금공단	일반정규직: 사무직, 기술직	신입 36명	2분기 예정
건강보험심사평가원	•일반정규직: 행정, 심사, 전산, 연구직 •무기계약직: 시설관리 등	•일반: 약 100~200명 •무기계약직: 약 10~20명	1분기 예정
한국보훈복지의료공단	•일반정규직: 의무직(의사, 간호사, 약사, 보건기사), 사무직, 기술직 등 •무기계약직: 업무지원직(위생경비, 고객지원, 급식)	•일반: 신입 762명 •무기계약직: 신입 258명	일반(3·4분기 예정)/ 무기계약직(수시)
근로복지공단	•일반정규직: 행정(일반, 전산, 심사, 재활 등) – 정기/ 기술·연구·전문직·의료직 등 – 수시 •무기계약직: 기능·별정직, 서무·사무보조	•일반: 신입 약 446명 •무기계약직: 신입 약 146명	일반(3분기 예정)/ 무기계약직(수시)
국민건강보험공단	•일반정규직: 행정·건강·약무·요양·전산·기술·연구직 •무기계약직: 업무지원직, 수탁지원직	•일반: 신입 약 770명, 경력 약 62명 •무기계약직: 84명	일반(상·하반기예정)/ 무기계약직(2·4분기 예정)
한국고용정보원	•일반정규직: 경영사무, 정보화, 연구 •무기계약직: 상담, 미화	•일반: 신입 29명 •무기계약직: 신입 10명	1분기 예정
한국사회보장정보원	•일반정규직: 6급갑(행정, 전산직), 연구직 등 •무기계약직: 행정, 전산, 상담직 등	•일반: 신입 약 40명 •무기계약직: 50명	상·하반기 예정
한국장애인고용공단	•일반정규직: 5급(일반직), 교사직, 별정직, 연구직 •무기계약직: 취업지원상담사	•일반: 신입 57명 •무기계약직: 신입 10명	3분기 예정

문화·예술·외교·법무

기관명	모집 부문	채용 규모	원서접수
서울올림픽기념국민체육진흥공단	•일반정규직: 사무, 기술, 전산 등 •무기계약직: 사무 등	•일반: 약 20~30명 •무기계약직: 약 20~30명	일반(4분기예정)/ 무기계약직(수시)
강원랜드	일반정규직: 카지노, 호텔, 사무행정, 기술	신입 150명	2분기 예정
한국관광공사	미정	일반정규직: 신입 약 20명	2분기 예정

농림·수산·환경

기관명	모집 부문	채용 규모	원서접수
한국환경공단	일반정규직: 법정, 상경, 환경, 토목, 정보기술 등	약 130명	2분기 예정
한국산림복지진흥원	• 일반정규직: 산림교육, 산림치유 등 • 무기계약직: 일반행정, 시설관리	• 일반: 약 54~59명 • 무기계약직: 약 15~20명	1·3분기 예정
해양환경공단	일반정규직; 일반직 6급(사무행정, 해양환경행정 등), 기술직 5급(항해, 기관)	신입 15~20명	2·3분기 예정
한국마사회	• 일반정규직: 사무(일반행정·재경·법무)/기술(축산·전산·시설·수의·승마·방송 등) • 무기계약직: 사무보조, 경마시행 지원 등	• 일반: 신입 약 60명 • 무기계약직: 신입 5명	일반(1분기 예정)/무기계약직(수시)
국립생태원	• 일반정규직: 연구직, 관리직 • 무기계약직: 연구전문직, 관리전문직, 운영직	• 일반: 신입 10명 • 무기계약직: 신입 20명	3분기 예정
국립공원공단	• 일반정규직: 공원행정, 레인저, 자원조사, 재난안전, 특정직(선박), 특정직(연구) • 무기계약직: 환경관리, 탐방해설, 사무행정	• 일반: 약 60명 • 무기계약직: 약 20명	일반(하반기 예정)/무기계약직(수시)
국립낙동강생물자원관	• 일반정규직: 관리직, 연구직 • 무기계약직: 사무관리, 조경, 미화, 운전	• 일반: 신입 16명 • 무기계약직: 신입 9명	1분기 예정

♠ 주요 공공기관 소개 및 자소서 항목

한국가스공사

① 알아보기

기관 유형	공기업(시장형)	임직원 수	4,251명
주소	대구광역시 동구 첨단로 120	홈페이지	www.kogas.or.kr
인재상	도전실행인, 책임실천인, 혁신전문인, 소통협력인		
2025년 채용 계획	•일반정규직: 전일제(일반직 및 별정직, 연구직)/ 신입 및 경력 114명 •고졸채용: 전일제(일반직 7급)/ 신입 15명		
채용 절차	•서류전형: 지원자격 충족여부 검증 •필기전형: NCS 직업기초능력평가, 직무수행능력평가, 인성검사 •면접전형: 직업기초면접, 직무(PT)면접 •신원조회: 채용 결격사유 조회		
우대사항	취업지원대상자, 장애인, 저소득층, 북한이탈주민, 다문화가족, 경력단절여성, 자립준비청년		

② 자기소개서 항목

1. [지원 동기] 자신의 지원 분야에 전문성을 높이기 위한 노력(구체적 과정, 경험 등 포함)과 이를 잘 수행할 수 있다고 생각하는 이유를 담아 지원 동기를 작성해 주십시오. 또한 과거의 교육 과정이나 경력들이 지원 분야 업무와 어떤 관련성이 있는지와 그러한 전공 지식·기술 및 경험들이 실제 업무 수행에 어떤 방식으로 도움을 줄 수 있는지 구체적으로 기술해 주십시오. (500자)

2. [조직협업능력] 조직 또는 팀의 공동 목표를 달성하는 과정에서 자신과 의견이 다른 사람과 갈등이 발생했던 사례를 작성하고 갈등을 해결하기 위해 상대방을 설득했던 구체적인 행동을 기술해 주십시오. (500자)

3. [갑질 인식] 직원으로서 상호 존중하는 자세를 갖고 갑질 근절 문화 확립을 위해 노력해야 하는 이유를 본인의 경험을 중심으로 기술해 주십시오. (500자)

4. [관련 분야 이해도] 최근 에너지 분야 이슈 중 중요하다고 생각되는 한 가지를 선택하고 이에 관한 자신의 견해를 기술해 주시기 바랍니다. (750자)

5. [KOGAS 핵심가치] 미래 에너지 시장을 리딩하는 KOGAS의 새로운 핵심가치는 다음과 같습니다.

> (1) 미래 주도(Global leader)   (2) 안전 우선(Responsibility)
> (3) 열린 사고(Expansion)   (4) 소통협력(Engagement)

위 네 가지 중에서 본인의 역량과 부합하는 한 가지 항목을 선택하여 타인과 차별화될 수 있는 본인의 핵심 역량을 구체적 경험을 바탕으로 기술하여 주십시오. 또한 지속 가능한 미래 에너지 기업인 KOGAS가 나아가야 할 방향도 함께 고려하여 입사 후 실천할 목표 및 자기계발 계획에 대해 구체적으로 기술해 주십시오. (750자)

한국토지주택공사

① 알아보기

기관 유형	공기업(준시장형)	임직원 수	8,602명
주소	경상남도 진주시 충의로 19	홈페이지	www.lh.or.kr
인재상	LH C.O.R.E. Leadership(소통·성과·도전·공익으로 미래가치를 창출하는 핵심인재)		
기관 소개	토지의 취득·개발·비축·공급, 도시의 개발·정비, 주택의 건설·공급·관리 업무를 수행함으로써 국민주거생활의 향상과 국토의 효율적인 이용을 도모하여 국민경제의 발전에 이바지하는 것을 설립 목적으로 한다.		
2025년 채용 계획	• 일반정규직: 전일제(사무, 기술)/ 약 315명 • 무기계약직: 전일제(행정, 기술, 전문)/ 약 75명 • 고졸채용: 전일제(사무, 기술)/ 약 35명		
채용 절차	• 서류전형: 자격증, 어학 평가/ 지원자격 충족여부 검증(※ 우대사항 가점 포함) • 필기전형: NCS 직업기초능력평가, 직무수행능력평가 • 면접전형: 직무면접(지식·경험 등 평가), 인성면접(경험·상황 등 평가) • 임용: 채용 결격사유 등 확인		
우대사항	• 특별우대: 취업지원대상자, 장애인, 사회배려계층(기초생활 수급자, 북한이탈주민, 다문화가족, 자립준비청년), 지역인재(이전지역, 비수도권) 등 • 일반우대: 지원분야 직무관련 고급자격증, 공모전 수상내역, LH청년인턴 탁월·우수·성실 수료자 등		

② 자기소개서 항목

1. 한국토지주택공사의 어떤 사업에 관심이 있으며 어떤 부분에 기여하고 싶은지, 본인의 주요 직무 역량 및 강점을 기반으로 기술해 주십시오. (500자)

2. 본인의 전문성 또는 역량 향상에 가장 도움이 되었던 경험, 경력, 활동을 먼저 기술하고, 귀하가 지원한 직무를 수행하는 데 어떻게 활용(도움)이 될 수 있는지 기술해 주십시오. (500자)

3. 소속된 조직에서 정한 규칙이나 규범을 지키는 데 있어 어려움을 겪었던 경험을 아래의 순서에 따라 기술해 주십시오. (700자)
   - 해당 규칙(규범)을 준수하려고 한 이유와 규칙 준수를 위해 노력한 과정
   - 해당 규칙(규범)을 준수하기 위해 노력한 결과와 해당 경험이 본인에게 미친 영향

4. 소속된 조직에서 다른 구성원과 갈등 또는 의견 차이가 발생했던 경험을 아래의 순서에 따라 기술해 주십시오. (600자)
   - 갈등(의견 차이)을 중재하기 위해 본인이 활용한 전략과 그 이유
   - 해당 전략을 한국토지주택공사 업무 상황에 어떻게 적용 가능한지

5. 지원한 직무 관련 프로젝트를 수행하면서 발생한 문제를 해결하고 성과를 낸 경험을 기술해 주십시오. (600자)

한전KPS(주)

① 알아보기

기관 유형	공기업(준시장형)	임직원 수	6,669명
주소	전남 나주시 문화로 211	홈페이지	www.kps.co.kr
인재상	Global A.C.E(Globally Advanced, Client Oriented, Expert) 세계무대 선도, 고객 지향적 사고, 최고의 기술 전문가		
기관 소개	발전플랜트 설비 진단 및 성능 개선, 국내외 발전설비 O&M, 신재생 및 산업설비, 송전설비 등에 대한 Total Solution을 제공하는 전문 공기업이다.		
2025년 채용 계획	•일반정규직: 전일제(사무, 기술)/ 207명 •고졸채용: 전일제(기술/ 신입 55명		
채용 절차	•서류전형: 지원 자격 충족여부 검증, 우대사항 가점 •필기전형: NCS 직업기초능력평가, 직무수행능력평가 •면접전형: 개별면접, 인성검사, 신체검사 •최종합격자 발표: 자격 진위여부 확인, 채용 결격사유 검증		
우대사항	취업지원대상자, 장애인, 이전지역인재, 저소득계층, 다문화가족의 자녀, 북한이탈주민, 고급·가점자격증 보유자, 영어우수자 등		

② 자기소개서 항목

1. 본인의 경험 중 직면한 문제를 해결하기 위하여 문제의 원인을 찾아 극복하고 해결했던 사례에 대하여 구체적으로 기술해 주시기 바랍니다. (500자 내외)
   - 당시 문제가 되었던 상황은 무엇이며, 어떠한 과정을 통해 원인을 찾아냈습니까?
   - 원인을 극복하며 포기하지 않고 업무를 수행한 이유와 그 결과에 대해 기술해 주시기 바랍니다.

2. 본인의 학교생활, 동아리, 동호회 등 조직 내 일원으로서 동료들과 협력하여 어려움을 극복하고 성과를 달성하기 위해 노력했던 경험에 대해 기술해 주시기 바랍니다. (500자 내외)
   - 본인이 수행한 업무가 무엇이며 왜 그러한 업무를 맡게 되었습니까?
   - 사람들과 함께 일을 처리해 나가면서 그 사람들과의 긍정적 관계 구축을 위해 추가적으로 기울인 노력과 그 결과에 대해 기술해 주시기 바랍니다.

3. 약속과 원칙을 지켜 신뢰를 형성하거나 지킨 경험에 대해 구체적으로 기술해 주시기 바랍니다. (500자 내외)
   - 당시 상황에 대해 구체적으로 기술하여 주시기 바랍니다.
   - 약속과 원칙을 지키기 위해 어떤 노력을 하였으며 그 이유는 무엇입니까?
   - 그 일을 계기로 본인에게 생긴 변화 또는 느낀 점은 무엇입니까?

한국철도공사

① 알아보기

기관 유형	공기업(준시장형)	임직원 수	3만 560명
주소	대전광역시 동구 중앙로 240	홈페이지	info.korail.com
인재상	사람지향 소통인, 고객지향 전문인, 미래지향 혁신인		
기관 소개	고속열차와 일반열차를 통해 안전하고 편리한 여객 서비스를 제공하는 공기업으로, 구체적으로 ▷간선여객 영업전략 및 수송계획 수립 ▷간선여객 역사 운영 및 열차승무 운영 ▷간선여객 열차운행 계획 수립 및 운영 ▷관광열차 상품 개발 및 판매촉진 등의 업무를 담당하고 있다.		
2025년 채용 계획	•일반정규직: 전일제(사무 및 기술)/ 신입 및 경력 1800명 •고졸채용: 전일제(사무 및 기술)/ 신입 200명		
채용절차	•서류전형: 지원자격 및 자기소개서 검증 등 •필기전형: NCS 직업기초능력평가, 철도법령 •실기(체력)전형: (실기) 사무영업_수송, 토목 등에 한하여 평가 (체력심사) 차량, 건축, 전기통신 직렬에 한함 (※ 4개 항목(근력, 근지구력 필수) 3등급 이상 시 적격) •면접전형: 경험·상황면접, 인성검사 •신체·적성검사: 신체검사, 철도적성검사 등		
우대사항	•취업지원대상자, 장애인, 한국철도공사 체험형 인턴 수료 성적 우수자 •우대 자격증: 공통 직무 자격증, 안전 자격증, 각 직렬별 직무관련 자격증 (단, 지원자격에 해당하는 자격증은 적용 제외)		

② 자기소개서 항목

1. 학교, 대외활동, 업무 등에서 새로운 사람들과 협력하여 목표를 성공적으로 달성했던 경험을 작성해 주세요. 특히 관계를 형성하고 유지하기 위해 어떤 노력을 기울였는지 설명해 주세요. (700자 이상 1000자 이내)

2. 동료나 주변 사람이 예상하지 못했던 문제를 창의적으로 접근하거나 새로운 방식을 시도했던 경험과 이것이 문제 해결에 어떤 영향을 미쳤는지 작성해 주세요. (700자 이상 1000자 이내)

3. 이전에 경험했던 조직이나 팀에서 변화와 혁신을 주도하거나 지원했던 사례가 있다면 구체적으로 작성하고, 이때 본인이 맡았던 역할을 강조해 주세요. (700자 이상 1000자 이내)

4. 한국철도공사에서 첫 직무를 통해 배우고 싶은 구체적인 내용과 이를 달성하기 위해 어떤 계획을 세우고 있는지 설명해 주세요. 또한 이를 위해 본인이 준비해 온 경험이 있다면 함께 기술해 주세요. (700자 이상 1000자 이내)

한국공항공사

① 알아보기

기관 유형	공기업(시장형)	임직원 수	2,752명
주소	서울특별시 강서구 하늘길 78	홈페이지	www.airport.co.kr
인재상	융합인, 전문인, 배려인		
기관 소개	공항을 효율적으로 건설·관리·운영하고 항공산업을 육성·지원함으로써 항공수송을 원활하게 하고, 나아가 국가경제 발전과 국민복지 증진에 기여하기 위하여 1980년에 설립된 공기업이다. 현재 김포국제공항을 비롯한 전국의 14개 공항을 운영하고 있으며, 항공기 안전운항을 책임지는 항로시설본부와 10개의 항공무선표지소를 관리하고 항공기술훈련원에서 국내·외 항공전문 인력을 육성하고 있다.		
2025년 채용 계획	일반정규직: 전일제(행정, 전산, 시설, 기술, 안전직 등)/ 150~180명		
채용절차	•서류전형: 지원자격 충족여부 검증, 자격증 및 우대사항 가점 •필기전형: 직업기초능력평가, 종합직무지식평가, 인성검사 •면접전형: (1차) 실무면접, (2차) 임원면접 •신원조회: 채용 결격사유 조회(적부심사)		
우대사항	취업지원대상자, 장애인 등		

② 자기소개서 항목

1. 본인이 알고 있는 한국공항공사에 관한 내용은 무엇이며 그 정보를 어떻게 얻게 되었는지 기술해 주시기 바랍니다. 또한 그중 어떠한 면에 이끌려 우리 회사에 지원하게 되었는지 기술해 주시기 바랍니다.

2. 본인이 한국공항공사의 인재상과 직무에 맞는 인재가 되기 위해 어떠한 면에서 준비가 되어 있으며 해당 능력을 갖추기 위해 어떠한 노력을 하였는지 작성해 주십시오.

3. 집단에서 기존보다 더 나은 성과를 창출하기 위해 적극적으로 새로운 방법을 시도하고 성과를 낸 경험에 대해 작성해 주십시오.

4. 집단에서 집단 내 구성원들의 입장 차이를 이해하고 이를 중재하기 위해 노력하여 건설적으로 해결한 경험에 대해 작성해 주십시오.

5. 지역사회 참여, 사회봉사, 공공활동 등 사회 공공의 가치 실현을 위해 활동했던 경험을 구체적으로 작성해 주십시오.

🔲 **한국공항공사 체험형 인턴 모집은?**

한국공항공사는 2025년 약 30명의 체험형 인턴 모집을 예정하고 있다. 근무지는 서울·부산·제주 등 전국으로, 직무는 업무지원이다. 계약기간은 임용일로부터 약 6개월이다.

근로복지공단

① 알아보기

기관 유형	준정부기관(기금관리형)	임직원 수	1만 158명
주소	울산광역시 중구 종가로 340	홈페이지	www.comwel.or.kr
인재상	공감인, 혁신인, 책임인		
기관 소개	일하는 삶의 보호와 행복을 위해 산재·고용보험과 근로복지사업을 수행하는 공공기관이다. 공단은 산재보상과 요양·재활서비스, 노후 생활보장, 생활안정자금 지원, 보육·문화여가활동 지원 등의 업무를 담당하고 있다.		
2025년 채용 계획	•일반정규직: 전일제(행정 및 기술)/ 신입 약 446명 •무기계약직: 전일제(기능/별정직, 사무/사무보조)/ 신입 약 146명		
채용절차	•서류전형: 지원자격 충족여부 검증, 자격증 및 우대사항 가점 •필기전형: NCS 직업기초능력평가, NCS 직무기초지식평가, 인성검사 •면접전형: 1대多면접(경험·상황면접) •임용등록: 서류검증 및 임용등록		
우대사항	•취업지원대상자, 산재근로자 본인 및 자녀, 장애인, 저소득층, 다문화가족자녀, (최)우수인턴, 자립준비청년 등 •우대자격증: 지원분야 직무관련 자격증		

② 자기소개서 항목

1. 근로복지공단에서 수행하고 있는 사업 중 관심 있는 사업을 설명하고, 입사 후 해당 사업에 대해 본인이 기여할 수 있는 점을 기술해 주십시오. (500자 이내)

2. 지원한 직무에 전문성을 갖추기 위하여 어떠한 노력을 기울였으며, 그 결과 타인과 차별화된 본인만의 역량은 무엇인지 기술해 주십시오. (500자 이내)

3. 본인이 맡았던 과업 중 발생한 문제를 분석하여 책임지고 끝까지 해결했던 경험에 관하여 기술해 주십시오. (500자 이내)

4. 근로복지공단 직원으로서 자주 만나게 될 고객들을 대할 때 가장 필요한 태도와 그러한 태도를 잘 보여줄 수 있는 본인의 경험에 관하여 기술해 주십시오. (500자 이내)

5. 공공기관 직원으로서 가져야 할 직업윤리는 무엇이며, 그러한 직업윤리를 갖추기 위해 노력한 점을 본인의 경험에 비추어 기술해 주십시오. (500자 이내)

국민건강보험공단

① 알아보기

기관 유형	준정부기관(위탁집행형)	임직원 수	1만 6156명
주소	강원도 원주시 건강로 32	홈페이지	www.nhis.or.kr
인재상	국민의 평생건강을 지키는 건강보장 전문인재 (① 국민을 위하는 인재 ② 정직으로 신뢰받는 인재 ③ 혁신을 추구하는 인재 ④ 전문성 있는 인재)		
기관 소개	「국민건강보험법」 및 「노인장기요양보험법」에 따라 국민의 질병·부상에 대한 예방·진단·치료·재활과 출산·사망 및 건강증진에 대하여 보험급여를 실시함으로써 국민보건 향상과 사회보장 증진에 기여하고 있는 기관이다. 또한 일상생활을 혼자서 수행하기 어려운 노인에게 신체활동 또는 가사활동 지원 등의 장기요양급여를 실시함으로써 노후의 건강증진과 생활안정 도모에도 기여하고 있다.		
2025년 채용 계획	•일반정규직: 전일제(행정, 건강, 약무, 요양, 전산, 기술, 연구직)/ 신입 약 770명, 경력 약 62명 •무기계약직: 전일제(업무지원직, 수탁지원직)/ 84명 •고졸채용: 전일제(행정직)/ 신입 약 50명		
채용 절차	•서류전형: 지원자격 충족여부 검증, 직무능력중심 정량·정성평가 •필기전형: NCS 직업기초능력평가+직무시험(국민건강보험법 또는 노인장기요양보험법), 인성검사 •면접전형: 경험행동면접, 상황면접, 토론면접 •신원조회: 채용 결격사유 조회, 임용후보자 등록		
우대사항	취업지원대상자, 장애인, 기초생활수급자, 한부모가족지원대상, 다문화가족, 북한이탈주민, 자립준비청년, 이전지역인재, 우리공단 청년인턴 경력자 등		

② 자기소개서 항목

1. 다른 사람과 소통할 때 고수하는 자신만의 신념에 대해 설명하고, 이러한 신념이 생기게 된 배경과 지키지 힘들었지만 끝까지 지켜낸 경험에 대하여 주변 반응을 포함하여 구체적으로 기술해 주시기 바랍니다. (1000bytes 이내)

2. 꼭 지켜야만 하는 규칙에 대한 본인의 기준이 있다면 기준을 가지게 된 계기와 해당 기준을 가지고 행동했던 과정에서 느꼈던 점을 포함하여 구체적으로 기술하여 주시기 바랍니다. (1000bytes 이내)

3. 더 높은 목표를 위해 남들이 흔히 가는 길 외에 본인만이 선택하고 도전하여 성공 혹은 실패한 경험에 대하여 남들과 다른 길을 선택한 이유와 당시 배운 점을 포함하여 구체적으로 기술해 주시기 바랍니다. (1000bytes 이내)

4. 다른 사람과 차별화된 본인만의 노하우나 특기, 전문성 한 가지에 대해 설명하고 해당 노하우가 국민건강보험공단에 필요하다고 생각하는 이유와 이를 가지기 위해 했던 노력을 포함하여 구체적으로 기술해 주시기 바랍니다. (1000bytes 이내)

한국보훈복지의료공단

① 알아보기

기관 유형	준정부기관(위탁집행형)	임직원 수	7,547명
주소	강원도 원주시 혁신로 40	홈페이지	www.bohun.or.kr
인재상	보훈인재, 솔선인재, 혁신인재, 소통인재		
기관 소개	「한국보훈복지의료공단법」에 의해 1981년 11월 설립된 국가보훈부 산하의 준정부기관이다. 공단은 국가유공자의 진료와 재활, 복지를 위해 6개 보훈병원과 8개 보훈요양원을 운영하고 호국정신 함양과 제대군인 사회 복귀를 지원하기 위해 교육 연구사업을 수행하고 있다.		
2025년 채용 계획	• 일반정규직: 전일제(의무직, 사무직, 기술직 등)/ 신입 762명 • 무기계약직: 전일제(위생경비, 고객지원, 급식)/ 신입 258명		
채용절차	• 서류전형: 지원자격 충족여부 검증, 자격증 및 우대사항 가점 • 필기전형: (사무직) NCS 직업기초능력평가, 직무수행능력평가/ (간호직) 직무수행능력평가 • 인성검사: 면접 시 참고자료로 활용 • 면접전형: (사무직) 발표면접, 토론면접, 인성면접/ (간호직) 임상술기면접, 인성면접 • 건강검진 및 신원조회: 채용 결격사유 조회(적부심사)		
우대사항	가점 우대(내부 규정에 따라 가점 부여함) • 법정가점: 취업지원대상자 • 사회형평가점: 장애인, 기초생활수급자, 한부모가족, 북한이탈주민, 다문화가족, 경력단절여성, 자립준비청년 • 경력가점: 공단근무경력자, 청년인턴 • 자격가점: 자격(면허)소지자, 한국사능력검정시험 심화 취득자		

② 자기소개서 항목

1. [대인관계능력] 새로운 조직이나 환경에 빠르게 적응하여 성공적으로 협업했던 경험을 기술하시고 당시의 상황과 본인이 기울인 노력에 대해 구체적으로 서술해 주시기 바랍니다. (300~700자 이내)

2. [문제해결능력] 기존에 해보지 않은 새로운 일을 맡게 되었을 때의 대처방법과 그 과정에서 무엇이 가장 중요하다고 생각하는지 자신의 경험을 토대로 서술해 주시기 바랍니다. (300~700자 이내)

3. [의사소통능력] 자신이 생각하는 바람직한 소통의 자세는 무엇인지 설명하고, 그러한 생각을 갖게 된 경험 혹은 이를 통해 좋은 결과를 이끌어냈던 경험에 대해 서술해 주시기 바랍니다. (300~700자 이내)

4. [조직이해능력] 당사의 비전은 「공공의료, 복지를 선도하는 최고의 파트너」입니다. 공단의 비전을 위해 지원자께서 발휘할 수 있는 역량은 무엇이며, 해당 역량을 활용하여 어떻게 기여할 수 있는지 구체적으로 서술하시기 바랍니다. (300~700자 이내)

5. [자원관리능력] 주어진 시간 내 업무를 완수하거나 목표를 달성하기 위해 어떠한 방식을 사용하는지 사례와 함께 구체적으로 서술해 주시기 바랍니다. (300~700자 이내)